자본을 어떻게 읽을 것인가

ᴟ M 아우또노미아총서 64

자본을 어떻게 읽을 것인가 Reading *Capital* Politically

지은이 해리 클리버
옮긴이 조정환

펴낸이 조정환
책임운영 신은주
편집 김정연
디자인 조문영
홍보 김하은
프리뷰 유연주

펴낸곳 도서출판 갈무리 등록일 1994. 3. 3. 등록번호 제17-0161호
초판인쇄 2018년 11월 27일 초판발행 2018년 11월 30일
종이 화인페이퍼 인쇄 예원프린팅 라미네이팅 금성산업 제본 은정제책

주소 서울 마포구 동교로18길 9-13 [서교동 464-56]
전화 02-325-1485 팩스 02-325-1407
website http://galmuri.co.kr e-mail galmuri94@gmail.com

ISBN 978-89-6195-188-3 93300
도서분류 1. 정치학 2. 경제학 3. 철학 4. 문화비평 5. 사회운동 6. 정치사상

값 21,000원

이 도서의 국립중앙도서관 출판예정도서목록(CIP)은 서지정보유통지원시스템 홈페이지(http://seoji.nl.go.kr)와 국가자료
공동목록시스템(http://www.nl.go.kr/kolisnet)에서 이용하실 수 있습니다.(CIP제어번호 : CIP2018034604)

자본을 어떻게 읽을 것인가

Reading *Capital*
Politically

정치경제학적 읽기,
철학적 읽기를 넘어
정치적 읽기로

해리 클리버 지음
조정환 옮김

갈무리

일러두기

1. 이 책은 Harry Cleaver의 *Reading* Capital *Politically* (Anti/Theses; AK Press, 2000)을 완역하고 2012년 독일어판 서문을 덧붙인 것이다.
2. 단행본과 정기간행물에는 겹낫표(『』)를, 논문에는 홑낫표(「」)를 사용하였으며, 단체명에는 가랑이표(〈 〉)를 사용하였다.
3. 원서에 이탤릭체로 강조된 것은 고딕체로 표기하였다. 단, 원서에서 영어가 아니라서 이탤릭으로 강조한 것은 한국어판에서 강조하지 않았다.
4. 지은이 주석과 옮긴이 주석은 같은 일련번호를 가지며, 옮긴이 주석에는 [옮긴이]라고 표시하였다.
5. 원서의 대괄호는 〔 〕를 사용하였고, 옮긴이가 덧붙인 내용은 [ ] 속에 넣었다.

언디인과 알리샤에게

차례

자본을 어떻게 읽을 것인가

최근 한국에서는 [1주 7일간의 최대 노동시간을 52시간으로 줄이는] 노동시간 단축을 위한 근로기준법 개정이 이루어졌다. 이것은 모든 한국인들에게 칼 맑스의 생각을 연구할 새로운 이유를 준다. 수년간에 걸친 노동자들의 요구와 기괴하리만큼 과도한 노동으로 인해 죽거나 자살을 하는 사람들에 대한 반복된 추문이 마침내 한국 정부로 하여금 인류에 대한 이 자본주의적 범죄에 고삐를 채워 통제할 수밖에 없도록 강제했다. 문재인 대통령은 과도한 노동이 개인들의 생명을 어떻게 파괴하는지를 인정할 뿐만 아니라 과도한 노동이 자신들의 회사의 생산성과 이윤을 침식할 수 있는 여러 방식들에 기업 경영자들이 얼마나 자주 맹목적인가를 인정한다.

이 새로운 법규 개정은 19세기 중반에 영국 의회가 통과시킨 '공장법'의 현대판에 해당한다. 맑스는 1867년에 출판된 『자본 : 정치경제학 비판』 1권에서 그것의 역사를 분석한 바 있다. 그곳에서 맑스는 (가) 초기 자본주의가 역사적으로 전례 없는 노동시간을 부과하는 데 성공한 것, (나) (과로로 인한 사망을 포함하여) 저 너무 긴 노동시간이 노동자들에게 미친 재앙적 결과, (다) 노동시간을 줄이려는 노동자들의 투쟁, (라) 노동시간을 줄이려는 모든 시도에 대한 자본가들의 저항 등을 개괄했다. 공장법의 경우에도 그랬듯이, 한국의 기업들은 새로운 법규에 저항했다. 그들은 일부의 산업을 예외로 만들었고 또 다른 산업들의 회피를 용이하게 할 구멍을 만들어 냈다. 19세기 영국에서의 투쟁과 21세기 한국에서의 투쟁의 유사점으로부터 배우는 것 외에도, 맑스의 『자본』을 연구하는 것은 또, 자본가들이 (위계상 가장 낮은 지위에 있고 가장 적게 지불받는 노동자들로부터 위계상 가장 높이 있고 가장 많이 지불받는 경영인들에 이르는) 개개의 모든 피고용인들로부터 가능한 최대의 노동량을 추출하는 데 왜 그토록 열심인가를, 왜 그들이 자신의 사업을 악화시킬 정도로까지 그렇게 하는지를, 왜 맑스가 **노동가치론**에 자신의 분석을 정초했는지를, 그리고 그 이론이 직장 안팎에서 벌어지는 노동에 대한 투쟁들을 우리가 이해하는 데 어떻게 도움을 주는지를 드러낼 수 있다.

자본가들이 가능한 한 많은 노동을 부과하려고 하는 이유에 대한 통상적인 설명은 이윤을 강조한다. 노동이 더 많을수록 생산물도 많아지고, 매출이 커질수록 이윤도 커진다는 것이다. 그러나 이윤은 무엇을 위한 것인가? 맑스는, 오직 부자가 되기 위해서 노동자들을 무덤으로 몰아넣는 탐욕스러운 자본가들도 있지만 이윤의 사용에서 더 중요한 것은 사람들을 노동에 투입하는 투자라고 주장했다. 이윤이 많을수록 투자도 많아지고 투자가 늘어날수록 더 많은 사람들이 노동에 투입될 수 있다. 노동이 많을수록 나머지 사회가 더 노동을 중심으로 조직된다. '완전고용'은 사회 안정과 사회에 대한 지배로 가는 자본주의적 길이다. 바로 이것이, 자본가들이 가능한 한 많은 사람들을 하루 중 많은 시간, 한 주의 많은 날, 일 년의 많은 주, 그리고 우리의 삶의 많은 해들 동안 노동하도록 만드는 경향을 보여온 이유이다.

북한과 같은 소비에트 스타일의 국가자본주의 체제를 제외하면, 전통적으로 노동의 그러한 부과를 조직하는 것은 대개 사적 기업에 맡겨졌다. 정부들은 자신들의 세금과 지출 권력을 관리하고 자본가와 노동자 사이의 관계를 규제하는 법률들을 제정하고 시행함으로써 투자를 촉진하거나 제한한다. 그것은 기업과 노동 사이의 힘의 균형추에 달려 있다. 자본가들이 피고용인들에게 부과할 수 있는 노동시간의 수를 제한하는 [한국의] 새로운 법규는 분명히 노동자들 쪽에 유리한 균형으로의 전환의 결과이다.

그러나 이 제한들이 자본가들로 하여금 변화하는 생산 조건에 적응하도록 강제하기도 한다. 노동자들이 임금을 끌어올리는 데 성공한 곳에서는, 그곳이 어디이든 간에, 자본가들은 노동력이 값싼 다른 지역으로 생산을 이전하거나 생산성을 높일 기계를 도입하는 것으로 대응했고 비용을 줄여 임금 인상을 상쇄시켰다. 그러한 접근법은 제조업과 농업이 지배하던 시기에는 잘 먹혀들었다. 하지만, 거기에는 두 가지 결함이 있었다. 첫째, 그러한 접근법은 노동자들을 임금노동력으로부터 퇴출시키는 정도만큼, 모든 사람들을 일하도록 함으로써 사회에 대한 자신의 통제력을 유지할 수 있는 자본가의 능력을 저하시켰다. 둘째로 이 접근법은, 더 높은 임금을 받고 더 고도화된 지식을 갖춘 보다 세련된 소비자들에게 고도로 차별화된 제품을 생산하여 판매하는 것에 바탕을 둔, 계속 확장되고 있는 서비스 부문에 대해서는 적용하기가 쉽지 않다는 것이 입증되었다.

서비스 부문에서는, 맑스가 자본에서 혹평한 종류의 소외된 육체노동에 비해, 적응과 혁신을 할 수 있는 창의적 노동에 주어진 프리미엄이 상대적으로 증가했다. 이러한 역사적 변화는 노동시간을 단축하는 것이 자본가들에게 이익이 된다는 문재인 대통령의 다음과 같은 주장을 설명하는 데 도움이 된다.

더 짧은 노동시간은 노동생산성의 증가를 가져올 수도 있습니다.… 국회 예산처의 조사 결과에 따르면 주당 노동시간이 1퍼센트 감소하면 노동생산성이 0.79퍼센트 증가할 수 있습니다. 이런 식으로, 한국 기업들은 창의성과 혁신을 바탕으로 훨씬 더 높은 경쟁력을 확보할 수 있을 것입니다.[1]

덜 피로하고 더 짧은 노동시간이 모든 산업에서 생산성을 높일 수 있겠지만, 여기서 문 대통령의 강조점은 "창조성과 혁신"을 바탕으로 한 산업들에 두어져 있다. 따라서 자본가들의 이기심에 대한 분명한 호소 속에서 문 대통령은 그들에게 익숙한 준거틀인 경쟁을 강조한다. 덜 소진된 피고용인들이 질적으로 더 나은 노동을 약속할 수 있다는 말로써, 노동을 부과할 수 있는 자본가들의 능력에 주어지는 이 양적 한계를 자본가들이 받아들이도록 만드는 것이다.

맑스의 분석은, 전통적인 제조업에서든 현대 서비스 부문에서든 경쟁에서의 성공이 어떻게 항상 사람들의 노동력에 대한 상대적인 통제력에 기초하고 있는가를 보여줌으로써 이러한 주장을 이해할 수 있도록 해 준다. 노동자들이 조립 라인에서 더 오래 또는 더 강도 높게 노동하도록 하거나 혹은 TV 프로그램, 영화, 금융상품, 신약 및 의료 서비스, 휴대폰 앱, 온라인 컴퓨터 게임 등을 개발하면서 더 창조적으로 노동하도록 하거나 간에, 가장 큰 통제력을 가진 자본가들이 경쟁전에서는 승리한다.

그러나 맑스의 분석이 이와 더불어 보여 주는 것([하지만 문 대통령의] 그 주장이 간과하는 것)은 노동을 추출하기 위한 전략의 변화가 착취를 줄이지도 않으며 소외를 제거할 수도 없을 것이라는 점이다. 실

---

1. 새로운 노동시간 법령을 토론하기 위한 수석비서관들과의 회의에서 문재인 대통령이 한 말 (http://english1.president.go.kr/BriefingSpeeches/Speeches/49).

제로, 맑스의 '상대적 잉여가치'에 대한 분석이 보여 주듯이, 생산성 증가는 착취를 감소시키기보다는 착취를 강화한다. 게다가, 우리가 손이나 머리를 어느 정도로 사용해서 노동하는가와는 상관없이, 그리고 우리의 노동에서 창의성이 갖는 중심성과도 상관없이, 우리의 능력이 우리 사장들의 목적에 종속되도록 하고 그 사장들의 도구를 사용하면서 우리가 고용되어 있는 한 여전히 우리는 우리 자신의 능력으로부터 소외될 것이다. 우리는 여전히, 낮은 임금을 받는 사람보다 높은 임금을 받는 사람을 상위에 놓고 여성보다 남성을 상위에 놓으며 이주민보다 현지인을 상위에 놓는 식의 위계적이고 경쟁적인 일자리 구조를 통해 서로 대립할 것이다. 우리 노동의 생산물은 그것이 아무리 상상적인 것이라 할지라도 여전히 우리의 사장들에게 속할 것이고 상품들로 팔릴 것이다. 우리가 구매를 통해서만 접근할 수 있는 (다시 말해, 노동시장에서 바로 그 사장들에게 우리 자신을 매춘함으로써만 우리가 획득할 수 있는 바로 그 돈을 사용해서만 접근할 수 있는) 물건들과 서비스들로서 말이다.

이제 직장에서 더 짧은 노동시간은 확실히 더 긴 노동시간보다 바람직하며 올바른 방향으로의 한 걸음을 구성한다. 그 올바른 방향이란, 평생노동이라는 자본주의가 부과한 형벌로부터의 완전한 탈출이라는 방향이다. 불행하게도, 『자본』에서 맑스가 분명히 밝혔듯이, 우리가 사장들을 위해 하는 노동은 우리의 임금 일자리나 봉급 일자리에 국한되지 않는다. 그리고 그 노동은 우리의 지불받는 노동시간이 끝나고 우리가 공장 문을 나서거나 사무실 건물을 벗어난 때에도 끝나지 않는다. 소위 말하는 '노동일'은 우리가 임금을 지불받지 않는, 자유롭다고 가정되는 시간들에도 계속된다.

우리의 이 떠남이 해고나 정리해고의 결과이고 우리가 거리로 내쫓

기고 있는 것일 때라면, 이것은 아주 명백하다. 왜냐하면 우리는 즉각적으로, 맑스가 노동 "예비군"이라고 부른 것 속으로 들어가는 것이며 새로운 일자리를 찾는 노동을, 즉 노동시장을 가동시키는 노동을 시작해야 하기 때문이다.

하지만 만약 우리가 단지 하루 동안, 주말 동안, 혹은 심지어 휴가를 위해 잠시 떠나는 것이라면, 우리는 해야 할 일을 여전히 많이 갖고 있다. 우리가 '업무 밖' 시간에 공식적인 노동 요구를 받지 않는다고 가정한다 하더라도, 우리는 여전히 맑스가 우리의 '노동력'이라고 부른 것을 재생산하는 노동, 즉 다음 날이나 다음 주나 휴가 후에 업무에 복귀할 수 있는 우리의 능력과 의지를 재생산하는 노동을 한다. 그 노동은 집에 가서 기력을 회복하고, 서로와 아이들을 돌보고, 다음번 노동을 준비하고 다시 그것에 복귀하는 것을 준비하는 것 등을 포함한다. 맑스가 글을 쓰고 있던 19세기에는 남자, 여자, 아이들이 매일같이 오랜 시간 동안 공장으로 떠밀려가고 있었다. 그래서 그런 노동을 할 시간이 거의 없었다. 그 결과, 그는 그런 노동을 분석하는 말을 거의 쓰지 않았다. 그러나 우리가 더 짧은 노동시간을 쟁취하고 우리의 아이들을 광산·제분소·공장 등에서 해방시킨 곳과 때에, 그리고 여성들이 지불받는 일자리에서 배제되어 가정에 배정된 곳과 때에, 자본가들은 아이들을 학교에 다니게 하는 방식으로 시간을 식민화함으로써 그리고 가정과 가족에서도 여성이 노동하도록 하는 데 개입함으로써, 공식적으로 지불받는 고용으로부터 시간이 빠져나가 자유시간이 되는 것을 막았다. 다행히도, 이와 같은 방법을 모든 곳에 부과하려는 자본가들의 경향과, 그러한 부과에 저항하려는 우리들의 경향이 공장, 들판, 사무실에서 노동을 둘러싸고 벌어지는 갈등에 대한 맑스의 분석을 만들어 냈다. 그 분석은 다른 한편으로 노동력을 재생산하는 노동을 둘러싼 갈등에 대한 분석과 연관되어 있다.

산업적 방법들이 체계적으로 적용되어 온 분명한 예는 학교들이다. 학습의 장소라고, 개인적 발전과 시민적 책임의 열쇠라고 떠벌려지고 있지만, 자본가들은 실제로 학교를 공장으로 만들어 자생적으로 호기심에 가득 차 있고 무한한 에너지로 충만한 어린 인간들을, 그들에게 주어지는 도구들을 가지고 몇 시간이고 계속해서 가만히 앉아서 매일, 매주, 매년, 시키는 대로 하는 어른들로 변형시키기 위해 개입했다. 다시 말해 자본가들은 아이들을, 최고 입찰자에게 손과 마음을 기꺼이 팔 수 있고 착취와 소외의 삶을 받아들일 수 있는 노동자들로 변형시키기 위해 개입했다. 이것이 한국에서 얼마나 진실인가는, 내가 가르치고 있던 곳에서 대학원 과정을 밟으러 미국으로 올 수 있기 위해 고국에서 아주 힘들게 노동했던 한국 학생들에 의해 반복해서 생생하게 나에게 설명되었다. 그들은 일반적으로 대학원에서 그들이 처하는 노동 조건이 한국에서 그들에게 익숙했던 것보다 더 편안한 것을 발견했지만, 그들은 그들의 힘든 노동의 습관을 유지하는 경향이 있었다. 그것은 그 습관이 얼마나 뿌리 깊은 것인지를 보여 주었다. 과로로 인한 자살의 문제는 임금노동자들뿐만 아니라 학생들에게도 확산되었다. (경계를 풀지 않는 한국의 정보기구들을 속이기 위해 일반적으로는 다른 과목 명의로) 맑스에 대한 나의 강의를 들은 학생들은 자신들이 처한 상황에 대한 이론적 설명과 미국이나 다른 나라에서 발견되는 비슷한 조건들과의 유사성을 발견했다.

이보다는 덜 분명하지만, 한 세대의 페미니스트들에 의해 탐구된 것, 맑스의 분석을 가정에서 노동력을 재생산하는 노동에 (즉 임금을 받는 성인 및 임금을 받지 못하는 성인들의 일상적 재생산에 그리고 새로운 세대의 노동자들을 낳고 기르는 것에) 적용하는 것의 가능성 문제였다. 이 노동의 대부분은 과거에도 그랬지만 지금도 여전히 여성들에 의해 수행되고 있다. 맑스에 대한 페미니스트적 탐구들은 공장과 사무실에서의 노동과 [가정에서의 노동의] 유사성을 밝혀냈을 뿐만 아니라, 임금과 봉급을 받는 노동에 의지해서 [자본가들이] 벌어들이는 이윤에 재생산 노동이 미치는 영향도 밝혀냈다. 흔히 세계가 별개로 분리되어 있는 것으로 가정되지만, 페미니스트들의 탐구는 가정에서 수행되는 노동이 노동력의 비용에, 노동자들의 노동에 그리고 결과적으로 자본가들의 이윤에 어떻게 극적인 영향을 미치는지를 보여 주었다. 간단히 말해서, 재생산 노동이 많을수록 노동력 비용은 낮아지고 노동이 더 많아지며 이윤이 더 높아진다는 것이다.

문 대통령이 공식 노동시간을 단축하는 것이 어떻게 "노동시간과 가족 시간 사이의 균형"을 증진시킬 것인가에 관해 말할 때, 그는 "가족 시간"의 내용을 다루지 못한다. 문학에서, 영화와 TV에서 "가족 시간"은 주로 개인들의 상호작용이나 배우자들의 상호관계, 그리고 아이들과 함께 있는 부모 등과 같은 자기 봉쇄된 세계로 묘사되는 경향이 있다. 그 묘사가 조화로운가, 제대로 기능하지 못하는가에 상관없이, 그것이 가족 속에서의 노동과 직장에서의 노동 사이의 관계를 다루는 경우는 드물다. 지불받는 일자리에서의 투쟁과, 가정 및 학교에서의 여성 및 아이들의 투쟁 사이의 유사성을 다루는 경우도 여전히 더욱 드물다.

그러나 여기서도 맑스의 분석은 그 타당성이 입증된다. 임금을 받고 봉급을 받는 노동자들이 지불받는 노동시간의 단축을 위해 싸운 것처럼, 여성과 어린이들도 가정과 학교에서 지불받지 못하는 노동의 단축을 위해 싸웠다. 공고한 가부장제에 직면한 여성들의 경우에, 더 적은 노동을 위한 그들의 투쟁은 (몰래카메라에서 강간에 이르는) 차별과 폭력에 대항하는 투쟁뿐만 아니라 가정에서의 더 공정한 노동 분배와 아이들을 낳고 기르는 자신들의 노동에 대한 더 큰 자기통제권을 위한 투쟁을 포함했다. 한국에서 그것의 결과는, 여성들이 그러한 권리를 쟁취한 다른 곳에서와 마찬가지로 결혼율과 출산율의 극적인 하락이었고 가정에서의 무급 노동과 대비되는 유급 노동력에 여성의 참여가 증가한 것이었다. 실제로, 2009년 이래로 여성들의 대학 진학률(유급 고용을 향한 무급의 전주곡)은 남성의 대학 진학률을 추월했다. 지속적인 차별, 유사한 노동에서의 더 낮은 지불, 그리고 위험한 일자리를 얻을 더 큰 개연성 등에도 불구하고 말이다. 어린아이들의 경우에, 진정으로 삶을 즐길 자유시간에 대한 요구가 더 커진 만큼, 공장 같은 학교들, 학교와 부모의 훈육, 고된 노동의 삶의 불가피성 등에 대한 저항이 늘어나고 있다.

이러한 투쟁의 결과로 한국의 자본가들은 인구 감소와 고령화에 직면해 있으며 더 많은 노동자들에 대한 점점 더 큰 필요에 직면하고 있다. 정부는 여러 가지 방식으로 이러한 관계를 인정했다. 정부는 노동력을 확대하기 위해, 그리고 보수가 높은 현지 노동자들과 보수가 낮은 외국인 노동자를 경쟁시키기 위해 이민을 장려해 왔다. 이주민을 제한된 시간만 일하는 손님노동자 프로그램guest worker program에 제한하고, 이주민들의 자기조직화를 줄이기 위해 전국에 걸쳐 이주민들을 분산시키려는 노력에도 불구하고, 이주민들과 결혼을 하고 다문화 아이들을 갖는 한국인들과 같은 통제하기 더 어려운 현상이 증가해 왔다. 최근 제주도의 예멘 난민들에 대한 외국인 혐오 시위가 생생하게 보여 주듯 이주민 노동력의 사용을 관리하는 것은 쉽지 않다.

또 다른 접근법은 육아휴직급여를 늘려 재생산 노동에 보조금을 지급함으로써 출산율 증가를 고무하려는 것이었다. 비록 최근 몇 년간 (대개는 아내의 압력 때문에) 육아휴직에 남성들이 참여하는 경우가 약간 증가했지만, 그러한 육아휴직의 대부분은 어머니들에 의해 취해진다. 그러나 또 다른 접근법은 고용주들로 하여금 피고용인들에게 육아 서비스를 제공하도록 강제함으로써, 임금을 받거나 봉급을 받는 노동력에 여성의 참여를 증가시키려는 노력이었다. 만약 "더 적은 노동시간"이 의미가 있으려면, 노동시간 단축은 직장에서의 노동시간 단축뿐만 아니라 직장 안팎에서 노동력을 재생산하는 노동에 바쳐지는 노동시간의 단축도 포함해야 한다. 맑스의 『자본』에 비추어 더 짧은 노동시간을 명령하는 새로운 법규를 해석한 것에서 이끌어 내어지는 진정한 교훈은 분명히 자본가들에게 봉사하는 모든 활동들에서 노동 거부 투쟁들의 상보성을 증가시킬 필요가 있다는 것이다. 직장 안팎에서의 전체 노동시간이 단축되는 경우에만 우리는 시간이 진정으로 해방되었다고 그리고 시간이 (자본주의 제도들에 대한 대안을 실험하는 것을 포함하는) 우리 자신의 목적에 비추어 자유롭다고 간주할 수 있다.

이상에서 말한 것은 또, 맑스가 자본주의에 대한 자신의 분석에서 노동가치론을 발전시키고 전개한 이유도 밝혀준다. 자본가들은 우리들 대부분으로 하여금 자신들을 위해 일하도록 직접적으로 강제함으로써 사회를 통제할 뿐만 아니라, 소위 '사생활'에 체계적으로 개입함으로써 사회를 통제한다. 그들은 우리의 삶의 모든 측면들을, 우리 자신의 직접적인 통제를 넘어 자본주의적 사물의 질서와 함께 갈 수 있는 능력과 의지를 생산하고 재생산하는 노동으로 바꾸려고 했다. 맑스는 사회를 지배하고 통제하는 가장 근본적인 수단으로서 **노동**이 자본에 대해 갖는 가치 때문에 노동가치론을 발전시켰다.

이러한 이해는 이 책의 주장들의 밑바탕에 깔려 있다. 그 주장들은, 노동가치론을 담은 『자본』 1장에서의 맑스의 설명에 대한 하나의 읽기/해석을 제공한다. 그리하여 그것들은 『자본』에 표현된 이론의 추상적 결정요소들 각각이 어떻게 자본가들이 부과하려고 시도하는 관계들의 양상들을 표시하는 기호로 파악될 수 있는지를, 그러니까 그 결정요소들이 우리가 그것을 벗어나 대안들을 만들어 내기 위해 우리가 맞서 싸울 필요가 있는 현상들로 어떻게 파악될 수 있는지를 보여 주기 위해 설계된 하나의 읽기/해석을 제공한다.

2018년 9월
텍사스 오스틴에서
해리 클리버

과거의 작업들에 대한 새로운 서문은 문제적이다. 4반세기 전에 당신이 썼던 것에 대해 무엇을 말할 수 있을 것인가? 새로운 서문을 쓰는 대신, 현재의 생각과 정식들을 가지고 그것을 갱신하는 방식으로 그 책을 간략히 다시 쓰고 싶어지기도 한다. 하지만 책들은 일단 출판된 뒤에는, 어떤 사람이 지적했듯이, 그들 자신의 삶을 갖는다. 많은 사람들은 책들을, 수정되지 않은 원래의 상태로 내버려 두고 그들 나름의 길을 따라가도록 허용한다. 당신이 할 수 있는 것이라곤 그 책들을 소개하는 것, 그 책들의 이력에 대해 약간의 말을 하는 것, 그리고 그것들을 독자들의 뜻에 맡겨두는 것이다. 나의 경우에도 이것이 타당하다. 그래서 나는 여기에서 이 책의 발생에 관해, 그것이 어떻게 생겨나게 되었는지에 관해 약간의 말을 덧붙인 후 그 책의 생각들이 나의 작업에서 갖는 의미에 대해 약간의 말을 덧붙이려고 한다.[1]

어떤 책들은 의도적으로 만들어진다. 특수한 목적, 목표를 가진 정치적 기획의 일부로서 구상되고 집필된다. 그것들은 처음부터 하나의 기여[기고]contribution로서 설계된다. 칼 맑스의 『자본』의 첫 권이 바로 그러한 책이다. 그는 『자본』을, 자본주의의 성격에 대한 그의 분석을 설명하려는 더 큰 기획의 첫 단계로서 구상하고 집필했다. 다시 그 설

---

1. 이 서문이 이 책을 정치적·지적 궤적 속에 다시 위치시키는 방식으로 이 책에 대한 이야기를 하는 한에서, 각주는 그 경로에서 상관있는 다양한 출판물들에 대한 참조를 제공한다.

명은 자본주의의 전복과 초월에 대한 기여라는 더욱더 큰 기획의 일부였다. 그의 글쓰기는 착취와 소외에 대항하는, 그리고 더 나은 대안적인 사회적 삶의 형태들을 만들어 내기 위한 노동자들의 지속적 투쟁에 대한 그의 기여의 일부였다.

다른 책들은 우연적 부산물이다. 맑스의 『정치경제학 비판 요강』은 그러한 책이다. 본래 그 책은 1857년 공황이 시작될 동안에, 긴급하게 자신의 생각을 모으고, 자신의 이론적 작업과 계급투쟁의 진화에 대한 자신의 연구를 결합하기 위해 작성한 일련의 노트일 뿐이었다. 그 노트들은 결코 출판을 위해 의도된 것이 아니었다. 그것들은 단지 자신의 생각을 진척시키면서 발생된 정식들일 뿐이었다. 그것들은 다른 수고들을 생산할 작업 기간에, 그리고 마침내 1860년에 『자본』을 생산할 작업 기간에 이루어진 종합의 순간이었다. 그 노트들은, 학자들이 그것들의 정합성을 인식하고 그것들을 출판하기로 결정했던 때, 즉 맑스의 사후에 '책'으로 되었다.

이 책, 『자본을 어떻게 읽을 것인가』의 핵심은 『자본』보다 『정치경제학 비판 요강』과 더 유사한 발생 계기를 갖고 있다. 이 책은 정치적 삶에의 개념화된 개입으로서 만들어진 의도적 생산물이라기보다 우연적 부산물에 훨씬 더 가까웠다. 『정치경제학 비판 요강』처럼, 이 책은 지적 작업의 특수한 순간의 일부로서 작성된 일단의 노트들에서 시작되었다. 이 경우에 그 기획은, 노동가치론에 대한 (나에게 이해가 되는 해석을 발견하기 위해) 맑스의 저작을 조사하는 것이었다. 왜냐하면, 초기 맑스주의 연구자들이 물려준 모든 해석들이 나에게 불만스러운 것으로 남아 있었기 때문이다.

책의 발생

이 조사의 동기는 부분적으로 1970년대 초중반 계급투쟁의 변화하는 지형에 놓여 있고 또 부분적으로는 당시 맑스주의에 대한 나의 이해에 대한 점증하는 불만에 놓여 있다. 나는 맑스와 맑스주의 전통을 연구하기 시작했다. 그것은 베트남 전쟁이나 (1950년대와 1960년대에 미국이 동남아시아에서 취하고 있었던 '국가건설'nation building의 상당한 구성요소를 만들어 냈던) 사회공학social engineering을 주류 경제학이 유용하게 해석할 능력이 없다는 것에 대한 반응이었다.

스탠퍼드 대학의 석사과정 학생이었던 시기에 나는 반전 운동의 일부로서, 미국의 역반란 노력 전체의 복합체 속에서 대학이 수행하는 역할을 조사했다. 그 조사 작업이 나를 이끌어 나는 많은 동료들과 함께, 그 지역[동남아시아]에 새로운 고-산출고의 쌀을 도입하는 것을 집중 연구하는 그룹을 꾸렸다. 그러한 쌀의 도입은 그 시대에 농민들의 불만을 줄이고 신식민주의에 반대하는 혁명에 대한 지지도를 낮추기 위해 식품 생산을 증가시킬 목적으로 수행되고 있었다. 아시아 농촌 사회를 변형시키기 위해 테크놀로지를 이런 식으로 정치적으로 사용하는 것을 이론적으로 파악하기 위해 나는 다소간 시초적인 축적 과정을 통해 자본주의가 전자본주의적 생산양식을 변형하는 것에 대한 맑스와 맑스주의의 분석으로 이끌렸다.[2] 불행하게도, 내가 그 역사를 연구하면 할수록 이 분석은 더욱 일방적이고 협소한 것으로 느껴졌다. 그것이 미국 정책입안자들이 행하고 있는 것을 조명하고 또 일정하게

---

2. 각종 고산출 곡물 종의 도입에 관한 저 연구에 대한 일차 종합은 Harry Cleaver, "The Contradictions of the Green Revolution", *American Economic Review*, May 1972와 *Monthly Review*, June 1972로 출판되었다. 그 논문에서 독자들은 계급투쟁에 대한 몰두 외에 이 책의 이론적 관점에 대한 암시를 별로 찾아볼 수 없을 것이다. 그 주제에 관한 나의 박사학위 논문은 『녹색혁명의 기원』(*The Origins of the Green Revolution*)인데, 그것은 '생산양식' 분석이라는 맥락 속에 더욱더 분명하게 틀지어져 있었다.

이해할 수 있게 했지만, 실제로 그것은 그 새로운 테크놀로지들과 '국가/엘리트 건설'이 겨냥하고 있었던 동남아시아 농민들의 자기-활동성과 투쟁들을 무시했다.

1970년대 초의 같은 시기 동안에, 세계 수준의 자본주의 전략의 첨단도 변화하고 있었다. 정책 입안자들은 케인스주의 성장경영을 화폐의 더욱 억압적인 사용으로 대체하고 있었다. 사회적 지출의 삭감, 유연한 환율, 금융적 탈규제, 그리고 궁극적으로 매우 긴축적인 화폐 정책과 국제 부채 위기 등이 그것이었다. 이러한 변화를 연구하면서 나는 제3세계에 새로운 농업 테크놀로지를 도입하는 것이 농민 투쟁에 대한 반동이었던 것처럼 케인스주의에서 통화주의로의 이행도 민중 투쟁에 대한 반작용이었다는 것을 이해했다. 여기에서 그 민중 투쟁이란 1960년대 말과 1970년대 초에 세계를 휩쓴 국제적 투쟁순환을 가리키는 것이고 베트남은 그 투쟁순환의 한 계기였을 뿐이다.[3]

관찰들의 이 두 집합을 통해 내가 인식하게 된 것은, 내가 과거에 사용하고 있었던 맑스에 대한 해석 방식이 자본주의적 착취의 동학에 대한 지나치게 일방적인 초점맞춤을 포함한다는 것이었다. 바로 이러한 일방적 초점맞춤 때문에 그 해석들은 자본에 대한 저항과 공격의 주도성을 파악하는 데 실패했다. 그리고 그러한 실패로 인해서 그 해

---

3. 이 분석은 본래, *Zerowork* 1975년 호와 1977년 호에 출판되었다. 좀 더 최근의 설명으로는 Harry Cleaver, "The Subversion of Money-as-Command in the Current Crisis"[해리 클리버, 「7장 현재의 위기에서 명령-으로서의-화폐의 전복」, 『신자유주의와 화폐의 정치』, 이원영 옮김, 갈무리, 1999]와 Werner Bonefeld and John Holloway, eds. *Global Capital, National State and the Politics of Money*[워너 본펠드·존 홀러웨이, 『신자유주의와 화폐의 정치』, 이원영 옮김, 갈무리, 1999]에 실린 다른 논문들을 참조하라. 이 편집서에는 *Zerowork* 2호에 (영어로) 처음 출판되었던 논문인 Christian Marazzi의 "Money in the World Crisis : The New Basis of Capitalist Power"[크리스띠안 마랏찌, 「4장 세계위기에서의 화폐 : 자본주의 권력의 새로운 기초」]도 실려 있다. 잡지 *Midnight Notes*는 이러한 분석노선을 계속했고 또 발전시켰다.

석들은 자본 자체의 행동조차 정확하게 이해할 수 없었다. 자본의 행동은 언제나 그 저항 및 공격과의 상호작용 속에서 발전했기 때문이다. 이러한 인식을 진지하게 받아들인 것은 나에게, 맑스적 이론이 일방적이지 않은 방식으로 즉 내가 연구하고 참여하고 있었던 사회적 갈등의 양 측면을 파악하는 방식으로 이해될 수 있는지 없는지를 판단하기 위해서는 다름 아니라 맑스적Marxian 이론에 대한 완전한 재사유가 필요하다는 것을 의미했다.

그 무렵 맑스에 관한 나의 작업은 나를 적어도 한 가지 것, 즉 노동가치론이 그의 이론의 불가결한 핵심이라는 것에 관해 확신하도록 이끌었다. 혹자가 그 이론을 무시했고 그러면서도 여전히 자신들의 분석을 "맑스주의적"이라고 부른다는 사실이 내게는 이해되지 않았다. 왜냐하면 그의 가치 개념은 1840년대 이후로 근본적인 개념적 도구이면서 건축적 구성요소였고, 어떠한 재사유도 그 개념에서 시작되어야만 했기 때문이다. 내가 보기에, 일관된 전체로서 그의 이론이 갖는 유용성은, 내가 투쟁의 동학에 개입하는 방법을 이해하고 발견할 수 있도록 도울 수 있는, 그의 가치 이론에 대한 해석을 발견할 수 있는가 없는가에 달려 있었다.

그래서 1975년 여름에 나는 내가 발견할 수 있는 맑스의 가치론 관련 글들의 자료(당시에 내가 작업할 수 있었던 영어와 불어로 된 자료들)를 수집했다. 나는 그것들을 분석하고 해부했다. 나는 더 초기의 정식들과 후기의 정식들을 비교했다. 나는 원고들과 최종문서들을 비교했다. 나는 『1844년의 경제학 철학 수고』, 『정치경제학 비판 요강』, 『자본』, 그리고 다른 많은 단편들과 노트들을 비교하고 대조했다. 그것은 그 이론의 개념들과 구성물들로부터, 내가 연구했던 베트남에서의 투쟁에 대한, 내가 참여했던 시민권 운동과 반전 운동에 대한, 더 일반적으로는 당대의 역사적 갈등에 대한 쌍방 동학two-sided dynamic을 이해할 수단을 표현하고 제공하는 해석을 내가 찾아낼 수 있는가 없는가를 알기 위한 것이었다. 내가 그러한 해석을 구축할 수 있다면 나는 그것을 사용할 것이다. 내가 그러한 해석을 구축할 수 없다면 나는 맑스의 저작을, 우리가 때때로 유용한 통찰들과 설명들의 단편들을 이끌어내곤 하는, 위대한 책들의 서가에 밀쳐놓을 것이다.

그 작업의 결과는 한 묶음의 노트였다. 나는 그 노트들을 상당히 포괄적인, 그리고 내가 보기에 맑스의 가치론에 대한 의미 있는 해석으로 재가공했다. 그 해석의 직조는 『자본』 1권의 1장 첫 세 절(이 부분은 여러 가지 면에서 가치론에 대한 맑스의 가장 현학적인, 그렇지만 또한 가장 체계적인 설명이었다.)을 중심으로 조직된 원고의 형태를 띠었다.[4] 이에 적어도 잠정적으로는 만족했기 때문에 나는 내가 내 연구와 정치적 참여의 다양한 영역에서 가공해낸 그 생각들을 이용하기 시작했다.[5]

나는 처음에는 뉴욕에 있는 〈새로운 사회연구소〉에서, 이후에는 즉 1976년 가을부터는 텍사스 대학에서 학생들을 가르쳤다. 원고 그 자체는 학생들을 가르치는 일에 유용했다. 그것은 나의 학생들에게 내

---

4. 물신주의에 관한 1장 4절은 그 원고에서 별도로 취급되지 않는다. 왜냐하면 전반적인 작업 방법론이, 부분적으로는, 맑스 자신의 개념들이 파악하는 계급투쟁의 계기를 발견하는 과정을 통해 그 개념들을 탈물신화하는 것이기 때문이다.

5. 하나의 응용 사례는 공중 보건 기술의 정치에의 응용이었다. Harry Cleaver, "Malaria, the Politics of Public Health and the International Crisis", *Review of Radical Political Economy*, Spring 1977을 참조하라. 또 하나의 응용사례는 계급투쟁 속에서 각종의 고산출 곡물종의 도입이라는 문제를 다시 생각하는 것이었다. Harry Cleaver, "Food, Famine and the International Crisis", *Zerowork* 2, 1977을 참조하라. 그러한 사례연구는 더욱 일반적인 정식으로 나아갔다. Harry Cleaver, "Technology as Political Weaponry", in Robert S. Anderson, Paul R. Brass, Edwin Levy and Barrie M. Morrison, eds. *Science, Politics and the Agricultural Revolution in Asia*.

가 수업에서 논하고 있는 생각들에 대한 원문에 입각한 설명을 제공했다. 그리고 거기 나의 책상과 내 학생들의 책상에서 그 원고는 분명히 규정되지 않은 상태로 남아 있었을지 모른다. (나는 불행하게도, 어떤 생각들을 한 다음에는 내 나름대로 그것을 쓴 후, 그것들을 출판하는 데는 별로 신경을 쓰지 않는 좋지 않은 습관을 갖고 있다.) 그렇지만 그 원고는 그런 식으로 진행되지 않았다.

나의 석사 과정 학생 중 한 명이 텍사스 대학 출판부 편집자로 일하는 친구를 갖고 있었다. 그 원고가 출판 가능하리라는 생각이 그녀에게 떠올랐고 그녀는 그 원고를 [편집자인] 자신의 친구에게 보여 주었다. 그녀의 그 친구가 이후에 [내게 연락하여] 텍사스 대학 출판부가 실제로 그것을 출판해도 되는지 물었다. 그 편집자가 내게 요구한 것은 원고를 정서하고 맑스주의의 역사 속에 그 이론을 위치시킬 서문을 써 달라는 것뿐이었다. 그것의 결과가 원고 자체의 서문에 해당하는 긴 서론 글이다.

그렇지만 그 서론을 완성하기 위해 나는, 1975년 이후에 가치론에 대한 나의 재해석과 이런저런 방식으로 유사하다고 느낀 특정한 맑스주의 이론 조류들의 발생에 관해 진행하고 있었던 연구를 심화시킬 필요를 느꼈다. 내가 〈새로운 사회연구소〉에서 가르치고 있는 동안에 나는 잡지 『제로워크』Zerowork의 발행에 협력했을 뿐만 아니라 1975~1976년 뉴욕의 재정위기를 둘러싼 투쟁에 대한 정치적 개입을 위해 설계된 팸플릿들의 발행에도 협력했다. (당시는 은행들이 뉴욕시의 부채상환 연장을 거부함으로써, 회고해 보건대 1980년대의 거대한 국제 부채 위기의 축도라고 할 수 있는 것이 시작된 때였다. 당시에 뉴욕시 노동자들에 대한 임금 삭감이나 교통체계에서의 요금 인상 등을 통해 뉴욕 노동자들에게 긴축을 요구했는데, 그것은 그다음 10년에 〈국제통화기금〉(이하 〈IMF〉)과 국제은행제도에 의한 더욱 일반화된 긴축부과를 예고한 것이었다.)[6]

『제로워크』 프로젝트에 참여했던 다른 사람들의 작업은 내가 이전에는 친숙하지 않았던 [일련의] 뚜렷이 구분되면서도 서로 연관된 생각들을 세 가닥으로 정리할 수 있게 만들었다. 한 가닥은 미국적인 것으로, C. L. R. 제임스와 라야 두나예프스카야의 작업에서 발원한 생각들의 진화였다. 이들은 1940년대 말에 트로츠키주의와 단절했고 1950년대와 1960년대에 그들 나름의 영향권을 확립하는 것으로 나아갔다. 미국인들에 의해 모습을 드러내면서 영향을 미친 또 다른 가닥은 이탈리아적인 것이었다. 그 가닥은 다닐로 몬딸디, 라니에로 빤찌에리, 로마노 알꾸아띠와 같은 '오뻬라이스모' 전사들의 활동들에서 발원했다. 이들은 이탈리아 사회당과 공산당 출신으로서 이탈리아 신('원외') 좌파에 중심적인 생각들을 발전시켰다. 다시, 그들의 노력은 마리오 뜨론띠, 안또니오 네그리, 세르지오 볼로냐, 브루노 까르또시오, 뻬루치오 감비노, 마리아로자 달라 꼬스따Mariarosa Dalla Costa 등과 같은 '아우또노미아 정치공간'에서 활동하는 사람들에게 영향을 미쳤다. 그러나 또 다른 가닥도 있었는데, 그것은 비록 미국인들에 의해 영향을 받았지만 영국적인 가닥이었다. 그 가닥은 E. P. 톰슨이나 크리스토퍼 힐과 같은 영국 맑스주의의 '아래로부터의' 역사가들의 제1세대에서 나와서 피터 라인보우와 『앨비언Albion의 운명적 나무』의 다른 저자들을 포함하는 제2세대로 이어지는 가닥이었다. 이 세 가닥 모두는 『제로워크』

---

6. Donna Demac and Philip Mattera, "Developing and Underdeveloping New York : The 'Fiscal Crisis' and the Imposition of Austerity", *Zerowork* 2, 1977과 Harry Cleaver, "Close the IMF, Abolish Debt and End Development : A Class Analysis of the International Debt Crisis", *Capital & Class* (UK) 39, Winter 1989를 참조하라.

의 다양한 편집자들의 작품에서 다양한 방식으로 엮어 짜였다.

이러한 가닥들을, 그리고 그 잡지[『제로워크』]에서 나의 동료들에게 미친 그 가닥들의 영향 노선을 이해하려는 노력은 나를 1978년 여름에 유럽으로 이끌었다. 매우 유익한 정보를 얻었던 일련의 만남들에서 나는 다양한 생각들과 정치들의 정치적이고 지적인 역사를 결합하기 시작했다.

영국에서 나는 존 메링턴John Merrington과 에드 에머리Ed Emery를 만났다. 이들은 이탈리아 신좌파 사상을 영국과 미국으로 유통시키고 있었던 두 핵심 인물이었다. 존의 오포드 로드Offord Road의 아파트에서 나는, 이탈리아에서의 지적·정치적 발전과 영국에 미친 그것의 영향에 관한 대화에 많은 시간을 보냈다. 나는 또 이탈리아 텍스트들을 존이 번역한 수고를 읽는 데 여러 날을 보냈다. 그것들 중의 상당 부분은 당시에 출판되어 있지 않았다. 에드 에머리 덕분에 나는 『레드 노츠』를 발견했다. 그것은 영국에서의 노동자 투쟁의 패턴에 영향을 미칠 목적으로 존과 에드가 생산한, 이탈리아 문헌의 번역을 포함하는 일련의 출판물이었다.

프랑스에서 나는 마리오 뜨론띠를, 그리고 나중에는 안또니오 네그리를 프랑스어로 번역한 사람이자 파리에서 '자율주의' 정치(학)를 발전시킨 활동가인 얀 물리에 [부땅]을 만났다. 그의 자율주의 정치(학)는, 비록 단 한 가지 주제만을 다루는 것은 아니었지만, 특히 이민노동자들의 투쟁을 중심으로 하는 것이었다. 당시에 얀은 『동지』라는 투사잡지의 발행에 참여하고 있었다. 그는 이후에 『바빌론』*Babylone*을 출판했고 또 『전 미래』지의 편집을 도왔으며, 오늘날에는 계간 잡지인 『뮐띠뛰데』*Multitudes*지에 참가하고 있다.

이탈리아에서 나는 역사가인 브루노 까르또시오와 세르지오 볼로냐를 만났다. 밀라노에서 그들은 『쁘리모 맛지오』지에서 일하고 있었다. 그들과의 대화 속에서 나는 이탈리아의 투쟁들에 대한 나의 이해를 설명했다. 그 후 다시 브루노의 사무실에서 나는 C. L. R. 제임스, 라야 두나예프스카야, 그리고 그들의 협력자들인 조지 라윅George Rawick과 마틴 글레이버먼Martin Glaberman의 많은 텍스트들을 읽는 데 여러 시간을 보냈다. 이 텍스트들은 브루노가 미국의 [투쟁] 전통에 대한 연구를 하면서 모은 것이었다. 밀라노에서 나는 또 안또니오 네그리를 만났다. 그는 '아우또노미아'라는 정치공간의 발전에서 핵심적인 인물이었다. 나는 그에게, 내가 서문을 쓰고 있던 원고의 복사본을 주었다. 이때 나는 그가 『정치경제학 비판 요강』에 나타난 맑스의 이론을 재해석했다는 것을 알았다. 그것은 1978년 봄 루이 알튀세르Louis Althusser의 파리 세미나에서 처음 제출되었고 마침내 『맑스를 넘어선 맑스』[7]로 출판된 재해석이었다. 내가 그의 책을 구해서 읽어본 후에, 나는 우리의 해석에 여러 가지 차이와 더불어 일정한 유사점이 있다는 것을 발견했다. 파도바에서 나는 『쁘리모 맛지오』의 또 다른 편집자였던 뻬루치오 감비노를 만났다. 당시에 그는, 내가 이후에 '자율주의적' 이념과 정치학이라고 부르게 될 것의 국제적 유통에서 또 한 사람의 핵심적 인물이었다.

이 모든 토론과 더불어, 그리고 내가 연구하게 된 일단의 생각들을 재구축하려는 나의 노력과 더불어, 나는 또, 이 생각들이 설명되어 왔고 발전되어 온 역사적 자료들과 핵심 텍스트들을 모으기 시작했다. 내가 이탈리아어를 배워야 하리라는 것이 분명했다. 적어도 이탈리아 신좌파의 떠들썩하고 창조적인 세계에서 생성된 그 엄청난 수의

---

7. [한국어판] 안토니오 네그리, 『맑스를 넘어선 맑스』, 윤수종 옮김, 중원문화, 2012.

책들, 잡지 수록 논문들, 팸플릿들을 읽고 이해하고 파악할 수 있을 정도로는 말이다. [왜냐하면] 존 메링턴과 에드 에머리의 뜻깊은 노력에도 불구하고 영어권 세계에서 그 자료들의 대부분은 번역되어 있지 않았고 또 알려지지 않은 상태에 있었다. 수집된 자료들과 이 토론들에 입각하여 이러한 생각들의 역사를 처음으로 종합적으로 재구축하는 것은 이 책[『자본을 어떻게 읽을 것인가』]에 붙인 서론의 후반부의 실질적 몫이다. 바로 그 자료들이 〈자율주의적 맑스주의 텍사스 아카이브〉The Texas Archives of Autonomist Marxism에 포함된 상당 규모의 수집 글을 구성한다.[8]

여러분이 보게 될 그 서론은 세 부분으로 구성되어 있다. 첫 부분은 미국에서 나타난 맑스주의에 대한 관심의 놀랄 만한 만개에 대한 간략한 분석이다. 그 만개는 전후 케인스주의 시대를 위기에 던져 넣은 투쟁주기 동안에, 즉 1960년대 말과 1970년대 초에 나타났다. 그것은 텍사스 대학 출판부가 내가 작성한 그 원고를 기꺼이 출판하려고 한 원인이었을 뿐만 아니라 내가 일자리를 얻게 된 원인이기도 했다(나의 교수 자리는 맑스를 공부하려는 학생들의 요구에 부응하여 만들어졌다.) 둘째 부분은 맑스주의 전통의 주류 노선에 대한 해설이었다. 그 부분은 내가 결함이 있음을 발견했고 (또 여전히 그렇게 생각하는) 여러 가지 두드러진 조류들에 대한 비판을 포함한다. 그 조류들에는 특히 (알튀세르의 작업을 포함하는) 정통 맑스레닌주의와, 프랑크푸르트 학파에서부터 그것의 더욱 현대적인 표현들에 이르는 비판이론이 포함되었다. 맑스의 가치론에 대한 나 자신의 재조사를 촉진했던 가장

---

8. 이 컬렉션의 목록은 http://www.eco.utexas.edu/faculty/Cleaver/txarchintro.html에서 이용할 수 있다.

기본적인 비판은 이 맑스주의 전통들 대부분이 갖고 있는 일방성[일면성]one-sidedness이었다. 이 전통들은 자본주의 착취의 메커니즘에 초점을 맞추면서 노동계급의 자기활동성을 이론화함에 있어서는 무능력을 드러내고 있었다. 세 번째 부분은 그러한 일방성을 다양한 방식으로 극복했다고 생각되는, 그리고 나 자신의 작업과 유사성을 갖고 있거나 나의 작업에 직접 영향을 미쳤다고 생각되는 맑스주의 전통의 특정 흐름들에 대한 이야기로 구성된다. 그 이야기의 핵심은, 위에서 논의한 미국과 이탈리아의 조류들에 대해 내가 수행한 재구축 작업에 의거했다.

책 이후

1979년에 책이 출판된 이후 나는 이 지적, 정치적 전통에 대한 연구를 계속했다. 나의 독해는 다소간 밀접하게 연관된 것으로 보이는 다른 조류들까지 포함하는 것으로 넓혀졌다. 우선 나의 관심은, 계급투쟁에서 주도권을 행사할 수 있는 노동자들의 능력에 대한 인정과 평가를 반영했던 글들을 찾아내는 작업으로 계속되었다. 최근 들어 나는 그러한 주도권의 긍정적 내용에, 그리고 민중의 상상력과 창조성이 자본을 넘어서 또 노동자로서의 그들의 지위를 넘어서 나아가도록 만드는 방식에 초점을 맞추게 되었다.

그 과정에서 나는 로자 룩셈부르크Rosa Luxemburg의 정치적 저작들과 안톤 판네쿡Anton Pannekoek과 폴 마틱Paul Mattick과 같은 평의회 코뮤니스트들의 정치적 저작들을, 그리고 이후에는 엠마 골드만이나 페테르 크로포트킨Kropotkin과 같은 아나코-코뮤니스트들의 정치적 저작들을 발견했고 또 그것들로부터 배웠다.9 전자는 이데올로기적으로

'맑스주의적'이었고 후자는 그렇지 않았다는 사실은 노동자들이 자율적으로 행동할 수 있는 힘에 대한 그들의 공통된 지각과 공감보다는 덜 중요한 것으로 내게 느껴졌다. 이와 유사하게, 내가 영국의 '아래부터의' 맑스주의적 역사의 초기 전통을 탐구했을 때, 나는 그들의 공식적인 정치적 연계(종종 매우 정통적인 영국 공산당과의 연계)에는 덜 관심을 가졌고, 자본주의 사회의 형성과 진화에서 지금까지 간과되었던 노동자와 농민 들의 자율적 활동성을 강조하는 방식으로 역사를 재서술함에 있어서 그들이 거둔 성공에 오히려 더 큰 관심을 가졌다. 내가 '자율주의적' 맑스주의라는 용어를 주조하도록 만든 것은 다양한 맑스주의 저자들과 투사들 속에서 반복적으로 등장하는 바로 이 주제였다. 나는 지금 이 용어를 그러한 [노동자와 농민 들의 자율적 활동성을 강조하는] 인식과 강세를 가리키는 말로 사용한다.[10]

그러나 이러한 공통성이 분명했음에도 불구하고 나는 내가 이 이름으로 다시 묶었던 사람들의 놀랄 만한 다양성을 인정하지 않을 수 없었다. 예를 들어 엠마 골드만과 크로포트킨은 '맑스주의'라는 이름을 거부했을 뿐만 아니라, 공황이론, 노동계급에 대한 정의, 노동에 대한 태도, 현재 속에서 미래의 관념 등을 포함하는 핵심 논점에 대해 그들 사이에 실질적인 차이도 있었다.

예컨대 20세기 초반에 나온 많은 저작 중에서 종종 그들의 '경제' 이론의 상당 부분은 노동자들의 자율성에 대한 그들의 정치적 평가와

---

9. 크로포트킨의 작업과 '자율주의 맑스주의자들'의 작업 사이의 유사성에 대해서는 Harry Cleaver, "Kropotkin, Self-valorization and the Crisis of Marxism", *Anarchist Studies* (Lancaster, UK) 2, 1994를 참조하라.

10. Massimo de Angelis, "Intervista a Harry Cleaver", *Vis á Vis : Quaderni per l'autonomia di classe* (Italy) 1, autunno 1993 (http://www.geocities.com/CapitolHill/3843/cleaver.html에서 이용 가능)를 참조하라.

일치하지 않았다. 예를 들어, 로자 룩셈부르크는 당에 대한 그녀의 애착을 노동자들 자신이 취한 투쟁 방향에 대한 세심한 주의를 통해 발효^{醱酵}시켰지만, 그녀가 자신의 자본주의 위기 이론과 제국주의 이론을 설명할 때에는 노동자들의 그 자기활동성이 시야에서 완전히 사라져 버렸다. 계급투쟁의 동학을 구체화하는 이론의 자리에, 그녀는 맑스의 확대재생산 도식에 대한 해석을 대신 내놓았다. 그것은 노동자들의 투쟁과는 완전히 독립적으로 저 스스로 붕괴하는 두 부문[소비재 생산 부문과 생산재 생산 부문]의 성장 모델 도식으로 되고 말았다.[11]

이와 유사한 비일관성이 폴 마틱의 저작에서도 나타난다. 그는 아마도 2차 세계대전 후 시기의 가장 잘 알려진 평의회 코뮤니스트일 것이다. 한편에서 그와 그 전통의 다른 사람들은 서유럽(혹은 러시아 소비에트들)에서 노동자들이 노동자 평의회를 자기주도적으로 만들어 낸 것을, 노동자들이 사회민주당이건 레닌주의 당이건 간에 어떠한 당으로부터도 자율적으로 자신을 조직할 수 있는 능력의 주요한 예로 간주했다. 다른 한편, 룩셈부르크와 마찬가지로 그의 자본주의 위기론에서는 그 자율성이 사라진다. 그 자리에 놓인 것은 공황에 대한 그로스먼Henryk Grossman의 매우 기계적인 이론의 재가공과 2차 세계대전 후 자본주의에 대한 비판이었다. 그 비판은 투쟁의 어떤 변증법에서도 아주 독립적인 논리에 따라 전후 자본주의가 필연적으로 붕괴한다고 주장했다. 이러한 모순을 인식함으로써 우리 중의 일부는 이 책[『자본을 어떻게 읽을 것인가』]에 포함된 가치론 해석을 사용하면서 맑스의 위기론을 계급적 용어로 거듭해서 재해석하게 되었다.[12] 그러나 동시에

---

11. 이에 대한 추가적 논의로는 Harry Cleaver, "Karl Marx : Economist or Revolutionary?" in Suzanne W. Helburn and David F. Bramhall, eds. *Marx, Schumpeter and Keynes* 참조.

그러한 재해석은 주류 경제학 및 정책 결정에 대해 비판할 때 그것의 이데올로기적 내용에 대한 비판으로부터 계급투쟁 속에서의 그것의 전략적 역할에 초점을 맞춘 비판으로 나아갈 필요를 함축했다.[13]

내가 이 전통에 대한 고고학적 연구에서 발견한 또 다른 주요한 차이점은 무엇이 '노동계급'을 구성하는가(다시 말해 '노동계급'에 누가 포함되며 누가 그 계급 외부에 있는 것으로 이해되어야 하는가)에 대해 매우 제한적으로 이해하는 사람들과, 이후에 '노동계급' 범주의 적용가능성을 상당히 확장한 사람들 사이에 놓여 있었다. 룩셈부르크와 마틱의 '위기 이론들'은 자본의 '운동 법칙'에 대한 일방적 설명이라는 점에서 정통적이었다. 그런데 '노동계급'을 임금을 받는 산업 프롤레타리아트에 한정하는 그들의, 그리고 많은 사람들의 '노동계급' 관념 역시 일방적이고 정통적이었다. 1970년대 중반이 되었을 때 나는 더 이상 그러한 제한된 관점을 받아들일 수 없었다.

비임금 민중들의 투쟁의 진화는 거듭해서 많은 사람들로 하여금

---

12. 그러한 재해석의 하나로는 Harry Cleaver and Peter Bell, "Marx's Theory of Crisis as a Theory of Class Struggle", *Research in Political Economy*, Vol. 5, 1982 참조. 또 다른 해석은 Harry Cleaver, "Theses on Secular Crises in Capitalism : The Insurpassability of Class Antagonisms", in C. Polychroniou and H. R. Targ, eds. *Marxism Today : Essays on Capitalism, Socialism and Strategies for Social Change*에서 간단명료하게 제시된다.

13. 예컨대 Harry Cleaver, "Supply-side Economics : The New Phase of Capitalist Strategy in the Crisis", 프랑스어 저널 *Babylone* (Fall 1981)과 이탈리아어 저널 *Metropoli* (Rome, 1981), 그리고 Harry Cleaver, "Nature, Neoliberalism and Sustainable Development : Between Charybdis & Scylla", in Alessandro Marucci, ed. *Camminare Domandando : La rivoluzione zapatista* (웹에서는 영어로 된 http://www.eco.utexas.edu/faculty/Cleaver/hmchtmlpapers.html) 참조. George Caffentzis, *Clipped Coins, Abused Words and Civil Government : John Locke's Philosophy of Money*; Massimo de Angelis, *Keynesianism, Social Conflict and Political Economy*, 그리고 희소성 개념에 관한 Carl Wennerlind의 박사학위 논문도 참조.

용어들을 재정의하도록 이끌었다. 1960년대와 1970년대에 여성, 학생, 농민과 같은 다양한 집단들의 자기 동원은 이전에 인식되었던 것보다 훨씬 더 큰 '노동자 자율성'에 대한 실질적 전망을 함축했다. 더구나, 자본으로부터 자율적으로 행동하는 더 폭넓고 다양한 민중들이 있었을 뿐만 아니라 그들은 종종 다른 집단들에 대해 독립적으로 행동했다. 예컨대 흑인들은 백인들로부터 자율적으로 행동했고, 여성들은 남성들로부터 자율적으로 행동했다. 이러한 현실에 대한 지각은 현재의 노동계급을 연구하는 사람들과 과거의 노동계급을 연구하는 사람들 모두에게 영향을 미쳤다.[14]

'아래로부터'의 역사라는 전통 속에서, 범죄, 사회투쟁, 그리고 영국 프롤레타리아트의 형성을 연구하는 피터 라인보우와 그의 동료들 같은 새로운 세대의 역사가들은 임금이, 자본이 민중들을 노동하게 하고 착취해 온 단지 하나의 형태에 불과했음을 인식하고 그것을 구체적으로 밝히기 시작했다.[15] 선다운에서 선업에 이르는 북미 노예들의

14. 물론 어떤 사람들은, 그 투쟁들을 이차적 현상으로 간주하거나(많은 정통 맑스주의자들의 접근법) 혹은 그 투쟁들을, 낡은 '노동운동'을 퇴색시키는 것으로 이해되는 '새로운 사회운동'을 구성하는 것으로 예찬하면서(노동계급에 대한 낡고 취약한 정통적 정의를 비판의 편리한 표적으로 무비판적으로 받아들이는 데 만족하는 반-맑스주의적 접근법), 이러한 투쟁들의 노동계급적 성격을 인정하기를 거부했다.

15. 예컨대 18세기의 많은 사례들에 대한 상세한 분석을 통해 노동계급이 임금의 혜계모니보다 연대적으로 어떻게 앞서는지를 보여 주며 이로써 정통적 개념들의 불충분성을 보여 주는 Peter Linebaugh, *The London Hanged* 참조. Linebaugh와 Marcus Rediker(17세기 선원 투쟁에 대한 연구인 *Between the Devil and the Deep Blue Sea*[『악마와 검푸른 바다 사이에서』, 박연 옮김, 까치, 2001]의 저자)는 지금 대서양 프롤레타리아트의 형성에 관한 새로운 책, *The Many-headed Hydra*[이미 출판된 한국어판: 『히드라』, 정남영·손지태 옮김, 갈무리, 2008년]을 공동으로 작업하고 있다. 그 분석의 일반적 취지는 Ron Sakolsky and James Koehnline, eds. *Gone to Croatan : Origins of North American Dropout Culture*에 실린 그들의 동명의 논문을 통해 입수할 수 있다. 시초 축적과 임금/비임금을 불문한 모든 형태의 노동계급 형성의 역사에 관한 포괄적 조사이자 분석인 Yann Moulier-Boutang, *De l'esclavage au salariat : Economie historique du*

자기활동성에 대한 조지 라윅의 연구는 초기 맑스주의 역사가들이 이전에 노예제에 사로잡혀 있었던 선입관에서 벗어나 기나긴 플랜테이션 노역 동안에 이루어진 주인들의 착취에 주의를 기울이도록 만들었다.[16]

비임금 가정주부들의 자율적 투쟁의 출현은 마리아로자 달라 꼬스따, 셀마 제임스, 실비아 페데리치 같은 다른 맑스주의자들로 하여금, 여성이 맞서 싸운 노동을 분석하도록, 그리고 그 노동이 적어도 부분적으로는 자본을 위한 노동이며 자본이 노동력 가치의 축소를 통해 그 노동으로부터 어떻게 이윤을 수취하는가를 인식하도록 이끌었다.[17] 그들은 또 남성이 종종 가사노동의 부과를 매개하며 그로부터 혜택을 받기 때문에 여성의 반란[18]은 남성의 반란으로부터 자율적이어야 한다고 주장했다. 남성의 매개는 자본에 대한 직접적 공격을 위해 맞서거나 우회할 수 있다. 하지만 여성이 그들 자신의 이해관심을 취하기 위해 남성에게 의존할 수는 없다. 이와 유사하게 멕시코, 나이지리아, 또 그 밖의 곳에서의 농민들에 대한 연구는, 그들의 비임금 노동이 자본의 확대재생산에 어떻게 기여하는지, 그리고 종종 임금노동자들의 투쟁에서 자율적인 그들의 투쟁이 어떻게 그러한 축적을 파열할 힘을 갖는지를 보여 주었다.[19] 그러한 해석이 함축하는 '노동계급'의

---

*salariat bride*도 참조하라.

16. George P. Rawick, *From Sundown to Sunup : The Making of the Black Community*.

17. 이 모든 여성들은 가사노동에 대한 임금 지불 운동에서 핵심적 인물들이다. 노동력 재생산에서 가사노동의 역할 및 자본주의 이윤의 발생에 대한 재해석은 그 주제에 관해 맑스주의자들 사이에서 폭넓은 논쟁을 불러일으켰다.

18. [옮긴이] 이 책에서 revolt와 rebellion은 '반란', uprising은 '봉기', revolution은 '혁명'으로 옮긴다.

19. Ann Lucas de Rouffignac, *The Contemporary Peasantry in Mexico*; Ezielen Agbon, *Class and Economic Development in Nigeria 1900-1980*, Ph. D dissertation, Univer-

확장된 관념은, 계급 내부의 분할과 자율성에 대한 평가와 더불어 현대의 '자율주의적' 맑스주의를 많은 그들의 다른 선구자들로부터 구분 짓는다.

노동자 투쟁의 자율성을 인식한 많은 사람들의 이해 방식에서 나타난 또 다른 역사적 변화는 노동에 대한 노동자들의 태도에서 나타난 변화에 기인했다. 계급투쟁에서 주도권을 취할 수 있는 노동자들의 능력을 인정했던 많은 초기 세대 맑스주의자들은, 혁명의 목표는 자본의 지배로부터, 그리고 소외와 착취로부터 노동의 해방이라는 바로 그 정통적 믿음에 집착했다. C. L. R. 제임스와 라야 두나예프스카야를 중심으로 결집했던 많은 아나키스트들, 평의회코뮤니스트들, 그리고 심지어 탈-트로츠키주의자들에게, 생산을 장악하고 관리하기 위한 노동자 평의회의 형성(1956년 혁명 동안의 헝가리 노동자 평의회가 그 예다)은 '혁명'의 전형이자 노동의 해방으로 보였다. 그러나 두 가지 경향이 그러한 정식을 넘어서는 더 현대적인 세대의 성장을 촉진했다. 첫째로, 테일러주의적이고 포드주의적인 탈숙련의 지속적 확장은 청년 노동자들의 노동으로부터의 소외를 생산했다. 1960년대 무렵 노동을 장악하여 그것을 덜 소외된 것으로 만들려는 욕망은 그 노동에 대한 단순한 거부에 의해 점점 더 대체되고 있었다. 그들은 통제를 원하지 않았다. 그들은 노동에서 벗어나고자 했다. 둘째로 직장에서의 노동 거부는 공식 직장 외부의 삶에서 노동력을 재생산하는 비임금 노동에 대한 거부를 점차 수반했다. 더구나 두 종류의 노동 모두에 대한 거부는 새로운 종류의 비노동 활동을 수반했다. 비판이론가들에 의해 조명되고 분석된 지배의 '문화적' 메커니즘에 대항하여, 1960년대에 '문

---

sity of Texas at Austin, 1985.

화혁명'이 시도되었고 그것은 1970년대와 그 이후로 이어졌다. 실제로 여성 운동·학생 운동·환경 운동과 많은 농민 투쟁들의 자기활동성은 새로운 삶의 방식을, 사람들 사이의, 그리고 인간과 자연 사이의 새로운 관계를 매우 자기의식적으로 다듬어 내기 시작했다. 새로운 사회의 구축은 오직 자본의–전복으로서의–혁명 이후에만 일어날 수 있다는 전통적 레닌주의 견해와 달리, 케인스주의 세계질서를 빠르게 침식하고 있었던 이 새로운 운동들은 현재 속에서 '미래'를 건설하는 일을 요구하고 또 실제로 착수하고 있었다.

1980년대와 1990년대까지 그러한 긍정적 투쟁 형식이 지속되면서, 자본에 저항할 뿐만 아니라 자본의 대안을 창출하려는 그러한 노력이 지속되면서, 나의 연구 주제의 강조점이 약간의 변화를 겪었다. 앞서 서술한 내 작업에서의 변화, 즉 자본주의 지배에서 노동계급 자기활동성으로의 초점이동은 노동계급 저항에 대한 연구에서, 안또니오 네그리가 노동계급 자기가치화라고 불렀던 것에 대한 연구로의 변화를 수반했다. 노동계급 자기가치화는 자본주의의 사회관계들에 대안적인 새로운 사회관계, 새로운 삶의 방식의 자율적 가공을 의미했다. '자기가치화'라는 이 용어는 그 나름의 문제를 갖고 있었지만(맑스는 본래 자본주의적 가치화를 지시하는 데 이 용어를 사용했다), 그것은 우리의 주의를, 저항을 넘어 다양한 종류의 긍정적인, 사회적으로 구성적인 자기활동성으로 나아가는 투쟁들로 돌리기 위해 유용한 개념을 제공한다.[20] 이 개념은 자본주의적 통제를 벗어나는 노동을 가리킬 뿐만

---

20. Harry Cleaver, "The Inversion of Class Perspective in Marxian Theory : from Valorization to Self-valorization"[해리 클리버, 「마르크스주의 이론에 있어서의 계급 관점의 역전」, 『사빠띠스따』, 이원영·서창현 옮김, 갈무리, 1998] in Werner Bonefeld, R. Gunn and K. Psychopedis, eds. *Open Marxism*, Vol. II 참조.

아니라 새로운 삶의 방식을 상상하고 창조하는 노동계급 자기활동성의 모든 형식을 가리킬 수 있다.[21]

그런데 대안적인 사회관계를 다듬어내는 그러한 긍정적·자율적 활동성의 바로 그 실존은 그러한 다듬어내기 작업을 하는 사람들이 사실상 그들의 계급 위치 너머로 이동하고 있음을 암시한다. 달리 말해, 노동자들이 자신들의 삶을 '자율적으로 가치화하는' 정도만큼, 그들은 '노동자들'을 넘어 이동하고 또 그들 자신을 어떤 다른 종류의 사회적 범주로 구성한다. 여기에서 우리는 '노동계급' 개념의 새로운 종류의 한계를 발견한다. 과거에 이 개념은 자본에 의해 착취되고 그것에 저항하는 사람들을 가리키는 술어로 너무 협소했다. 나아가, 자기가치화의 현존은 이제 그 개념이 그 과정에서 창출되고 있는 새로움, 다름을 파악하는 데 어떻게 실패했는지를 보여 준다. 우리가 자기가치화를 갖는 곳에서 우리는 계급투쟁을 가질 뿐만 아니라 새로운 세계와 새로운 종류의 사람들의 (일시적이거나 지속적인) 출현을 갖는다.[22]

요컨대 내가 '자율주의적 맑스주의'라고 부르는 전통의 역사 속에서 우리는 자율적으로 행동할 수 있는 노동자들의 능력에 대한 정치적 평가의 확장을 향한 진화를 발견한다. 여기에서는, 위기 이론의 재개념화를 향한 진화도 발견할 수 있는데, 그것은 위기를 계급 권력의

---

21. 이것이 의미하는 것은, 노동계급 '자율성'이 그것이 자본주의 사회라는 맥락 내부에서 발전한다는 그 단순한 사실로 인해 불가피하게 제한되듯이(그래서 어느 정도는 자본주의 사회에 의해 규정될 수밖에 없고 또 완전히 '자율적'이지는 않듯이), 그러한 투쟁들의 하위집합인 자기가치화 혹은 자율가치화 활동들도 그것들이 출현하는 사회에 의해 불가피하게 표식되고 상처 입는다는 것도 또한 분명하다는 것이다.

22. 나는 이 점을 Harry Cleaver, "Marxist Categories, the Crisis of Capital and the Constitution of Social Subjectivity Today", *Common Sense* (Scotland), 14, October 1993에서 논했다. 멕시코시티에서 그러한 긍정적 자기결정의 한 사례는 Harry Cleaver, "The Uses of an Earthquake", *Midnight Notes*, No. 9, May 1988에서 발견할 수 있다.

위기로 파악한다. 또 여기에서는 '노동계급'의 재정의를 향한 진화도 발견할 수 있는데, 그것은 '노동계급'을 비임금 [노동자]를 포함할 수 있도록 넓히며 자율성에 대한 이해를 계급 내 관계로까지 심화시키고 자신들의 계급 지위를 벗어나기 위한, 그리고 그 이상의 무엇이 되기 위한 '노동자들'의 노력을 인정한다.

내가 1994년 1월 1일 멕시코 치아빠스주에서 발발한 사빠띠스따 반란을 일정한 호기심을 갖고 환영한 것은 이러한 이론적·정치적 관점에서였다. 이것은 1989년 소비에트 체제의 붕괴에도 불구하고 여전히 살아있던 구좌파 정당에 의해 지도된, 중앙아메리카 맑스레닌주의 봉기의 하나였던가?[23] 아니면 새로운 무엇이었던가? 이탈리아 잡지 『리프-라프』*Riff-Raff*(파도바)의 편집자가 내게 [치아빠스주에] 무슨 일이 일어나고 있는지에 대해 뭔가를 써 달라는 요구를 받았을 때, 나의 첫 반응은 나는 치아빠스 전문가가 아니라고 말한 것이었다. 그렇지만 그들이 계속 요구했을 때, 나는 여러 언론 기사들과 홍수처럼 쏟아진 인터넷 보도들 및 분석들을 꼼꼼히 읽었다. 아직 말해지지 않은 어떤 할 말을 내가 갖고 있는지를 알기 위해서였다.

두 가지 것이 나에게 강한 충격을 주었다. 첫째로, 거기에는 진정으로 새로운 어떤 것이 있었다. 진짜 원주민 반란으로 보이는 것의 놀랍도록 명확하게 신선할 정도로 새로운 자기표현이 곧장 눈에 띄었다. 통상적으로 진부했던 맑스레닌주의적 잡설 대신에 치아빠스 지역의 다양한 원주민 문화를 명료하고 직설적으로 표현하는 언어가 있었

---

23. 그 지역에서 일어난 투쟁의 역사에 낯선 사람들을 위해 덧붙이자면, 1989년 이후에 그곳에는 좌파 정당들의 광범위한 붕괴가 있었고, 그들 중 환멸을 느낀 다수의 당원들은 일체의 혁명적 활동을 포기했다. 그리고 그중 일부는 주변적 개혁을 모색하기 위해 국가에 결합하기까지 했다.

다. 더구나 사빠띠스따의 성명서들은 500년에 걸친 강제노동과 착취에 대한 격렬한 저항을 표현했을 뿐만 아니라 자기조직화의 대안적 형태들에 대한 선명한 비전을 표현했다. 남南으로부터의 말들 속에서 나는, 내가 수년 전에 멕시코시티의 스페인어 사용구역에서 발견했던 자기가치화에 대한 관심을 읽었다.[24] 나는 또, 그 반란이 다양하고 자치적인 새로운 세계를 구축할 정치공간과 정치력을 찾고 있음을 이해할수 있었다. 거기에는 '사회주의'라는 전통적인 단일 기획이 없었다. 그뿐만 아니라 자율[자치]의 구상notion은 새로운 국민국가를 형성하기 위한 분리 독립의 기획도 아니었다. 발칸 지역에서 나타났던 민족주의적 자치 요구와는 달리, 치아빠스의 원주민들은 멕시코 자본과 국제 자본의 집중된 권력에 대항하는 문화적·정치적 자치를 추구하고 있었다. 끝으로 반란의 국제적 맥락에 대한 사빠띠스따의 분석은 '제국주의'에 대한 통상적 비난을, 점차 지구화하는 자본주의 전략에 대한 설득력 있는 분석으로 대체했다. 그 분석에 따르면, 산업자본·금융자본·상품자본의 자유로운 운동은, 라틴아메리카에서 '신자유주의'라는 이름으로 진행되는 긴축·구조조정·억압에 의한 노동계급에 대한 통제의 강제와 겹쳐 있었다.

둘째로, 나는 멕시코와 세계의 다른 지역에서 벌어지는 다양한 풀뿌리 운동에서 인터넷이 수행하는 역할에 충격을 받았다. 인터넷은 멕시코 정부로 하여금 반란을 군사적으로 억압하려던 자신의 시도를 멈추도록 압박하여 협상을 하도록 만들었다. 1990~91년에 나는 북미자유무역협정을 저지하려는 3국의 실패한 노력에서, 그리고 걸프 전쟁에 대한 광범위한 반대운동에서 소통의 역할에 주목했다. 그러나 사

---

24. "The Uses of an Earthquake", 앞의 잡지 참조.

빠띠스따를 지지하는 1994년 초의 결집에서 인터넷의 역할은 중심적일 뿐만 아니라 더욱 광범위하고, 더욱 강렬하며, 더욱 성공적인 것으로 보였다. 대규모의 정보유통은 반란의 지식을 저지하려는 멕시코 정부의 노력을 우회했고 제한된 주류 언론의 보도범위를 보충했다. 더구나 그 정보들이 유통시킨 인터넷 리스트들과 컨퍼런스들은 또 정치행동의 조직화를 위한 그리고 그 행동들의 공유와 분석을 위한 공적 공간을 (그 결집 과정을 극적으로 가속시키는 방식으로) 제공했다. 끝으로 신자유주의에 대한 사빠띠스따의 분석과 신자유주의를 대체할 다양한 대안에 관한 그들의 비전의 국제적 유통은 전 세계의 수많은 당대적 투쟁들 속에서 반향을 일으킨 것으로 보였다. 이후의 사건들이 보여 주듯이, 그 반향은 그들에게 대회소집의 힘을, 그리고 본보기로서의 힘을 주었다. 그것은 현시기에도 다른 어떤 집단도 필적하지 못하는 것이다.

이러한 고찰의 결과 나는 『리프-라프』를 위해 반란에 관한 논문을 썼고 그 글에서 부분적으로 투쟁의 빠른 유통 속에서 인터넷의 역할에 초점을 맞추었다.[25] 그 논문의 긍정적 수용과 폭넓은 번역 및 복제는 나로 하여금 다음 두 분야에서 계속 작업을 하도록 자극했다. 그 중 하나는 사빠띠스따 반란 그 자체이고 또 하나는 전 지구적 신자유주의에 대한 반대를 가속화함에 있어서 인터넷의 역할이다. 그 반란은 존중과 지지를 받을 만한 성격을 계속적으로 가졌다. 그뿐만 아니라

---

25. Harry Cleaver, "The Chiapas Uprising : The Future of Class Struggle in the New World Order", *Riff-Raff*, marzo 1994 (이탈리아어)와 *Common Sense*, No. 15, April 1994 (영어). 이후의 좀 더 깊이 있는 분석은 Harry Cleaver, "The Zapatistas and the Electronic Fabric of Struggle", in John Holloway and Eloina Pelaez, eds. *Zapatista!* 에서 찾아볼 수 있다. [이 글들은 해리 클리버, 『사빠띠스따』, 이원영·서창현 옮김, 갈무리, 1998에서 읽어볼 수 있다. ― 옮긴이]

상호연결된 투쟁의 네트워크를 구축하기 위해 연대를 넘어설 수 있는 그것의 능력은 신자유주의에 대항하면서 그들 자신의 자기결정을 위해 싸우고 있는 많은 다른 사람들에게 영감과 본보기를 계속적으로 제공했음이 분명하다. 이와 유사하게, 신자유주의에 대항하는 이후의 국제적 행동이 보여 주었듯이 인터넷은 저항과 대안을 국제적으로 직조함에 있어서 점점 더 중요한 역할을 수행하고 있다.[26] 처음에는 제네바에서 그다음에는 시애틀에서, 수많은 사람들을 거리로 나오게 만들었던 〈세계무역기구〉에 대항하는 최근의 결집은 훌륭한 예다. 인터넷은 첫째로는 조직화에서, 그리고 그다음으로는 특히 시애틀에서 만들어진 〈독립미디어센터〉The Independent Media Center의 경우에서처럼 사건들이 전개되면서 경험을 전 세계로 유통시킴에 있어서 핵심적 역할을 수행했다. 그러한 모든 경험들로부터 배우는 것은, 자본주의 정책입안자들의 악몽에 출몰할 새로운 유령의 구축에 기여하고 또 그것을 가속화하는 것으로 보인다. 그 유령은, 모든 형태의 자본주의적 지구화에 맞서 상호보완적으로 행동할 점증하는 능력을 갖춘 자기활동적이고 자율적인 투쟁의 광범위한 세계적 네트워크이다.[27]

◆◇

내가 오늘 이 책을 다시 쓰고자 했다면, 여러 정식들을 바꾸었을지 모른다. 하지만 나는 기본적 통찰을 건드리지 않고 그대로 둘 것이다. 이후의 연구와 이후에 생산된 교수 자료들은 『자본』 1장에서부터 사실상 1권 전체, 그리고 다른 텍스트들에 대한 이런 종류의 확장적 재

---

26. Harry Cleaver, "The Zapatista Effect : The Internet and the Rise of an Alternative Political Fabric", *Journal of International Affairs*, Vol. 51, No. 2, Spring 1998 참조.

27. Harry Cleaver, "Computer-linked Social Movements and the Global Threat to Capitalism", draft at url : http://www.eco.utexas.edu/faculty/Cleaver/hmchtmlpapers.html 참조.

해석을 포함한다.[28] 이 작업은 맑스의 이론적 저작들의 상당 부분에 대한 일관되고 의미 있는 재해석을 생산할 사유능력을 시험할 기회를 제공했다. 내 생각에 그 결과는 애초의 생각들이 옳음을 증명해 준다. 더구나 1970년대 중반에 이 책이 쓰여진 이후, 나는 그것의 근본적 통찰이 계급투쟁의 관점에서 자본주의 발전의 동학을 이해하기 위해 유용한 틀을 제공했음을 발견했다. 그리고 가치론에 대한 이러한 해석은, 자본이 부과하고 또 유지하려고 해 온 계급 관계들에 대한 명료한 이해를 제공한다. 바로 그 때문에 이러한 해석은 투쟁들이, 그 계급 관계들을 위협하거나 침식할 뿐만 아니라 새롭고 대안적인 삶의 방식을 다듬어 내는 방향으로 그 관계들을 넘어서 나아가는 방식을 인식할 수 있도록 만들었다. 이것이 나의 결론이다. 독자들은 각자의 고유한 결론들을 도출할 수 있을 것이다.

2000년 1월
텍사스 오스틴에서
해리 클리버

---

28. [옮긴이] 영어로 출간 준비 중인 상태에서 해리 클리버가 역자에게 보내온 원고에 따르면 이 책의 제목은 *Reading* Capital *Politically, Chapter by Chapter : For our Struggles, in the Past, in the Present and in the Future*이다.

이 책의 독일어 번역과 오스트리아에서의 출판은 빠르게 갈등이 전개되는 결정적 시기에 이루어진다. 독재 정권의 억압적 정책들에 대한 반란들인 아랍의 봄은 금융 붕괴의 부담을 그것을 야기한 사람들(은행, 다른 금융 투기업자, 그리고 정부 정책 입안자들)로부터 금융 위기의 파고 속에서 가장 큰 피해를 입은 사람들(직장, 주택, 저축, 보험 및 미래에 대한 희망을 잃은 노동 대중들)에게 전가시키려는 시도에 대한 반란으로, 즉 유럽과 미국의 가을로 이어졌다. 튀니지, 이집트, 리비아에서의 아랍 봉기가 아랍 세계 내의 다른 곳에서의 반란을 촉발시켰고 〈유럽연합〉의 긴축 정책에 반대하는 그리스의 반란이 아테네에서 스페인까지 그리고 그 너머까지 유통된 것처럼, 로어맨해튼에서의 월스트리트 점령도 수 주 내에 미국 전역과 전 세계에 걸쳐 수많은 유사한 점거를 촉발했다.

현재와 그 역사

반란의 이 빠른 국제적 유통에서 많은 목소리들은 수많은 불만을 표명했으며 수많은 요구를 했다. 아랍의 봄에서 가장 널리 유통된 목소리는 민주주의를 외쳤다. 반면에 유럽과 미국[의 반란]에서 가장 자주 보도된 목소리는, 그리고 모든 증거들로부터 가장 널리 들린 목소리는, 다른 사람들의 돈과 생명에 대한 자신들의 잘못된 관리[의 결과]

에 대해 나머지 사람들이 지불하게 하려고 애쓰는, 자본가들과 그들의 변호론자들의 불의에 대해 분노했다. 그러나 아랍 세계와 북대서양 세계 모두에서 봉기와 반란은 분명히 두 가지 것에 기인한다. 하나는 고소득 일자리와 상승하는 생활 수준을 제공하기도 했던 투자에서 자신들의 이윤을 빼돌려 유용했던 사적 자본가들이다. 또 하나는 산업적·금융적 탈규제, 외주 생산에서의 수입 장벽 축소, 사회적 프로그램들의 반복적 삭감, 그리고 통제를 벗어나 [그들에게] 위협으로 된 모든 형태의 자기조직화에 대한 직접적 공격 등을 통해 그러한 유용을 촉진했던 정부 정책 입안자들에 의해 도입된 수십 년간의 억압 정책들이다.

앞선 투쟁의 기억을 지우려는 자본주의 매스 미디어와 교육 프로그램의 꾸준한 노력이 없었다면, 작년[2011]의 봉기와 반란이 무엇을 위한 것인지 널리 인식되었을 것이다. 이 봉기와 반란은 소득과 권력의 균형을 노동자로부터 자본으로 이동시키려는 40여 년에 걸친 신자유주의적 노력에 대항하는 것이었다. 우리 중 일부는 그 와중에 있었을 만큼 충분히 나이가 많고 또 그것을 기억할 수 있다. 우리 중의 다른 일부는 그것을 기억하기에는 너무 어리다. 하지만 이들은 더 이전의 금융적 및 화폐적 위기의 역사, 글로벌 경기 침체, 자신 외의 모든 사람의 비용으로 은행들과 다른 자본가들을 구제했던 '해법들'을 참아냈다. 그리고 그들은 그 '해법들'이 부과하는 불가피한 비용을 짊어지는 것에 대항하는 반란들을 찾아내서 그 자취를 되돌아보기 위해, 미디어 및 학교 교육 과정의 침묵을 벗어났다. 이 역사를 파헤치기 위한 시간이나 에너지가 충분치 않았던 사람들에게 첫째 그 반복되는 위기들에 대한 간략한 스케치가, 둘째 그 위기를 불러일으키고 또 이에 대응했던 투쟁들에 대한 간략한 스케치가 도움이 될 것이다.

금융 위기와 화폐 위기의 현대적 역사는 다음과 같은 사건들의 목록 — 그 목록들을 모두 다 열거하는 것은 불가능하다 — 을 포함한다. 1) 1970년대 초 주요 통화들 사이에서 브레튼우즈 체제의 고정환율제가 유동환율제로 대체된 것, 2) 1970년대 중반의 뉴욕시 금융 위기, 3) 미국 통화 정책의 갑작스러운 긴축으로 인해 출현한 1980년대 초의 전지구적 경기불황, 4) 멕시코가 자신의 국제적 채무를 사실상 상환 거부한 1982년에 시작된 국제 부채 위기, 5) 1980년대 말 미국의 저축 대부 산업과 주식시장의 붕괴, 6) 페소 위기, 7) 1997년의 아시아 위기, 8) 1998년의 러시아 금융 위기, 9) 1990년대 말 유럽 통화 연합을 도입함에 있어서의 반복적 실패, 10) 2000년의 터키 금융 위기, 11) 2001년에서 2002년까지 아르헨티나의 금융 위기.

이 역사를 가장 면밀하게 연구한 사람들은 이 금융 위기가 우선 1960년대 말 케인스주의(또는 포드주의) 질서를 파열시킨 투쟁의 국제적 주기의 결과라는 것을, 둘째로 그에 대한 보복으로 자본주의 정책 입안자들에 의해 채택된 신자유주의 정책들의 결과를 사람들이 받아들이지 않았기 때문이라는 것을 보여 줄 수 있었다. 제한적 케인스주의 정책들이 임금 상승을 생산성 향상과 일치하도록 가속시킬 수 없었기 때문에 브레튼우즈 협약은 포기되어야 했다. '자동적' 환율 조정의 결과에 대한 대중의 저항은 조정과 결과 모두를 완화하기 위한 중앙은행의 반복적 개입을 강제했다. 뉴욕시 재정 위기는 그 도시의 임금노동자들(특히 공무원들)과 비임금 노동자들의 성공적인 투쟁의 직접적 결과였다. 이들의 전진은 메트로폴리스에 대한 기업 통제를 침식했다. 1979년 말 미국 통화 정책의 갑작스러운 긴축은 전 지구적 인플레이션에 대항하는, 즉 실업 증가에도 불구하고 또 에너지와 식품 가격의 상승에 의해 추동된 가격 인상에도 불구하고 화폐임금을 인상시키는 데 노동자들이 성공한 것에 대항하는 반격의 개시였다. 1973~74년 유가의 4배 인상은 〈석유수출국기구〉(이하 〈OPEC〉) 정부들이 자국의 석유 생산 프롤레타리아트의 상승하는 요구에 대처하기 위해 더 큰 수입을 필사적으로 추구한 것의 결과였다. 1970년대 말 유가의 두 번째 큰 상승은 미국이 세운 이란의 샤Shah 정부에 대항하는 혁명에 의해 촉발되었다. 그것은 이 지역 전역으로 퍼져 나갈 기세였다. 그 혁명은 불만에 대처하기 위해 지역 정부들이 소득을 올려줄 필요를 극적으로 높였다. 라틴아메리카에서 "잃어버린 10년"으로 알려진 1980년대의 국제 부채 위기는, 갑작스레 높아진 금리와 그 결과 엄청나게 높아진 부채 상환 의무에 의해 촉발되었음에도 불구하고, 지역 자본가들과 정부들로 하여금 양보와 억압을 재정 지원하기 위해 엄청난 액수의 석유달러를 빌리도록 만들었던 저 모든 투쟁에 뿌리를 내리고 있었다. 1987년에 폭발한 투기적인 금융 호황은 주식시장을 몰아붙여 미국의 저축 및 대부 산업을 거꾸러뜨리고 불구화시켰다. 이 호황은 인플레이션 가속화에 의해 야기된 (즉 에너지 가격과 소비 물가의 증가에 대한 대응으로 화폐임금을 높이고 [자본가측의] 양보를 강요할 수 있는 노동자들의 지속적 힘에 의해 야기된) 실질 금리 하락에 대한 대응으로 취해진 금융적 탈규제의 결과였다. 멕시코와 같은 채무국에 부과된 긴축과 '구조조정' 같은 신자유주의 정책들은, 채권은행들이 제공한 채무의 상환에 필요한 조건으로서, 〈IMF〉에 의해 명령되었다. 그러한 조건들을 충족시키려면 이전에 노동자들에게 양보한 것에 대한 공격이 필요했다. 예를 들면, 물가-임금연동제의 폐지에 대한 요구, 실질임금 삭감을 목적으로 하는 통화 평가 절하, 소비를 보조하는 정부 지출의 삭감, 국유기업들과 국가에서 사적 부문에 통제력을 넘겨줌으로써 노동자들 사이에 체결된 이전의 협정들을 끊어내려는 국가기업의 사유화, 그리고 현지 노동력에 대한 공격을 활용할 수 있는 자원들을 확장하고 세계 자본주의의 필요에 현지의 조건을 추가로 종속시키는 방법인 해외 투자자에 대한 자본 시장의 개방 등이 그것이다. 해외 투자자들에게 (직접투자와 '핫 머니' 투자 모두에 대해) 현지 자본 시장을 개방한 것은 1990년대의 페소 위기, 아시아 및 러시아 위기의 토대가 되었다. 통화연합에 필요한 것으로 합의된 수준의 통화 및 재정 목표를 달성하기 위한 유럽 정부들의 노력의 반복적 실패는 그에 필요한 정책적 조치들에 대한 광범위한 저항의 결과였다. 1992년 마스트리흐트 조약이 거의 실패한 것을 전후하여, 스네이크snake[공동변동 환시세 제도]에서 유럽통화제도European Monetary System를 거쳐 통화연합monetary union에 이르는 단속적 과정은 광범위한 풀뿌리 반대에 의해 거듭해서 원점으로 돌아갔다.

전 세계에 신자유주의 정책을 강요하려는 이러한 모든 노력들에 대항하여 멕시코 남부의 치아빠스주에서 [1994년에] 일어난 사빠띠스따 반란은 1996년 여름 〈신자유주의에 대항하고 인류를 위하는 대륙 간 회의〉를 조직하여 전 세계로부터 3천 명의 풀뿌리 조직가들이 모이도록 만들었다. 그 역사적인 회의는 스위스에서 온 참석자들이 곧 인도에서 온 농민들과 연결되어 국제적인 반자본주의적 풀뿌리 동원 네트워크인 〈전 지구적 민중행동〉Peoples' Global Action을 창설함에 따라, 대안-세계화 운동의 상승에서 핵심적인 순간으로 판명되었다. 〈전 지구적 민중행동〉은 얼마 뒤인 1998년에 제네바에서 〈세계무역기구〉를 공격했고 1999년에는 시애틀에서 개최된 〈세계무역기구〉의 회의를 중지시키는 데 기여했다. 그 이후로 대안-세계화 운동은 전 세계 신자유주의의 제도들과 정책들에 도전하는 다양한 행동들을 마련했다. 여기서 긴 이야기를 줄이고 현재로 돌아와 보자. 아랍의 봄, 유럽과 미국의 가을, 그리고 이제는 전 세계적인 것으로 된 '점령'Occupy 운동은 수십 년간의 투쟁의 역사의 가장 최근의 장을 구성하는 것으로 이해되어야 한다. 그 투쟁은 신자유주의가 억압적인 자본주의적 대응을 하도록 자극했지만, 동시에 그것은 우리 사회를 조직하는 대안적 방법에 대한 무수한 요구를 형성하고 재형성하면서 신자유주의의 그러한 대응에 계속해서 저항하고 있다.

이 책

이 특수한 책의 모든 잠재적인 독자들은, 특히 투쟁의 현재 물결에 참여하거나 지지하는 사람이라면 누구나 이 책이, 빠르게 진화하는 이 모든 투쟁, 억압 및 대항투쟁과 어떤 관련이 있는지 물어야 한다. 어쨌든, 새로 [독일어로] 번역된 이 책은 30년도 더 전에 쓰여졌다. 더구나 이것은 주로, 그 내용이 종종 추상적인, 급진적이고 반자본주의적인 맑스주의 이론의 저작이다. 비록 그 내용이 때로는 그 책을 쓸 당시의 갈등들에서 끌어낸 예들을 가지고 설명되고 있기는 하지만 말이다. 끝으로, 그것은 [최근] 여러 해 동안 광범위한 공격을 받고 있는 맑스주의 이론의 한 측면(즉 노동가치론)에 대한 긍정적인 해석을 제공하는 책이다. 이 모든 것이 역사적 관심을 끌 수는 있지만 현재적 관심은 거의 끌 수 없는 '낡은 것들'은 아닐까? 이것은 내가 보기에 아주 합리적인 질문이다. 이 질문에 대한 일반적인 응답을 하고, 그리고 나서 내가 생각하는 약간의 쟁점들에 대해 서술해 보도록 하겠다.

비록 이 책은 1970년대에 쓰여졌지만, 나는 그것을 신자유주의가 등장한 첫 10년 동안에 썼다. 이 책의 서론과 영어 개정판 서문에서 설명한 것처럼 내가 작업한 맑스주의 이론의 재해석은 부분적으로 그 당시에 새로운 것이 무엇인지를 이해하는 것을 목표로 했다. 그 새로움이란 '발전된 나라들'에서 채택된 자본주의 전략이 상대적으로 진보적인 자본주의 형태(케인스주의)로부터 오늘날 우리가 신자유주의라고 부르는 매우 억압적인 종류의 경제 정책으로 이행한 것이다. 이 책에서 그 재해석은, 『자본』에서 맑스가 제시한 노동가치론이 자본에 대한 노동의 가치론a theory of the value of labor to capital으로 이해될 수 있으며 자본에 대한 노동의 가치란 무엇보다 사회를 조직하고 우리를 통제하는 근본적인 수단으로서의 노동가치임을 강조한다. 다른 말로 하면, 자본주의는 무엇보다 전 지구적 노동기계이며 우리의 삶을 노동에 끝없이 종속시키는 것에 기반한 사회 시스템이다. 여기서 노동은 자본으로 하여금 우리에게 명령을 할 수 있도록 자본에 의해 조직된다. 노동의 부과 ― 이것은 항상 임금노동뿐만 아니라 비임금 노동의 부과도 포함한다 ― 는 여전히 자본주의의 기본 특성으로, 그리고 우리의 대부분의 문제들의 계속적인 근원으로 남아 있다. 이 점에서 신자유주의 정책들은 노동을 부과하는 자본주의의 능력을 침식하는 우리의 투쟁 능력에 대한 대응으로 이해되어야 한다.

　이 분석은 많은 전통적인 맑스주의자들의 분석과는 다르다. 하지만 그것은 맑스주의 전통 안에 있는 일부의 선행적 사유 흐름에 뿌리를 두고 있다. 내가 이 책의 서론에서 지적했듯이 너무 많은 자칭 맑스주의자들은 우리의 주의를 우리의 투쟁의 직접성으로부터, 그 투쟁에 대한 참조 없이 분석된 자본주의 권력의 메커니즘으로 돌리는 경향이 있는 맑스에 대한 독해를 만들어왔다. 또 어떤 맑스주의자들은 『자본』을 정치경제학에 대한 비판으로 정의하는 그 책의 부제를 간과하면서, 맑스의 분석을 경제학의 한 변종으로 환원시키려 하고 그런 방식을 통해 우리를 자본주의의 지적知的·전략적 지형 위로 끌고 가곤 한다. 또 다른 맑스주의자들은, 복잡한 철학이나 계급 관계의 구조주의적 모델을 생산하기 위해 맑스를 학술적 연구와 논쟁에는 딱 맞지만 실제적 투쟁은 오히려 해체시키는 방식으로 재독해했다. 유럽과 미국뿐만 아니라 남아시아와 라틴아메리카와 같은 곳에서 그러한 모델을 둘러싸고 지속적으로 벌어진 논쟁은, 그렇지 않았다면 자본주의에 저항하거나 자본주의를 넘어서는 실제적 노력으로 기여했을 엄청난 양의 에너지를 흡수했다.

다행히도 일부의 맑스주의자들은 그러한 혼란 속으로 끌려들어가는 것을 피했고, 우리들의 투쟁의 내용과 형식의 변화를 파악하는 데 상당한 노력을 기울였다. 또 이들은 그 투쟁들에 대한 대응으로 자본주의의 착취 방식이 어떻게 변했는지를 파악하는 데 상당한 노력을 기울였다. 이 책의 서론에서 설명되는 것처럼 이러한 노력에는 맑스에 대한 이론적으로 혁신적인 재독해와 우리의 투쟁들의 구체적 성격에 대한 경험적 탐구만이 아니라 자본가의 대응에 대한 경험적 탐구 등도 포함되었다. 나는 우리의 투쟁들을 인식하고 또 그 투쟁들에 대한 분석을 자신들의 작업의 중심에 놓은 사람들의 작업에 대한 일반적 기술어descriptor로, '자율주의적 맑스주의'라는 용어를 만들었다. ('자율주의자'라는 용어는 일부의 아나키스트들에게도 적용될 수 있다. 그들이 비록 여기에서 분석되지는 않지만 말이다. 이에 대해서는 크로포트킨과 자율주의적 맑스주의에 관한 나의 논문을 참조하라).[1]

그러나 이 '자율주의적' 맑스주의 전통은 내가 관련되어 있는 사람들 사이에서 많은 차이와 논쟁이 있는 다양하고 진화하는 전통이었다. 이 책의 내용과 특별히 밀접한 관계가 있는 차이들 중의 한 영역은

---

1. [옮긴이] 영어판 2판 지은이 서문 각주 8 참조.

맑스의 노동가치론의 현대적 타당성에 대한 해석과 태도이다. 나의 관점에서 볼 때, 그러한 '자율주의적' 작업 중에서 가장 흥미롭고 사려 깊은 것들 중의 일부는 맑스를 계급 관계 동학의 최근의 변화를 고려할 수 있도록 갱신하려고 하면서도 불행하게도 노동가치론을 거부하기에 이르렀다. 이러한 거부를 수용하는 일부 사람들의 작업의 전반적인 통찰력과 유용성을 고려할 때, 또 최근 수년 동안 그들의 작업에 대한 널리 퍼진 관심을 고려할 때, 나는 이 거부가 진지하게 고려될 필요가 있다고 생각한다. 이 책이 노동가치론에 대한 그 고유의 해석의 현대적인 정치적 유용성을 옹호한다는 점을 고려할 때, 여기서 그 이론을 배 밖으로 던지려는 사람들을 간략히 비판하는 것이 적절할 것으로 보인다.

노동가치론?

노동가치론을 거부하게 된 '자율주의적' 맑스주의 경향의 중심에 있는 사상가는 1960년대와 1970년대에 이탈리아의 이른바 원외 좌파extraparliamentary Left의 주요 인물인 안또니오 네그리Antonio Negri다. 네그리는 1979년 〈붉은 여단〉Brigada Rosa의 테러 배후 지도자라는 거짓 혐의로 구속되었다. 그는 의회에 선출되었고 프랑스로 망명했으며 파리에서 수년 동안 연구 활동을 하면서 [학생들을] 가르쳤다. 그의 작품은 최근 이탈리아와 프랑스 이외의 나라에서도 널리 알려지게 되었다. 그것은 주로, 맑스주의자 세계뿐만 주류 자본주의 세계에서도 널리 토론되었던 『제국』Empire(2000)과 『다중』Multitudes(2004)이라는 마이클 하트와의 두 권의 공저서의 출판의 결과였다.[2]

노동가치론에 대한 네그리의 거부는 1970년대 초반 "가치[법칙]의 위기"라고 그가 불렀던 분석과 더불어 시작되었다. 그의 주요한 참조점은 맑스의 1857년 원고인 『정치경제학 비판 요강』*Grundrisse*의 이른바 「기계에 관한 단상」이었다. 그 단상에서 맑스는, 생산성을 높이기 위해 노동을 기계로 대체하는 자본주의 전략이 가치의 원천으로서의 노동을 점차 주변화시키고 노동가치가 "가처분시간"으로 대체될 혁명적 폭발의 무대를 설치한다고 주장했다. 네그리가 보기에, 그리고 곧 이탈리아, 프랑스, 독일, 심지어 미국의 다른 많은 사람들이 보기에, 자본주의는 1974~75년의 대불황과 그에 뒤이은 1980년대 초반의 불황(유럽의 상당 부분에서 지속되던 두 자릿수의 실업)으로 인해 충분한 임금 및 봉급 일자리를 다시 제공할 수 없었다. 이 사실은, 맑스가 『요강』에서 예견했던 위기가 성숙에 이르고 있음을 시사하는 것이었다. 이러한 해석은 여러 면에서 당시 "노동의 종말"에 대한 다른 분석과, 예컨대 앙드레 고르Andre Gorz, 제러미 리프킨Jeremy Rifkin 그리고 스탠리 아로노위츠Stanley Aronowitz 같은 사람의 분석과 유사했다. 특히 유럽에서는 "시민 임금"을 창출함으로써 임금과 소득을 일자리에서 해방시킬 필요에 대한 토론이 확산되었는데 이것은 그다지 놀라운 일이 아니었다. 이 모든 것은, 이탈리아에서의 명시적인 투쟁 전략이었던 "노동에 대항하는 투쟁"에 대한 신뢰를 증가시켰다. 이 투쟁전략은 1960년대 후반과 1970년대 초반, 2차 세계대전 이후의 케인스 시대를 위기로 몰아넣은 전 세계의 투쟁들에서 많은 자율주의적 맑스주의자들이 발견한 특징이었다. 그것은 또한 네그리가 맑스로부터 개작해낸 자기가치화 개념과도 일치했다. 맑스에게서 그 용어는 자본주의적 자기확장을, 계급 관

---

2. [옮긴이] 이 공저 활동은 『공통체』(*Commonwealth*, 2009), 『선언』(*Declaration*, 2012), 『어셈블리』(*Assembly*, 2017) 등으로 이어졌다.

계의 확대재생산을 지시했지만 네그리의 재정의에서 그것은 노동자가 새로운 비자본주의적 관계를 형성하기 위해 취하는 자기활동들을 지시했다. 자본이 노동을 부과하는 데 점점 더 어려운 시간을 보내고 있다면, 자기가치화의 가능성이 점점 더 커지고 있는 것이 분명하다.

지금, 계속 진행하기 전에 주목해야 할 것이 있다. 그것은, 자본주의가 노동을 부과할 능력이 점점 축소되고 있다는 생각이 일부 자율주의적 맑스주의자들(여기에는 나도 포함된다)에 의해 심각하게 비판받았다는 사실이다. 마리아로자 달라 꼬스따와 가사노동에 대한 임금 지불 운동의 작업에 의지하면서, 우리는 자본주의가 과거와 동일한 수준의 '완전'(임금) 고용을 제공하지 못할지라도, 감소된 임금 고용 및 임금 소득을 보전하기 위해 사람들이 수행해야 하는 훨씬 큰 양의 비임금 노동이 임금 노동의 그러한 부족과 연관되어 있다는 것을 지적했다.[3] 더구나 그 분석[노동 부과 능력의 축소론]에는 유럽 중심적 요소가 있어서, 자본이 더 값싼 노동(그런 곳에서 노동은 대개 막대한 양의 비임금 노동을 통해 값싸졌다)을 이용하기 위해 도주(외주화)하고 있던 나라들이나 자본이 값싼 원료(예컨대 석유 같은 것이 그러한데, 석유는 제국주의와 억압에 의해서만이 아니라 석유를 생산하는 프롤레타리아트의 비임금 노동에 의해 값싸졌다)를 뽑아내는 나라들 모두를 포함하는, 세계 대부분의 자본주의적 생산에서 [발견되는] 훨씬 더 노동집약적인 노동형태를 무시했다. 이러한 비판은, 자본이 부과하거나 부과하고자 하는 노동은 언제나, 판매와 이윤을 위해 상품을 생산하는 임금노동만이 아니라 노동력(즉 노동할 능력과 의지)을 생산하고

---

3. 예를 들어, 조지 카펜치스(George Caffentzis)의 리프킨에 대한 비판[조지 카펜치스, 「노동의 종말인가 노예제의 부활인가 : 리프킨과 네그리에 대한 비판」, 『피와 불의 문자들』, 서창현 옮김, 갈무리, 2018]을 참조하라.

재생산하는 비임금 노동을 포함한다는 인식에 기반을 두고 있었다. 여기서 후자[비임금 노동]의 대부분은 여성·학생·농민에 의해, 일자리를 잃어버리고 일자리를 찾는 것으로 노동시장이 기능하게 만드는 비임금 노동을 하는 실직 임금노동자들에 의해, 또 어린아이를 돌보는 노동 같은 것을 여전히 하고 있는 '은퇴자들'에 의해 수행된다. 24시간 노동일[1]을 처음으로 환기시킨 것은 가사노동에 대한 임금 지불 운동이었다.

비물질노동, 일반지성, 그리고 척도

그럼에도 불구하고, 파리에서의 연구 및 토론에 참여함으로써─그것들의 대부분은 『바빌론』*Babylone*, 『전 미래』*Futur Antérieur*, 그리고 가장 최근에는 『뮐띠뛰데』 같은 잡지에 발표되었다─네그리와 그의 동료들은 자본주의가 임금노동을 부과할 능력이 없다는 것으로부터 자본이 삶 전체를 노동으로 병합하는 데 점점 성공하고 있다는 것으로 자신들의 주의를 돌렸다. 어떤 의미에서 그들은 24시간 노동일이라는 가사노동에 대한 임금 지불 운동의 개념을 받아들였다고 할 수 있다. 하지만 그것의 초점과 이론은 달랐다. 가사노동에 대한 임금 지불 운동은 노동력을 재생산하는 대부분의 비임금 노동이 전통적으로 어떻게 여성에 의해 수행되었는가에 초점을 맞추었던 반면, 네그리를 비롯한 사람들은 자신들이 "비물질노동"이라고 부른 것(그것이 임금노동인가 아닌가는 불문하고)에 초점을 맞추었다. "비물질노동"의 개념은 19세기에 맑스의 관심의 초점이었던 산업 육체노동의 종류와는 다른 여러 형태의 노동, 예컨대 정신적 노동이나 정동적 노동 같은 것을 의미한다. 그들이 주장한 이 비물질노동은, 자본주의 사회의 부의 생산에서, 특히 컴퓨터 산업, 정보의 생산 및 상품화, 다양한 엔터테인먼트 산업들(텔레비전, 영화, 컴퓨터 게임), 의료 및 금융 서비스 분야 등에서 가장 분명하게, 더욱더 중심적으로 되기에 이르렀다. 다른 분야에서도 이러한 경향은 동일하다. 비임금 상태의 어머니, 아내, 여동생, 숙모 및 여자 친구 등에 의한 그러한 노동의 수행에 초점을 두었던 가사노동에 대한 임금 지불 운동과는 달리 네그리를 비롯한 사람들은 이 비물질노동이, 고용 상태이건 아니건 간에 자본주의 전반에 걸쳐 노동의 지배적 형태로 즉 헤게모니적 형태로 되고 있다고 주장했다.

이러한 이해와 밀접하게 관련되어 있는 것은 맑스로부터 다른 용어를, 즉 "일반지성"이라는 용어를 전용한 것이다. 맑스는 "기계에 관한 단상"에서 기계에 구현된 과학적이고 기술적인 정신적 노동의 축적된 총체를 환기하기 위해 이 용어를 사용했다. 네그리를 비롯한 사람들에게서 이 개념은 사회 전반에 걸쳐 자본에 의해 병합된 (고용 안 팎의) 모든 비물질노동을 의미한다. 그들은 또, 노동력을 생산하는 비임금의 비물질적 (그리고 물질적) 노동을 넘어서, 임금노동 시간 이외의 다양한 비임금 활동들이 자본주의적 이윤에 어떻게 기여하는지를 지적했다. 고용된 노동 밖의 활동들을 병합하여 효과적으로 자본을 위해 노동하도록 전환하는 방식들은 쉽게 찾을 수 있다. 기업 문헌에서는 사람들의 비임금 시간을 몰래 빼내 이용하는 것을 '크라우드소싱'crowdsourcing이라고 부른다. 사람을 고용해서 임금을 지불하고 생산해야 할 정보를 소비자들의 평가와 피드백을 통해 생산해서 경영진에 제공하는 것이 그 예이다. 이런 식으로 자본은 비용을 줄이고 이윤을 늘린다. (동일한 기업 문헌에서 발견되는 것은, 크라우드소싱의 수익성은 결코 보장되지 않는다는 것이다. 그러한 외주화된 참여를 조직하고 정보를 모아 평가하는 것에는 비용이 따른다는 것이 그 이유 중의 하나다.) 다른 예는 뉴스캐스터, 정치 코미디언, 시트콤 대본 작가 또는 사회과학 교수 등의 노동이다. 이 노동자들 각각은 집이나 사무실에서 혹은 일요일 아침에 주간지를 읽거나 가족이나 친구들과 이야기를 나누다가 주위 세계에서 벌어지는 일들에 관한 정보를 모으고 또 흡수한다. 직장 외부에서의 그러한 경험들이 뉴스 프로그램, [정치]농담, 또는 강의의 생산에 영향을 미칠 때 그것들은 삶의 계기일 뿐만 아니라 노동의 계기로도 된다. 빠올로 비르노Paolo Virno가 표현한 하나의 극단적인 형태에서, 일반지성의 개념은 인간의 정신적 능력, 예를 들면 "종에 공통적인 언어인지 능력", 또는 "사유와 언어적 소통이라는 단순한 능력"과 등치된다. 그 결과, 이 맑스주의 이론가들은, 노동과 비노동을 구별하는 것이 점점 불가능해졌고 이 때문에 자본주의적 착취를 측정할 노동가치론이나 자본을 위한 노동 밖의 혹은 그 너머의 활동을 지칭하기 위한 자기가치화의 개념을 갖는 것도 점점 불가능해지고 있다고 주장했다. 이제 이러한 생각에 대해 두 가지 논평을 하고 싶다.

첫째, 우리가 아는 한, 인간 활동은 항상 육체적·정신적·정동적 차원을 포함한다. 모든 인간 활동을 그 자신의 형태에 종속시키는 경향(그렇지 않다면 서로 분리되어 있을 매우 다양한 활동들을 특징짓기 위해 '노동'이라는 유적 용어를 사용하는 것을 정당화하는 경향)을 가진 자본주의 시대에, 계급투쟁에 의해 촉진되는 분업의 진화는 육체적, 정신적·정동적 노동의 분배에서의 진화를 반복적으로 포함한다. 한 가지 예는 숙련노동자의 힘과 투쟁에 대한 테일러주의적 대응으로부터 유래한 변화였다. 주로 육체노동에 종사했던 [조립] 라인line 노동자와, 산업에 과학을 적용하고 새로운 생산 기술을 개발하는 정신적 노동을 담당하는 전문 기술자 사이의 새롭고 예리한 구분이 그것이다. 다른 한편 '일반지성'의 이론가들이 관심을 기울였던 변화는 더 많은 노동이, 통합된 정신적·정동적 노동을 포함함에 따라 이루어진 테일러주의의 역전이다. 노동의 이러한 통합과 테일러주의의 역전은 위에서 언급한 바 있는 산업 분야들 즉 아주 분명히 비물질노동에 의존하는 산업 분야의 핵심 수행자들 사이에서만이 아니라 한때 주로 육체노동자였던 사람들 사이에서도 나타난다.

둘째로, 우리는 직장 밖 일상생활에서의 경험이 어떻게 자본을 위해 행하는 노동의 요소가 될 수 있는지를 이해할 수 있다. 우리의 이 능력은 우리가 그러한 합병과 그것에 대한 거부를 구별할 수 없다는 것을 의미하지 않는다. 이것은 직장 안에서 항상 사실인 것처럼 직장 밖에서도 사실이다! 모든 노동자는 직장에서 ― 그곳이 사무실, 공장, 실험실 또는 재택근무 하는 집 등 어느 곳이든 ― 자신들이 지불받는 일을 하면서 실제로 노동하는 때와 그렇지 않은 때를 안다. '노동 거부'는 많든 적든 어느 정도는 늘 존재해 왔다. 그리고 그것은 언제나 노동하기와 노동 이외의 다른 것을 하기를 구분하는 것이 가능함을 암시했다. 노동 회피, 생산 제한 행동 및 사보타주는 모두 잘 알려져 있으며 반복되는 역사적 현상이다. 만화가 맷 그레이닝Matt Groening (그는 오늘날 애니메이션 텔레비전 시리즈 〈심슨〉The Simpsons 으로 가장 잘 알려져 있다)은 그의 만화책 『노동은 지옥이다』Work is Hell 에서 이것을 신랄하고 익살스럽게 묘사했다. 이 만화책에서 사람들은 "하루 여덟 시간 노동을 없애고도 어떻게 일자리를 유지할까?"라는 제목을 단, 그리고 책상에 앉아 있으면서도 노동 아닌 어떤 것을 할 수 있는 갖가지 아이디어들로 가득한, 멋진 전면 만화를 발견할 수 있다.

무엇이 자본을 위한 노동을 구성하는가를 분명하게 밝혀 주는 이론의 도움을 받으면서 조금만 생각해 보자. 그러면 우리는 분명히 자본을 재생산하는 데 도움이 되는 직장 밖 활동과 그렇지 않은 활동을 그만큼 잘 구별할 수 있을 것이다. 또는, 예를 들어, 노동력을 재생산하기 위해서도 필요하고 또 단순히 살기 위해서도 필요한 먹고 자는 활동처럼 정도의 문제인 경우에, 우리는 그러한 활동이 사장을 위해 더 많은 노동을 가능하게 만들고 있는가 아니면 그것들의 질과 우리의 나머지 삶에 대한 그것들의 관계에 의해 더 많은 자기활동성을 가능하게 만들고 있는가의 정도를 판단할 수 있다. 달리 말해, '비물질노동'의 존재에 대한 인식과 분석도, 비물질노동의 총체성으로 이해된 '일반지성'에 대한 인식과 분석도 한편의 자본을-위한-노동과 다른 한편의 비노동 혹은 자기가치화를 구분하는 것을 배제하지 않는다. 그러므로 우리가 실제로 이러한 구분을 할 수 있다면, 노동가치론은 자본이 어떻게 우리의 삶을 끊임없이 노동에 종속시키는지를 이해하는 정교한 이론적 도구를 제공할 뿐만 아니라 그토록 많은 다양한 현상들(기계·상품·정보·문화·교육·감정 등)이 어떻게 그러한 종속의 순간을 구성함과 동시에 전복의 가능성을 구성하는지를 이해할 정교한 이론적 도구도 제공할 것이다.

더욱이 우리가 이러한 구분을 할 수 있다면 우리는 우리의 종속의 정도를 측정할 수 있다. 우리는, 착취의 전통적 지형인 직장에서뿐만 아니라 직장 밖의 우리의 일상적 삶에서, 우리의 삶이 자본을-위한-노동을 어느 정도나 포함하는지를 측정할 수 있다. 자본이 이것을 이해하고 있다는 것은 분명하다. 바로 이것이, 자본이 그 자신의 목적(우리를 노동하도록 할 뿐만 아니라 다른 사람들도 마찬가지로 노동하도록 만들 수 있기 위해 우리를 노동하게 하고 이윤을 축적하는 것)을 달성하기 위해 우리가 시간과 에너지를 어떻게 소비하는지를 측정하는 데 언제나 상당한 자원을 투자해 온 이유이다. 그러한 측정 기술은 (기계식 시계, 요구되는 노동 강도 및 품질 관리를 유지하는 데 주력하는 감독자에서 시작해서 디지털 모니터링으로) 변화되었지만 목표는 동일하게 유지되고 있다. 우리의 시간과 에너지에서 노동을 추출하는 것을 극대화하고 우리가 우리 자신의 자율적인 목적들을 위해 이용할 수 있는 시간과 에너지의 정도를 최소화하는 것이 그것이다.

직장 밖에서 자본이 어린아이들과 성인들의 비임금 활동을 조직하기 위해 체계적으로 개입해 온 교육에서보다 이것이 더 분명한 곳은 어디에도 없다. 이 개입은, 학교에서 (노동을 거부하고 다른 종류의 활동에 참여하려는 의지나 능력과는 반대되는 것, 즉) 기업을 위해 노동할 의지와 능력이 생산되도록 보증하기 위한 것이다. 그러한 목표를 달성하기 위해 자본의 이론가들과 행정가들은 학업[학교노동]의 양을 측정할 수 있는 방식으로 학교 활동을 조직했다. 전일제full-time 학생에게 학업은 한 해의 대부분, 한 주의 대부분, 그리고 하루의 대부분을 차지한다. 그런 다음 학교 밖에서 하는 온갖 노동이 있다. 그것들 중 일부는 미국에서, 아주 적절하게도, 집에서 하는 노동, 즉 숙제homework라고 불린다. 그것들 중 일부는 '과외 활동'이라는 일반적인 범주하에서 다른 이름으로 진행된다. 하지만 그것들도 (교훈/애국주의와 같은 이데올로기적인 것, 기업이 매수한 대표자들을 선출하는 것이 민주주의라는 환상 등등을 가르치는 것뿐만 아니라) 노동할 능력과 의지를 가르치는 것으로 짜여 있다. 이 모든 것은 (성적, 장학금, 다음 단계에 최고의 학교에 입학할 수 있는 인가증을 획득하려는) 경쟁을 사용해서 가능한 한 가장 길고 강도 높은 노동시간을 추출하기 위해 조직된다. 실제로 미국에서, 가능한 가장 많은 양의 노동을 부과하는 이러한 방법은 유년기가 19세기에 공장 생산에 종속되었던 것과 마찬가지로 21세기에도 유년기가 노동에 종속되고 있음을 이해한 사람들에 의해 비판될 지점에 이르렀다. 초등학교에서 대학에 이르기까지 모든 수준의 학교 시스템은 학생과 교사 및 교수가 수행하는 노동량에 대한 더욱더 세부적인 측정을 날이 갈수록 점점 더 요구하고 있다. 산업계에서 오래 지속되어 온 '측정기준'metrics(노동의 측정을 위한 전문 용어)에 대한 기업의 집착은 이제 학교에서도 똑같이 널리 확산되고 있다. 그러므로 자본이 비노동을 최소화하기 위해 노동을 측정하는 데 더욱더 많은 자원을 투입하고 있는 바로 그 시기에, 이 문제만 아니라면 아주 통찰력이 있다고 할 일부의 맑스주의자들이 그런 구분[노동과 비노동의 구분]과 그러한 구분을 위한 노력이 불가능하다고 선언하고 있는 것은 아이러니하다.

위기와 금융

자본이, 경찰력이나 감옥 체계이든, 노동과 생산성을 측정하는 장치이든 간에 그 어떤 종류의 통제 속으로 점점 더 많은 자원을 흐르게 하고 있음을 발견할 때마다 우리는 이것이 우리의 투쟁들에 의해 초래된 (과거의 방법에서 나타난) 위기에 대한 대응이 아닌지 의심해야 한다. 자본이 더 많은 자원을 그런 식으로 통제할 필요를 느낄수록, 그 위기의 심각성은 그만큼 더 크다. 그러니까 자본주의의 부상浮上이 수반했던 입법의 '유혈성'은 자본주의의 부상에 대한 광범위하고 강렬한 저항의 척도였다. 따라서 최근 몇 년 동안 국민국가 경계 전반에 걸쳐서 나타난 높은 실업률과 사람들의 자율적 운동 속에서 경찰과 감옥에 대한 지출이 급격히 증가한 것은, 사람들이 자국과 해외에서의 생활 수준에 부과된 제한을 수용하지 않으려 함으로써 자본이 직면한 위기의 척도라고 할 수 있다. 그러므로 노동과 생산성을 측정하려는 강화된 노력은, 노동을 부과하고 수용가능한 수준의 생산성을 달성할 수 있는 기업의 능력이 직면한 위기에 대한 대응이다.

이와 같은 추론은 자본주의적 투자의 변화하는 패턴을 이해하는데 도움이 된다. 그것은 결국은 자본주의적 통제의 가장 기본적이고 패러다임적인 형태, 즉 임금노동의 부과이다. 기업은 가장 높은 이윤율을 올릴 수 있는 곳에 투자한다. 자본은 이윤이 하락하는 부문, 산업 또는 지리적 영역에서 도망치거나 투자회수하며 이윤이 더 높은 다른 부문, 산업 또는 지리적 영역으로 그 자신을 재배치한다. 맑스의 노동가치론은, 더 높은 이윤율이 일반적으로 더 높은 잉여가치율과 관련이 있고 더 높은 잉여가치율은 노동에 대한 더 큰 명령의 결과라는 것을 상기시킨다. 따라서 기업은 자신의 명령이 위기에 처한 영역으로부터 자신의 명령이 적어도 그 순간에는 더 잘 먹혀들고 따라서 수익성이 더 높은 영역으로 투자를 돌리는 경향이 있다.

케인스주의 시대가 1960년대 후반과 1970년대 초반의 국제적 투쟁에 의해 위기에 빠졌기 때문에 자본은 실제로 그러한 종류의 도주와 새로운 투자에 힘을 기울여 왔다. 자본은 노동이 더 강한 산업 부문, 도시, 나라 들에서 도망쳐서 노동이 덜 강하고 잉여가치나 이윤이 더 많이 추출될 수 있는 부문, 도시 및 나라에 투자했다. 이것은 자본이 저항을 침식하고 우리의 삶을 자신의 규칙에 종속시키려 한 '신자유주의적 세계화'의 핵심 전략들 중 하나였다. 그러나 그 전략은 맹렬한 저항에 부딪혀 왔다. 그리고 저항을 한 사람들이, 역사상 처음으로, 자본의 수준에 가까운 수준, 즉 세계적인 수준에서 자신들의 노력을 조직할 수 있었다. 그 저항 — 그리고 그러한 저항을 넘어서, 사회 조직의 자본주의적 방식에 대한 대안을 고안하기 위한 점점 더 광범위해진 노력 — 이야말로 신자유주의 정책이 반복적으로 실패하고 거의 40년 동안 위기가 지속하는 바로 그 이유이다.

『자본』, 화폐, 그리고 금융 위기

이 책에서 최종적으로 구체화된 연구와 사고를 촉발한 상황의 일부는, 오늘날 세계 자본주의가 직면한 위기와 비슷한 위기의 상황이었다. 그것은 그 당시 지배적이었던 자본주의 권력의 지배적 양식을 침식한 투쟁들이 야기한 화폐와 통화의 위기였다. 1971~1973년에는 국제 자본주의 통화 질서가 고정 환율에서 변동 환율로 전환했다. 이것은 전 세계에서 투쟁 중인 우리들로 하여금 적어도 우리 주의의 일부를 통화 문제에 재집중하도록 환기하는 긴급주의보였다. 이것은 더욱 최근인 2007년 가을 세계 금융 위기의 발발이 같은 종류의 대응을 강제한 것과 아주 유사하다. 그에 뒤이은 1974~75년의 '대불황'과 1970년대 중반의 광범위한 재정 위기의 폭발(미국에서 유럽으로 그리고 그 너머로)은 우리의 주의를 상대적으로 잘 알려지지 않은 국제통화 관계의 지형으로부터 정부 지출 및 조세 정책을 둘러싼 갈등이 좀 더 우리에게 익숙했던 더 알려진 지역적 지형으로 끌고 갔다.

1970년에 폴란드에서 발생한 시위에 대한 진압을 세계가 거의 무시했던 반면, 뉴욕시의 공무원들이 자신들의 연금에 대한 공격에 항의하여 것과 동시인 1976년에 폴란드에서 시위가 재개되었을 때 그것에 대한 무시는 훨씬 덜했다. 〈IMF〉와 〈아랍기금〉AF이 명령한 식품 보조금 삭감에 대항하여 이집트 노동자들이 카이로 거리로 쏟아져 나왔을 때도 그랬다. 이 모든 경우에 정부가 화폐를 조작하는 방법과, 생활 수준 및 자신들의 투쟁 가능성을 방어하려는 사람들의 노력 사이에는 직접적인 대립이 있었다.

그러므로 맑스의 가치 이론에 대한 나의 개인적인 재검토는 — 그것의 결과는 이 책의 각 장에서 설명된다 — 부분적으로는 "노동가치론과 잉여가치론이 화폐를 이해하는 데, 그리고 화폐가 핵심 역할을 하는 갈등을 포함하는 위기를 이해하는 데 도움이 되는가?"라는 물음에 의해 추동되었다. 내가 내놓은 대답 – "그렇다." – 은 내가 1970년대의 재정 위기와 통화 위기를 이해하는 데 도움이 되었을 뿐만 아니라 이 서문의 첫 부분에서 나열한 다양한 통화 위기를 이해하는 데도 도움이 되었다. 분명한 질문은 "어떻게?"이다. 맑스의 가치론이 이러한 통화 위기를 이해하는 데 어떻게 도움이 되는가? 그리고 더 중요한 것으로, 이러한 이해하기를 넘어서 우리가 더 이상 그 위기를 참아낼 필요가 없도록 세계를 변화시키는 데 이 이론이 어떤 종류의 정치적 실천을 함의하는가?

이 두 가지 질문에 대한 답은 간략하게 말하면 이렇다. "그것[노동가치론]은 자본주의에서 화폐가 어떻게 우리의 삶을 노동으로 환원시키는 핵심 수단인가를, 그리고 어떻게 화폐 위기 및 금융 위기가 그 명령을 침식할 우리의 능력의 표현인가를 보여줌으로써 화폐를, 그리고 통화 위기 및 금융 위기를 이해하는 데 도움이 된다." 그리고 "이 이론의 함의는, 우리가 지금 '노동'이라고 부르는 것을 포함하는, 우리의 활동들을 자본주의적 명령에서 벗어나 우리 자신의 필요를 충족시키기 위한 것으로 재조직할 필요를 포함한다."

화폐와 통화 관계를 노동 부과를 둘러싼 갈등의 관점에서 이해하는 것의 사례는 쉽게 발견할 수 있다. 폴란드와 같은 구소비에트식 국가의 재정 위기들은 이데올로기적으로 동기 부여된 서구의 경제학자들에 의해서 종종 중앙 계획가들의 무능력을 드러내는 것에 불과한 것으로 설명되었다. 그러나 실제에서 이러한 위기들의 출현은, 여러 가지 형태의 부과된 노동에 저항하면서 정부가 자신들의 소득을 보조하도록 강제하는 데 성공한 사람들에 의한 수년간의 투쟁의 직접적인 산물이다. 1976년 '공산주의' 폴란드에서 폭발한 시위는 같은 해에 '자본주의' 이집트에서 폭발한 시위와 똑같은 내용을 갖고 있었다. 그것들은 식품 보조금을 회수하고 더 많은 노동을 부과하려는 정부의 노력에 대한 반란이었다. '식품 보조금'은, 미국에서처럼 '식품 구입권' 형태를 취하건 혹은 소비자 가격은 낮추면서 농민들로부터의 구매가격은 높게 유지하는 정부 지불금의 형태를 취하건, 자신들의 노동의 생산성이 낮음에도 불구하고 정부로 하여금 자신들에게 유리하게 행동하도록 강제하는 다양한 집단들의 힘의 발현이다. (만약 그들의 생산성이 충분히 높다면 어떤 보조금도 필요하지 않을 것이다.) 오늘날 〈유럽연합〉의 정책 입안자들이 자신들의 재정 적자를 줄이기 위해 그리스, 이탈리아, 스페인에 긴축을 강요하려고 노력할 때 그리고 미국의 정책 입안자들이 노동계급 소비를 지원하는 거의 모든 프로그램에 대한 지출을 삭감함으로써 동일하게 긴축을 부과하려고 할 때, 우리는 이와 비슷한 종류의 갈등을 발견한다. 문제가 되고 있는 것을 이해하기 위해서 우리는, 그들이 삭감하고자 하는 것이 무엇인지, 그리고 그 프로그램이 어느 정도나 우리의 과거의 투쟁의 결과인지를 조사하기만 하면된다. 과거의 양보들이 일반적으로 통제를 강화하기 위해 고안된 프로그램(예컨대 복지)을 통해 구성되었다는 명백한 진실은, 그러한 프로그램에 대한 공격이 양보를 폐기하려는 시도일 뿐만 아니라 실제로 통제를 달성하지 못한 것에 대한 대응이기도 함을 의미한다.

이와 마찬가지로 자본주의 정책 입안자들은, 노동자들이 생산성보다 빠른 화폐임금 상승에 성공한 것에 대한 대응으로 소비자 가격의 인플레이션을 발생시키는 통화 정책을 사용했다. 이 정책은 노동자들(이들은 자신들의 실질 소득이 침식되고 자신들의 노동력이 평가절하되는 것을 보아 왔다)로부터 (의도적으로 가격이 부풀려진 상품들의) 기업 소유주들에게로 소득과 가치의 이전을 달성하기 위한 것이었고 여러 번에 걸쳐 의도적으로 사용된 것이었다.(이 책의 5장 참조) 때때로 이것은, 한 나라 안에서 인플레이션을 발생시키기 위해 팽창적 통화 정책을 사용하는 경우에서처럼, 국지적으로 발생했다. 또 때때로 그것은 1970년대에 〈OPEC〉에 의해 달성된 유가의 4배 인상처럼 국제적으로 발생했다. 이 유가 인상은, 더 높은 가격의 석유 유통에 필요한 화폐를 공급한, 미국의 외교와 수지 적자 균형에 의해 비준되었다. 그 화폐는 석유달러petrodollars의 형태로 〈OPEC〉에 유입되어 〈OPEC〉을 국제 은행의 부속 기관으로 만들었다. 여기서 〈OPEC〉은 가치와 소득을 소비자/노동자로부터 먼저 〈OPEC〉으로, 다음에 은행으로, 그러고 나서 대출을 통해 비금융 기업으로 이전시키는 금융 중개자였다. 그러한 금융적 중개는 노동계급 소득을 자본가의 이윤으로 전환시켰다. 하지만 노동자는 자신들의 실질소득 하락을 막을 화폐임금 상승에 성공했다. 그런데 그것이 인플레이션을 가속시켰을 때에는 그리고 그것이 자본으로 하여금 (지미 카터 미국 대통령과 폴 볼커 〈연방준비은행〉 의장을 통해) 미국에서 화폐공급의 증가를 급격하게 조이도록, 미국과 세계에서 금리 인상을 가속화하도록 자극했을 때에는, 1980년대 초의 세계적인 침체와 그 이후의 국제 부채 위기를 초래하면서 위기의 조건으로 되었을 뿐이다.

1) 노동가치론을 자본에 대한 노동의 가치론으로 이해하는 것, 그리고 2) 자본주의 경제 위기가 명령하기의 실패에 뿌리를 내리고 있는 이유를 이해하는 것이 위에서 언급한 통화 위기를 계급적으로 해석하는 데 도움이 되었듯이, 이러한 통찰들은 2007년에 폭발한 현재의 세계 경제 위기를 파악하는 데도 도움이 된다. 이 전 세계적 위기는 – 이 것은 끝날 조짐을 보이지 않는다 – 처음에는 금융기관과 연결된 주택 시

장 위기의 형태를 띠었지만, 빠르게 자본주의 투자의 위기로, 높은 실업률, 소득 감소, 세수 감소 및 주 재정 위기로 일반화되었다.

금융 위기는 이 시기에 두 가지 이유에서 중심적 이슈였다. 첫째는 금융 기관이 주택 버블 생성에서 핵심 역할을 맡았고 그 버블이 이 시기에 위기의 방아쇠를 당겼다는 점 때문에. 둘째, 그러한 금융 기관들을 구제한 것이 정부 재정 문제를 그리고 따라서 납세자와 정부지출 수혜자의 문제를 창출하거나 강화시켰다는 점 때문에. 이제 이것들을 하나씩 차례로 살펴보자.

이제는 알려진 것이지만, 주택 거품은 은행, 헤지 펀드 및 기타 투기꾼들이 더 많은 돈을 주택 구매에 (그리고 주택 건설 산업에) 대출해줄 다양한 새로운 금융 수단을 만들어냄에 따라 막대한 비율로 팽창했다. 그 결과 투자자들이 위험을 판단하는 것이 더욱 어려워졌고 자신들의 투자의 액면 가치가 실제로 대출 상환으로 실현될 수 있는 수입 흐름을 압도할 것이라는 점도 더욱 분명해졌다. 금융적 '창의성'이 위험 평가를 어떻게 흐리게 할 수 있는지에 대한 한 가지 예로, 한 묶음의 주택담보대출을 증권화하는 경우를 생각해 보라. 주택 구매자에게 돈을 빌려주는 은행이 사용할 수 있는 지식과, 주택담보대출 기반 증권(이것은 수많은 주택 구매자들이 대출을 상환함에 따라 발생할 수입 흐름의 공유를 약속한다)을 구매하는 투자자가 사용할 수 있는 지식 사이에는 분명히 큰 차이가 있다. 첫 번째 경우, 은행은 적어도 원칙적으로는 구매자의 소득과 자산에 대한 상세한 평가에 기초하여 대출을 결정한다. 두 번째 경우에는, 투자자가 이용할 수 있는 유일한 정보는 제3자인 일부의 신용 평가 기관이 그 증권에 매기는 등급뿐이다. 만약 발생할 수 있는 수입 흐름을 정확하게 평가하려는 그 기관의 능력(혹은 의지)이 금융 수단의 복잡성에 의해, 그리고 그 수단의 기반으로서 서로 함께 묶인 각각의 수많은 대출들을 평가하는 것이 불가능하다는 점에 의해 손상된다면, 투자자가 그것에 포함된 위험을 이해하는 것은 불가능하다. 이러한 맹목성이 이후에 모든 수준에 널리 퍼져 있는 것으로 드러난 사기와 결합되면, 형성 중인 재앙이 현실화되리라는 것은 분명하다.

첫째, 1930년대의 대공황 동안에 그리고 그 이후에 만들어진 규제 장치들 ― 30년 넘게 금융 위기를 효과적으로 제거해 왔던 것 ― 의 제거를 통해 그리고 두 번째로, 새로운 금융 수단에 내재된 위험을 제한할 수 있는 새로운 규제를 만들어 내지 못함으로써, 위에서 언급한 것과 같은 상황이 어떻게 발생했는지도 이제 잘 알려져 있다. 규제 장치의 제거는 두 가지 형태를 취했다. 이전에 금지되었던 활동(가령 상업저축은행으로 하여금 투기적 은행 투자에 관여할 수 있도록 허용하는 것)을 허용하는 방향으로 규제법을 개정하는 것이 하나의 형태이고, 신자유주의적 행정에 의해 지배되는 규제 기관들(이들은 이데올로기적으로 자유시장에 헌신하며 규제의 존재 그 자체에 대립한다)에 의해 기존의 규제들을 집행하지 못하게 하는 것이 다른 하나의 형태이다.

그렇다면 이 책에 서술된 맑스의 노동가치론에 대한 이해와 이 모든 금융적 속임수들과의 관계는 무엇인가? 노동가치론에 대한 이해는 자본주의에서 모든 것은, 그것이 목표를 성취할 때이건 목표를 성취하지 못할 때이건 간에, 사람들의 삶이 자본주의적 노동에 어느 정도로 종속되고 또 반대로 사람들이 그 종속으로부터 자신을 해방시키는 데 어느 정도로 성공하는가를 둘러싼 적대적 투쟁의 양상이라는 점에 우리의 주의를 집중시킨다. 달리 말해, 주택 버블과 그것의 붕괴를 가져온 금융적 탈규제와 투기의 급속한 확산은 그 적대적 투쟁의 맥락에서 이해되어야 한다.

우리는 현재의 위기를 초래한 역사에 대해 여러 가지 사실을 인식함으로써 그러한 이해에 도달할 수 있다. 첫째, 우리는 투자 가능한 돈이 금융 투기로 엄청나게 흘러 들어가는 것(예를 들어 모기지 기반 증권의 가치가 상승할 것으로 기대하고 희망하면서 그것을 구매하는 것)은 고리대법의 폐지와 더불어 시작되었고 1970년대 말 이래로 진행 중인 금융 부문에 대한 탈규제 때문에 가능할 뿐이었다는 것을 인식할 필요가 있다. 둘째, 우리는 금융 탈규제가 1970년대에 인플레이션의 가속과 음(-)의 실질 이자율(그리고 그에 따른 금융 부문의 위기)을 초래했던 노동자 투쟁에 대응하여 발생했음을 인식할 필요가 있다. 그 십 년간에 대한 〈IMF〉의 연례 보고서에 따르면, 1975년경에 인플레이션이 세계에서 가장 큰 경제 문제로 밝혀졌으며 그 인플레이션의 주요 원천은 "노동 시장의 구조적 경직성"이라고 상정되었다. 이 말을 통해 〈IMF〉는 노동자들의 권력이 문제라고 말하고 있는 것이다. 셋째, 금융 탈규제는 노동자 투쟁을 침식하고 비용을 낮추며 이윤을 증대시키려는 (때로는 "자유화"라고도 불리는) 보다 폭넓은 탈규제 과정의 한 부분일 뿐이었지만, 이 특수한 규제완화의 형식은 1930년대 이래 대부분 사라졌던 투기를 부활시켰다. 그 투기는 노동자 투쟁에 의해 수익성이 악화된 비금융 산업에 대한 실제적 투자를 대체할 수익성 있는 대안이었다. 오프쇼어링[해외외주]이나 아웃소싱처럼 투기는, 자본이 노동에 대한 자신의 명령이 약화된 산업 부문에서 도주할 수 있는 길을 제공했고 자신이 도망쳐 나온 힘을 침식하기도 했다. 아웃소싱의 경우, 그것이 가져오는 일자리의 지리적인 전위displacement는 한때 강력했던 노동자 집단의 생활 수준 하락·양보·곤경을 강제했다. 금융 탈규제의 경우 우리는 노동자가 강한 영역으로부터 노동자가 거의 이해하지 못하고 영향력도 적은 투기적 투자로 투자 기금을 이전하는 투자 부문의 전위를 발견한다.

　임금과 소득에 대한 신자유주의적 공격(탈규제, 노동조합 파괴, 높은 실업)을 고려할 때, 많은 노동자들이 자신들의 생활 수준을 유지하기 위해 신용에 의지했다는 것은 놀라운 일이 아니었다. 실제로, 신자유주의적 공격 이전에조차도, 특히 이전에 무시당했던 소수자들 및 공동체들에 있어서는, 노동자들의 투쟁의 일부는 신용에 대한 더 많은 접근을 위한 것이었다. 규제적 제약이 완화됨에 따라 금융 기관들은 신용 확장을 통해 이러한 요구들을 활용하려 했다. 하지만 그 신용은 종종 신용 협정이라는 불투명한 법률용어 뒤에 숨겨져 있는 극도로 높은 이자율로 제공되었다. 악명 높은 서브프라임 모기지들(그것들은 주택 거품의 파열을 유발한 채무불이행 증대의 영향을 받았다)은 그러한 신용의 한 예이다. 상환 능력을 전혀 고려하지 않고 발급된 고금리 신용 카드의 광범위한 보급은 또 다른 예이다. 그러나 금융 기관들이 우리의 임금 중 상당 부분을 빨아들이기 위해 높은 이자율을 사용하려고 했을 때조차도, 우리가 완전히 의지할 곳이 없는 상태는 아니었다. 신용 때문에 우리는 주택, 내구재, 교육 및 순간적 쾌락을 구매할 수 있었을 뿐만 아니라 상환 흐름을 끝내겠다는, 그리고 채권 기관의 자산을 없애 버리겠다는 채무불이행의 위협[능력]을 항상 보유하고 있었다. 채무불이행으로 인해 일부 항목에 대한 압류 및 기업으로의 소유권 반환이 초래될 수 있었지만, 신용을 통해 우리가 얻은 사용가치를 대출기관이 완전히 회수하는 것은 불가능했다. 따라서 우리의 임금 투쟁은 신용을 둘러싼 투쟁에 의해 보완되었다. 우리가 지불과 파산의 조건에 도전하면서 그 투쟁은 곧 개인과 가족 차원에서만이 아니라 법정과 입법부에서도 수행되고 있었다. (그러한 투쟁들은 오바마 행정부에서 결국 새로운 소비자금융보호국Consumer Financial Protection Bureau의 창설을 가져올 것인데, 이 글을 쓰는 시점[2011년]에 금융 업계는 의회에서의 로비 활동을 통해 그것을 불구화하려고 시도하고 있다.)

금융 위기에 초점을 맞춘 두 번째 이유 — 금융 기관을 구제하는 것의 재정적 함의 — 는 우리에게, 자본이 다른 사람들에게 자신의 구제비용을 부과함으로써 [우리의] 투쟁으로 인해 초래된 위기로부터 어떻게 스스로 벗어나려고 하는지를 보여 주는 또 다른 예를 제공한다. 역사적으로 모든 기업 사이클의 특징은 다음과 같다. 우리의 투쟁이 자본에 위기를 부과했을 때 자본은 투자 및 확장의 새로운 순환을 재개하기에 충분한 힘의 균형을 재확립하기 위해, 투자 파업, 정리 해고, 높은 실업, 그리고 때때로는 우리에 대한 경찰 억압과 군사 억압을 사용했다. 현재의 금융 위기를 포함하는 최근의 금융 위기들에서 우리는, 심지어 훨씬 더 오래된 방법들과 함께 이 모든 낯익은 방법들이 모두 가동되고 있는 것을 본다. 납세자의 돈을 이전함으로써 금융 구제비용을 우리가 지불하게 하는 것(그 비용의 대부분이 우리에게서 나온다), 그리고 우리에게 도움이 되는 정부 서비스들의 삭감을 통한 긴축의 부과 등이 그것이다. 긴축의 부과가 1980년대와 1990년대의 국제 부채 위기 동안 스탠드바이 협정[(IMF)로부터 신용공여를 받기 위한 신용한도 설정 협정]과 차환[부채상환 연장]의 대가로 〈IMF〉가 남南의 나라들에 부과한 낯익은 일차적 '조건'이었다면, 현재의 금융 위기는 자본가들이 유럽과 심지어 미국과 같은 북北에서도 같은 종류의 삭감을 요구하고 있는 것을 보여 준다. 파산 위협을 받는 은행에 준 수천억 달러 상당의 단기 구제 금융 자금은 상대적으로 신속하게 상환될 수 있는 반면, 긴축의 부과는 우리의 생활 수준을 장기적으로 저하시킬 위험이 있다. 긴축 프로그램이 어떤 서비스들을 삭감하는가를 조사해 보면, 그리스에서건 미국에서건 '재정적 책임'fiscal responsibility이란 [말은] 우리의 생활 수준에 대한 극적인 공격을 위한 이데올로기적 덮개에 지나지 않는다는 것이 드러난다.

금융 위기의 발생에 대한 이러한 이해는 다른 맑스주의적 설명과는 현저하게 다르다. 그 이해는, 예를 들어, 맑스가 『자본』의 3권에서 생산적 노동과 비생산적인 노동 사이에 지었던 구분을 이용하여 금융 부문이 순수하게 기생적이라고 주장하는 이해와는 다르다. 이러한 이해는 금융 부문이 잉여가치가 흡수될 수 있지만 생산될 수는 없는 영역이라고 주장한다. 이 주장에 따르면 위기는 우리의 투쟁에서 비롯되는 것이 아니라 일시적으로 금융 부문에 흡수된 비금융 부문 잉여가치 생산의 과잉에서 비롯된다. 그러한 분석은 여러 가지 것을 무시한다. 첫째, 그것은, 우리가 금융 부문이 생산하고 판매하는 서비스의 위험한 특성을 아무리 개탄한다 할지라도 금융 부문은 상품(서비스)을 생산한다는 점을, 그리고 그것을 생산하는 노동은 맑스 자신의 정의로도 생산적이라는 점을 무시한다. 둘째, 다른 부문의 투자 자금을 금융 부문으로 전환하는 것은 수익성이 더 높은 영역(즉 노동 통제가 더 큰 영역)으로 이동하는 통상적인 자본주의적 패턴을 따르는 것이다. 금융 산업의 팽창은 분명히 고용을 창출했다. 하지만 그곳에 고용된 노동자들은 거의 조직되지 않고 극도로 분열되었다. 컴퓨터의 집중적인 사용으로 수많은 금융공중인을 대체했음에도 불구하고, 금융 부문의 임금 계층 구조의 최하위 말단은 일군의 저임금 사무원과 비서에 의해 계속 채워지고 있고 최고위 자리는 매우 좋은 보수를 받는 투기꾼들이 차지한다.

금융 탈규제와 투기의 부활을 우리의 투쟁에 대한 자본주의적 대응으로 이해하는 것은 금융 위기를 투기 붐과 [거품]파열이라는 그 자신의 내부 역학의 관점에서만 설명하는 해석과도 다르다. 자본주의의 역사는 자본이 무엇을 할 수 있고 그것을 어떻게 할 수 있는지가 다른 힘들로부터 자본에 부과되는 제약에 의해 결정된다는 것을 분명히 보여 준다. 자본의 초기에 자본은 구 지배 계급의 노력에서 파생된 많은 제약들을 대체하려고 애썼다. 자본이 그러한 제약으로부터 해방되었을 때 자본은 [다시] 자신이 부상할 때 자신이 강화한 노동계급의 적대적인 힘에 의해 더욱더 제약받게 되었다. 투기 활동에 대한 법적 제한은 노동일의 길이, 어린이 노동, 매우 안전하지 않은 노동 조건, 환경 파괴적인 독성 폐기물 폐기를 통한 비용 삭감 등등에 대한 제한과 본질적으로 다르지 않다. '자유 시장' 또는 '자유방임' 자본주의는 여러 시점에, 덜 제약된 자본주의가 더 효율적이고 모든 사람에게 더 좋다고 주장함으로써 앞서 부과되었던 제약들 중의 일부를 제거하는 것을 정당화하려는 사람들이 만들어 낸 이데올로기적 신화일 뿐이다. 경제학자들은 이 신화를 체현하는 수학적 모델들을 만들어 탈규제의 여러 순간들을 정당화하는 데 그것들을 사용했다. 하지만 그 모델들은 실존했던 어떤 것도, 혹은 실존하리라 기대할 수 있는 어떤 것도 표상하지 않는 이데올로기적 구성물이다. 따라서 '내부적 역학'에 대한 어떤 호소가 우리로 하여금, 금융 탈규제를 비롯한 다양한 형태의 탈규제가 어떻게 (자본주의가 우리에게 가하는 피해를 제한하려는 우리의 투쟁이 자본에게 부과한 제약을 좌초시키거나 포위하기 위한) 자본주의적 노력을 구성했는지를 정확하게 파악하려는 힘든 노력을 우회하도록 허용해서는 안 된다.

금융 위기, 화폐, 자본주의를 넘어

이 모든 것은 앞서 제기되었던 가장 중요한 질문으로 나를 데려간다. "우리가 [금융 위기를] 더 이상 참아낼 필요가 없도록 세계를 변화시키는 데 있어서 이 이론이 어떤 종류의 정치적 실천을 함의하는가?"가 그것이다. 그 질문에 대한 나의 간결한 대답은, "그 이론의 함의는 우리가 지금 '노동'이라고 부르는 활동을 비롯한 우리의 활동들을 자본주의적 명령에서 벗어나 우리 자신의 필요를 충족시키는 활동으로 재조직할 필요성을 포함해야 한다."는 것이다.

우선 그것은 [과거] 수십 년에 걸쳐 그러한 위기를 불가능하게 만들었던 종류의 규제들을 [자본에] 재부과함으로써 우리가 현재 위기의 반복을 겪게 하지 않으려는 사람들의 가장 진보적인 제안을 넘어선다. 우리가, 적어도 일시적으로는 그러한 위기에서 우리를 벗어나게 해 주는 그러한 제안을 지지할 수는 있겠지만 우리의 역사적 경험은 분명히 오늘 부과된 제약들이 내일에는 제거될 수 있음을 우리에게 가르쳐 준다. 따라서 그런 제안은 정답일 수 없다. 내가 내리는 정치적 결론은, 금융 위기로부터 영구적으로 벗어나는 유일한 방법은 화폐, 은행 및 자본주의 자체와 같은 금융 위기의 모든 구성 요소들로부터 벗어나야 한다는 것이다. 따라서 우리는 자본주의 전체에서 우리를 점점 자유롭게 할 수 있는 부의 생산, 분배 및 소비의 변화를 위해 싸워야 한다. 가장 기본적으로, 우리는 우리의 삶이 자본을 위한 노동에 종속되는 것을 끝내기 위해 싸워야 한다. 그리고 우리는 금융적 종속을 포함하면서도 그것에 국한되지 않는, 그 노동에의 종속을 지탱하는 모든 기구들의 폐지를 위해 싸워야 한다.

여기서 나의 추론은, 맑스가 19세기의 통화 개혁자들에 대해 가했던 논박을 다소간 반복한다. 그들 중에는, 화폐를 "노동 전표"로 대체하고 싶어 했던 영국인 존 그레이John Gray와 미국인 존 프랜시스 브레이John Francis Bray와 같은 사람들이, 그리고 신용을 대기업보다 소기업에 제공할 "인민은행"을 원했던 피에르–조제프 프루동Pierre-Joseph Proudhon 같은 프랑스인이 포함되어 있다. 맑스는 그 한 해 전에 출판되었던 알프레드 다리몽Alfred Darimon의 저서 『은행 개혁에 대하여』*De la réforme des banques*에 대한 응답으로 쓴 1857년의 연구 노트인 『정치경제학 비판 요강』의 첫 부분에서 자신의 주장을 펼쳤다. 맑스는 가격의 변화에 대한 다리몽의 프루동주의적 추론을 통렬히 비판하는 과정에서, 모든 통화적 또는 금융적 개혁주의의 한계를 다음처럼 지적한다.

> 이 마지막 정식화에서 문제는 다음의 질문으로 좁혀진다. 가격의 상승과 하락을 어떻게 극복할 수 있는가? 그 방법은 가격을 폐지하는 것이다. 그렇다면 어떻게? 교환가치를 폐지함으로써. 그러나 이런 문제가 제기된다. 교환은 사회의 부르주아적 조직화에 해당하는 것이지 않은가? 그러므로 마지막으로 제기되는 문제는 다음과 같다 : 부르주아 사회를 경제적으로 혁명하라. 부르주아 사회의 악이 은행의 '변형'이나 합리적인 '화폐 체계'의 창설로 치유될 수 없다는 것은 처음부터 자명했을 것이다.

19세기에 진실이었던 이것은 오늘날에도 진실이다. 금융 위기를 영구적으로 극복하는 유일한 방법은, 화폐와 금융이 필수적인 구성계기인, 사회의 부르주아적 조직화를 폐지하는 것이다. 그러나 사회의 부르주아적 조직화를 폐지한다는 것은 삶의 노동에로의 끝없는 종속을 폐지한다는 것을 의미한다. 화폐와 금융은 그러한 종속을 조직하는 제도들 중에서 단지 두 개의 제도에 불과하다. 그것들이 폐지될 때까지, 우리는 아주 합법적으로, 그러한 제도가 우리에게 가하는 제약과 피해를 최소화하기 위해 싸울 것이다. 그러나 그러한 전쟁에서 승리하고 또 그 이상으로 나아가기 위해서 우리는, 우리가 상품화, 화폐 및 금융이 없는 새로운 공통장commons을 창출하는 데 기여하면서 자본주의적 관계 외부에서 발명해 온, 살기 위해 필요한 것, 살기 원하는 방식을 생산하고 분배하는 온갖 대안적 방법들을 평가하고 가능한 한 정교하게 다듬을 필요가 있다.

사례들은 우리 주위에 풍부하다. 어떤 사례들은 오래되고 친숙한 것들이다. 공유지communal lands를 자치적 문화 활동을 위한 기반으로 간직해 온 농민 투쟁들이나, 이와 동일한 목적으로 토지를 획득하려고 싸워온 무토지 농민들의 투쟁 같은 것이 그런 것이다. 또, 공동체 농장이나 청년 사회 센터를 위한 공간의 전유를 위한 투쟁과 같은 도시에서의 유사한 투쟁들도 있다. 또 다른 사례들은 새로우며 현대의 테크놀로지를 이용한다. 단지 제한된 공간만을 필요로 하는 도시농업이나, 기업농이나 자본주의적 가격 조작과는 독립적으로 식품을 키우는 수경재배 같은 것이 그런 것이다. 또 다른 사례들은 인터넷을 통한 정보, 지식, 음악, 예술 및 경험의 생성과 자유로운 공유를 포함한다. 인터넷에 접속할 수 있는 컴퓨터를 구입하고 운영하기 위해서는 분명히 돈과 노동을 비용으로 지불해야 한다. 하지만 컴퓨팅 능력을 갖는 데 필요한 비용의 지속적 하락과, 도서관 및 무선네트워크를 통한 무료접속의 확산은 점점 더 많은 사람들에게 그 비용을 꾸준히 낮춰 주고 있다. 그러한 비자본주의적 관계의 정교화 속에서 우리는, 자본이 우리 자신에 대한 우리의 관계와 타자에 대한 우리의 관계를 관리하고자 할 때 사용하는 많은 종류의 매개를 파열시킨다. (이 책의 5장에 서술된 재귀적이고 삼단 논법적인 매개에 대한 논의를 참조하라.) 비록 자본이 '지적재산권'을 통해 매개를 다시 부과하고, 공통장의 내용과 창조성을 노동 강제라는 그 자신의 목표에 종속시키면서 그 공통장의 성장을 포위하고 제한하려 하지만, 그러한 새로운 인클로저에 대한 우리의 투쟁은 빠르게 성장했고, 자본의 인클로저 능력을 반복적으로 능가했다.

타흐리르 광장Tahrir Square에서 주코티 공원Zuccotti Park 및 수많은 다른 현장에 이르는, 현재의 국제적 점거시위의 물결이 갖는 더욱 두드러진 측면들 중의 하나는 대안적 사회 형태의 실험이었다. 점거자들은 자본주의에 전형적인 위계 구조를 재생산할 하향식의 위계 조직을 창출하지 않고 오히려 총회general assembly와 여러 형태의 수평적이고 민주적인 과제 분담을 조직했다. 이러한 점거는 인클로저를 역전시키고 작은 공통장을 재창조했을 뿐만 아니라 그 속에서 비자본주의적 생활 방식을 추구했다.

이제 글을 맺자. 위의 쟁점들에 관해서 이야기되어야 할 것은 분명히 훨씬 더 많을 것이다. 또 이 책의 여러 단락들이 그 쟁점들과 맺는 관련성에 대해서는 더 많은 것들이 이야기되어야 한다는 점도 분명할 것이다. 그러나 이 "서문"은 내가 보기에 이미 길다. 그래서 여기에서 나는, 독자들에게 이용 가능하게 된 이 번역이 우리의 집단적 투쟁의 미래에 도움이 될 토론을 넓고 깊게 만들기를 바라면서 이 텍스트를 독자에게 맡기고 싶다.

2011년 11월
텍사스 오스틴에서
해리 클리버

1장

서론

이 책에서 나는 『자본』*Capital* 1권 1장에 대한 상세한 연구를 통해 칼 맑스의 가치 분석을 재검토하고자 한다. 이 연구의 목적은 1장의 추상적 개념들을 자본주의 사회의 계급투쟁에 관한 맑스의 전반적 분석 속에 위치시킴으로써 가치 분석의 정치적 유용성을 도출해 내는 것이다. 나는 내가 맑스의 본래의 목적이라고 생각하는 그것으로 돌아가고자 한다. 그것은 맑스가 노동자들의 손에 무기를 쥐어주기 위해 『자본』을 집필했다는 것이다. 『자본』에서 그는 자본가와 노동계급 간 투쟁의 근본적인 동학에 대한 상세한 분석을 제시했다.[1] 노동자들은 『자본』을 정치적 문서로 읽음으로써 자본가계급이 자신들을 지배하기 위해 사용하는 다양한 방식들뿐만 아니라 그러한 지배에 대항해 투쟁하기 위해 자신이 사용한 방법들도 깊이 연구할 수 있을 것이다.

그러나 지난 반세기 동안 『자본』은 이런 방식으로 거의 읽히지 않았을 뿐만 아니라 그런 독해 방식은 거의 무시되었다. 『자본』의 세계적 평판과 사회주의 세계에서 그것의 준*準*종교적 지위에도 불구하고 이에 대한 진지한 연구는 동서를 막론하고 드물고 고립적인 현상에 불과했다고 해도 그렇게 지나치지 않다. 이 책에 관해 이야기하는 사람은 많았으나 그것을 실제로 연구한 사람은 거의 없었다. 이 책이 읽힐 때에도, 여러 경향의 맑스주의자들에 의해 정치경제학, 경제사, 사회학, 심지어 철학 분야의 작품으로 간주되어 왔다. 이처럼 이 책은 정치적 도

---

1. 맑스와 그를 따르는 대부분의 맑스주의자들에게 '노동계급'이란 주로 — 공산품이든 농산품이든 용역이든 — 상품을 생산하는 임금노동자들로 구성된 산업 노동계급을 가리켰다. 이 책 뒷부분에서 좀 더 명확해질 여러 이유로 인해서, 나는 '노동계급'이라는 용어를 산업 임금노동자뿐 아니라 광범위한 종류의 비임금 노동자까지 가리키는 용어로 사용한다. 이들은 가정주부, 어린이, 학생, 농민을 포함하는데, 자본주의하에서 이들의 노동은 주로 (산업노동을 포함하여) 체제 유지에 기여하는 활동들 및 능력과 의지를 생산, 재생산하는 것으로 구성된다.

구라기보다 학술적 연구의 대상이었다. 이러한 맑스주의 전통의 유산은 이 책을 계급투쟁의 현장에서 거의 내몰아버리는 일에 기여했다.

이러한 무시가 최근에는 맑스의 저작들, 특히 『자본』에 대한 면밀한 연구의 전 세계적 부활에 의해 대체되었다. 이 부활은 학술 집단과 활동가 집단에서 다양한 맑스주의 사상학파들을 증식시켰다. 그러나 안타깝게도 이 새로운 연구의 상당 부분은 또다시, 『자본』이 노동자들의 수중에서 정치적 도구로서 가지는 유용성을 무시하거나 과소평가했던 과거의 해석들을 되풀이하고 있다. 『자본』을 무기로서 재발견하고 그것을 정치적으로 읽은 사람은 극소수였고 또 흩어져 있었다. 이 서론은 맑스 해석에 있어서의 여러 전통적 접근법과 현대적 접근법을 개략하고 『자본』을 정치적으로 읽기를 그 접근법들 속에 위치시키고자 한다. 이 책의 본문은 맑스의 가치 분석을 정치적으로 읽음으로써 『자본』 전체를 정치적으로 읽는 것에 기여하는 것을 목표로 하고 있다.

맑스에 대한 여러 접근법들을 개관하기 위해, 나는 맑스의 현대적 부활이 갖는 일반적 성격에 대한 논의에서 시작한다. 나는 그것을 자본주의 체제의 전 지구적 위기라는 더 큰 드라마 속의 하나의 계기로서 위치시킨다. 많은 사람들을 맑스의 이론적, 정치적 사상으로 이끈 것은 바로 현재의 위기의 엄습이었다.

최근의 정치적 읽기들의 성격을 포함하여 맑스 읽기의 여러 접근법들을 스케치한 후에, 나는 『자본』 1장 자체에 대한 분석으로 들어간다. 이 책 2장에서 나는 맑스가 상품 분석에서 시작하는 것이 합당하다고 본 정치적 이유를 논의한다. 왜냐하면 상품형태야말로 자본주의적 노동 부과의 기본 형태이고, 따라서 계급투쟁의 기본 형태이기 때문이다. 3장에서 나는 가치의 실체를 자본이 강제한 노동으로 본 맑스의 분석을 해석하고 가치의 척도, 즉 사회적 필요노동시간의 근저에 놓여 있는 노동시간을 둘러싼 투쟁에 대해 논의한다. 이어서 4장에서는 다양한 형태들(단순, 확대, 일반 형태 및 화폐형태)의 가치가 자본주의 사회에서 계급 관계를 표현하는 방식들을 분석하고 그것들이 노동계급 투쟁과 관련하여 우리에게 가르쳐 주는 교훈이 무엇인지를 논의한다.

『자본』에 대한 전반적 이해라는 맥락 속에서 이 연구를 수행함으로써, 그리고 그 책의 첫 장 다음에 이어지는 장들의 자료들이 첫 장의 독해에 집중적으로 관련되도록 함으로써, 또 현재적 위기의 맥락 속에서 가치의 다양한 결정[태]들 determinations을 파악하려고 노력함으로써, 나는 이 작업이 '가치론'을 탈신비화하고, 자본을 상대하는 노동자들의 전략의 발전에서 그것이 갖는 유용성을 증대시키는 데 일정하게 기여할 수 있기를 희망한다.

자본주의의 위기

현재의 자본주의 위기는 1960년대에 외관상 무관해 보이는 광범위한 무질서들의 형태로 출현하기 시작했다. 그 무질서 속에서 많은 수의 기본적 사회제도들이 수많은 새로운 사회갈등들의 충격으로 해체되기 시작했다. 처음에는 미국 흑인들의 시민권 요구들, 세계 곳곳에서 점증하는 학생들과 여성들의 소요, 그리고 아시아·아프리카·라틴아메리카에서 재개된 농민 투쟁 등은 단순히 2차 세계대전 후의 자본주의와 미국의 헤게모니 확산에 대한 상이하고 독립적인 저항 행동들처럼 보였다. 인종차별, 학원 통제, 소외, 착취, 제국주의, 비인간화, 성적 억압, 소비자주의, 환경파괴 등 현대사회의 악폐들은 그 사회를 붕괴시킬 듯이 위협적인 혼란스러운 갈등들 속에서 차례차례 표출되었다.

이러한 사회갈등들이 언어적·물리적 표현을 얻어 사회운동들로 성장함에 따라 그들 사이의 상호독립성은 단지 표면적 환영에 지나지 않는다는 사실이 점점 명백해졌다. 미국에서는 인종차별에 대한 반란이 남부의 농촌을 휩쓴 뒤 북부 빈민굴에서 도시 게릴라전과 복지권 운동으로 폭발했다. 기업이 흑인 청년들을 길거리에서 내쫓으려고 하자, 그들은 자신들의 전투성을 공장으로 옮겨 '검둥이화'niggermation 2에 대해 투쟁했고 이 투쟁을 노동에 대항하는 점증하는 산업적 반란의 결정적 부분으로 만들었다. 흑인 반란은 또한 학교와 군대로도 확산되었고, 다시 학교 통제, 공장으로서의 대학, 그리고 대對 베트남 전쟁을 위한 징집 등에 대항하는 투쟁의 핵심 요소로 되었다. 반전 운동은 이 같은 다양한 투쟁들을 결합시켰다. 그리고 그 운동이 동남아시아 농민들과 연계됨으로써, 점거된 대학 건물에는 "민족해방전선에 승리를!"이라는 구호와 함께 베트콩 깃발이 휘날리게 된다. 이 사회적 반란들 사이의 연계는 비단 미국-동남아 연결에 국한된 것이 아니었다.

베트남 북부에서 일어난 중국식 문화혁명이 사회주의 진영 내에서 인민 반란의 기치를 치켜들었을 때, 그것은 [1956년 헝가리의] 부다페스트를 상기시켰고 [1968년 체코] 프라하의 전조가 되어 전 세계의 주목을 받았다. 또 [동]북아시아에 위치한 일본 — 동東에서의 자본주의적 기적 — 은 학생, 노동자, 농민 들의 상승하고 상호연결된 반란들에 의해 뒤흔들렸고 춘투春鬪와 적군파는 일본식 안정이라는 신화를 종결시켰다. 유럽에서도 비슷한 반란들이 주요 지역들에서 터져 나왔다. 베트

---

2. [옮긴이] 자본이 기계 도입을 통해 자동화(automation)를 함으로써 상대적 잉여가치를 착취하기보다 흑인 노동자의 노동을 착취하는 경향에 흑인 노동자들이 비판적으로 붙인 이름.

남의 대의大義에 공감적인 프랑스의 시위들은 1968년 5월의 역사적 봉기를 배양하는 데 일조했다. 이때 수백만의 학생들과 노동자 들은 반란의 흑기와 적기를 파리의 바리케이드로 들고나왔다. 동유럽에서도 학생들과 노동자들이 지역적 탄압과 소련의 지배에 대항해 소요를 일으켰다. 그것은 처음에는 경제적 및 정치적 개혁을 그리고 그다음에는 러시아 탱크의 침공을 촉발하는 계기가 되었다. 이탈리아에서 1969년의 '뜨거운 가을'은 점차 만성화하는 사회 위기 속에서 발생한 하나의 폭발이었을 뿐이다. 포르투갈에서는 미국의 경험이 훨씬 극적으로 반복되었다. 아프리카에서 장기화된 식민전쟁이 포르투갈 사회만이 아니라 군부까지 분열시켰으며 국외에서의 식민 전쟁에 대한 반응으로 국내에서 혁명을 불러일으켰기 때문이다.

다른 곳에서의 운동과 마찬가지로 미국의 '운동'의 모든 측면들에서도 여성의 반란은 무르익어 남성의 '지도'를 뿌리쳤으며, 히피 세계와 좌파의 '성적 자유'를 뛰어넘어 여성해방을 이 모든 투쟁들의 필수적 계기로서 자율적으로 요구하기에 이르렀다. 실제로 투쟁들의 고도의 상호보완성을 그 이면에 숨기고 있었던 것은 여성들, 흑인들, 갈색인들, 미국 원주민들, 그리고 다양한 '국적인들'의 격렬한 자율성이었다. 심지어 원래는 자본주의의 설계자들이 자신들의 목적을 달성하기 위해 고안해 낸 국제적 인구 및 환경 운동조차도 부분적으로는, 빈곤을 공격하기는커녕 민중을 공격하고 입으로는 환경의 청결을 설파하면서 실제로는 동남아시아에 치명적 고엽제와 독약을 뿌리는 질서에 대한 급진적 도전으로 변형되었다.[3]

---

3. Steve Weissman, "Why the Population Bomb Is a Rockefeller Baby", *Ramparts* 8, no. 11 (May 1970) : 42~47.

이러한 갈등들이 부문적이고 전 지구적인 온갖 다양성 속에서 순환되고 혼합됨에 따라, 그것들은 국제자본주의 체제에 거대하게 상승하는 위험의 물결을 일으키게 되었다. 그것들은 전 지구적 투쟁순환 global cycle of struggles 즉 복잡하지만 상호연관된 전체를 형성하여 전체 자본주의 사회질서를 뿌리째 뒤흔들었으며 그 질서를 역사적인 규모의 위기 속으로 곤두박질치게 만들었다.[4]

그러나 어떤 면에서 이러한 투쟁들의 보편성[세계성]과 이 위기의 깊이는 1970년대가 되어서야 비로소 뚜렷해지게 되었다. 이 시기에 보편적으로 인정된 국제적 차원의 여러 위기들이 꼬리를 물고 빠르게 전개되었기 때문이다. 1971년 6월, 데탕트와 리처드 닉슨의 대對중국 문호개방은 오랜 양극적 냉전의 종말을 알림과 동시에 미국과 일본 사이의 외교 문제의 개시를 알리는 것이었다. 그해 8월, 닉슨의 달러 금태환 정지 결정은 2차 세계대전 이래 서방 자본주의 체제의 국제통화질서를 파괴하는 것이었다. 이 조치는 수입과징금과 더불어 이제는 일본뿐만 아니라 캐나다 및 서유럽과의 외교적 위기를 초래하였다. 이 모든 조치들은, 미국 국내에서의 긴축정책의 실시와 더불어, 성장 이데올로기의 종말을, 그리고 위대한 사회Great Society, 뉴 프론티어New frontier, 발전의 시대Development decade 등의 종말을 고했다.

이 같은 변화에 또 다른 변화들이 빠르게 뒤따랐다. 첫째, 1972~74년의 전 세계적 식품 위기다. 이때 서방에서는 물가가 급상승했으며 아시아와 아프리카에서는 대량의 기아가 발생했다. 둘째, 1973~74년의 전 세계적 에너지 위기다. 이때 석유 가격은 급격하게 치솟았고 자본주의 발전의 초점이 〈OPEC〉 나라들로 이동하는 것으로 보인 반면 미

---

4. 이 투쟁순환에 대한 부분적 분석으로는 *Zerowork* 1호(1975)와 2호(1977) 참조.

국 북동부, 영국, 서유럽의 대부분은 1974~75년의 세계불황 속으로 곤두박질쳤다. 마지막으로, 1975년과 1976년에 동유럽과 소련에서도 이와 동일한 식품과 에너지 위기가 발발하여 사회주의 계획자들도 이 상품들의 가격을 올렸고 그에 따라 광범위한 사회적 소요가 촉발되었다. 그 순환은 그 지점에서 완결되었다. 그 위기의 보편성[세계성]과 깊이는 더 이상 의심될 수 없다.

맑스 연구의 부흥

맑스에 대한 관심이 부흥하고 『자본』이 전 세계에서 다시 읽히고 연구되기 시작한 것은 바로 이 같은 사회갈등의 순환과 전 지구적 위기의 와중에서였다. 맑스에 대한 이러한 관심은 이 위기들을 이해하고 그것에 대처하려는 광범위한 노력의 일환을 구성하는 것으로 간주될 수 있다. 한편에서 이 시기의 사회투쟁들을 만드는 사람들이 맑스로 복귀한 것은 이전의 모든 경험을 벗어나는 상황에서 스스로 문제를 명료화하고 전략을 모색하기 위한 노력의 일환이었다. 학교, 공장, 감옥, 그리고 광범위하고 다양한 사회활동가 조직 등에 속해 있는 독립적 그룹들이 맑스에 대한 연구를 시작하도록 만든 것은 바로 이 같은 모색이었다. 이 그룹들은 개혁주의적이고 전통적인 좌파 이론 및 전략적 공식들의 무력함에 직면하여, 자본주의에 대항하는 계급투쟁 및 혁명에 대한 맑스의 분석을 평가하는 쪽으로 돌아서고 있었다.

또 이 같은 모색이 대학에서는 오랜 기간에 걸친 요구의 결과로 맑스주의에 관한 정규강좌를, 심지어 학위과정까지 개설하도록 만들었다.[5] 시민권 운동은 인종연구를 요구했다. 반전 운동은 수정주의 역사학revisionist history, 저항사회학insurgent sociology, 급진 경제학 등에 대한 지지를 낳았다. 여성 운동은 여성 연구 프로그램들을 개설하도록 만들었다. 전통적인 교육구조 속에서 새로이 열린 이 급진적 공간 속에서 맑스에 대한 연구는 더욱더 커다란 비중을 차지하게 되었다. 급진적 학생들과 교수들이, 학계 외부의 그들의 맞짝들이 그랬던 것처럼 전통적 급진 지혜의 바로 그 한계에 도전했기 때문이다. 그 한계란 그러한 지혜가 현재의 사회 위기를 설명해 내지도 못하고 또 대안적 행동 전략을 효과적으로 평가할 수 있는 수단을 제공하지도 못한다는 것이었다.

그러나 맑스주의의 부흥을 1960년대와 1970년대의 사회적 반란의 핵심을 형성했던 다양한 개인들과 그룹들의 문제와 필요라는 관점에서만 보는 것은 실수일 것이다. 위기는 무엇보다도 자본주의 체제의 위기였고 따라서 자본주의의 설계자들과 이데올로그들의 위기였다. 그 결과 그들도 맑스에 대한 재평가에 관심을 가진다. 이것을 이해하기 위해 우리는 이 위기가, 모든 측면에서 세계자본주의가 겪은 최근의 가장 심각한 위기였던 1930년대의 대공황만큼이나 (어쩌면 그보다 더) 깊고 근본적이라는 것을 인정해야 한다. 대공황의 시대는 자본주의의 역사적 발전에서 심오한 전환점을 이루게 된다. 왜냐하면 그 시대는 계급 간 역学관계와 기본적인 사회 구조가 너무 크게 바뀌어서 오래된 주기적 경기하강의 시점에 실업 증대와 임금 인하 등의 고전적 수단들로는 더 이상 사회적 반란에 대한 해결책을 제공할 수 없었기 때문이

5. 1960년대의 투쟁은 1950년대와는 다른 상황을 만들어 냈다. 1950년대에 미국 대학에는 경제학을 가르치는 오직 한 사람의 종신 맑스주의자(스탠퍼드 대학의 폴 바란)가 있었을 뿐인데 오늘날에는 그것이 미국 전역의 대학에 수십 명의 맑스주의 교수가 있고 그중 많은 사람이 종신직인 상황으로 바뀌었다. 매사추세츠대학, 뉴욕의 〈새로운 사회연구소〉, 아메리칸 대학 등 몇몇 대학에서는 맑스를 전공하여 박사에까지 이를 수 있는 학위과정도 설립했다. 스탠퍼드 대학, 텍사스 대학, 예일 대학, 하버드 대학 등에서는 학생들도 맑스주의 경제학을 전공으로 할 수 있었으며 맑스주의에 대한 논문을 쓰는 학생도 많았다.

다. 1920년대와 1930년대 동안에 노동자들의 투쟁의 성장은 임금의 어떤 실질적 하락을 막고 집합적 자본가로서의 국가에 대해 일자리와 더 많은 사회 서비스에 대한 요구를 증대시켰고 이것이 고전적 수단들을 통한 해결을 불가능하게 만들었다. 그 같은 위기에서 살아남기 위하여 자본주의는 '자유방임'을 대체할 새로운 전략과 이데올로기를 필요로 했다. 그 해결책으로 나타난 것이, 단체교섭에서 합의된 생산성 거래[생산성과 임금의 연동]를 통해 더 높은 임금으로 노동자들의 투쟁에 재갈을 물리는 전략에 기초한, 성장과 완전고용의 이데올로기였다. 임금과 소비자수요가 생산성보다 더 빨리 오르지 않게 하는 것은 통화 및 재정 정책을 통한 국가 개입에 의해 보장될 것이었다. 다시 말해, 자본주의의 가장 최근의 위기에 대한 미국의 응답은 전략이자 이데올로기로서의 케인스주의였다.[6] 2차 세계대전에서 독일과 이탈리아 파시즘의 패배, 그리고 전후 소련과 중국 사회주의에 대한 봉쇄는 미국의 대응이 자본주의 서방 전체의 해법으로 되었다는 것을 의미했다. 이러한 해법은 〈국제연합〉[UN] 체제와 1944년에 브레튼우즈에서 체결된 〈IMF〉 협정을 통해 국제적으로 제도화되었다.

여기서 우리가 주목해야 할 것은 1960년대 말에 사회 갈등의 국제적 순환은 개별 국가 내에서 케인스주의 전략의 붕괴를 알리는 것이며 1971년에 국제 통화체제의 붕괴는 이 위기가 세계적 차원에서의 케인

---

6. 이 분석은 Mario Tronti, "Workers and Capital", *Telos* 14 (Winter 1972) : 25~62; Guido Baldi, "Theses on Mass Worker and Social Capital", *Radical America* 6, no. 1 (May~June) : 3~21; Antonio Negri, "John M. Keynes e la teoria capitalistica dello stato nel '29 ", in *Operai e Stato*, by Sergio Bologna et al.[영어본은 "Keynes and the Capitalist Theory of the State post-1929", in Negri, *Revolution Retrieved* [안또니오 네그리, 「케인즈 그리고 1929년 이후의 자본주의적 국가이론」, 『혁명의 만회』, 영광 옮김, 갈무리, 2005]] 등에서 전개되었다. 이 분석에 대해서는, 뒤에 서술되는 『자본』을 정치적으로 읽기에 관한 절에서 좀 더 상세하게 논의된다.

스주의 시대의 폐막을 구성한다는 것을 보여 주었다는 사실이다. [이처럼] 체제 전체의 심각한 역사적 위기에 직면했기 때문에, 자본주의 경제 및 사회 정책의 이론가들 및 설계자들은 맑스에 대한 재평가에 관심을 갖게 되었다. 이 전반적인 체제 파열의 시대에, 케인스주의 경제학자들과 관료들의 재정 및 통화 정책의 부적합성이 매일 판명되고 있을 때, 위기와 사회발전을 총체화하는 이론들에 대한 새로운 관용을 발견하는 것은 놀라운 일이 아니다.[7] 자본주의의 정책 입안자들은 위기 그 자체에 대해서도 또 전 지구적 사회붕괴에 대해서도 창조적인 해답을 찾아낼 수 없었기 때문에, 자신들이 해법을 찾는 데 도움을 줄 수 있는 것이면 어떤 새로운 개념화에도 기꺼이 귀를 기울이고자 했다. 다시 말해 그들은 맑스의 부활을, 유용한 것을 배울 수 있는가 없는가를 알기 위해 사용하고 싶어 했다.

이 같은 주장이 처음에는 약간 과장된 것으로 들릴 수 있다. 하지만 맑스주의의 전통을 간략히 살펴보기만 해도 그것은 맑스가 혁명을 추진하기 위해 사용되지 않고 혁명을 봉쇄하기 위해 사용되어 온 중요한 사례들을 보여 줄 것이다. 경기순환 이론가, 성장이론 전문가, 산업조직 전문가, 그리고 여타의 정통주의 경제학자들은 자신들의 작업을 발전시켜 나감에 있어 종종 맑스의 저작들에 의존했다.[8] 아마도 가장

---

7. 맑스의 부활과 나란히 등장한 것은, 맑스에 비견할 총체적 시각을 가진 유일한 부르주아 사상가인 헤겔의 부활이다. 헤겔 부활에 관한 개괄적 소개로는, Anthony Quinton, "Spreading Hegel's Wings", *New York Review of Books*, May 29, 1975, 34~37; Mark Poster, "The Hegel Renaissance", *Telos* 16 (Summer 1973) : 109~127; John Heckman, "Hyppolite and the Hegel Revival in France", *Telos* 16 (Summer 1973) : 128~145 를 보라.
8. 부르주아 이론에 대한 맑스의 유용성을 평가한 부르주아 문헌들은 David Horowitz, *Marx and Modern Economics*에 실려 있다. 특히 O. Lange, W. Leontief, J. Robinson, Fan-Hung, L. R. Klein, S. Tsuru 등의 논문을 보라. 명백히 자신들의 작업에서 맑스에

잘 알려진 예들 중의 하나로 바실리 레온티에프Wassily Leontief의 작업을 들 수 있을 것이다. 그는 수많은 현대자본주의 계획 모델들의 기초가 되는 근대적 투입·산출input-output 분석 기법의 아버지이다. 그의 생각의 뿌리는 그가 주저 없이 인정했듯이 부분적으로는 『자본』 2권에 나오는 맑스의 재생산 도식에서 나온다. 아마도 더욱 명백하고 광범위한 함축을 갖는 것은 소련이 자국의 억압과 반혁명의 정책들을 합리화하기 위해 맑스에 대한 많은 정통적 해석들을 동원했을 때의 그 맑스 사용법이었다. 이러한 역사를 고려하면, 왜 맑스 연구를 위한 기금 활용이 가능했는지, 국영신문과 학술잡지에서 새로운 맑스주의 연구 과정을 추적하고 평가하는 데에 왜 때때로 지면이 할애되었는지를 이해하기는 그렇게 어렵지 않다.[9]

맑스에 대한 대안적 접근법들

이처럼 맑스주의의 부흥에 대한 관심에는 두 가지 원천이 있다. 하나는 맑스를 사회 변화를 촉진하기 위해 사용하고자 하는 사람들이고 다른 하나는 그것을 봉쇄하기 위해 맑스를 사용하고자 하는 사람

의지한 다른 사람들에는 *Economic Dynamics*의 William Baumol, *Theories of Economic Growth and Development*의 Irma Adelman 등이 포함된다. Joseph Schumpeter 같은 경제학자들이 맑스에게 진 빚에 대해서는 잘 알려져 있다.
9. 전문적인 잡지와 엘리트 출판사에 실린 급진적 사상에 대한 그러한 개관의 예로는 Martin Bronfenbrenner, "Radical Economics in America : A 1970 Survey", *Journal of Economic Literature* 8, no. 3 (September 1970) : 747~766; S. T. Worland, "Radical Political Economics as a 'Scientific Revolution' ", *Southern Economics Journal* 39, no. 2 (October 1972) : 274~284; "The Marx Men", *Wall Street Journal*, February 5, 1975 등이 있다. 『뉴욕타임스』지는 나아가 〈새로운 사회연구소〉의 급진적 경제학자인 David Gordon에게 현재의 위기에 관한 견해를 제시하도록 요구하여 *New York Times Magazine*("Recession Is Capitalism as Usual"), April 27, 1975에 게재했다.

들이다. 이 양면적 원천을 고려할 때, 맑스의 저작을 읽는 상이한 접근법들에 대해, 그리고 그러한 접근법들의 함축에 대해 분명히 밝히는 것이 중요하다. 맑스 부흥의 기본적 형태는 맑스 저작들의 부흥과 그 저작들에 대한 연구, 그리고 그의 주요한 제자들 및 해석가들의 저작들의 부흥과 그것들에 대한 연구였다. 이 저작들이 함께, 집적된 사상체계로서의 '맑스주의 전통'의 총체성을 구성한다. 또 맑스주의의 부흥은 어느 정도는, 자신의 역사적 맥락 속에서 그 전통을 연구하려는, 즉 발전하는 사회사의 일부로서 '맑스주의 사상'을 연구하려는 좀 더 유용한 시도들을 포함했다. 두 경우 모두에, 부흥의 문헌들을, 그리고 (맑스 일반에 대한 독해 그리고 특수하게는 『자본』에 대한 독해 방법이라는 맥락에서 그 부흥이 의지했던) 맑스주의 전통의 문헌들을 범주화할 수 있는 다양한 방식이 있다.

그러한 분류를 위한 통상적인 방법은 차이 나는 이데올로기적 노선을 따르는 것이다. 특히 정통 맑스주의 ─ 이것은 일반적으로 다양한 색깔의 스탈린주의와 트로츠키주의를 포함하는 맑스레닌주의를 의미했다 ─ 와 비정통 맑스주의 ─ 여기에서는 제2인터내셔널의 사회민주주의에서 양차 대전 사이의 평의회 공산주의자들과 이른바 서구 맑스주의자들을 거쳐 2차 세계대전 후의 여러 네오 맑스주의자들에 이르기까지 다양한 종류의 수정주의 경향이 식별된다 ─ 사이의 구분이 통상적이다. 그러나 불행하게도 그러한 분석은 우리를, 맑스 독해에서 취해진 접근법들의 비교보다 더 직접적으로, 그것들이 도달한 정치적 결론들의 비교로 이끈다.

두 번째의 보다 유용한 구분은 노선을 불문하고 본질적으로 이데올로기적 맑스 읽기와 사람들이 전략이라고 부르는 맑스 읽기를 나누는 것이다. 이 구분은 맑스의 저작을 근본적으로는 자본주의에 대한 이데올로기적 비판 또는 비판적 해석을 구성하는 것으로 보는 맑스 읽기와 그의 저작을 이데올로기 비판이자 동시에 계급전쟁의 전략적 해독decidphering으로 보는 맑스 읽기를 분별하려고 한다.

여기서 전략적 읽기의 개념은 다분히 군사적 의미를 담고 있다. 왜냐하면 그것은 맑스의 사상에서 계급전쟁에 사용할 무기만을 찾으려하기 때문이다. 이데올로기도 일종의 무기라는 반론에 대해서는 나도 동의하고 싶다. 그러나 군사적 유비를 좀 더 밀고 나가기 위해, 나는 여기에서 협소한 전술에 불과한 선전 같은 무기와 그것과는 전혀 차원이다른 전략의 무기의 차이에 대해 말하고 있다. 카알 폰 클라우제비츠Carl von Clausewitz의 말을 풀어 이야기하자면, 전략은 우리로 하여금 계급전쟁의 기본적 형태를 파악할 수 있게 하고, 그것을 구성하는 상이한 투쟁들의 위치를 정할 수 있게 하며, 이 각각의 투쟁들에서 대립하는 전술을 평가할 수 있게 하고, 또 그 상이한 전술들과 상이한 투쟁들이 승리를 달성하기 위해 어떻게 더 잘 연결될 수 있는지를 알 수 있게 한다.[10]

이 경우에 그 전략적 해독이 자본의 관점에서 행해지는지, 아니면 노동계급의 관점에서 행해지는지에 관한 구분이 추가로 이루어져야한다. 전자의 경우에서 우리는 레온티에프가 행한 종류의 읽기를 발견한다. 그것은 자본주의의 전략을 발전시키는 데 기여한다. 후자의 경우에서 우리는 노동계급의 투쟁을 명백히 밝히고 발전시키는 데 기여하는 읽기를 발견한다.

맑스에 대한 이데올로기적 읽기와 전략적 읽기 사이의 이러한 분류를 가로지르는 것으로, 현재의 맑스주의 연구들의 현황 이해에서 갖

---

10. 클라우제비츠의 말은 이렇다 : "전략은 전쟁의 계획을 만들고, 그 전쟁을 구성하는 여러 상이한 군사행동들의 진로를 그려내며, 각각의 전쟁에서 치러질 전투들을 규제한다."(B. H. Liddell Hart의 *Strategy* : 319에서 재인용).

는 유용성 때문에 가장 중요한 세 번째의 분류법이 있다. 이것은 맑스를 철학으로 읽기, 맑스를 (특히『자본』을) 정치경제학으로 읽기, 그리고 맑스를 정치적으로 읽기 사이를 구분하는 것이다. 맑스를 철학적으로 읽는 것은 기껏해야 그의 저작들을 비판적 해석으로 즉 하나의 이데올로기 형태로 읽는 것이다. 맑스를 정치경제학으로 읽는 것은, 그것의 목표가 자본주의를 비판하는 것일 경우 이데올로기의 요소들을 포함할 수도 있고 또, 더 중요하게는, 자본의 이해관계 속에서의 전략적 읽기의 요소를 포함할 수도 있다. 이것은 역사유물론의 틀 안에서『자본』을 경제이론에 관한 작품으로 읽기를 포함한다. 맑스를 철학으로 또는 정치경제학으로 읽기의 취약함과 위험은 적어도 모든 이데올로기적 읽기가 갖는 취약함과 위험을 갖는다. 그러한 읽기들이 자본주의의 다양한 모습들에 대해 아무리 비판적이라 하더라도, 그것들은 기본적으로 사회상황에 대한 수동적 해석에 지나지 않는다. 그러한 비판이론들과 관련해서 우리는 맑스가 남긴 저 유명한 금언 즉 "철학자들의 문제점은 그들이 세상을 단지 해석하기만 했다는 것이다. 문제는 세상을 변혁하는 것이다."[11]를 결코 잊지 않아야 할 것이다. 물론 그러한 해석들이 전혀 쓸모없다는 말은 아니다. 그러한 해석들이 비록 정확한 것이라 하더라도, 그것들은 아마도 자본이 자신의 전략을 수립하는 데 도움을 얻기 위해 필요한 바로 그런 것들을 제공할 수도 있다. 맑스 사상을, 이 시기 자본에 잠재적으로 유용한 전략적 암시를 줄 수 있는 방식으로 해석하는 정치경제학적 읽기는 노동계급에게 무해한 것으로만이 아니라, 잠재적으로 위험한 것으로 간주되어야 한다.

이제 맑스에 대한 정치적 읽기가 무엇을 의미하는가를 정의하는

---

11. 이것은 포이에르바하에 관한 제11테제이다.

일만이 남았다. 모든 읽기는 그것의 실행이 계급 관계와 관련 있는 실제적인 정치적 선택과 함의를 포함한다는 점에서 정치적이다. 그러나 여기서 나는 '정치적'이라는 용어를 노동계급의 관점에서 수행되는, 맑스에 대한 전략적 읽기를 지시하는 것에 국한하여 사용하고자 한다. 그것은 모든 개념의 의미와 관련성을 당면한 노동계급 투쟁의 발전에 비추어 규정하는 방향으로 그것들의 접근법을 자기의식적으로 그리고 일방적으로 구조화하는 읽기이다. 그것은 구체적인 투쟁의 총체성 속에서만 개념들을 파악하기 위해, 개념들이 그 투쟁의 총체성의 결정을 지시하도록, [계급투쟁에서] 분리된 모든 해석과 추상적 이론구성을 피하는 읽기이다. 나는 이것이야말로 고유하게 노동계급 관점에서 수행된 종류의 맑스 읽기라고 주장하고자 한다. 왜냐하면 이것이야말로 유일하게 자신의 힘과 전략의 범위와 구조를 명확히 밝혀야 한다는 노동계급의 필요에 직접적으로 답하는 읽기이기 때문이다.

아래의 표(《그림 1》)는 맑스 읽기에 대한 다양한 접근법들 사이의 주요한 구분들을 보여 준다. 이 구분들은 물론 맑스 읽기에 대한 접근법들 사이의 유일하게 가능한 구분들은 아니다. 하지만 나는 그것들이 현재의 맑스주의 부흥의 여러 경향들과 그것들이 근거하고 있는 전통들을 식별하는 데 도움이 됨을 발견했다. 이 책을 『자본』의 정치적 읽기의 입장에서 쓰려고 한 이상, 나는 이제 이 책의 위치를 정하고 또 이 책이 구체화하는 접근법이 다른 접근법들과 왜 첨예하게 구별되는지를 보여 주기 위해 이 구분들에 대해 좀 더 상세히 설명하려고 시도할 것이다. 나는 이 설명을, 맑스를 정치경제학으로 그리고 철학으로 읽는 전통적 읽기의 역사 및 그것의 기본적 특징들과 취약점에 대한 개요로부터 시작한다. 그리고 나서 나는 맑스를 정치적으로 읽는 것이 무엇을 의미하는지를 설명하고, 이 접근법이 어떻게 다른 접근법들이 가지는 많은 통찰들에 대한 유용한 정치적 재해석을 제공하는 동시에 그것들의 오류를 피하는가를 설명한다.

	이데올로기적 읽기들	전략적 읽기들
정치경제학적 읽기들	자본의 관점에서	자본의 관점에서
철학적 읽기들	자본의 관점에서	*(빈 집합)*
정치적 읽기들	*(빈 집합)*	노동계급 관점에서

〈그림 1〉 맑스 읽기의 접근법들

『자본』을 정치경제학으로 읽기

현재의 맑스주의 부흥의 가장 강력한 양상들 중의 하나는『자본』을 정치경제학 저작으로 읽기로의 복귀이다. 이 접근법은 제2인터내셔널(1898~1914) 시기에 시작되어 정통 맑스주의의 역사를 통과하고 정통주의 외부의 수많은 수정주의적 접근법을 거쳐온 오랜 전통을 갖고 있다.『자본』을 정치경제학 저서로 정의하는 일은 정치경제학의 영역이 무엇인가에 대해서뿐만 아니라 그 영역의 시야에서 배제된 영역들이 무엇인가에 대한 설명을 필요로 한다.

제2인터내셔널의 정치경제학

이러한 구분을 하는 전통적 방법은 '정치경제학'을 애덤 스미스Adam Smith로부터 데이비드 리카도David Ricardo에 이르기까지의 고전 정치경제학자들의 용어 속에서 정의하는 것이다. 따라서 정치경제학은 상품의 생산, 교환 그리고 분배를 포함한 사회 영역을 다룬다. 맑스의『정치경제학 비판을 위하여』서문에 나오는, 지금은 유명해진 언급에 대한 독해에 따르면, 정치경제학의 이 영역은 "법적, 정치적 상부구조를 받치고 있는" 사회의 "경제적 토대"와 동일시된다.[12] 이 경제적 토대 안에서 생산양식은 그 자체의 발전이 물질적 생산력(기술, 조직 등)과 사회적 생산관계(자본가 대 노동자) 사이의 변증법적 상호작용에 의해 규정되는 결정적 심급으로 간주된다. 엥겔스와 그를 따르는 사람들

---

12. Karl Marx, *A Contribution to the Critique of Political Economy* : 20~21. [칼 마르크스,『정치경제학비판을 위하여』, 김호균 옮김, 중원문화, 2017.]

은 이러한 토대·상부구조의 틀 속에서『자본』이 자본주의적 생산양식과 교환관계, 그리고 그에 기초한 분배에 대한 가장 참되고 과학적인 분석이라고 해석하였다. 맑스가『정치경제학 비판을 위하여』의 제목에서, 또『자본』의 부제에서 "정치경제학 비판"이라는 용어를 사용한 점이 문제라면, 그것은 맑스의 비판은 고전적 정치경제학을 대상으로 삼았고 그가 수행한 것은 고전적 정치경제학의 실수를 바로잡고 더 과학적인 작업을 이룩하는 것이었다고 대답할 수 있는 것이다. 달리 말해, 맑스의『자본』은 주로 좀 더 정확하다는 점에서 리카도의『원리』*Principles*와 달랐다. 맑스는 리카도 저서의 약속을 이행한 것으로 또는 그것의 오류를 수정한 것으로 간주된다.[13]

이러한 견해에 따르면『자본』은 이른바 상부구조에 관한 이론, 특히 정치와 국가에 대한 이론을 제공하지 않는다. 정치경제학과 정치학의 이 첨예한 이분법은 제2인터내셔널의 논쟁들(과 그에 뒤따른 논쟁들)의 주요한 특징이다. 그 이분법은『자본』을, 그리고 궁극적으로는 맑스를 '경제학'의 영역에 한정시켰으며 정치학의 영역을 당대의 맑스주의 정치가들에게 남겨두었다. 이들의 한편에는 사회민주주의자들(예를 들면, 칼 카우츠키Karl Kautsky, 에두아르드 베른슈타인Eduard Bernstein)이 있고 다른 한편에는 혁명 정당 건설자들(예를 들면, 로자 룩셈부르크, 레닌Lenin) 등이 있다. 이러한 이분법은 독일 사회민주주의 구조의 지적·정치적 표현이자 당시 노동계급 투쟁의 이중적 성격이었다. 공장 수준에서 노동자들의 전투성과 계급통일이라는 조직적 문

---

13. 맑스가 고전적 경제학자들의 작업을 완성하고 있는가 아니면 그들의 잘못을 치유하고 있는가에 관한 그러한 구분은 Henryk Grossman의 "Marx, Classical Political Economy and the Problem of Dynamics", *Capital and Class* 2 (Summer 1977) : 32~55의 주요 관심사이다.

제에 대한 해답으로서 정당의 부상이 그것이다. 경제적인 것과 정치적인 것의 비매개적 분할은 그 시대 동안의 논쟁과 그 시대 이후의 논쟁의 모든 면에 영향을 미쳤다. 베른슈타인은 이론에서 '경제' 투쟁과 이것에 따른 노동조합 조직의 결정적 필요성을 역설하곤 한 반면, 실천에서는 의회 차원에서만 행동하는 정당을 지지했다. 볼셰비키와 레닌은 이러한 '경제주의'를 공격하곤 했고 정치적 영역의 자율성 이론을 발전시켰다. 그것은 사회민주주의의 필요성을 설명하는 동시에 노동계급의 이름으로 행동하는 중앙집권적 전위당의 필요성을 정당화하는 것이었다. 양자 모두에서 정치학은 맑스에 대한 경제적 분석(이것은 논쟁의 모든 측들이 공유했지만 그 해석에서는 달랐다)과 나란히 도입되었다.[14]

『자본』 읽기는, [정치학과 경제적 분석의] 이 이분법 때문에 정치경제학 영역에 국한되었다. 그럼에도 불구하고 그것은 베른슈타인 논쟁, 즉 위기 이론에 기초를 제공했다. 베른슈타인은 『진화적 사회주의』 *Evolutionary Socialism*에서, 자신의 『자본』 읽기에 따르면 맑스의 경제 위기 이론은 자본가들 사이의 높은 수준의 무정부적 경쟁에 기초하고 있다고 주장했다. 그는 독점자본의 부상을 지적하면서, 경쟁의 쇠퇴는 자본의 무정부 상태를 축소했으며 위기를 회피할 수 있는 충분한 자본주의 계획을 가능하게 만들었다고 주장했다.[15] 루치오 꼴레띠Lucio Colletti가 지적했듯이, 이와 같은 입장들은 1차 세계대전 전에 위기가 닥칠 것이라고 보았던 예상이 빗나가고 비교적 긴 호황이 계속된 것에

---

14. 이에 대한 좀 더 상세한 분석은 Tronti, "Workers and Capital" : 31~37, 그리고 Sergio Bologna, "Class Composition and the Theory of the Party at the Origin of the Workers-Councils Movement", *Telos* 13 (Fall 1972) : 14~21을 참조하라.

15. Eduard Bernstein, *Evolutionary Socialism*.

대한 자연스러운 반응이었다. 여기서 '경제' 투쟁과 사회민주주의적 개혁주의를 강조한 베른슈타인의 정치적 입장을 받쳐준 것도 경제이론이었다.[16]

이러한 주장에 대하여 로자 룩셈부르크는 자신의 『자본』 읽기로 대응했다. 처음에는 『사회 개혁이냐 혁명이냐』*Reform or Revolution*(1900)[17]에서, 그다음에는 『자본의 축적』*Accumulation of Capital*(1913)[18]에서 그녀는 위기의 불가피성을 주장했다.[19] 자신의 주장을 구축하기 위해 그녀는 베른슈타인의 추론을 뒤집어 독점자본의 부상이 자본주의 무정부성의 수준을 민족국가 간 갈등으로 상승시켰다고 말한다. 그리고 그녀는 1차 세계대전을 예고한 제국주의론을 생산했다. 『자본의 축적』에서 그녀는 『자본』 2권의 재생산 도식에 의지하여 순탄한 확대 축적의 불가능성을 주장했다. 그녀의 경제이론은 베른슈타인과 마찬가지로 자신의 정치적 입장을 지지했는데, 이 경우에 그것은 개혁주의를 반대하고 폭력 혁명 준비를 옹호하는 것이었다.

이러한 저술들은 『자본』을 정치경제학으로 읽기에 기초를 둔 위기론과 제국주의론을 발전시키는 데 기여한 일련의 긴 저작들의 시작이었다. 제2인터내셔널과 1차 세계대전 시기에 이 전통에 속한 가장 중요한 저자들 중에는 오스트리아인인 루돌프 힐퍼딩Rudolf Hilferding(그의 『금융자본』*Finanzkapital* [20]은 1910년에 출판되었고 그도 베른슈타인

---

16. Lucio Colletti, "Bernstein and the Marxism of the Second International", *From Rousseau to Lenin*.

17. [한국어판] 로자 룩셈부르크, 『사회 개혁이냐 혁명이냐』, 송병헌·김경미 옮김, 책세상, 2002.

18. [한국어판] 로자 룩셈부르크, 『자본의 축적』 1~2, 황선길 옮김, 지만지, 2013.

19. 로자 룩셈부르크의 『사회 개혁이냐 혁명이냐』는 *Leipziger Volkszeitung*(1898과 1899)에 게재된 두 편의 논문으로 구성되어 있다.

20. [한국어판] 루돌프 힐퍼딩, 『금융자본론』, 김수행·김진엽 옮김, 비르투, 2011.

처럼 독점의 부상과 은행의 확대된 역할을 고려하려고 했다), 또 다른 오스트리아인인 오토 바우어Otto Bauer(그는 『새 시대』*Die Zeue Zeit*(1913) 에서 룩셈부르크의 『자본의 축적』을 비판했다), 그리고 니콜라이 부하린Nikolai Bukharin(그는 1915년에 『제국주의론』을 펴냈는데, 그것은 1916년 레닌의 『제국주의론』보다 앞서는 것이었으며 레닌의 저서보다 출중한 것이었다) 등이 있다.[21] 1924년에 룩셈부르크의 『자본의 축적』에 대한 확장된 비판을 출판한 부하린을 제외하면, 러시아 혁명과 1차 세계대전 이후에 이러한 종류의 작업은 대부분 서구에 집중되었다. 1926년에 프리츠 슈테른베르크Fritz Sternberg는 룩셈부르크의 접근법을 발전시킨 『제국주의론』*Imperialism*을 출판했다.[22] 3년 뒤인 1929년에 헨릭 그로스먼은 독일 프랑크푸르트의 〈사회연구소〉Institute of Social Research에서 행한 강의를 묶어 『축적 법칙과 자본주의 체제의 붕괴』 *The Law of Accumulation and the Collapse of the Capitalist System*를 펴냈다.[23] 슈테른베르크와 그로스먼은 나탈리 모스코프스카Natalie Moszkowska에 의해 그녀의 『위기 이론들』*Theories of Crisis*(1935)과 『후기 자본주의의 동학』 *Dynamics of Late Capitalism*(1934)에서 비판되었다.[24] 또한 그로스먼, 바우어, 그리고 룩셈부르크는 모두 1934년에 네덜란드의 맑스주의자 안톤

---

21. 힐퍼딩 책의 지하 영어번역판이 있지만 아직 정식 출판되지는 않았다. 〔정식 영어판은 1981년에 출판되었다.〕 오토 바우어의 비판은 *Neue Zeit*, March 7~14, 1913에 게재되었다.

22. Fritz Sternberg, *Der Imperialismus*.

23. Henryk Grossman, *Die Akkumulations und Zusammenbruchsgesetz des Kapitalist-ischen Systems*, 아직 영어본이 출판되지 않았다. 〔1992년에 축약된 영어번역본이 출판되었다.〕

24. Natalie Moszkowska의 저서, *Zur Kritik Moderner Krisentheorien*과 *Zur Dynamik des Spätkapitalismus*는 모두 영어로 번역되지 않았다. 하지만 그녀의 주장 중의 일부는 Karl Schoer, "Natalie Moszkowska and the Falling Rate of Profit", *New Left Review* 95 (January~February) : 92~96에서 간략하게 찾아볼 수 있다.

판네쿡에 의해 비판되었다. 1930년대에 미국으로 이주한 폴 마틱 같은, 판네쿡의 동료인 평의회공산주의자들도 『라테코레스폰덴츠』*Ratekorrespondenz*와 『살아 있는 맑스주의』*Living Marxism* 등의 잡지를 통해 위기와 제국주의의 정치경제학에 관한 이 논쟁에 기여했다.[25]

이 논쟁하는 저자들의 특수한 주장들은 선행하는 사람들을 논박하고 발전시키거나 그것으로부터 새로운 방향을 취하는 식으로 상당히 다양했다. 그들의 작업들은 (맑스에 대한 의례적이고 무익한 대조가 아니라) 그들 시대의 정세와 계급구성에 비추어 유용하게 재평가될 수 있다. 하지만 여기서 나의 주요한 관심사는 그 분석의 다양성도, 상대적 첨예함도 아니다. 그것은 오히려 이 저자들 대부분이 자본의 새로이 전개되는 양상을 고려하려고 애썼음에도 불구하고 그들이 『자본』의 범주 및 그로부터 도출해 낸 위기 이론 및 제국주의 이론들을 정치경제학의 영역에 제한함으로써 그것이 그들 분석의 포괄성을 제약하고 체제의 주요한 측면들을 무비판적으로 남겨두었으며 그 결과 그 분석을 일방적인 것으로 만들었다는 점이다. 다시 말해 그들이 자본주의의 성장과 축적을 노동계급의 주도성과는 별도로 분석했다는 것이다. 이 때문에, 이 저자들 중 일부가 사회민주주의를 지지했다는 것, 또/혹은 이들이 자본주의 정부와 협력했다는 것(예를 들면 베른슈타인, 카우츠키, 힐퍼딩, 바우어, 슈테른베르크), 반면 다른 일부가 '혁명적' 관점을 지지했다는 것(예를 들면 룩셈부르크, 레닌, 판네쿡, 마틱) 등은 부차적인 중요성을 가진다. 이 모든 경우들에서, 『자본』을 정

---

25. Anton Pannekoek, "The Theory of the Collapse of Capitalism", *Capital and Class* 1 (Spring 1977):59~82. 이 논문은 원래 *Ratekorrespondenz* 1 (June 1934)에 실렸다. 폴 마틱의 견해에 대해서는 그의 *Marx and Keynes*와 Peter Rachleff의 최근 저서 *Marxism and Council Communism*를 참조하라.

치경제학으로 읽음으로써 그들은 자신을 자본주의의 무정부적 불안 정성이나 그 착취적 성격을 분석하는 데 제한했다. 그 결과로, 그들은 (개혁이나 혁명에 의해 도달할) 사회주의적 계획화 – 중앙관료적인 형태 든 아니면 노동자 평의회의 형태든 – 와 사유재산의 철폐에서 자본주의의 이 나쁜 측면들에 대한 치유책을 찾지 않을 수 없었다. 위에 언급한 저 자들 중에서, 오로지 평의회공산주의자들만이 당시 새로이 출현한 소 비에트 국가를 집합적 자본주의 계획자로 규정하는 일관된 비판을 발 전시켰다.[26] 자본주의적 무정성을 논리적으로 설명해야 한다는 요구 는 모든 좌파에 공통적인 특징이었다. 예를 들어, 당시 이러한 논쟁에 이렇다 할 기여를 하지 못했고 또 러시아 혁명에 대한 대응으로 출현 한 국가자본주의적 해결책을 전적으로 받아들였던 트로츠키주의자 들은 레온 트로츠키를 숙청한 소련 관료체제에 대해 매우 협소하고 정치적으로 쓸모없는 비판만을 내놓을 수 있었을 뿐이다.

공산당의[공산주의적] 맑스주의

1917년 혁명의 패배 이후 소련 내에서는 정치경제학 형태이든지 그 밖의 다른 형태이든지를 불문하고 온갖 형태의 『자본』 연구가 급속 히 고갈되었다. 1924년에 출판된 부하린의 룩셈부르크 비판은 예외였 으나 곧 스탈린주의적 숙청하에서 제거되었다.[27] 1920년대 중반에 사 회주의적 축적 문제에 맑스주의를 적용한 이른바 '영웅시대'는 실은 소

---

26. Rachleff, *Marxism and Council Communism*.
27. 룩셈부르크에 대한 니콜라이 부하린의 비판에 관해서는 "Imperialism and the Ac-cumulation of Capital", *The Accumulation of Capital – an Anti-Critique*, 그리고 K. Tarbuck, ed. *Imperialism and the Accumulation of Capital*을 참조하라.

련 자본이 자신의 착취 및 산업화 정책을 정당화하기 위해 맑스주의를 이용한 시도들 중 최상의 예이다.[28] 맑스 저작에 대한 연구는 그의 주요 해석가인 레닌과 스탈린을 암송하는 것으로 대체되었다. 볼셰비키당이 국가권력의 장악에서 혁명에 대한 사회주의적 해결책 ─ 축적의 계획적 편성 ─ 의 개발로 전환함에 따라, 그것은 노동자 소비에트의 독립성을 제거하고 새로운 노동규율과 생산 극대화를 강제하는 쪽으로 나아갔다. 이러한 움직임에서, 중앙집권화된 당 권력의 레닌주의가 계급사회에서의 착취의 성격에 대한 맑스주의적 분석보다 강조되었다. 맑스의 저작들, 특히 『자본』은 결국 자본주의에 대한 분석이었다. 소련에서 그리고 그 후에 중국에서 자본주의는 폐지되지 않았는가? 『자본』은 사회주의의 발전에 어떤 관련성을 가질 수 있는가? 오히려 새로운 사회주의 건설의 주역들의 저술들에 초점을 맞추는 것이 낫다. 그중에서 스탈린은, 레닌주의는 맑스주의의 완전한 발전이며 맑스의 저작들에 대한 연구는 생략될 수 있다고 명시적으로 주장했다.[29] 이러한 주장이 자본주의와 사회주의의 관계, 특히 양 체제에서 국가의 억압 및 노동계급 투쟁의 유사성에 대한 정밀연구를 회피하는 이데올로기적 목적에 기여했다는 것은 명백하다.

폴란드 경제학자 오스카 랑게Oskar Lange는 동구에서 맑스에 대한

---

28. "영웅시대"라는 이 말은 호로비츠(Horowitz)가 그가 편집한 책 *Marx and Modern Economics*에 붙인 서론에서 사용했다. 그는 "제기된 문제들과 그에 대해 소련에서 주어진 응답들은 지난 20년 동안 소련 궤도 밖의 경제학자들에 의해 같은 분야산업화 및 성장 이론에서 상이한 개념적 틀 속에서 수행된 작업을 놀라울 정도로, 훨씬 더 세련된 수준에서 예상하고 있다."(13)고 말했다. 여기에서 그는 이 사실을 올바르게 파악했지만, 믿기 어려울 정도로 그것을 긍정한다.

29. Douglas Kellner, "Korsch's Revolutionary Historicism", *Telos* 26 (Winter 1975~1976):70~93에서 인용. 켈러가 지적하듯이 코르쉬조차도 1920년대 초에는 스탈린의 입장을 지지했다.

재해석으로 결국은 맑스를 뒷전으로 밀어넣는 데 중요한 역할을 수행한 좀 더 존중할 만한 '맑스주의자들' 중의 한 사람이다. [그가 31세 되던] 1935년에 일찍이 폴란드 경제위원회 의장이 된 랑게는 맑스주의의 '의의'를 자본주의의 진화적 경향에 대한 장기적 안목을 제공할 수 있는 능력으로 축소했다. 그는 맑스의 가치론이 교환의 부적절한 일반균형 모델이라며 기각해 버렸다. 그리고 그는 다른 많은 동구 경제학자들에 비해 훨씬 정확하고 또 솔직하게, 마셜 경제학이 "소련의 경제체제에 대한 현재의 관리에서 맑스적 경제학보다 더 많은 시사점을 준다."고 선언했다. 다른 사회주의 정책수립가들의 문제처럼 랑게의 문제도 자본 축적을 조직화하는 것이었다는 점을 고려하면, 신고전경제학이 잉여가치 추출에 더 정밀한 도구를 제공한다는 그의 말은 (적어도 사회주의 행정가들이 그 도구들을 이용할 힘을 가지고 있다면) 아주 올바른 것이었다.[30]

중국에서도 농민혁명이 세력을 키워가고 그와 더불어 마오쩌둥의 권력과 위세가 높아가자 맑스는 종종 환기는 되지만 연구는 되지 않는 권위로 되었다. 맑스 대신에 마오毛 주석이 있었으며 맑스의 저작보다는 마오의 논문, 팸플릿, 인용구 등이 간부와 대중들의 토론에 주요 자료로 제공되었다. 그러한 발전의 결과, 맑스에 대한 참조는 주로 종교적 몸짓으로 되었다. 실제로 '맑스주의'라는 용어가 대개는 '맑스 레닌주의'라는 용어로 대체되었으며 후자의 용어가 압도적으로 강조되었다.

이렇게 맑스 저작들이 읽히지 않는 것이 단지 맑스주의의 소멸에

---

30. Oskar Lange, "Marxian Economics and Modern Economic Theory", *Review of Economic Studies*, June 1935. 이 글은 *Marx and Modern Economics*, ed. Horowitz:68~87에 재수록되었다.

불과했다면, 그것은 한 가지 문제였을 것이다. 그런데 사회주의 나라들과 해외의 동맹 정당들의 공산주의 지도자들은 자신들의 맑스 해석을 노동자들에 대한 무기로까지 전환시켰다. 국내적으로 그리고 국제적으로 소련 공산당은 혁명을 고취하는 일에 헌신하기보다 혁명을 봉쇄하는 데 열을 올렸다. 소비에트 맑스주의는, 그 모국인 러시아에서 1920년대와 1930년대에 사회주의적 축적이라는 이름 아래 농민과 산업노동자들에 대한 탄압을 정당화하는 데 사용되었다. 1950년대에 노동계급과 농민의 반란이 동구 위성국가들에서 터져 나왔을 때, 소비에트 맑스주의가 또다시 개입과 탄압을 정당화하기 위해 이용되었다. 헝가리 혁명의 진압은 그것의 가장 분명한 예이다. 심지어 1960년대에 소련과 동구 공산주의자들이 그들 나름대로의 공산주의적 케인스주의를 도입하여 다소간의 실질임금 인상으로 성장을 촉진했을 때에도, 그것의 목적은 소련의 체코슬로바키아 침공이 보여 주듯이 여전히 통제였다. 단지 소련 정부의 베트남에 대한 무기 제공 및 쿠바에 대한 경제지원만이 소련이 세계에서 진보적인 친혁명세력이라는 자신의 주장을 뒷받침하는 환상을 제공했다. 제3세계와 유럽의 그 밖의 지역에서 친소 공산당들과 그들의 정통 맑스주의가 행한 역할은 명백하게 반동적이고 반혁명적이었다.

이러한 사실은 라틴아메리카와 아시아 일부에서 훨씬 명백했다. 여기서 당은 현지 자본가 집단을 지원하고 그 집단을 파괴하려는 혁명운동에 반대함에 있어서 단호한 입장을 취했다. 여기서 그들의 맑스주의 정치경제학은, 진정한 적은 봉건주의이며 다른 제국주의 권력에 대항하여 자본주의적 민족국가를 강화하고 평화롭게 달성될 수도 있을 어떤 미래의 민족주의적 사회주의 혁명을 위한 기초를 다지기 위해서는 새로이 부상하는 중간계급에 의한 봉건주의의 폐지가 필요하다는 주장을 뒷받침하기 위해 사용되었다. 라틴아메리카에서 이것[맑스주의 정치경제학]은 농촌 게릴라 봉기라는 쿠바모델의 일반화에 반대하고 사회민주주의를 지지하는 형태를 띠었다.[31] 인도에서 이것은 국민의회당을, 그리고 인도의 지주 엘리트에 대해 진보적 태도를 취한다고 간주되었던 그 당의 개발 계획을 지지하는 형태를 띠었다.[32]

유럽 대륙에서는 1960년대에 산업노동자, 이민노동자, 학생, 여성, 그리고 농민들의 투쟁이 가속되면서 이 투쟁들은 점차 당의 정책과 충돌하게 되었다. 결과적으로 다른 곳에서와 마찬가지로 정치적, 이론적 분리가 반복적으로 일어났다. 1968년 5월 프랑스에서의 노동자 반란 및 학생 반란, 혹은 1969년 이탈리아의 '뜨거운 가을'은 공산당·노동조합의 위계제와 투쟁들 사이의 분리를 점차 가속시켰다. 두 경우 모두 당은 노동자들에 반대하면서 부르주아지의 편을 들었다. 이러한 행동으로 인해 당은 노동계급의 투쟁의 기관으로서는 파산했음을 보여 주었다. 그것들은 자신들의 역할 및 소비에트 제국주의를 이데올로기적으로 정당화하려고 시도했으나 바로 그 시도가 맑스에 대한 형해화된 해석과 정치 전략의 파산을 보여 주었다. 다른 곳에서와 마찬가지로 [유럽에서도] 이 같은 전개는 새로운 조직적 대안과 이론적 대안들의 성장을 가져왔다. 그리고 이 대안들은 당의 교조주의와 기회주의로부터 해방된 맑스 재평가를 포함하게 된다.

---

31. 소련이, 쿠바가 국내에서 발전하도록 도울 경제원조를 제공하면서 이와 동시에 현지 공산당들에게 폭동에 반대하도록 압력을 가한 것이 라틴아메리카의 자본주의적 안정화에 크게 기여했음을 이해하는 것은 그다지 어렵지 않다.

32. 인도 공산당의 입장은 시기에 따라 매우 달랐다. 그러나 텔랑가나(Telangana) 봉기(1946~1951)의 실패 후에 인도 공산당은 대부분의 시기에 국민의회당의 강력한 동조자가 되었다. 이러한 입장은 여러 차례의 분열을 초래하여 CPI-M과 여러 CPI-ML들을 낳았으며 이 분열은 인디라 간디의 계엄 선포 때(1975)까지 줄곧 지속되었다.

네오맑스주의적 케인스주의와 신좌파

서구의 몇몇 경제학자들의 작업은 처음에는 맑스주의 정치경제학의 전통과 나란히 출현했다가 그 후 어떤 시점에 그 전통에 합류했다. 이들의 작업은 2차 세계대전 전과 그 기간 동안에 급격히 변화한 노동계급 구성과 케인스주의 국가의 부상에 크게 영향을 받았다. 이에는 미카엘 칼레키Michael Kalecki, 조안 로빈슨Joan Robinson, 폴 스위지Paul Sweezy, 그리고 폴 바란Paul Baran 등이 포함된다. 칼레키의 경기순환 이론은 케인스 자신의 노력의 상당 부분을 이미 예상한 것이었다. 하지만 그의 작업은 『자본』에 나타난 맑스의 범주들을 사용하지 않고 있음에도 불구하고 분명한 맑스주의적 향취를 갖고 발전했다.[33] 조안 로빈슨은 자신의 『맑스주의 경제학에 관한 에세이』*Essays on Marxian Economics*(1942)에서 맑스를 고전적 정통경제학에 대비시켜 긍정적으로 재평가한다. 하지만 그녀는 맑스의 이론을 "완성하기 위해서는 케인스주의적 분석을 요청하는 것이 필요하다."고 보면서 그것이 일정한 한계를 갖고 있는 것으로 평가한다. 이 과정에서 그녀는 맑스의 노동가치론을 "아무런 쓸모없는 헛소동"이라고 거부한다. 그리고 그의 작업을 케인스주의적 변수들의 집합이라는 틀 속에서 재구성한다. 그녀는 자신의 후기 저작에서 이른바 케임브리지 이론Cambridge Theory의 개발에 일조하면서 케인스 및 칼레키에 덧붙여 피에로 스라파Piero Sraffa의 작업을 원용했다. 상품에 의한 상품 생산이라는 그의 모델은 부분적으로 맑스의 재생산 도식에 기초하고 있었으나 아주 다른 방향으로 나아갔다.[34]

---

33. Michael Kalecki의 *Essays in the Theory of Economic Fluctuations, Studies in Economic Dynamics*, 그리고 *Theory of Economic Dynamics*를 참조하라.

34. Joan Robinson, *An Essay on Marxian Economics*, 그리고 그녀의 논문 "Marx and

아마도 정치적으로 가장 영향력이 컸기에 가장 중요한 서구 경제학자는 엄밀한 신고전적 분석에서 시작하여 특수한 형태의 맑스주의로 진화한 폴 스위지와 폴 바란이다. 맑스 정치경제학에 관한 스위지의 저작은 맑스의 영향을 받은 경제학자들의 저작 중에서 최고에 속하는 것이며 동시에 『자본』에 대한 비정통 정치경제학적 읽기에 의해 제기된 문제들을 전형적으로 보여 준다. 맑스적 정치경제학 문헌에 대한 스위치의 최초의 주요한 기여인 『자본주의 발전이론』은 1942년 출판되었다.[35] 이 책은 내가 앞에서 개괄한 위기와 제국주의에 관한 논쟁의 좀 더 오래된 전통과 칼레키, 로빈슨 등의 좀 더 새로운 네오맑스주의를 매우 효과적으로 연결한다. 후자의 이론가들은 대공황 중의 변화하는 사회관계에 크게 영향을 받았고 케인스주의적인 이론적 접근법에 공감적이었다. 스위지는 그의 저서에서 맑스의 '경제학'뿐만 아니라 베른슈타인에서 바우어에 이르는 주요한 맑스 해석가들을 검토한다. 그 검토와 사유의 결과, 그는 맑스의 위기 이론을 바우어의 과소소비론과 매우 유사한 과소소비론의 한 형태로 재해석했다. 스위지는 바우어가 "본질적으로는 정확하다."고 여겼으며, 그를 근대 성장이론의 수학적 용어로 재구성하고 수정했다.[36] 궁극적으로 스위지의 작업은

Keynes", *Critica Economica*, November 1948을 참조하라. 이 논문은 *Marx and Modern Economics*, ed. Horowitz : 103~116에 재수록되었다. 맑스에 대한 로빈슨의 견해는 지난 30년 동안 사실상 변하지 않았다. 그녀의 견해에 대한 최근의 진술로는 *Monthly Review* 29, no. 7 (December 1977) : 50~59에 실린, Ronald Meek의 *Studies in the Labor Theory of Value* [로날드 L. 미크, 『노동가치론의 역사』, 김제민 옮김, 풀빛, 1985]에 관한 그녀의 서평을 보라. 여기서 그녀는 자신의 입장과 스라파의 입장을 간략하게 요약한다.

35. Paul Sweezy, *The Theory of Capitalist Development* [폴 스위지, 『자본주의 발전의 이론』, 이주명 옮김, 필맥, 2009].

36. 같은 책 : 186~189.

케인스의 작업에 더 가까운 것으로 볼 수 있다. 스위지는 케인스의 용어와 분석형식들을 점점 더 많이 채택했다. 아마도 이런 측면에서 가장 뚜렷이 보이는 것은 시게토 스루Shigeto Tsuru와의 공동연구다. 스위지의 책의 부록에는 스루가 맑스주의를 케인스주의 개념들로 직접 번역한 것이 실려 있다.[37] 스위지의 작업의 발전과정 속에서 우리는 그의 맑스주의가 그에 선행하는 정통 경제학과의 결별을 표현하는 반면, 그가 발전시킨 이론은 그것이 낡은 논쟁들을 넘어서는 한에서 궁극적으로 맑스의 관점을 케인스 거시경제학의 관점과 화해시키려는 시도였음을 알 수 있다. 그러는 과정에서 그는 칼레키나 로빈슨과 합세하여 분석 작업의 기초로서의 맑스 가치론을 포기한다. 위의 다른 저자들의 작업처럼, 스위지의 진화도 당시의 일반적 환멸 과정의 한 계기로서 발전했다고 해석될 수 있다. 그 환멸은 파시즘의 부상, 1930년대의 노동계급 투쟁에 대한 케인스주의적 대응의 성공, 처음에는 2차 세계대전과 더불어 그리고 대전 이후에는 마셜 플랜에 의한 유럽 통일전선의 패퇴와 더불어 나타난 미국 내 전후 파업 물결의 붕괴, 그리고 새로운 미 제국의 맥락 속에서 자본주의적 성장의 새로운 시대의 도래 등에서 유래한 것이다. 이 모든 것은 분명히 스위지가 맑스적인 이론적 틀을 포기하고 상승 중인 케인스주의를 선택한 것을 설명하는 데 도움이 된다. 스위지의 경우에는 여기에, 그가 스탈린주의의 과도한 지속에 대해 다른 많은 사람들과 공유했던 커져 가는 불만도 덧붙여졌다. 이 현상은 맑스주의가 사회주의적 발전의 양식을 설명할 수도 예측할 수도 없음을 가리키는 것처럼 보였다.[38]

---

37. 같은 책 : 365~374. 또한, Shigeto Tsuru, "Keynes versus Marx : The Methodology of Aggregates", in *Marx and Modern Economics*, ed. Horowitz를 참조하라.
38. 소련과 중국에 관한 스위지의 입장의 변화과정에 대한 분석으로는 Peter Clecak,

그러나 맑스주의 이론의 핵심에 대한 신뢰를 잃은 것은 스위지 혼자만이 아니었다. 스탠퍼드 대학의 경제학자이자 그의 가장 가까운 공동연구자인 폴 바란도 이러한 의심을 공유했다. 1956년에 출판된 바란의 『성장의 정치경제학』*Political Economy of Growth*과 1964년에 출판된 그들의 공저 『독점자본』*Monopoly Capital*에서 저개발국과 개발국에서의 자본주의 발전을 분석하는 데 영향을 미친 기본적 분석 무기는 정통 신고전적 정치경제학 및 케인스주의 정치경제학의 변형들이었다.[39]

예를 들어 『성장의 정치경제학』에서 바란은 자신의 독점자본론을 독점기업의 시장행태에 대한 신고전주의적 이론 위에 기초했을 뿐만 아니라 맑스의 잉여가치 개념을 (따라서 가치 개념까지) 매우 분명하게 폐기했다. 그리고 그는 거의 모든 정통 성장 이론 모델에 들어맞을 수 있는 유적^{類的} "잉여" 개념을 대신 사용했다.[40] 이와 동시에, 그는 저개발국에서의 "후진성의 뿌리"를 제국주의의 잉여수탈로 설명하는 불후의 공헌을 했다. 하지만 그는 가치와 그것이 나타내는 계급 관계 양자를 모두 무시하는 방식으로 그것을 설명했다. 이런 식으로 바란은 계급 간 투쟁에 대한 분석을 결여한 저개발 패러다임의 기초를 놓았다.

---

*Radical Paradoxes*를 참조하라.

39. Paul Baran, *The Political Economy of Growth* [폴 A. 바란, 『성장의 정치경제학』, 김윤자 옮김, 두레, 1984], 그리고 Paul Baran and Paul Sweezy, *Monopoly Capital*.

40. 바란의 "실질잉여" 개념은 투자에 이용 가능한 현재 소득으로부터의 케인스주의적 저축일 뿐이다. 공개적인 비난을 받는 그의 "잠재적 잉여" 개념은 여러모로 더욱 흥미롭다. "본질적" 소비와 "잠재적" 산출에 대한 그의 정의는, 그가 자본주의의 비합리성에 병치시킨, 합리성에 관한 그의 고유한 관념의 창출이다. 하지만 그럼에도 불구하고 이 정의들은 적어도 노동계급의 관점을 시사하고 있다. 자본이 그 나름의 "합리성"을 가지고 있다는 것, 그리고 바란이나 스위지처럼 자본에 "비합리적"이라는 딱지를 도덕적으로 붙이는 것이 쓸모없는 일이라는 것은 사실이다. 그러나 노동계급이 그들 나름의 합리성을 갖고 있다는 것도 사실이다. 그리고 우리는 아주 합법적인 방식으로, 맑스가 그랬던 것처럼, 자본이 노동계급의 필요에 어떻게 응하지 않는가를 지적할 수 있다.

이와 유사하게 『독점자본』에서 바란과 스위지는 잉여개념을 재배치하여 자신들이 생각하는 잉여의 "처분" 문제를, 케인스주의 재정 및 통화정책이 총수요를 다룰 수 있는 능력에서 그들이 발견하는 한계라는 관점에서 연구한다. 이러한 방식으로 그들은 잉여의 문제를 그것의 생산과 실현이라는 양 측면에서 이해하는 것이 아니라 단지 후자의 측면에서만 이해하는, 그들의 초기 저작들에서 시작되었던 경향을 계속 유지한다. 이것은 전후 노동계급에 대한 그들의 평가를 반영하는 것으로 보인다. 그들은 전후 노동계급이 자본에 의해 처음에는 패배당하고 그 다음에는 매수당하여 그들의 생산현장에서의 투쟁은 무력하게 되었다고 평가했다. 그 결과 그들은 혁명에 대한 유일한 희망은 제3세계에서, 그리고 선진개발 세계의 흑인, 학생 등의 비노동계급 집단들에서만 찾아질 수 있다고 보았다.

1950년대에 그들이 처해 있었던 상황과 (그들이 물려받은) 정치경제학으로서의 맑스주의의 형해화된 판본의 파탄상태를 고려하면, 이러한 발전은 비록 유감스럽다 하더라도 이해할 수 있는 것이다. 실제로 사람들은 그 당시에는 케인스에 대한 주의 깊은 읽기가 정통 맑스주의에 대한 어떠한 읽기보다도 전후 자본주의 초기의 현실을 이해하는 데 분명히 더 도움이 되었다고 주장할 수도 있다.[41]

1960년대의 투쟁순환 동안에, 바란과 스위지의 저서들은 이러한

---

41. 대부분의 맑스주의 정치경제학자들은 케인스 같은 부르주아 경제학자들을 맑스주의자가 아니라는 이유만으로 계속해서 비판한다(예를 들면 마틱의 *Marx and Keynes*를 보라). 내가 보기에 그것은 유감스러운 일이다. 케인스나 기타 저자에 대한 실제적 관심은 계급 갈등의 성격과 특성, 그리고 그것에 사용되는 전략들에 대해 [그것으로부터] 우리가 무엇을 배울 수 있는가에 있다. 노동자든 자본가든, 투쟁에 참여하는 사람들의 관점에서 보면, 케인스의 저작은 본질적인 면에서 이론적인 것이 아니라 전략적인 것이었다. 그리고 만약 오늘날 우리가 케인스주의적 세계 이후에 살고 있다면 이것은 그의 '이론'이 결함이 있기 때문이 아니라 그의 전략이 노동계급에 의해 패퇴되었기 때문이다.

한계에도 불구하고, 그리고 아마 부분적으로는 그들이 당시에 해석되고 있는 대로의 맑스주의를 거부했기 때문에, 정통 신고전주의 종합, 정통 맑스주의적 정치경제학, 그리고 이 양자가 함축한 정치학 등을 대체할 명확한 대안을 제공하는 것처럼 보였다.

미국에서는 시민권 운동, 흑인 세력, 여성 세력, 복지권 운동, 반전 운동 등이 상승할 즈음 종파적 맑스주의는 이미 오래전부터 불신받고 있었다. 이때 '신좌파'New Left는 바란이나 스위지의 이론 같은 네오맑스주의 이론에서 낡은 교조주의보다 더욱 호소력 있고 유용한 해석을 찾아냈다. 신좌파는 그들의 시대를 새로운 발전들로 가득 찬 것으로 이해하면서, 자신들의 투쟁을 소외, 불평등, 제국주의, 숨 막힐 정도로 점차 경직되어 가는 '산업 사회'의 산물들 혹은 여성차별주의, 인종차별주의 그 자체에 대한 반란의 영역에 포함되는 것으로 보았다. 바란과 스위지의 분석은 자본주의의 위기에 대한 하나의 설명을 제공했다. 그것은 현재의 문제에 대한 책임을 불합리한 '체제'에 돌리고 베트남전쟁을 미 제국주의의 위기로 설명하는 것이었다. 그러나 동시에 자본주의 위기에 대한 이 분석은 여전히 종래 정치경제학의 낡은 범주들 속에 갇혀 있었다. 바란과 스위지, 그리고 그들을 따르는 사람들은 여전히 노동계급을 단순히 임금노동자들로 규정했고 그 결과 실업 상태의 〈검은 표범들〉Black Panthers, 전투적인 〈민주사회를 갈망하는 학생들〉SDS, 급진적 페미니스트들, 복지권 운동가들의 투쟁을 노동계급 범주 밖에 있는 것으로 간주했다.[42] 이러한 관점 속에서 노동계급의 것으로 이해될 수 있는 것은 반전 시위대에 대한 건설 노동자들의 공격이

---

42. 이것은 그들의 공저 *Monopoly Capital*과 스위지가 편집한 *Monthly Review*의 여러 페이지에서 명백히 나타난다.

었다. 노동계급은 매수되어 자본가 계급의 동맹자가 되었고 비노동계급의 학생, 여성, 제3세계 소수민족들, 농민 등만이 유일하게 진정한 혁명가들이라고 보는 관점 속에서 맑스가 설 자리가 있을 수 있겠는가? 노동계급을 투쟁의 주요 행위자로 보았던 관점 대신에 '민중'the people을 주요 행위자로 보는 관점이 등장했다.

당시에 전통적 맑스주의 이론에 대한 비판적 활동가들의 이러한 거부는 1960년대 말 미국에서 출현한 새로운 급진 지식인 세대에게는 중요한 준거점이었다. 이 지식인들은 처음에는 압도적으로 비맑스주의적이었지만 국내외에서 전개되는 자본주의 정책들에 대한 반대를 통해 뭉치게 된다. 그들은 "뉴 프론티어"New Frontier, "진보를 위한 동맹"Alliance for Progress, "위대한 사회"Great Society 등의 오도하는 이름을 내건 케네디와 존슨 행정부의 전 세계적 규모의 역반란counterinsurgency 시도를 설명할 필요에 직면했다. 그들은 또 그러한 시도에 대항하는 것으로서, 게바라Guevarra의 "둘, 셋, 그리고 수많은 베트남!"이라는 전투 구호의 깃발 아래에서 퍼져 가고 있었고 "도시를 포위하기" 위한 농촌 게릴라전이라는 린비아오林彪의 방침에 의해 지도되었던 전 세계적 저항운동의 상승을 이해하고자 했다.

이러한 현상에 대한 그들의 대응은 이중적이었다. 한편에서 이 활동가-지향적-지식인들은 안으로 눈을 돌려 대학과 학술분과들이 국내외에서 체제를 뒷받침하는 데 깊이 개입되어 있는 방식을 발견했다.[43] 따라서 이들은 이 기관들에 자신들의 주의를 집중하여 이 기관들의 폐쇄를 위한 파업들과 새로운 전투성의 물결을 만들어 냈

---

43. 대학에 대항하는 행동의 기초를 놓은 것으로서, 대학의 정치적 역할에 대한 전략적 평가의 한 예로는 Anne Bauer and Harry Cleaver, "Minority Report on the Stanford Research Institute", in *The Radical Attack on Business*, ed. Charles Perrow를 참조하라.

다. 다른 한편으로, 이들은 이러한 현상들을 이론화하기 위해, 〈급진 정치경제학자협회〉와 같은 대안적 전문 조직으로 새로이 결집했다. 맑스주의적이든 그렇지 않든 간에 그들 나름의 일관된 관점에 의해서라기보다는 지배적 사회질서와 그 이론적 패러다임에 대한 반대에 의해서 뭉치긴 했지만, 그럼에도 불구하고 이들은 자신들이 연루된 투쟁순환에 대한 진지한 연구를 시작했다. 그에 따라 그들 중 많은 수가 정치경제학으로 향했고 바란과 스위지의 이론들을 발전시키고자 했다.

네오맑스주의 정치경제학의 정교화를 위한 노력이 낳은 결과들 중에서 중요한 것은 제국주의와 혁명에 대한 대안이론을 발전시키는 데 도움을 준 안드레 군더 프랑크 같은 사람들의 이론이었다. 프랑크 등은 라틴아메리카와 아시아의 정통 맑스주의자들에 의해 공격된 봉건주의는 환상이라고 주장했다. 자본주의는 처음부터 그 이전의 모든 사회체제를 그 자신 속으로 병합하여 중심metropolises과 위성satellite 관계의 국제적 위계질서로 만드는 국제적 체제였다. 이러한 이론들은 공산당이 현지 부르주아 세력을 지지하는 것에 대한 거부를 함축했다. 현지 부르주아 세력은 단지 국제자본주의 체제의 하위 관리자인 매판 자본가나 대리 자본가로 이해되었다. 따라서 그들에 대한 지지는 체제 전체에 대한 지원을 의미할 수 있을 뿐이었고 노동계급 혁명의 성공 가능성을 높이기보다는 오히려 낮추는 것을 의미할 수 있을 뿐이었다.[44]

구좌파의 이론에 비해 오히려 이러한 이론들이 노동자와 농민의

---

44. Andre Gunder Frank의 *Capitalism and Underdevelopment in Latin America, Lumpenbourgeoisie : Lumpendevelopment*, 그리고 "Not Feudalism — Capitalism", *Monthly Review* (December 1963) : 468~478을 보라. 또한, Martin Nicolaus, "Who Will Bring the Mother Down?" in *Readings in U.S. Imperialism*, eds. K. T. Fann and D. C. Hodges과 *Monthly Review*를 보라.

이해에 더욱 합치했다. 그것들은 새로운 투쟁순환과 그것의 국제적 차원을 더욱 정확하게 표현했다. 그리고 일반적으로 그것들은 자본주의와 정통 공산주의를 모두 적으로 규정하면서 농민, 흑인, 학생, 여성 등의 혁명적 반란을 지지했다. 그러나 이와 동시에 그것들은 여러 면에서 이론적으로 취약했다. 맑스에 기초하지도 않았고 혹은 직접적으로 근대 부르주아 경제이론에 기초하지도 않았기 때문에, 제국주의의 기제 mechanism와 역학에 관한 그것들의 정식들은 착취와 종속에 관한 맑스주의적 수사와 부르주아 무역이론 및 케인스주의 발전이론의 일관성 없는 혼합물이었다. 부르주아 이론의 도구들을 직접 수용하는 것을 꺼리면서도 맑스의 가치론과 잉여가치론들을 포기한 이들의 저작은 때때로 눈부신 통찰을 보여 주고 있지만 그 구성은 종종 불투명하고 논리적 일관성은 약하다.

정통주의의 부활

이 같은 취약점으로 인해 이들 신좌파 정치경제학자들은 정치경제학의 영역에서 구좌파로부터 적어도 두 가지 다른 방향에서 역공당할 여지를 남겨둔다. 역공의 첫째 측면은 '생산양식'이라는 개념적 포장지를 사용해서 이루어진다. 이것은 신좌파 정치경제학자들이 무역과 자본이동으로 연계되어 있는 전 세계적 자본주의 경제체제에 관한 그들의 이론을 그 체제 내의 수없이 다양한 생산조건을 설명해줄 수 있는 생산의 이론과 통합시키지 못한 것을 공격하는 것이었다. 특히 제3세계에서 현저했던 생산관계의 특유성이라는 이 문제에, 프랑스 공산당 이론가 루이 알튀세르와 그의 영향을 입은 사람들은 다양하지만 절합된 생산양식들(여기서 하나의 양식이 다른 양식들을 지배한다)이라는 개념을 도입했다.[45] 예를 들어 에르네스토 라클라우 Ernesto Laclau는 도시의 자본주의적 산업과 아직도 대·소농장에 의해 지배되고 있는 농촌의 농경 사회에서 보이는 생산의 형태들 및 양식들 사이의 구조적 차이에 초점을 맞추면서 라틴아메리카에 관한 프랑크의 이론을 직접 공격했다.[46] 이러한 공격의 성공은 제3세계에서의 투쟁에 대한 분석이 '주변부 사회구성체' peripheral social formations에 대한, 혹은 다양한 농경 사회에서 생산양식의 성격에 대한 정확한 설명을 둘러싼 논쟁으로 대체된 정도에 의해 측정될 수 있다. 이 새로운 히스토마트 histomat(역사유물론)가 공산당의 무기로서 재생되었을 뿐만 아니라, 다수의 맑스주의 인류학자, 사회학자 그리고 정치경제학자들을 포함하는 구좌파 안팎의 광범위한 여러 좌파 저자들에 의해 논쟁의 이론적 기초로서 받아들여졌다.[47] 히스토마트가 전략에 심오한 정치적 의미를 가졌던 라틴아메리카와 아시아에서는 논쟁이 특히 오래 지속되었다.[48] 그러나 히스토마트는, 그 정치적 분기分岐가 덜 직접적이지만 저변에 깔린 갈등은 [라틴아메리카나 아시아만큼이나] 실제적이었던 미국과 서구의 정치경제학자들의 일부 서클에도 파급되었다. 바란, 스위지, 프랑크 같은 사

45. 루이 알튀세르와 에티엔 발리바르의 *Reading Capital*[『자본론을 읽는다』, 김진엽 옮김, 두레, 1991]는 이 역공에서 선발탄(彈)의 하나였다. 나는 다음 절에서 그것의 철학적·정치적 기초를 간단히 검토할 것이다.

46. Ernesto Laclau, "Feudalism and Capitalism in Latin America", *New Left Review* 67 (1971) : 19~38.

47. 이 개념들에 크게 영향을 받은 맑스주의 인류학자들은 클로드 메이야수(Claude Meillassoux), 모리스 고들리에(Maurice Godelier), 에마뉘엘 테레(Emmanuel Terray), 피에르-필립 레이(Pierre-Phillippe Rey) 등이다.

48. 인도 논쟁에 대한 요약과 비판은 Harry Cleaver, "The Internationalization of Capital and the Mode of Production in Agriculture", *Economic and Political Weekly*, March 27, 1976 : A2~A16을 보라. 라틴아메리카 논쟁의 일부에 대해서는 *Latin American Perspectives* 1, no 1 (Spring 1974), Special Issue : "Dependency Theory : A Reassessment"를 보라.

람들의 네오맑스주의 정치경제학을 그러한 '생산양식' 분석과 접합시키려는 시도들은 — 사미르 아민Samir Amin의 시도처럼 — 일관성 없는 절충주의적 복합체만을 생산했다.[49]

　네오맑스주의 정치경제학에 대해, 쇄신된 정통주의orthodoxy가 가한 또 다른 공격은 자본주의 경제이론에, 특히 위기의 정치경제학에 집중되었다. 이 공격은 현재의 국제 위기가 진행되는 동안에, 농민의 역할이 아주 미미하고 국민경제가 일반적으로 모든 관련 당사자들에 의해 압도적으로 자본주의적인 것으로 동의된 개발된 세계에서 주로 일어났다. 이러한 공격에서 쏟아져 나온 많은 문헌들 — 이것이 맑스주의 정치경제학의 현재적 부흥을 가져온 하나의 중요한 계기를 이룬다 — 에도 불구하고 이것들은 대부분 맑스에로의 회귀를 표현하기보다는 2차 세계대전 이전 맑스주의의 틀과 문제에로의 복귀를 표현했다. 지난 수년 동안에 우리는 과거 이론들의 수정판만을 발견하게 된다. 구세대에서는 트로츠키주의적 제4인터내셔널의 이론가인 에른스트 만델Ernest Mandel과 초기 평의회공산주의의 마지막 이론가인 폴 마틱 등이 나왔다.[50] 신세대에서는 마리오 코고이Mario Cogoy, 데이비드 야페David Yaffe,

---

49. *The Accumulation of Capital on a World Scale*[사미르 아민, 『세계적 규모의 자본축적』 1~2, 김대환·윤진호 옮김, 한길사, 1986]에서 이 주제를 분석하고자 하는 사미르 아민의 기본적 구상은 매우 훌륭하다. 그러나 그의 저서가 번뜩임과 통찰력을 보여줌에도 불구하고 안타깝게도 그가 이론적 틀들 사이를 — 여기서는 맑스주의 이론을, 저기서는 부르주아 이론을 — 뛰어다니는 방식은 그 책을 어떤 내적 일관성이 없는 오려붙이기식 잡동사니로 만든다. 요컨대 그는 네오맑스주의적 케인스주의를 생산양식 접근이나 맑스주의 가치론 중 그 어느 것과도 완전히 통합해 내지 못한다.

50. Ernest Mandel, *Marxist Economic Theory*와 *Late Capitalism*[에르네스트 만델, 『후기자본주의』, 이범구 옮김, 한마당, 1985]을 참조하라. 또한, 그의 "Where Is America Going", in *Readings in U.S. Imperialism*, eds. Fann and Hodges, 그리고 "The Laws of Uneven Development", *New Left Review*, January~February 1970 : 19~38을 보라. 바란과 스위지에 대한 폴 마틱의 공격에 대해서는 그의 "Marxism and 'Monopoly Capital'", *Progressive Labor* 6, no. 1 (May 1967) : 34~49를 보라.

그리고 마이클 키드론Michael Kidron 등과 같은 저자들이 나왔다.[51] 이들은 네오맑스주의의 케인스주의적 과소소비론에 맞서 맑스의 가치론과 이윤율의 저하 경향론에 대한 전통적 해석이라는 무기를 휘두르면서, 그 이론의 후퇴와 재정비를 강제했다.

이러한 공격에 앞서 스위지는 이전의 정식을 철회하고 자신의 주장을 케인스주의적 용어보다는 맑스주의적인 용어로 재정식화한 후 이 적들에 맞서 과소소비론적 위기 이론의 특수한 판본을 재개했다.[52] 그러나 불행하게도 이 쇄신된 이론은 그의 반대자들이 사용하는 것과 동일한 가치의 기본개념을 사용한다. 결과적으로 우리는 [이 논쟁에서] 1900~40년 시기의 전투들 중의 많은 것들이 수십 년 전에 치러졌던 것과 거의 동일한 용어들로 다시 치러지고 있음을 발견한다. 이 불가사의한 스펙터클은 기이한 것이며 분명히 섬뜩한 성격을 갖고 있다. 사람들은 맑스주의의 '재전유'가 고고학 연습과 같은 어떤 것임을 발견하리라 기대했을지 모른다. 그 고고학 연습이란 계급 갈등의 역사 동안에 발전된 정치적 무기들의 성격을 밝혀서 오늘날과 같은 위기의 시대에 그것들이 가질 수 있는 유용성을 찾도록 설계되었다. 그런데 우리가 너무나 자주 발견하는 것은 그러한 정치적 무기의 모색이 아니라 오늘의

---

51. Mario Cogoy, "Les Theories neo-Marxistes, Marx et l'accumulation du capital", *Les Temps Modernes* 314~315 (September~October 1972) : 396~426, 그리고 "The Fall of the Rate of Profit and the Theory of Accumulation of Capital : A Reply to Paul Sweezy", *Bulletin of the Conference of Socialist Economists* (Winter 1973) : 52~67; David Yaffe, "Marxian Theory of Crisis, Capital and the State", *Bulletin of the Conference of Socialist Economists* (Winter 1972) : 5~58; Michael Kidron, *Western Capitalism since the War*를 보라.

52. Paul Sweezy, "On the Theory of Monopoly Capitalism", *Monthly Review* 23, no. 11 (April 1972) : 1~23, 그리고 "Some Problems in the Theory of Capital Accumulation", *Monthly Review* 25, no. 12.

전투를 지휘하기 위해 무덤으로부터 오래전에 죽은 자의 망혼을 불러내는 푸닥거리 연습이었다. 또 사람들은, 당대의 계급투쟁 속에서 [활동했던] 맑스주의의 역사적으로 위대한 인물들의 이론과 실천을, 우리 자신의 문제를 해결하기 위한 조언으로 파악할 수 있기를 기대했을지 모른다. (그리고 그 인물들이 우리에게 가르쳐야만 하는 교훈들을 우리가 일단 습득하고 나면 그들을 쉬게 하면서 말이다.) 그런데 [최근의 논쟁에서] 거듭해서 우리는 우리 시대의 역사적 특유성에 대한 비맑스주의적 맹목성을, 그리고 과거 어디에선가 오늘에 대한 열쇠를 찾으려는 욕망을 본다.

정치경제학의 한계

이처럼 우리는 현재의 문헌 속에서 맑스를 정치경제학으로서 읽기의 모든 근본적 한계를 발견한다. 그 한계는 처음부터 그 접근법을 괴롭혔던 것이다. 정통주의의 경우에서든, 수정주의의 경우에서든 혹은 네오맑스주의의 경우에서든, 연구의 장은 엄격하게 경제학에 국한되었다. 정치경제학으로서의 맑스주의는 기껏해야 이러한 자본주의 비판에 부수하는 정치적 입장을 뒷받침해 주는 이데올로기적 버팀목이 될 뿐이다. 각각의 경우에서 우리는 개념들이 추상적 관계를 가리키는 세계 속에 여러 저자들이 어떻게 갇혀 있는지를 볼 수 있다. 그곳에서 위기와 제국주의의 원천은 자본가계급의 행동을 규율하는 체제의 신비한 경제적 '운동 법칙'laws of motion 속에서 발견될 수 있을 뿐이다.

우리가 여기에서 보는 것은, 수동적 해석에 제한되어 있을 뿐만 아니라 사실상 '경제적 영역' 또는 '하부구조'에 국한되어 정치경제학을 자본주의 공장과 그 임금노동자들만의 이론으로 만드는 『자본』해석이다.[53] 이것은 국가와 정당 정치뿐만 아니라 실업자, 가족, 학교, 보건, 언론, 예술 등 사회의 나머지 부분을 분석에서 제외하는 결과를 가져왔다. 그 결과 이러한 부분들도 고려하려는 정치경제자들은 "다른" 이론들을 시사하는 단편들을 찾으면서 맑스의 저술들을 다시 뒤지고 있는 자신을 발견한다.[54] 그런데 오늘날 주요한 사회적 갈등들이 벌어지는 곳은 바로 이 "다른" 사회 영역이다. 노동계급 투쟁이 주로 공장에서 ― 그러나 결코 그곳에 국한되지는 않았지만 ― 일어났던 세기 전환기에는, 아마 『자본』을 자본주의 공장의 이론적 모델로 읽는 것이 어느 정도는 용납될 수 있었을 것이다. 그러나 자본주의 사회개혁가들이 사회 전체를 사실상 재구조화하려 했던 1920년대와 1930년대의 광범위한 사회공학의 결과로, 또 그러한 사회 계획화에 대항하는 최근의 사회투쟁의 결과로, 오늘날 그러한 해석은 대체로 부적합하다. 신좌파는 정확히 이 점을 간파했으며 정통적 해석을 기피했다. 1960년대 말에 이르러 정통 맑스주의와 네오맑스주의의 부적합성은 아주 분명해졌다. 두 이론은 모두 비임금 노동자들의 반란을 설명할 준비가 되어 있지 않았고 그때그때의 임시방편적 해법에 호소하는 것 이상으로 나

---

53. 자본주의 공장은 여기서 산업자본을 구성하는 산업적 기업의 네트워크 전체에 대한 은유로 사용된다. '생산적' 노동자들이 발견된다고 말해지는 곳은 이러한 기업들에서다. 그리고 일반적으로 그 밖의 모든 것을 결정하는 것으로 간주되는 것은 이 임금노동자들이 생산하는 상품들의 생산과 판매에서다.

54. 이러한 노력의 일부는 다음 절에서 검토될 것이다. 아마도 정치경제학자들의 가장 큰 주목을 받았던 공장 밖 사회생활의 두 영역은 학교와 가정일 것이다. 예를 들어 Samuel Bowles and Herbert Gintis, *Schooling in Capitalist America* [보울즈·진티스, 『자본주의와 학교교육』, 이규환 옮김, 사계절, 1986]; Martin Carnoy, *Education as Cultural Imperialism*; 그리고 Wendy Edmond and Suzie Fleming, eds. *All Work and No Pay*를 보라.

아가지 못했다. 정통주의는 역사유물론을 소생시켜 농민봉기를 전前자본주의적 생산양식이라는 상자 속으로 밀어넣으려 했다. 학생 반란은 쁘띠부르주아적이거나 룸펜적인 것으로 분류되었다. 여성 반란은 모종의 '가내적' 생산양식이라는 틀로 분류되었다. 이 모든 것들은 진정으로 노동계급적이지 않다는 이유로 중요치 않은 부차적 현상으로 간주되고 무시되었다. 이것은 물론 당을 다시 한번 실제적인 노동계급 이익의 매개적 해석자로 정립했고 [농민, 학생, 여성의] 투쟁들을 탄압하거나 흡수하려는 시도들을 정당화했다.

비록 신좌파의 네오맑스주의가 이러한 투쟁을 자신들의 혁명 관념에 중심적인 것으로 만들었으나 그것이 이론적으로 더 전진시킨 것은 별로 없었다. 이들은 (정통주의가 행한) 노동계급으로부터의 이 집단들[농민, 학생, 여성 등]의 배제를 받아들였기 때문에 이들이 제시할 수 있는 것이라곤 '인민의' 이익에 대한 막연한 환기뿐이었다. 이러한 집단들이 '경제' 영역의 외부에 존재하는가 또는 그 내부에 자리하는가가 모호한 한에서, 이들의 반란은 체제의 일반적 비합리성의 부산물로 이해되어야만 했다. 이처럼 우리는 맑스를 정치경제학으로 읽기가 가지는 가장 큰 약점의 하나는 자신의 분석을 공장에 대한 분석으로 고립시키고 환원시키는 것이었음을 알 수 있다. 이것이 정통 맑스주의나 네오맑스주의로 하여금 오늘의 위기를 설명할 수 없게 만든 약점이긴 하지만 이것이 유일한 문제점은 아니다.

오히려 더욱 중요한 것은 제2인터내셔널의 분석에서 위기 이론에 대한 오늘날의 논쟁으로 곧장 나아온, 이 분석들의 일방성이다. 이 일방성은 어떤 식으로 정의된 것이건 간에, 노동계급이 이 모델들에서 등장하는 제한된 방식에 놓여 있다. 노동계급이 무대에 등장할 때는 언제나, 외부로부터 나타나 방어적 싸움을 치르는 희생자들로 등장한다. 바로 이것이 내가 이 이론들에서 사용되는 맑스주의적 또는 네오맑스주의적 범주들이 '물화되었다'reified고 규정하고자 하는 이유이다. 그 범주들이 사회관계를 가리키는 것으로 이해되지 않고 사물들, 즉 사회관계로부터 분리된 자본 내부의 사물들을 가리키는 것으로 전화했다는 점에서 그것들은 '물화되었다'. 사실상 이 모델들에서 자본 자체의 개념은 통상적으로 계급 관계를 지칭하는 것이 아니라 — 가끔 뒤늦은 보충으로 추가되기도 한다 — 오히려 생산수단, 화폐자본, 상품자본, 노동력 등을 가리키는데, 이것들은 모두 자신들의 회로의 위아래를 무심하게 순환하는 실재들이다. 이러한 모델에서 운동, 기술적 변화, 확장 등의 추진력은 어디에서 나오는가? 물론 그것은 자본 내부에서 나온다. 왜냐하면 그것들은 일반적으로 자본가들 사이의 맹목적 경쟁의 결과이기 때문이다. 독점자본에서 경쟁이 붕괴할 때, 바란, 스위지, 조셉 스타인들Josef Steindl 같은 맑스주의자들은 정체stagnation로의 필연적 경향을 추정한다. 이 어떠한 경우에든 노동계급은 바로 자본의 자율적이고 자기활동적인 발전이라는 전 세계적 왈츠를 구경하는 구경꾼spectator에 불과할 뿐인 것이다.

이것은 맑스의 세계관이 아니었다. 그는 자본이 계급들의 사회적 관계라고 반복적으로 말했을 뿐만 아니라 또한 계급의 차원에서 소위 경제관계들은 사실상 정치적 관계들이라고 분명히 말했다.

노동계급이 지배계급에 대항하는 하나의 계급으로 등장하여 외부로부터 지배계급에 압력을 가하려고 시도하는 모든 운동은 정치적 운동이다. 예를 들어 어느 특정 공장이나 심지어 특정 산업에서 파업 등의 방법을 통해 자본가에게 노동일의 단축을 강제하려는 시도는 순수한 경제적 운동이다. 다른 한편 8시간 노동제 등의 입법을 강제하

는 운동은 정치 운동이다. 그리고 이런 식으로 노동자들의 개별적 경
제 운동으로부터 도처에서 정치 운동이 자라 나온다. 말하자면 그 정
치 운동은 자신의 이해관계를 일반적인 형태 속에서, 즉 일반적인 사
회적 강제력을 갖는 형태 속에서 달성하는 것을 목표로 삼는 계급의
운동이다.[55]

여기서 요점은 8시간 노동제 투쟁이 발전하면서 일반화됨에 따라,
그것이 협소하게 정의된 노동자 집단의 특수한 요구를 넘어 전 계급
의 요구로 되며 따라서 정치적으로 된다는 것이다. 이것은 양적으로 적
은 수의 노동자들의 요구에서 시작한 운동이 순환하여 계급투쟁의 질
적으로 새로운 초점으로 되는 역사적 운동과 부합한다. 그러한 요구
들은 그것들이 일반적으로 계급의 기본적 사회조건과 부합될 때 확산
된다. 맑스는 이러한 투쟁들을 찾아서 분석한 바 있는데, 노동일의 길
이, 노동의 강도, 생산성, 기계화, 사회임금 등을 둘러싼 투쟁들이 그
것이다. 『자본』에서 그는 영국에서 그 투쟁들이 가지는 역사적 특유
성에 관해, 그리고 자본 속에서 즉 전반적 계급투쟁 속에서 그것들이
차지하는 일반적 위치에 관해 설명한다. 다툼의 이 영역들이 일반화되
는 때로부터 그것들은 계급 관계로, 따라서 정치 관계로 분류된다. 어
느 주어진 시점에서 특수한 노동자 집단들은 이러저러한 요구를 위해
적극적으로 투쟁할 수도 있고 그렇지 않을 수도 있다. 그러나 만약 그
들이 적극적으로 투쟁한다면 각 공장 혹은 산업에서의 개별적 투쟁은
더 이상 고립된 '순수한 경제' 투쟁으로 간주될 수 없고 전체의 한 부

---

55. Marx to Bolte, London, November 23, 1871, in Karl Marx and Friedrich Engels,
   Correspondence 1846–1895 : 315~319 [K. 마르크스·F. 엥겔스, 『자본론에 관한 서한
   집』, 김호균 옮김, 중원문화, 1990에 일부 수록].

분으로, 권력을 얻기 위한 정치 투쟁으로 파악되어야만 한다. 국가의 역할이 변했기 때문에 우리는 오늘날 이러한 사실을 맑스 시대보다 더욱 분명하게 이해할 수 있다. 케인스주의 국가의 부상은 국가와 '경제'의 실질적 융합을 의미할 뿐 아니라 국가와 '사회' 그 자체의 융합을 의미하기도 한다.

이것이 맑스를 정치경제학으로 그리고 이데올로기로 읽기의 두 번째 근본적 위험이다. 여기에서 우리는 자기활동하는 이 괴물[자본]에 대한 상세하고 세밀한 비판적 해석들에 대면하는데, 그 해석들은 노동계급 세력이 자본주의의 발전을 강제하고 또 억제하는 방식은 완전히 무시한다. 맑스는 더 짧은 노동시간을 위한 투쟁의 성공이 어떻게 자본의 위기를 야기했는가를 이해했다. 그러나 이 정치경제학자들은 이것을 이해하지 못한다. 그들은 절대적 잉여가치를 물화된 추상적 개념으로 이해한다. 맑스는 그러한 투쟁이 어떻게 자본의 유기적 구성organic composition을 끌어올린 생산성 향상적 혁신의 발전을 강제했는가를 이해했다. 따라서 그는 상대적 잉여가치를 자본가들의 전략적 대응으로 파악했다. 정치경제학자들은 그것을 이해하지 못했다. 그들은 오직 자본가들 사이의 경쟁만을 이해했다. 맑스는 노동자들의 임금 투쟁이 어떻게 자본주의의 위기를 촉진할 수 있는가를 이해했다. 이 정치경제학자들은 오직 추상적인 '운동 법칙들'만을 이해했다.[56] 이러한

---

56. 오늘날에는 노동계급 세력이 자본주의 위기의 출현에서 실제로 일정한 역할을 수행한다는 것을 이해하기 시작한 소수의 정치경제학자들이 있다. 그러나 안타깝게도 그들은 『임금, 가격, 이윤』과 『자본』 1권 25장에서의 맑스의 논의 맥락 속에 묶여 있다. 여기서 투쟁들은 본질적으로 분배의 몫을 둘러싼 것이며 기껏해야 인플레이션을 야기하는 데 책임이 있고 항상 자본주의 위기에 의해 효과적으로 제어된다. 예컨대 A. Glyn and B. Sutcliffe, *British Capitalism, Workers and the Profits Squeeze*; R. Boddy and J. Crotty, "Class Conflict, Keynesian Policies, and the Business Cycle", *Monthly Review* 26, no. 5 (October 1974) : 1~17; 그리고 John G. Gurley, "Unemployment and Inflation",

종류의 해석은 아무리 나쁜 동학dynamic이라 해도 자본의 동학을 예찬하며 노동계급을 불운한 희생자로 묘사한다. 이 때문에 비록 우리가 계급투쟁에서 이데올로기 비판을 무기로 보고 싶다 할지라도, 우리는 자본에 모든 권력을 부여하는 그러한 이론들은 단지 자본의 이해관계 속에 있을 수 있을 뿐이라고 결론 내려야 한다. 그러한 비판들은 특히 레닌주의 정당이나 또는 그들 자신을 계급의 유일한 해결책으로 제시하고자 하는 다른 엘리트 집단들의 필요에 특히 잘 부합한다. 그러한 이론들이 말하듯이 만약 계급이 '경제' 투쟁에서 무력하다면, 유일한 해결책은 분명히 '당에 가입하여 국가를 분쇄하는 것'이 될 것이다. 이 불운한 희생자 대중이 어떻게 그러한 위업을 달성할 수 있을 것인가는 당 위계제에 의해서만 이해되는 수수께끼일 것이다. 왜냐하면 그러한 위업에 필요한 지도력과 지혜를 당 위계제가 제공할 것이기 때문이다. 그러나 진실은, 계급은 결코 무력하지 않으며 당 지도자들이 계급의 힘을 그 계급 자신을 통제하는 서곡으로, 그리고 자신들이 합리화되고 계획된 '사회주의' 경제의 새로운 관리자들로 되는 서곡으로 동원하려 한다는 것이다. 이 경제에서 그들은 노동자들이 전보다 더욱 열심히 일할 것을 희망한다.

『자본』을 정치경제학으로 읽기들이 가지는 이러한 위험과 한계 때문에, 그러한 읽기들을 넘어서려고 노력한 사람들이 있었다. 첫 번째 한계(맑스주의 정치경제학이 공장 밖의 자본주의적 사회 관계의 전 범위를 파악하지 못하는 무능력, 그리고 따라서 20세기 중반의 사회적 위기들 설명할 수 없는 무능력) 때문에, 정치경제학은 역사적으로 심각한 비판에 노출되었다. 그 비판은 지난 수십 년에 걸쳐 그 공백을

Monthly Review 29, no. 7 (December 1977) : 23~29 등을 참조하라.

메우려고 하는 많은 맑스주의자들에 의해 발전되어 온 것이었다. 그들의 노력은 다음 절에서 검토될 것이다. [여기서] 우리는, 두 번째의 더욱 의미심장한 실패(노동계급을 무시한 것)가 정치경제학자들의 작업뿐만 아니라 그들에 대한 비판자들의 작업까지를 관통하고 있음을 보게 될 것이다.

맑스를 철학적으로 읽기

　맑스를 철학자로 읽기의 전통은 적어도 그를 정치경제학자로 읽기의 전통만큼이나 오래되었을 뿐만 아니라 훨씬 더 다양하다. 1960년대와 1970년대의 맑스주의 부흥의 기간에, 철학적 맑스주의 전통은 두드러진 자리를 차지했다. 그 전통 속에서 우리는 두 가지의 일반적 경향을 갈라볼 수 있다. 정통주의와 수정주의가 그것이다. 정통주의 경향은 단연코 가장 편협한 것으로서, 공산당의[공산주의적] 맑스주의에 의해 채택되었다. 엥겔스에서 스탈린주의 시대를 거쳐 알튀세르와 그 동반자들에 의해 가장 최근의 '재정식화'로 진화해 온 변증법적 유물론이 그것이다. 훨씬 광범위하고 복잡한 수정주의 경향은 맑스를 다른 철학자들에 비추어서 그리고 자본주의 발전에서 등장한 새로운 요소들에 비추어서 재해석하려는 모든 시도들을 재편성한다. 여기에는 게오르그 루카치György Lukács, 안또니오 그람시Antonio Gramsci, 칼 코르쉬 Karl Korsch 등 한결같이 맑스에 대한 헤겔의 영향을 강조한 소위 서구 맑스주의, 갈바노 델라볼페Galvano Delavolpe와 루치오 꼴레띠의 신칸트주의, 장 이폴리트Jean Hyppolite와 알렉상드르 코제브Alexandre Kojève의 맑스주의적 헤겔주의, 장-폴 사르트르Jean-Paul Sartre, 시몬 드 보부아르Simone de Beauvoir, 모리스 메를로-퐁티Maurice Merleau-Ponty 등의 실존주의, 트란 둑 타오Tran Duc Thao와 카렐 코지크Karel Kosik의 현상학적 맑스주의, 그리고 허버트 마르쿠제Herbert Marcuse, 막스 호르크하이머Max Horkheimer, 테오도르 아도르노Theodor Adorno, 위르겐 하버마스Jurgen Habermas 등 프랑크푸르트학파와 연관된 사람들의 비판이론에 이르기까지 매우 다양한 조류들이 포함되어야 한다. 정통주의이건 수정주의자이건 간에, 이 저자들이 탐구했던 광범위한 철학적 문제들 때문에,

정치경제학[으로서의 맑스 읽기]에서 가능했던 것과 같은 식으로 이 전통을 간결하게 요약하여 제시하는 것은 어렵다. 그러한 요약 대신에 나는 맑스를 철학자로 읽기가 가지는 몇 가지 한계를 보여 주기 위해 이 전통의 두 요소에 대해 간략하게 논하고 싶다. 첫째 요소는 『자본』의 철학적 읽기를 통해 디아마트diamat(변증법적 유물론)를 부활시키려는 루이 알튀세르의 현대적 시도이고, 둘째 요소는 서구 맑스주의와 비판이론에서 선진 자본주의 '문화 영역'에 대한 분석의 몇몇 측면들이다.

다시 태어난 정통주의

이 시대 『자본』에 대한 철학적 읽기들 중에서 정치적으로 가장 중요한 것들 중의 하나는 프랑스 공산당의 지도적 이론가인 알튀세르의 읽기이다. 『마르크스를 위하여』*For Marx*(1965)와 『자본론을 읽는다』 *Reading Capital*(1965)에서 알튀세르와 그의 동료들은 프랑스 공산당의 정치적 실천들에 대한 광범위한 불신을 완화하기 위한 이데올로기로서 변증법적 유물론을 부활시킬 목적으로 청년기에서 원숙기에 이르기까지의 맑스의 저작을 재해석하는 일에 착수한다.[57] 그들의 저작은 낡은 정통 맑스주의가 그 자신을 정화하여 지난 수십 년 동안에 잃어버린 지반을 회복하기 위한 가장 철저한 시도를 나타낸다.

철학으로서의-맑스주의의 정통 판본으로서의 변증법적 유물론은 『반反듀링론』*Anti-Dühring*, 『루트비히 포이에르바하와 독일 고전철학의

---

[57]. Louis Althusser, *For Marx* [루이 알튀세르, 『마르크스를 위하여』, 서관모 옮김, 후마니타스, 2017]; Althusser and Balibar, *Reading Capital* [알튀세르·발리바르, 『자본론을 읽는다』].

종말』*Ludwig Feuerbach*, 그리고 『자연 변증법』*Dialectics of Nature* 등에 나타나는 엥겔스의 이론으로 거슬러 올라간다.[58] 이 저작들에서 엥겔스는 자본에 대한 맑스의 분석을 보편적 철학 체계로 확장하여 인간의 역사 전체와 자연 세계의 우주 전체를 모두 포괄할 수 있게 하려고 했다. 이 프로젝트는, 맑스가 『신성가족』*Holy Family*, 『독일 이데올로기』*German Ideology*, 그리고 포이에르바하에 대한 연구를 종료한 후에 포기했던 독일 관념론과의 논쟁 지형으로의 복귀를 의미했다.[59] 맑스가 철학과의 거래를 끝낸 것을 나타내는 포이에르바하에 관한 열한 번째 명제를 무시하면서, 엥겔스는 맑스와 헤겔의 관계를 재해석하여 맑스주의를 헤겔 체계의 전복이자 정정으로 제시했다. 엥겔스는 헤겔과 그에 대한 맑스의 비판을 모두 혼동하면서, 헤겔의 변증법은 "물구나무서 있"으며 "만약 당신이 신비한 껍질 속에서 합리적인 핵심을 찾으려 한다면 그것을 다시 바로 세워야 한다."라는 맑스의 정식을, 헤겔의 변증법은 그의 관념론(신비한 껍질)으로부터 분리되어 유물론의 틀 ─ 따라서 '변증법적 유물론' ─ 안에 적용될 수 있는 방법(합리적인 핵심)이라고 해석했다. 이러한 해석은 헤겔의 관념론을 오직 관념만이 실재적이며 물질적 실재는 그러한 관념의 창백한 반영일 뿐이라는 주장으로 이해한다. 엥

---

58. *Anti-Dühring* [『반듀링론』, 김민석 옮김, 새길아카데미, 2012]은 1876~78년에, *Ludwig Feuerbach* [『루트비히 포이어바흐와 독일 고전철학의 종말』, 양재혁 옮김, 돌베개, 2015] 는 1886년에, 그리고 *Dialectics of Nature* [『자연변증법』, 윤형식·한승완·이재영 옮김, 중원문화, 2007]는 1873~83년에 쓰였다.

59. 맑스와 엥겔스는 "The Holy Family or a Critique of Critical Criticism" (*Collected Works*, IV : 5~211)을 1844년에 썼다. 이들은 "The German Ideology" (*Collected Works*, V : 19~539)를 1845~46년에 썼다. 그리고 맑스는 "Theses on Feuerbach" (*Collected Works*, V : 3~5)를 1845년에 썼다. [이 글들의 한국어 번역은 모두 카를 마르크스, 『칼 맑스 프리드리히 엥겔스 저작 선집』 1권, 최인호 외 옮김, 박종철출판사, 2007에 실려 있다. ─ 옮긴이]

겔스에 따르면 유물론은 그와 같은 관계를 뒤집어 관념을 물질적 실재의 반영으로 만들었다. 그러나 이러한 해석은 헤겔의 '실재' 개념을 완전히 오독한 것이다. 헤겔의 '실재' 개념은 존재를 가리키는 것이 아니라 논리를 가리킨다. 엥겔스는, 헤겔의 시대정신Zeitgeist이 궁극적으로는 자본의 변증법의 철학적 정식화이며 그의 관념론은 자본주의 사회에서 논리적으로 모순을 해결할 수 있는 무한한 능력에 대한 인식에 근거한다는 사실을 이해하지 못하고, 오히려 문제는 세계를 분석하는 데 그 변증법을 적용하는 것이라고 생각했다. 그렇게 함으로써 엥겔스는 일각에서는 오늘날까지 살아남은 이해방식을 고정시켰다. 그것은, 변증법을 노동계급이 파괴하고자 하는 자본의 특징으로 보는 것이 아니라 채택되어야 할 보편적 논리이자 방법으로 이해하는 것이다. 역설적이게도 엥겔스와 그를 따르는 사람들은 이런 식으로 헤겔의 변증법적 세계관을 왜곡된 형태로 보존했다. 그 세계관은 자본이 자신의 논리를 세계에 전가하고 강제하는 경향을 이론화하는 부르주아 철학의 낙관적 계기moment로 이해될 수 있는 것이다.

일단 변증법이 자본으로부터 분리되고 유물론이 자본의 관념론을 파괴할 수 있는 노동계급의 능력으로 더 이상 이해되지 않으며 오히려 추상 속의 '물질'matter로 이해되는 한에서, 다시 말해 변증법이라는 형식이 일단 그 내용으로부터 분리되는 한에서 엥겔스는 그 형식을 어디에나, 즉 자연과 인간의 역사 모두에 적용시킬 수 있었다.[60] 루치오 꼴레띠가 잘 보여 준 것처럼, 전자의 경우[변증법을 자연에 적용한 경우]에 그 결과는 우쭐대며 헤겔을 재가공하는 것에 지나지 않았다. 특히 꼴레띠가 보기에 엥겔스의 『자연 변증법』은 헤겔의 『자연의 철학』*Philoso-*

---

60. Colletti의 "From Hegel to Marcuse", *From Rousseau to Lenin*을 보라.

*phy of Nature*의 왜곡된 적용으로, 헤겔의 모든 저작이 무한히 총체화하는 운동 내부에서의 물질의 변증법에 기초하고 있다는 요점을 완전히 놓친 것이다.[61] 인간의 역사를 분석하는 경우에, 엥겔스는 『독일 이데올로기』와 『정치경제학 비판을 위하여』의 "서문"에 담긴 사상을 '역사 유물론'으로 재가공했다. 여기서 (자본의) 변증법은 이전의 모든 사회들에 소급적으로 투사된다. 그 결과는 그 유명한 토대/상부구조의 이분법에 의한 사회 분석이었다. 여기에서 정치, 법, 문화 등의 상부구조는 주어진 '생산양식'에 기초한 경제적 토대(하부구조)에 의해 결정된다. 그 생산양식의 발전은 다시 생산력과 생산관계의 변증법적 상호작용에 의해 설명된다.

이 단순한 정식은 제2인터내셔널 참가자들에 의해 이러저러한 형태로 채택되었다. (예컨대 『농업문제』*The Agrarian Question*에서 카우츠키가, 『러시아 자본주의의 발전』*The Development of Capitalism in Russia*에서 레닌이 그것을 채택했다.)[62] 이러한 정식의 난점들은 너무나 잘 알려져 있다. 그 정식에 대한 통상적 설명은 순수한 경제 결정론의 냄새를 풍긴다. 생산양식이라는 경제 논리가 일방적으로 상부구조를 결정한다는 것이다. 엥겔스는 요셉 블로흐Joseph Bloch에게 보낸 유명한 서한에서 그러한 의도를 부인한다. 그럼에도 불구하고 토대와 상부구조의 상호작용이 무엇을 의미하는가의 문제는 여전히 해결되지 않고 있다.[63] 복합

---

61. 같은 책: 123~128.
62. Karl Kautsky, *La Question Agraire* [칼 카우츠키, 『농촌 문제』, 이승무 옮김, 지만지, 2015]. 이것은 1900년의 Giard et Briere판의 복제판이다. 또 V. I. Lenin의 *Collected Works* III에 수록된 "The Development of Capitalism in Russia" [V. I. 레닌, 『러시아에 있어서 자본주의의 발전』, 김진수 옮김, 백의, 1988]도 보라.
63. 블로흐에게 보낸 엥겔스 서한의 일절은 다음과 같다. '젊은 사람들이 가끔 경제적인 것을 필요 이상으로 강조하는 것에는 맑스와 나에게 부분적으로 책임이 있다. 우리는 경제적인 것을 부인하는 논적들에 맞서 주요 원칙을 강조해야만 했다. 그리고 우리가 그

적 또는 과도적 사회들을 설명하기 위해 각기 다른 모델들(예를 들어, 자본주의/사회주의)의 상호작용을 분석하는 문제도 잘 알려진 다른 문제들 중의 하나다. 히스토마트histomat, 즉 역사유물론은 결국 스탈린에 의해 모든 사회들이 통과해야 하는 경직되고 단선적인 양식의 이행progression of modes으로 더욱 단순화된다.[64] 역사유물론의 스탈린주의적 변형 속에서, 그것은 노골적인 지배 이데올로기로, 즉 러시아 노동자들에 대한 착취의 이론적 정당화가 된다.[65] 이러한 목적은 생산관계와 생산력의 상호작용을 진정한 기술결정론으로 해석함으로써 달성된다. 『정치경제학 비판을 위하여』의 "서문"에서 맑스는 생산관계에 의해 채워진 족쇄를 끊어 버리는 힘들에 관해 언급했는데, 그것은 생산력의 발전은 생산관계의 영원한 변혁을 보장하는 데 필요할 뿐만 아니라 충분한 조건이라는 이론으로 변형된다. 이것은 소련에서 '자본주의'가 다시는 부활하지 못하도록 하기 위해 가능한 최고의 속도로 '사회주의적' 축적을 밀어붙여야 하고 그 과정에서 무력의 사용도 필요하다는 이데올로기적 정당화를 제공했다. 소련에서 역사유물론과 변증법적 유물론이 명백히 반동적 역할을 수행하였다는 사실은 2차 세계대전 이후의 시기에 서구 정치경제학자들이 역사유물론과 변증법적 유물론을 포기한 이유 중의 하나이다. 동양에서는 중국 공산주의자들이 그들의 필요에 맞도록 역사유물론을 재구성했다. 그들은 경제적 토대(경제)에 대한 상부구조(정치)의 상대적 독립성을 강조함으로써 스탈

상호작용에 포함된 다른 요소들에 대해 그 중요성에 상응한 비중을 부여할 수 있는 시간과 장소 혹은 기회를 늘 가질 수 있었던 것은 아니었다."(Engels to J. Bloch, September 21, 1890, *Marx-Engels Selected Correspondence* : 396).

64. Joseph Stalin, *Dialectical and Historical Materialism* [요제프 스탈린, 『사적 유물론과 변증법적 유물론 外』, 정성균 옮김, 두레, 1989].

65. Charles Bettleheim, *Class Struggles in the USSR*.

린의 경제적 또는 기술적 결정론을 피했다. 이것은, 냉소가라면 아마도 당 개입을 정당화하는 데 유용할 뿐이라고 말할, [스탈린주의의 경제적·기술적 결정론의] 뒤집어진 해석을 구성하는 것이며 이데올로기적 재교육을 통해 생산의 모든 영역에 대한 정치적 통제를 시도하는 것이다.[66]

이것이 1950년대에 정통 맑스주의 철학이 처했던 안쓰러운 조건이었다. 일찍이 맑스를 철학자로 뒤바꾸려 한 엥겔스의 초창기의 오도된 시도로부터 시작하여 정통 맑스주의는 우쭐대는, 그렇지만 빈약하고 교조적인 지배 이데올로기로 변해갔다. 알튀세르와 그의 동료들은 1960년대 초에 무엇보다도 이 신뢰를 잃어버린 처지로부터 정통 맑스주의를 구제해 내려고 했다.

앞 절에서 우리는 역사유물론에 대한 자신들의 재해석(즉 제3세계에서 '봉건적 요소'에 반대하여 공산당이 자본주의 발전을 지지했다고 공격한 정치경제학자들에 대한 공산당의 반격)이 수행한 정치적 역할에 대해서 이미 살펴보았다. 히스토마트HISTOMAT, 역사유물론의 그런 재가공은 『자본론을 읽는다』에서 새로운 '역사과학'으로 제시되었다. 그리고 그것은 맑스주의 및 그 방법론의 성격에 관한 몇 가지 철학적 전제들에 기초하고 있었다.

『자본론을 읽는다』의 서두에서 알튀세르는 자신의 기획이 경제학자, 역사학자, 논리학자의 『자본』 읽기에 대립되는 것으로서 철학자의 『자본』 읽기라고 분명하게 서술한다.[67] 이 기획을 그는 맑스의 담론의 "특유한 대상"의 문제를 제기하는 것으로, 그리고 맑스 담론과 그 대

---

66. 예를 들어 Hung Hsueh-ping, "The Essence of 'Theory of Productive Forces' Is to Oppose Proletarian Revolution", *Peking Review* (September 19, 1969):5~8. [http://www.wengewang.org/read.php?tid=10822에서 온라인으로 읽어볼 수 있다. ─ 옮긴이].

67. Althusser and Balibar, *Reading Capital*:14~15 [알튀세르·발리바르, 『자본론을 읽는다』].

상의 통합을 다른 담론 형태와 구별하는 "인식론적 지위"를 발견하는 것으로 정의한다. 이 말의 요점은 무엇인가? 바로 "『자본』이 지식의 역사에서 차지하는 위치"를 발견하는 것이다. 그러므로 우리는 처음부터 이것이 이데올로기에서의 순수하게 이론적인 실천을 예상한다는 것을 알 수 있다. 알튀세르가 독자들에게 "침묵들"과 "비가시성들"invisibilities 의 분석에 관해 강의하기 시작할 때 우리는 필연적으로 알튀세르에게서 노동계급의 실제적 투쟁과 혁명적 시행착오에 대한 전적인 침묵을 발견하게 된다.[68] 알튀세르에게 그러한 역사 같은 것은 없다. 그에게는 오직 "역사의 과학"만이 있다. 역사를 완전히 무시하면서 알튀세르가 구축하려는 이 "과학"이 도대체 무엇일까? 그것은 영묘한ethereal 이론적 구조라는 비역사적이고 얼어붙은 개념화의 구축이다. 이는 낡은 교조주의의 재구축이다.

낡은 교조주의를 다시 세우기 위해 알튀세르는 적어도 두 가지 길을 따라 나아갔다. 첫째로 그는, 오도된 청년 헤겔주의자 맑스와 성숙한 "과학적" 맑스 즉 『자본』의 맑스 사이에 인식론적 단절이 있다고 주장하면서 『1844년의 경제학 철학 수고』Manuscripts of 1844와 같은 맑스의 초기 저작들을 고려의 대상에서 제외했다.[69] 이러한 입장은 오늘날 서구뿐만 아니라 소련 — 알튀세르는 항상 소련을 변호해 왔다 — 에서도 난제인 노동의 성격과 질(예를 들면 소외 문제)에 관계되는 일체의 질문을 깨끗이 제거한다. 둘째로, 더욱 중요한 것으로, 그는 맑스의 성숙한 과학적 저작인 『자본』은 순전히 이론적 업적으로서 그 대상인 자본주의적 생산양식의 개념은 추상적인 방식으로 분석되고 있다고 주장했다.

---

68. 같은 책 : 19~28.
69. Althusser, For Marx[알튀세르, 『마르크스를 위하여』]의 서문을 보라.

이 개념은 다시 이론적 역사과학의 기본적 범주로 일반화되어 여기서는 모든 인류의 경험이 이러저러한 양식 속으로 분류된다.

알튀세르는 "이론적 실천"theoretical practice의 자율성autonomy을 주장함으로써 프랑스 공산당 내에서 자신의 작업 공간을 만들어냄과 동시에, 『자본』에서 분석된 구체적 역사나 또는 그것이 파악했을 수 있는 다른 역사로부터 완전히 분리된 『자본』 읽기를 위한 공간을 만들어 냈다. 『자본』을 가득 메우고 있는 역사적 자료들은 단지 예시적 성격을 가진 것으로 간주되고 자본주의적 생산양식의 이론적 모형과는 무관한 것으로 간주된다. 이런 방식으로 알튀세르는 자신의 이론을 역사 속에서 증명해야 하는 난처한 필요성 ─ 일반적으로 모든 '과학'의 본질적 측면 ─ 을 살짝 회피하며 이와 동시에 자신의 이론을 따분한 교조적 과학주의scientism로 만든다.[70]

이 '새로운' 접근법에 관한 당 위계제 일부의 의심에도 불구하고, 그들의 관점에서 볼 때 이 구조주의적 맑스주의(논평가들에 의해 재빠르게 붙여진 이름)의 멋진 점은, 어떠한 의도와 목적에서든 그것이 계속하여 계급투쟁을 중심무대에서 밀어내고 하나의 구조의 하부구조(경제적 구조 안에서의 생산관계)에 그 중심무대를 할당한다는 점이다. 이에 따라 『자본』은 계급투쟁과는 무관하게 자본의 개념을 분석하는 것으로 간주된다. 계급투쟁은 이후의 파생적 발전의 결과에 따라 도입될 수도 있고 그렇지 않을 수도 있는 것으로 남는다. 이러한 해석은 노동계급 투쟁을 격하시키고 통제하는 역할을 하고 있던 프랑스 공산당에게는 분명히 편리한 것이었다. 경제결정론과 기술결정론이라

---

70. 알튀세르의 과학주의에 대한 보다 흥미 있고 철저한 비판의 하나로는 François George, "Reading Althusser", *Telos* 7 (Spring 1971) : 73~98을 보라.

는 골치 아픈 문제를 해결하기 위해 알튀세르는 다만 프로이트로부터 과잉결정overdetermination의 개념을, 그리고 마오로부터 상부구조의 "상대적 자율성"relative autonomy 개념을 빌려왔을 뿐이다. 그것의 결과는 잡탕이었다. 다시 말해 모든 수의 "결정[태]들"을 인정하면서도 (그 의미가 결코 명확히 규정되지 않은) 최종심급에서의 결정권은 경제에 돌리는 것이다. 이러한 재정식화는 맑스레닌주의를 위한 약간 더 교묘한 정당화에 그치는데 여기에서 맑스주의는 계속해서 경제에 대한 분석을 담당하고 레닌주의는 맑스가 결코 발전시키지 못한 정치적 영역에 대한 분석을 계속해서 제공한다.

알튀세르가 자신의 저작 『자기비판의 제 요소』에서 그리고 가장 다작의 알튀세르주의자들 중의 한 사람인 니코스 풀란차스Nicos Poulantzas가 『뉴레프트리뷰』지에서 그들의 이전 저작들(『자본론을 읽는다』, 『마르크스를 위하여』, 『정치권력과 사회계급』 등)이 계급투쟁을 대체로 소홀히 다루었다고 인정했다는 사실에도 불구하고, 그들은 기본적 이론구조를 그것의 모든 정치적 파생물과 함께 그대로 고수했다.[71] 알튀세르가 그나마 필요하다고 느껴서 했던 수정은 철학의 정의를 "이론적 실천의 이론"으로부터 "이론에서의 계급투쟁"으로 바꾸는 것으로 나타날 정도에 제한되었다. 그가 기꺼이 다루고자 했던 것으로 보이는 유일한 계급투쟁은 좌파 지식인들의 이데올로기적 전투였다.

이 모든 노력은 주목할 만하면서도 실망스러운 것이었다. 아마도 엥겔스와 스탈린을 읽은 사람이라면 누구에게나, 알튀세르와 그의 동

---

71. 니코스 풀란차스와 발리바르가 계급투쟁의 "역할"을 "과소평가"했었다는 다소 마지못한 풀란차스의 인정은 그의 "The Capitalist State", *New Left Review* 95 (January~February 1976), 특히 pp. 74, 78에서 찾아볼 수 있다. 알튀세르의 자기비판에 대해서는 그의 *Éléments d'Autocritique*를 보라.

료들이 역사유물론에 대한 애초의 논의에 더 모호한 어휘와 더 심오한 과학적 광택 이외에 거의 아무것도 보탠 것이 없다는 사실이 신속하게 밝혀질 것이다. 여전히 생산양식들의 생기 없는 사회학적 분류학, 토대·상부구조의 상호작용에 관한 미해결의 문제, 양식들의 절합이라는 수수께끼,[72] 계급투쟁의 부재, 그리고 현대의 사회주의를 정당화하는 생산에 대한 물신숭배 등의 문제가 우리에게 맡겨져 있다.[73] 이러한 입장들은 '과학적 방법'에 매달리며 바로 그것을 만들어 낸 당의 정치철학으로부터 '과학'을 분리시키려고 하는 사람들에 의해 광범하게 받아들여졌다. 이것은, 이 시대에 맑스를 재생시켜 보려는 애쓰고 있던 많은 사람들이 구체적인 노동계급 투쟁에서 지적, 정치적으로 고립되어 있었음을 말해 준다.

여기서 나는 다음의 논의를 위한 준거점으로서, 현대의 맑스 부흥 시기 동안에 맑스 읽기와 관련해 지금까지 이야기된 것을 간략하게 요약해 볼 것이다. 정치경제학으로서의 『자본』 읽기에 대한 하나의 기본적인 비판은, 그것이 경제와 정치를 첨예하게 양분하는 전통을 받아들이고 『자본』을 전자의 영역에 국한했다는 것이다. 우리가 살펴보았듯이, 이 전통은 또한 알튀세르주의적 판본을 포함하는 여러 형태의 변증법적 유물론에서 '철학적으로' 정당화되었다. 위기 이론에 대한 갱신된 맑스주의적 전통의 경우에서건 네오맑스주의적 케인스주의의 경우

---

72. 개념적 한계를 드러내는 양식들의 '절합'(articulation) 이론의 문제를 해결하기 위한 가장 진지한 노력들 중의 하나로는 Pierre-Phillippe Rey, *Les Alliances de Classes* [삐에르-필립 레이, 『계급동맹』, 허설렬 옮김, 녹두, 1985]를 참조하라.

73. 많은 맑스주의자들이 생산의 물신숭배에 가한 유용한 비판으로는 Jean Baudrillard, *The Mirror of Production* [장 보드리야르, 『생산의 거울』, 배영달 옮김, 백의, 1994]을 참조하라. 불행하게도, 보드리야르가 구조주의 언어학을 사용하고 또 맑스를 오해함으로써 그의 저작의 유용성은 그 비판에 그친다.

에서건, 분석은 계급투쟁으로부터 독립적으로 정의된 자본 자체의 발전에 주로 집중한다. 요컨대 정치경제학은, 가치의 유통 및 실현에 대한 이론화와 더불어, 잉여가치의 생산 현장인 자본주의 공장의 이론화에 주된 관심을 갖고 있다는 것이다. 공장 안에서 자본가의 지배는 거의 완벽한 것으로 보인다. 비록 노동자들이 위기의 시기에 임금의 하락을 방지하기 위해 합법적으로 투쟁할 수도 있겠지만 그러한 '경제주의적' 투쟁들은 궁극적으로 자본주의 성장의 동학 안에 제한되고 자본주의의 존재에는 어떠한 실질적 위협도 제기할 수 없다. 이러한 종류의 분석이 도달하는 필연적 결론은, 모든 유효한 투쟁의 희망을 '정치적' 영역 안에 두게 되며 이것이 통상적으로는 특정한 형태의 정당조직에 대한 지지를 의미한다는 것이다. 그러한 상황에서 계급투쟁의 상승과 조직에 대한 논의는 일반적으로 '계급의식' 문제를 중심으로 맴돈다. 어떠한 환경하에서, 그리고 어떠한 과정을 통해서 노동자들이, 그들이 자본주의를 폐지하기 위해 조직되는 데 필수적이라고 간주되는 계급으로서의 자기 자신에 대한 의식을 확보할 수 있을까? 이 문제와 관련해서, 앞에서 살펴본 바와 같이, 맑스주의 정통주의는 레닌의 『무엇을 할 것인가』[74]에 의해 주어진 해답과 연합해 왔다. 그 해답은, 노동자들이 각각의 노동자 집단의 특수한 경제주의적 이해관계를 넘어 계급 전체의 이익을 내다볼 수 있는 직업적 혁명가들의 전문적 당에 의해 교육되리라는 것이다.[75]

---

74. [한국어판] 블라디미르 레닌, 『무엇을 할 것인가? 우리 운동의 절박한 문제들』, 최호정 옮김, 박종철출판사, 2014.

75. 『무엇을 할 것인가』가 레닌이 조직에 대해 취했던 유일한 입장도 아니고 또 마지막 입장도 아니었다는 것은 Antonio Carlo, "Lenin on the Party", *Telos* 17 (Fall 1973): 2~40에서 훌륭하게 입증되었다.

비판이론 : 공장과 문화 영역

이러한 맑스레닌주의를 배경으로 우리는 서구 맑스주의와 비판이론을 검토할 수 있고 또 그것의 혁신과 유사성을 [동시에] 이해하기 시작할 수 있다. 다음에서 나는 가능한 비교 논점들 중에서 오직 두 가지에만 초점을 맞출 것이다. 첫째, 자본주의 공장에 대한 분석. 여기에서 프랑크푸르트학파의 비판이론들은 전통적인 맑스주의 정치경제학의 기본적 주장과 주목할 만한 유사성을 보여 준다. 둘째, 문화 영역에 대한 분석. 여기에서 서구 맑스주의와 비판이론은 정통 맑스주의를 넘어서는 동시에 그것의 가장 기본적인 실패를 재생산한다.

기술적 합리성과 계획

서구 맑스주의와 비판이론은 가장 일반적으로 헤겔로의 그리고 의식, 소외, 문화 등의 문제틀로의 회귀와 연결되어 있다. 이 회귀는 1914년 제2인터내셔널의 붕괴, 1917년의 러시아 혁명, 그리고 1차 세계대전 직후 노동자 평의회의 경험 등에 비추어 맑스주의를 다시 생각하려는 시도 속에서 나타났다. 그러나 이 규정적인 문화적 주제들 배후에는 정치경제학이라는 전통적인 맑스주의적 주제들에의 암시적이고 또 동시에 명시적인 입장설정이 놓여 있다. 이것은 코르쉬, 그람시, 루카치 등의 저작에서 서로 다른 정도로 나타난다. 하지만 그것은 프랑크푸르트학파에서 특별히 그러하다. 실제로 비판이론이 〈프랑크푸르트사회연구소〉를 중심으로 발전함에 따라, 그 연구소에서는 헨릭 그로스먼 같은 좀 더 전통적인 관점의 주창자들, 평의회공산주의자들인 폴 마틱, 안톤 판네쿡(이들의 저작은 『자본』을 정치경제학으로 읽기를 다룬 앞의 절에서 이미 다루었다) 등과의 논쟁 속에서 정치경제학에 관한 상당한 토론이 있었다. 이 토론의 상당 부분은 자본주의 위기의 문제에 그리고 위기의 불가피성을 이해하는 것과 이해하지 못하는 것의 정치적 함축에 집중되었다. 위기의 필연성과 그것의 정치적 의미라는 두 문제 모두와 관련해서 각각의 입장들은 상당히 다양했다. 예를 들어 루카치는『역사와 계급의식』에서 맹목적인 위기 법칙의 개념을 받아들였고 결국은 레닌주의 당에 충실하게 남아 있었다. 그로스먼, 마틱, 호르크하이머도 붕괴의 불가피성을 받아들였다. 하지만 그들은 모두 레닌주의적인 정치적 결론을 거부했다. 반면에 판네쿡과 코르쉬는 (마지막에 가서야) [위기의] 불가피성과 레닌주의적인 정치적 결론을 모두 거부했다.[76] 그러나 궁극적으로 볼 때, 위기 이론에 관한 논쟁은 파생적 문제였다. 모든 토론의 저변에는 경제영역에서 절대적인 자본주의 지배에 대한 즉 공장에서 자본주의의 전제專制에 대한 공유된 확신이 깔려 있었다. 이 수준에서 그들은 그러한 [자본주의적] 통제의 성격에 대한 정식화에서만 차이를 보였다. 그리고 이 수준에서 비판이론가들은 그 전제주의의 성격을 분석함에 있어서 대부분의 정치경제학자들보다 훨씬 더 멀리까지 나아갔다.

이 분야에서 프랑크푸르트학파와 연결된 사람들을 전통적 맑스주의 정치경제학을 넘어서도록 한 근본적 추동력은 한편에서는 기술 지배에 대한 분석이었고 다른 한편에서는 자본주의적 계획에 대한 분석이었다. 1920년대 후반과 1930년대에 비판적 맑스주의는 노동자 평의회의 실패뿐만 아니라 유럽 파시즘의 상승, 소련의 '사회주의' 축적, 그리고 미국에서의 뉴딜 기간 중 케인스주의 국가의 등장 등 자본주의

---

76. Russell Jacoby, "The Politics of the Crisis Theory : Towards the Critique of Automatic Marxism II", *Telos* 23 (Spring 1975) : 3~52.

적 축적의 관리에서 나타난 연이은 극적 변화를 받아들여야 했다. 그 받아들임의 최종 결과가 무엇인지는 상당히 잘 알려져 있다. 그것은, 소련을 국가자본주의로 분석한 것(평의회공산주의자들도 이 입장을 공유했다), 마르쿠제의 일차원성에 대한 논의, 그리고 "자유주의적" 변형이든 "파시즘적" 변형이든 "사회주의적" 변형이든 간에 국가자본주의를 권위주의 국가authoritarian state로 본 호르크하이머의 정식화 등을 포함한다. 이러한 입장들의 본질적 기초는 최근까지 그다지 잘 인식되지는 못했다. 그것은, 자본주의가 ─ 소련 관료제뿐만 아니라 서구의 자본주의 국가에 의한 ─ 체계적인 경제계획의 시행을 통해 1920년대와 1930년대의 위기들을 극복했다고 이해하는 것이다. 이러한 분석을 명료하게 제시한 핵심 인물은 프랑크푸르트 연구소의 프리드리히 폴록 Friedrich Pollock이다.77 동과 서의 경제계획에 대한 그의 연구는 그를, 최근의 국제 위기로 이끈 자본주의 시장경쟁의 낡은 "자동적" 메커니즘이 국가개입에 기초한 "경제적으로 계획된 새로운 질서"를 위해 포기되고 있다는 결론으로 이끌었다. 이 중앙집권적으로 관리되는 새로운 자본 축적이 "국가자본주의"와 "권위주의 국가"의 본질이었다. 폴록이 보기에 이러한 전개는 점증하는 자본 집중의 결과였고 그것은 전제적 통제라는 공장 모델을 사회 전체에 확장할 수 있게 만들었다. 이러한 견해의 발전에 핵심적이었던 것은, 독점자본의 계획 속에서 기술을 지배 [장치]로서 조직하는 새로운 방식, 즉 자동화automation에 대한 그의 연구였다. 그는 "자동화의 가장 심각한 결과들 중의 하나는, 그것이 전체주의 사회로 가는 기존의 추세를 강화하는 위험이다."라고 썼다.78 이

---

77. 폴록의 저작의 중요성과 그것이 비판이론에 미친 영향은 Giacomo Marramao, "Political Economy and Critical Theory", *Telos* 24 (Summer 1975) : 56~80에서 강조되었다.

것은, 비판이론이 어떻게 '문화 영역'에 대한 분석으로 자신의 주의를 돌릴 수 있었는지를 설명하는 데 도움을 준다. 비판이론은 공장에서의 총체적인 자본주의적 통제를 가정했고 권위주의 국가를 사회의 나머지 영역으로 그 [공장에서의] 헤게모니를 확장하는 것에 다름 아닌 것으로 보았다. 그렇기 때문에 그러한 확장을 구성하는 새로운 지배 형태의 출현에 대한 연구는 불가피한 것이었다.

이러한 배경에 비추어 보면 서구 맑스주의와 비판이론이 일반적으로 '문화적' 주제에 집착한 것은 내적으로 정치적인 것이었다. 적어도 최고 전성기(1930년대)에 그것은, 몇몇 사람들이 주장한 것처럼 사변이라는 '순수 철학적' 영역으로 후퇴한 것이 아니었다.[79] 1940년대와 1950년대에 호르크하이머, 아도르노, 그리고 여타의 사람들이 자본주의 사회에 대한 정치적으로 급진적인 비판을 수행한다는 기획을 포기한 것은 비판이론의 진화에서 또 하나의 별개의 장을 이룬다. 예를 들어, 1920년대에 지식인과 교육, 종교, 그리고 기타 문화기관들의 역할에 대한 그람시의 많은 저작들은, 자본이 어떻게 이데올로기적 설득을 통해 동의를 얻음으로써 헤게모니를 달성해 가는가를 분석하려는 시도의 일환이었다. 이것은, 자본주의 국가가 이러한 기관들에 점점 더 많이 침투하여 그것들을 계획함에 따라 그 중요성이 커진 문제틀이었다. 비록 1930년대와 1940년대에 아도르노·호르크하이머·마르쿠제가 모두

---

78. Friedrich Pollock, *Automation*. Marramao, "Political Economy and Critical Theory": 75에서 재인용.

79. 예를 들어 Perry Anderson의 *Considerations on Western Marxism* [페리 앤더슨, 『서구 마르크스주의 읽기』, 류현 옮김, 이매진, 2003]을 보라. 맑스레닌주의의 트로츠키주의 판본을 변호하기 위해 애쓰는 가운데, 그는 서구 맑스주의의 진정한 통찰을 놓치며, 알튀세르, 델라 볼페, 콜레띠 등과 같은 반헤겔주의자들을 서구 맑스주의로 잘못 분류함으로써 서구 맑스주의의 기본적 경향을 파악하는 데 실패한다.

기술적 합리성의 전제에 대한, 그리고 공장 통제와 상품형태의 사회 전체로의 확산에 관한 폴록의 저작을 채택하고 확장시켰지만, 이러한 생각들이 보존되어 신좌파에게 널리 알려지고 그것에 영향을 미치게 된 것은 주로 1960년대에 들어 마르쿠제의 저작을 통해서였다.

『일차원적 인간』*One Dimensional Man*에서 마르쿠제는 새로운 "풍요 사회"에 대한 프랑크푸르트학파의 비판이 갖고 있는 근본적 생각들을 상세히 논의한다.[80] 집합적 자본가로서의 케인스주의 국가는 집합적 공장의 관리로서 해석될 뿐만 아니라 소비영역의 관리로도 해석된다. 소비영역에서 노동계급의 수요는 지배의 새로운 소비자주의 논리에 의해 도구화된다. 선진자본주의는, 자신이 조작하는 노동계급의 양적 수요를 충족시키는 동시에 그 수요를 질적인 것으로 형성함으로써 노동자들의 경제주의 투쟁을 자본 내에 통합할 수 있고 이렇게 해서 노동계급 의식과 반란의 형성을 무디게 할 수 있다. 이것이 자본주의 계획의 "문화적" 측면이다. 그것은 더 이상 주기적인 위기를 통해 노동자들의 임금 투쟁을 부수는 게임이 아니라 그들이 체제에 도전하지 않도록 노동계급의 필요를 양적으로 그리고 질적으로 관리하는 게임이다. 상품형태가 삶의 모든 측면으로 확대되면서, 이것은 소비 조작을 통해 실제적으로 모든 문화 영역을 통제하는 것을 포함한다. 교육 제도와 같은 기구들에서 이러한 종류의 통제는 다른 통합 형태에 의해 보충되는데, 그것은 직접적 탄압보다는 흡수co-optation의 형태를 취한다. 이것이, 마르쿠제가 학문적 "자유"라는 틀 속에서 반대의견에 대한 "억압적 관용"을 다룬 유명한 논문의 기본적 개념인데 그 논문을 포함한 책

---

80. Herbert Marcuse, *One Dimensional Man* [헤르베르트 마르쿠제, 『일차원적 인간』, 박병진 옮김, 한마음사, 2009].

은 1965년에 출판되었다.[81] 여기서 우리는 1940년대 프랑크푸르트학파의 주제들 중 많은 부분이 새로운 맥락에서 반복되는 것을 본다. 자본의 제도화된 폭력에 대한 마르쿠제의 공격은 권위주의 국가의 만연한 억압성에 관한 호르크하이머의 1940년의 분석을 상기시킨다.[82]

비판이론이 약하게나마 다시 정치경제학과 연결된 것도 1960년대였다. 『해방론』[83]에서 명백히 전 세계적 현상으로 이해되는 자본의 헤게모니에 대한 마르쿠제의 분석은 바란과 스위지의 저작에서 되울린다. 바란에 대한 프랑크푸르트학파의 영향은 이미 『성장의 정치경제학』(1956)에서 뚜렷이 드러나는데, 그는 1931년 프랑크푸르트에서 폴록의 학부 연구 조교로 1년간의 수련기를 보냈다.[84] 바란이 받은 영향은 미국 노동계급은 미국의 "민중" 제국주의에 전적으로 흡수되었다는 그의 주장에서뿐만 아니라 자본주의적 합리성과 역사적 이성의 진보 사이의 모순이라는 정식에서도 나타났다.[85] 『독점자본』에서 바란과 스위지가 선진 자본의 "비합리성"을 비판하고 미국 노동계급의 혁명적 잠재력을 계속 부인한 것은 마르쿠제의 저작과 유사한 것이다. 그들이 혁명적 주체를 자본 "외부의" 제3세계 농민, 불만을 품은 학생, 실업 상태의 흑인들 등 비노동계급 집단에서 찾은 것도 마찬가지다.[86] 마르쿠제와 마찬가지로 그들도 케인스주의적 자본주의의 소비자주의, 낭비, 폭력을 그것의 경제적·문화적 헤게모니의 구성 부분들이라고 비

---

81. R. P. Wolff, B. Moore, Jr., and H. Marcuse, *A Critique of Pure Tolerance*.

82. Max Horkheimer, "The Authoritarian State", *Telos* 15 (Spring 1973) : 3~20.

83. Herbert Marcuse, *An Essay on Liberation*. [헤르베르트 마르쿠제, 『해방론』, 김택 옮김, 울력, 2004.]

84. Paul M. Sweezy and Leo Huberman, eds. *Paul Baran : A Collective Portrait* : 32~33.

85. Baran, *Political Economy of Growth* : 19.

86. Baran and Sweezy, *Monopoly Capital*에서 9장 "The Quality of Monopoly Capitalist Society"와 10장 "The Irrational System"을 보라.

판했다. 이 모든 측면에서 마르쿠제, 바란, 그리고 스위지는 정통 맑스주의와 구좌파의 형해화된 이론을 무색하게 함과 동시에 1930년대와 1940년대에 서구 맑스주의와 비판이론이 이룬 전진을 부활시키는 형태로 1960년대 투쟁순환의 주요문제들을 표현했다. 하지만 바란과 스위지에 관한 앞의 논의에서 지적했고 마르쿠제 및 비판이론과 관련해서 여기에서 다시 반복하지 않을 수 없듯이, 안타깝게도 이들의 접근법은 1960년대 투쟁의 의미나 1970년대에 그에 뒤이은 자본주의의 반격 시기의 의미를 완전히 이해할 수 있는 그들의 능력을 침식하는 한 가지 기본적 결함을 내포하고 있다.

부르주아의 문화적 헤게모니라는 비판이론의 개념 ─ 이 개념은, 공장에서 자본주의의 기술적 지배라는 정치경제학 이론 속에도 숨어 있다 ─ 의 핵심에 놓여 있는 결함은 그것의 전적인 일방성이다. 문화적 헤게모니를 사실로 상정하는 것은, 전능한 기술적 합리성을 사실로서 상정하는 것과 마찬가지로, 체제를 위협할 수 있는 노동계급의 능력의 성장을 인식하거나 이론화할 수 없는 무능력을 반영한다. 비록 그 이론이 히틀러, 스탈린, 루스벨트 등의 부상에 따른 새로운 문제들을 정확히 반영했다 하더라도, 그것이 비관주의를 과장했다는 사실은 1960년대에 분명해졌다. 절대적인 소비자주의적 통합 이론의 논리는 마르쿠제, 바란, 그리고 스위지로 하여금 당대[1960년대]의 반란들을 계급투쟁의 "외부에" 놓이는 것으로 해석하도록 만들었다. 그리고 그들은 자신들이 인종적·성적 억압과 체제의 일반적 비합리성에 대한 반란으로 본 것들에 희망을 걸게 된다. 모순의 이러한 외부화[반란들을 계급투쟁 외부에 놓는 것]는 그들로 하여금 임금노동자들의 실제적 투쟁의 효율성만이 아니라 그 투쟁들이 비임금 노동자들의 상보적 투쟁들과 맺는 상호작용도 전혀 보지 못하도록 만들었다. 그 결과 마르쿠제는 1970년대 초반 "운동"의 해체와 새로운 파시즘의 등장 위험을 오직 패배로 볼 수 있을 뿐이었다. 마르쿠제는 1960년대의 투쟁 주기가 어떻게 자본을 위기로 몰아넣었는가를 파악하지 못했기 때문에 1970년대의 국제적 경제 위기에 대한 설명을 얻기 위해 다시 바란과 스위지의 정치경제학으로 되돌아가는 수밖에 없었다.[87] 그가 [조지 오웰의] 1984로 이끌 수 있을 자본주의 "반反혁명"에 대하여 이야기하면서도, 그 반혁명이 대립하는counter "혁명"은 볼 수 없었고 반혁명을 자본에 의한 "예방조치"라고 단언할 수 있었던 것은 역설적이다.[88] 그는 실제로 노동에 대항하는 반란을 보았다. 하지만 그는 그 반란의 걷잡을 수 없는 무단결근absenteeism, 하락하는 생산성, 산업적 태업, 살쾡이파업[89], 학교 중퇴 등을 단순히 불만의, 그리고 관리된 소비자주의가 부르주아의 문화적 헤게모니를 와해시킬 수 있다는 것의 "전前 정치적" 징후로 해석했다.[90] 그 결과 그는 『반혁명과 반란』(1972)에서 자신의 비판이론을, 현대 자본주의의 소비자주의 논리가 초월적이고 통합불가능한 필요들을 생산함으로써 어떻게 그 자신의 토대를 침식할 수 있는지에 관한 비판이론으로 개조하기 시작했다. 그는 매스 미디어에 의해 선전되는 자본주의 이데올로기의 소비자주의적 약속과 경제위기의 시기에 그 약속에 대한 자진 포기 사이에 틈이 점차 커지고 있다고 상정하고 이것을 "있는 것which is과 가능한 것which is possible 및 있어야 하는 것which is ought to be 사이의 모순"이라고 표현한다.[91] 이러한 분석에서 마르쿠제가 끌어내는

---

87. Herbert Marcuse, *Counterrevolution and Revolt*: 5 [헤르베르트 마르쿠제, 『반혁명과 반역』, 박종렬 옮김, 풀빛, 1984]의 주석을 보라.

88. 같은 책: 1~2.

89. [옮긴이] 평조합원들이 노동조합 지도부의 지침과는 무관하게 수행하는 파업.

90. 같은 책: 21~23.

91. 같은 책: 16~21.

정치적 결론들은 활성화된 신좌파의 교육적·조직적 노력을 통해 점차 늘어나는 민중의 불만이 체제에 대한 현실적 위협으로 바뀔 수 있을 것인가 하는 이데올로기적 물음의 맥락에서 현재의 정치적 상황을 정식화한다. 소비자주의가 착취와 정치적 반란의 기반을 넓혔다는 그의 확언에도 불구하고 그리고 신좌파의 부흥에 대한 그의 호소에도 불구하고 반드시 언급되어야 할 것이 있다. 그것은, 그가 때때로 이러한 기획의 수행에서 극복할 수 없는 난점들로 보이는 것을 거듭해서 지적한다는 것이다. 급진주의자들의 고립에 대한 그의 주장, "노동계급 다수의 정치적 취약성과 비혁명적 태도"에 대한 그의 반복적 단언, 그리고 "제도를 통한 대장정"(체제 내에서 작업하기)의 필연성에 대한 그의 지지 등을 고려하면, 우리가 그의 마지막 선언에서 "장정"長程, long road에 대한 전통적 구좌파의 환기, 즉 "다음 혁명은 여러 세대들에 걸친 문제이며 '자본주의의 최종 위기'[의 도래]는 거의 한 세기가 걸릴 수 있다."는 환기를 발견하는 것은 결코 놀라운 일이 아니다.[92] 1960년대 투쟁의 파도를 탔던 그의 낙관주의적 감각은 사라졌다. 마르쿠제는 프랑크푸르트학파의 "헤게모니" 개념에 내재하던 비관주의를, 그리고 사회에 대한 이데올로기 비판을 통해 "의식을 구축하는" 긴 과정을 지지하는 프랑크푸르트학파의 제한된 정치 프로그램을 발견한 것으로 보인다. 오늘날 노동자들에 의해 발전되고 견지되는 실제적 힘을 볼 수 없었기 때문에 마르쿠제는 오늘날 자본주의의 재구조화 시도의 범위와 그것이 부딪힌 난점들을, 혹은 노동자들의 지속적 투쟁이 어떻게 자본의 그러한 노력을 좌절시키고 있는가를 볼 수 없다. 이 드라마에서 그는 오직 자본가 공세의 억압적 측면만을 파악하고는, '비판이론'의 이데올로기

---

92. 같은 책 : 134.

투쟁을 통해 권위주의 국가에 대항하는 다소 전통적인 좌파주의 프로그램으로 회귀해 버린다.

요약해 보자. 경제 영역과 문화 영역에서 자본주의 지배 메커니즘에 대한 그들의 연구는 독창적이고 유용하다. 하지만 실제로 그 메커니즘들을 일방적으로 헤게모니적인 것이라고 보는 그들의 정식에서, 비판이론가들은 자본의 존재 그 자체를 변형하고 위협하는 노동계급 투쟁의 역량을 보지 못하는 상태로 남아 있었다. 그들이 바라보는 지배는 너무나 완전한 것이어서, 그들의 지배 개념 속에서 '피지배자'는 사실상 능동적인 역사의 주체로서의 모습을 잃어버린다. 결과적으로 이 철학자들은 자본주의 사회에 대한 단순한 이데올로기적 비판의 틀을 벗어나는 데 실패했다.

이 서론의 앞에서 사용한 군사적 비유로 돌아가면, 우리는 그것의 난점을 다음처럼 제시할 수 있겠다. 만약 전장戰場에서 우리의 주의가 적의 행동에만 집중된다면 우리가 그 전투에서 질 것은 뻔하다고. 전통적인 군사적 대치에서와 마찬가지로 계급전쟁에서도 우리는 우리 자신의 힘에 대한, 즉 노동계급의 힘의 구조에 대한 면밀한 연구에서 시작해야 한다. 우리 자신의 힘에 대한 이해가 없다면, 전선의 밀고 당김은 적의 일방적 자기 행동에 의해서만 움직이는 끝없는 과정처럼 나타날 수 있다. 오늘날의 위기에서 자본이 하고 있는 것처럼 적이 재집결하고 재구조화할 때, 그 자본의 행동은 단지 적의 또 다른 현명한 움직임[조치]으로만이 아니라 우리의 힘에 의해 적의 이전의 전략과 전술이 패배했다는 맥락에서 파악되어야 한다. 적의 전략에 대한 분석이 필요하다는 것은 분명하다. [하지만] 핵심적인 것은, 그 전략에 대한 적실한 이해는 오로지 그것을 우리 자신의 강점 및 약점과의 관계 속에서 파악함으로써만 획득될 수 있다는 것이다.

〈패튼 대전차군단〉이란 영화에, [미국의] 패튼Patton이 북아프리카에서 [독일] 롬멜Rommel의 기갑부대를 격파하리라고 보는 아주 시사적인 장면이 나온다. 여기서 패튼은 "이 천하의 악당놈아! 나는 네 책을 읽었다."라고 외친다. 그는 여기에서 탱크전戰에 관한 롬멜의 번역본을 가리키고 있는 것이다. 패튼이, 자신의 공공연한 적수의 책을 '비판'이론들이 부르주아 저자들의 책을 읽은 식으로 읽었다면, 그는 자신의 적수인 롬멜이 군대를 거느리고 자신을 향해 쳐들어왔을 때 자신의 사령부에서 이러저러한 논점에 대한 '비판들'을 쓰고 앉아 있었을 것이다. 하지만 패튼은 롬멜의 책을, 롬멜을 패배시킬 보다 나은 전략을 개발하기 위해 필요했던 적의 무기로서 읽었다. 만약 그가 롬멜의 부대와 마침내 맞부딪쳤을 때 자신의 화력에 대한 이해가 없었다면 롬멜의 책을 읽은 것은 아마도 거의 도움이 되지 않았을 것이다.[93]

자본주의적 지배 구조 연구가 유익할 수 있는 것은, 그 구조가 자본이 [노동계급에게] 부과하기 위해 투쟁해야 하는 전략들로서 인식될 때뿐이다. 혁명적 전략은 관념적 비판으로부터 만들어질 수 없다. 그것은 노동계급 투쟁의 끊임없는 현실적 성장 속에서 발전한다. 이 점을 보지 못하면 우리는 불가피하게, 노동계급의 무력함(자본주의 헤게모니)과 노동계급의 승리(자본의 혁명적 폐지) 사이의 인식상의 틈을 메

---

93. 군사적 비유의 사용은 계급투쟁을 계급전쟁으로 개념화하는 데 도움이 되지만, 이러한 사유 방식에는 명백한 한계가 있다. 아마도 가장 명백한 것은 군대 간 전쟁은 계급 간 전쟁과 달리 보통 장군들에 의해 지휘된다는 것이다. 노동계급의 전략이 장군들에 의해 정식화되고 응용되는 것으로 개념화하는 것은 맑스레닌주의의 통상적인 '전위'(vanguard) 개념과 매우 가깝게 된다. 자본가계급이 자신이 계획하는 기구들의 몸체들 속에 합동참모부와 유사한 어떤 것을 갖고 있다는 것이 사실이지만, 노동계급이 바로 그러한 중앙집권적 조직을 가지는 경우는 (레닌주의적 주장들에도 불구하고) 매우 드물다. 따라서 노동계급 전략이라는 개념은 노동계급 투쟁의 효과적 추세라는 측면에서 이해되어야 한다. 전략의 효과적 통일성은 계급 내 여러 부문의 전략들이 가지는 상호보완성의 정도에 달려 있다.

꾸기 위한 유일한 방법으로서 '의식 향상'이라는 영역으로 떠밀려 들어가게 된다.

비판이론에 대한 지금까지의 간략한 스케치가 그것의 발전과 폭에 대한 완전한 그림을 제공하는 것으로 생각되어서는 결코 안 된다. 여기서는 단지 그것의 기본적 경향과 한계에 대한 감각을 제시했을 뿐이다. 비판이론가들의 저작에 대한 철저한 평가는 위에 언급한 저자들의 저작 전체를 다루어야 할 뿐만 아니라 오스카 넥트Oskar Negt, 알프레드 슈미트Alfred Schmidt, 그리고 특히 위르겐 하버마스 등의 현대적 인물들도 다루어야 할 것이다. 그렇지만 하버마스의 『정당화 위기』*Legitimation Crisis* 같은 저작들을 읽어보면 알 수 있듯이 그 분석의 기본적 성격은 여전히 이데올로기 비판에 집착하여 노동계급 역량의 성장과 발전을 다루는 데에는 무력한 상태로 남아 있다.

『자본』을 정치적으로 읽기

정치경제학의 이데올로기 비판이든 철학적 종류의 이데올로기 비판이든 이데올로기 비판에 대한 대안은, 노동계급의 힘을 어떻게 키울 수 있을 것인가 하는 문제에 대한 해답을 줄 유일하게 가능한 근거로서, 노동계급의 힘의 발전 양식pattern에 대한 전략적 분석에서 시작하는 것이다. 그러한 분석은 노동자들의 현실적 투쟁에 대한 검토로부터, 즉 그 투쟁이 어떻게 발전해 왔고 어디로 향하고 있는가와 같은 내용에 대한 검토로부터 출발할 필요가 있다. 여기서 노동자들의 현실적 투쟁은 노동자들 자신의 투쟁을 의미하지 노동자들의 '공식' 조직(노동조합, 정당 등)의 투쟁을 의미하는 것이 아니다. 이러한 공식 조직들의 행동은 노동자 자신의 투쟁을 정확히 표현할 수도 그렇지 않을 수도 있다. 그들은 종종 노동자들과 심한 불화 관계에 있기도 하다. 우리가 매개되지 않은 투쟁들 자체에서 시작해야 하는 것은 이 때문이다. 계급은 한 덩어리가 아니라 나누어져 있고 또 자본은 분할하여 지배한다. 그렇기 때문에 그러한 투쟁을 검토하기 위해서는 계급의 다른 부문들 및 그들 간의 상호연관, 특히 한 부문의 투쟁이 어떻게 상이한 부문으로 확대되는가(혹은 확대되지 않는가)에 대해 분석할 필요가 있다. 투쟁의 유통, 즉 계급의 여러 부문의 투쟁이 연결되어 상호보완되는 과정에 의해서만, 자본에 대항하는 실질적 통일이 이루어진다. 그러한 상호보완성이 없으면 '계급의식'은 단지 이데올로기적 겉치레에 불과하다. 상호보완성이 있으면 '계급의식'은 더이상 필요 없게 된다. 그러므로 현재의 노동계급의 힘을 평가하기 위해서는 계급 내의 분할 — 그것은 자본에 대항하는 힘이 기본적으로 수직적으로 분할된 것으로 이해되어야 한다 — 에 대해서만이 아니라 그 분할이 어느 정도 극복되고 있는가에 대해서도 명료하게 인식하는 것이 필수적이다. 우리가 계급의 '공식' 조직의 역할을 올바르게 설정할 수 있는 것은 바로 이러한 틀 안에서다. 우리가 공장에서, 그리고 좀 더 넓은 '문화' 영역에서 자본의 주도권을 풍부하게 평가할 수 있는 것도 이러한 틀 안에서다.

　노동계급의 관점에서 계급투쟁에 대한 그러한 평가에 착수하기 위해서는, 먼저 그것의 출발점을 인식하는 것이 필요하다. 그 출발점은 계급의 자기활동성이다. 그 자기활동성은 계급을, 자본의 기계장치 속에서 희생되는 톱니 이상으로 만들며, 계급적 이해관계에 대한 가르침을 필요로 하는 파편화된 대중 이상으로 만든다. 이 기본적 인식은, 혁명적 고양의 시기에는 적어도 일부의 맑스주의자들에게는 반복적으로 강제되는 것으로 보이는 인식이다. 하지만 패배의 시대에는 다시 너무 자주 잃어버리는 인식이기도 하다. 맑스에게 있어서, 다른 계급에 대한 노동계급의 자율성autonomy에 대한 그의 이해는 1848년 혁명에 그가 참여한 것에 의해서, 그리고 1871년에 그가 코뮌을 연구한 것에 의해서 자극되었다. 그리고 그것은 자본주의의 역사적 발전에 대한 상세한 연구 속에서 확인되었다. 우리는 『자본』에서 그의 이러한 이해에 대한 많은 인상적인 예들을 찾아볼 수 있다. 예를 들어 노동시간을 단축하기 위한 노동자 투쟁들에 관한 분석 같은 것이 그것이다(이에 대해서는 다음의 2장을 참조하라).

　레닌의 경우도 이와 유사하다. 1905년에, 그리고 다시 1917년에 러시아 노동자들에 의한 소비에트들Soviets의 급격한 발전은 그로 하여금 『무엇을 할 것인가』(1902)에서 수행했던 자신의 이전의 분석에 대해 다시 생각하도록 강제했다. 이전에 그는 노동자 투쟁이 파편적이고 방어적인 성격을 갖는다고 주장했었고 노동계급에게 그들의 이해관계에 대해 가르쳐줄 직업적 혁명가들이 필요하다고 주장했었다. 소비에트들이 자본과 볼셰비키 모두에 대해 자율성을 갖는다는 것이 증명되자 레닌은 『국가와 혁명』[94]을 쓰면서 코뮌의 사례로 되돌아갔고, "모든 권력을 소비에트로!"라는 슬로건을 내놓았다. 이후에 소비에트의 관료화와 "사회주의적 축적"을 위한 투쟁과 더불어, 노동자들의 자율적인 힘이라는 개념은 소비에트 계획가들과 정통 맑스주의의 사전에서 지워져 버렸다.[95]

우리가 앞 절에서 살펴보았듯이, 평의회 공산주의자들은 그들의 노동자 평의회 경험에도 불구하고 노동자들의 자율성에 대한 어떤 지속적인 개념을 발전시키는 데 실패했다. 예를 들어 1923년 실패로 돌아간 독일 노동자 정부에 참여했던 칼 코르쉬는 『무엇을 할 것인가』의 레닌주의적 입장을 계속 견지했다. 이후에 그가 이 입장을 포기한 것은, 독일 공산당에서 추방된 후 소련에서의 노동자 투쟁에 대해 분석하면서였다. 그러나 그때(1927)쯤에는 이미, 서구와 소련에서 반혁명이 깊이 자리를 잡고 노동자들의 투쟁이 현저하게 수세에 몰린 상태였다.[96] 이러한 [역사적] 배경을 고려해 보면 우리는 서구 맑스주의자들이 자본 내부에서 노동계급 투쟁이 갖는 자율적 역할을 왜 개념화할 수 없었는지를 이해할 수 있다.

존슨-포리스트 경향

노동계급 자율성의 실재가 인정된 중요한 계기는, 1940년대에 트

---

94. [한국어판] 블라디미르 일리치 레닌, 『국가와 혁명』, 문성원·안규남 옮김, 돌베개, 2015.
95. Carlo, "Lenin on the Party."
96. 코르쉬의 입장 변화에 관해서는 "Korsch's Revolutionary Historicism"에서 Douglas Kellner의 논의를 보라.

로츠키주의 운동의 내부에서 발생하여 1950년대에 그로부터 분리된 이른바 존슨-포리스트 경향에서 찾을 수 있다.[97] 존슨-포리스트 경향이라는 이름은 당시 제임스[C. L. R. James]가 사용했던 존슨[J. R. Johnson]이라는 가명과 두나예프스카야가 사용했던 포리스트[F. Forest]라는 가명에서 따온 것이다. 노동자의 자기활동성에 대한 인정을 지지하면서 『무엇을 할 것인가』의 레닌주의적 당 개념에 반대하는 이 경향 사람들의 투쟁은 여러 차원에서 전개되었다.

트리니다드 출신의 흑인 제임스는 다양한 노동자 투쟁들, 예를 들면 트리니다드의 독립운동, 미국 남부와 디트로이트 자동차공장에서의 흑인들의 투쟁에 직접 참여하거나 연대하는 과정에서 자신의 입장에 이르게 된 것으로 보인다. 1930년대 후반부터 계속하여 그는 미국에서 흑인 투쟁의 독자성[independence]의 활력과 중요성이 인정되어야 한다고 주장했다. 그는 흑인 투쟁을 좌파 정당에 흡수하려는 어떠한 시도에도 반대했다. 1940년대 후반경에 제임스는 실제로 흑인 노동자들이 자동차산업 및 다른 분야에서 "노동자 투쟁의 전위"를 구성했다고 주장했다.[98]

---

97. 존슨-포리스트 경향은 1941년에, 그 전해에 사회주의 노동자당(제4인터내셔널의 미국 지부)으로부터 갈라져 나온 트로츠키주의 노동자당(Trotskyist Workers Party) 안에서 처음 나타났다. 1947년 존슨과 포리스트는 [트로츠키주의] 노동자당을 떠나 다시 사회주의 노동자당으로 돌아갔다가 1950년에 결국 트로츠키주의 운동을 완전히 떠났다. 내가 발견한, 이 경향과 그와 연관된 후속집단들의 역사는 외부인에 의해 쓰여졌다. 마틴 글레이버먼의 글을 이탈리아어로 번역한 편집모음집(*Classe Operaia, Imperialismo e Rivoluzione negli USA*)에 실린 브루노 까르또시오의 서문이 그것이다. 그 경향이 작성한 몇몇 문헌들도 그 경향의 발전에 대해 논한다. 그리고 라야 두나예프스카야의 *For the Record, The Johnson-Forest Tendency or the Theory of State-Capitalism, 1941-51 : Its Vicissitudes and Ramifications*에는 그녀의 당파적 설명이 실려 있다. 이 경향에 관한 많은 문서들은 미시간주 디트로이트시에 소재한 웨인 스테이트 대학 월터 로이터 도서관에 있는 노동사 및 도시문제 문서고에서 찾아볼 수 있다.

98. C. L. R. James, "The Revolutionary Solution to the Negro Problem in the United

그렇지만 이 경향에 속해 있는 사람들의 자율성에 대한 인정은 흑인 노동자들의 자율성 너머로 나아갔다. 그들은 노동계급 그 자체가 자본으로부터 그리고 당과 노동조합 등 '공식' 조직들로부터 자율성을 갖는다고 인정했다. 이것은 1930년대와 1940년대에 미국과 소련에서의 발전에 대한 그들의 분석에서 뚜렷이 나타난다. 1940년대에 제임스와 두나예프스카야는 소련 체제의 성격과 그것이 서구 자본주의와 맺는 관계에 대한 집중적 연구를 수행했다. 그것은 2차 세계대전의 의미와 그 당시의 계급투쟁을 이해하려는 그들의 시도들 중의 일부였다. 그들의 연구가 진전됨에 따라 그들은 미국의 상황에 대한 정통 트로츠키주의자들의 분석과 점점 갈등하게 되었을 뿐만 아니라 소련을 '타락한 노동자 국가'로 보는 그들의 분석과도 점점 갈등하게 되었다. 그들은 그러한 분석이 암시한 올바른 정치적 방향correct political directions이라는 개념과도 점점 갈등하게 되었다. 그들은 일련의 논문, 팸플릿, 성명서 등에서 이 문제들에 대한 자신들의 입장을 개진했다. 이 시기의 문헌들 중에서 최고점에 이른 문서라는 의미에서 가장 중요한 문헌은, 주로 제임스에 의해 쓰여져 1950년의 사회주의 노동당 총회에 제출된 『국가자본주의와 세계혁명』이다.[99] 이 경향이 공식적으로 분리되어 1951년에 〈서한출판위원회〉Correspondence Publishing Committee로 재구성

States (1947)", *Radical America* 4, no. 4 (May 1974) : 18. C. L. R. James에 관한 특집호다.

99. C. L. R. James, *State Capitalism and World Revolution* : 22. 이 논문은 원래 문서 형태로 발표되었지만 후에 책으로 출판되었다. 글레이버먼(Glaberman)은 이 책의 서문에서 이 책의 저작자에 대한 그의 생각을 밝히고 있다. "이 책이 존슨-포리스트 경향의 집단적 관점으로 출현했기 때문에 그것의 저작자는 익명이어야 했다. [하지만 여기서] 이 책의 저자가 C. L. R. 제임스라고 기록하는 것으로 충분할 것이다. 그는 정치적 문헌 작성 시에 통상적이었던 방식으로, 자기가 속한 집단의 다른 구성원으로부터 일종의 도움을 받았을 뿐이다."

된 것은 바로 이 총회 직후였다.

『국가자본주의와 세계혁명』에서 제임스는 미국의 생산양식을 분석하고 테일러주의와 포드주의의 부상은 계급투쟁에서 새로운 국면을 알리는 것이라고 주장했다. 그는 프랑크푸르트학파의 사람들처럼 — 내가 제임스와 이들 사이에 어떤 직접적 연관도 발견할 수 없지만 — 새로운 기술이 새로운 지배 방법을 구성한다는 것을 이해했다. 또 그는 프랑크푸르트학파 사람들과는 달리 노동자들의 힘을 이해했고 이러한 인식이 가지는 근본적 중요성을 잘 알고 있었다.

제임스는 테일러주의가 1차 세계대전 전의 실험적 응용 국면을 넘어 하나의 '사회체제'가 되었으며 그 안에서 공장은 "생산의 끊임없는 흐름과 생산, 운용, 통제의 고도의 계획화에 적합하게 설계"되었다고 주장했다.[100] 이어서 1924년과 1928년 사이에 포드주의는 "끊임없이 증가하는 노동의 세분화, 숙련에 대한 필요의 감소, 그리고 기계에 의한 작업순서 및 속도의 결정"과 결합된 추가적인 "생산의 합리화"를 덧붙였다.[101] 이 새로운 생산조직은 미국뿐만 아니라 독일과 소련에서도 현대적 전체주의의 기반을 제공했다. 그는, "노동조합화unionization 이전의 포드 체제는 파시스트 독일과 스탈린의 러시아의 생산관계의 원형이다."라고 썼다.[102] 그러나 제임스와 존슨-포리스트 경향이 그 역시 [포드주의] 지배 체제를 파악했던 다른 사람들과 근본적으로 다른 점은, 이 경향이 이 새로운 지배 형태들에 대항하는 노동자들의 힘에 대해서도 똑같이 주장했다는 점에 있다 : "그러나 노동계급의 대응은 — 그리고 이것이 없으면 모든 맑스주의는 길을 잃어버린다 — 전체주의적 경향과 분리불

---

100. 같은 책 : 39.
101. 같은 책 : 40.
102. 같은 책.

가능하게 뒤얽혀 있었다. 〈산업별노동조합조직회의〉CIO 안에서 반란을 일으킨 것은 경제발전의 결과로 생겨난 전적으로 새로운 층의 노동자들이었다."[103]

이후에 제임스가 다음 시대를 분석했을 때, 노조 관료조직들은 노동자들에게 등을 돌려 "자본주의적 생산의 도구"로 변형되었다. 그는 여기서 단순한 지배 이상의 것을, 즉 작업 가속화와 노동조합에 대항하는 평조합원들의 자율적 반란을 보았다. "그러나 자본주의적 생산의 강화와 〔계약에 의해〕 5년 동안 노동자에게 가해진 이 속박이 반란과 살쾡이파업의 증가와 불가피하게 병행했음이 분명하다. … 관료조직이 계약에서 살쾡이파업을 금지하는 방식으로 그것을 멈추어 보려고 애썼지만 헛수고로 끝나자 이제 〔평조합원들에 의한〕 이러한 생산중단을 무력으로 억압하는 업무를 스스로 떠맡았다."[104]

소련에 대한 제임스와 두나예프스카야의 비판도 프랑크푸르트학파의 비판과 유사하다. 그들은 소련이 국가자본주의 국가이며 기본적으로 자본주의 발전의 현재적 역사 국면에서의 한 변형에 불과하다고 주장했다.[105] 제임스는 "스탈린주의 관료제는 궁극적이고 논리적인 결론에 이른 미국 관료제이다. 이 둘 다 국가자본주의 시기에 자본주의 생산양식의 산물이다."라고 썼다.[106] 프리드리히 폴록의 작업과 마찬가지로 이러한 결론은 소련 내 생산조직에 대한 연구에 바탕

---

103. 같은 책.
104. 같은 책 : 41.
105. 제임스와 두나예프스카야가 함께 소련에 대한 국가자본주의 이론에 관해 썼지만, 그 연구의 대부분은 두나예프스카야가 의회 도서관의 슬라브부(部)에서 일하면서 수행했던 것으로 보인다. 이 초기 연구작업의 예로는 Raya Dunayevskaya, *The Original Historical Analysis : Russia as State Capitalist Society* (1942)를 보라.
106. James, *State Capitalism and World Revolution* : 42.

을 두었다. 제임스는 비임금 노동, 도급제, 테일러 체제 등의 도입 형태를 추적했다. 그러나 그는 이 시기에 스탈린주의의 성공과 노동자들의 패배에도 불구하고 노동자들의 패배는 단지 일시적일 뿐이며 노동자들이 또다시 주도권을 장악할 것이라고 주장했다. 그가 보기에, 그러한 주도권의 조직화는 전통적인 레닌주의 조직을 통해 오지는 않을 것이었다. 그는 "프롤레타리아는 항상 충동, 도약에 의해 낡은 조직을 부순다. … 새로운 조직, 새로운 유기체는 그것의 필수적 요소인 자발성과 더불어, 예컨대 자유롭고 창조적인 활동성과 더불어 시작될 것이다."라고 썼다.[107] 더구나 노동자들이 새로운 형태의 "단련된 자발성"disciplined spontaneity을 발전시키면, 그것은 자본의 하수인이 된 공산당의 파괴를 의미할 것이라고 그는 주장했다. 1956년에 [헝가리에서] 봉기가 일어났을 때 제임스는 소련의 개입에 반대하고 헝가리 노동자들의 평의회를 지지했다. 존슨-포리스트 경향이 트로츠키주의 운동의 한 분파로 남아 있는 한, 조직의 낡은 공식에 대한 그들의 거부가 명시적으로 개진되는 데에는 일정한 한계가 있었다. 그러나 일단 트로츠키주의운동으로부터 분리되자 그들은 실제로 이 문제를 매우 명료하게 밝혔다. 『국가자본주의와 세계혁명』 2판(1956) 서문에서 레닌주의에 대한 공격은 직접적이었다. "이러한 경제적 분석의 정치적 결론은 우리 시대에 전위당이라는 레닌주의 이론의 이론 및 실천에 대한 그것의 총체적 거부로 요약될 수 있다."[108]

새로운 시대에 적합할 새로운 조직 형태의 성격과 관련해, 제임스 및 그와 유사한 입장을 가진 사람들은 노동자들의 운동 자체로 눈을

---

107. James, "Notes on the Dialectic", *Radical America* 4, no. 4 (May 1974) : i.
108. James, *State Capitalism and World Revolution* : 10.

돌렸다.

과거에 민중 및 노동자 대중들의 위대한 조직은 어떤 이론적 엘리트나 전위에 의해 만들어지지 않았다. 그러한 조직들은 수백만 민중의 경험으로부터, 그리고 사회가 수세대 동안 그들에게 가해 온 참을 수 없는 압박을 극복할 필요로부터 생겨났다. … 새로운 조직은 릴번Lilburne의 수평파Leveller Party가 생겨난 것처럼, 1793년 파리의 계급들과 평민 결사들, 1871년의 코뮌, 그리고 1905년의 소비에트들이 생겨난 것처럼 그렇게 생겨날 것이다. 그 조직들은, 그것들이 스스로의 힘과 명예를 지니고 나타날 때까지 어떤 구체적 이념을 가진 단일한 인물을 갖지 않았다.

그러나 일단 우리가 명확한 역사적 관점을 갖추게 되면, 우리는 1953년 동독에서의 봉기, 1955년 낭뜨에서의 대파업, 미국 자동차노조UAW의 로이터Reuther에 대항하는 총파업 […] 영국 부두노동자들의 믿기 어려운 10년간의 투쟁, 그리고 지금 우리가 쓰고 있듯이, [영국 중부 공업도시] 코번트리 노동자들[의 투쟁] 속에서 솟아오르고 있는 미래에 대해 윤곽을 그려볼 수 있을 것이다. 이 모든 투쟁들은 그 범위와 의미가 다양하긴 하지만 그것들이 전통적 노동자 조직을 앞지르거나 우회하거나 또는 의식적으로 새로운 사회적 형식으로 교체하려고 하는 편성과 행동을 구체화한다는 점에서는 공통되다. 그것들이 아무리 높이 치솟아도 그것들은 여전히 생산현장 조직과 직장에서의 행동에 기초하고 있다.[강조는 해리 클리버][109]

---

109. 같은 책: 10~11.

기층 노동자, 평조합원 노동자들의 주도권에 대한 이러한 강조는 존슨-포리스트 경향에 속한 사람들 그리고 후에는 〈서한출판위원회〉에 속한 사람들에 의한 공장노동자들과의 접촉과 그들에 대한 연구로부터 자라 나왔으며 그들이 대표한 정치적 경향의 특징이었다. 이러한 관점에서 보면, 아마도 그들의 출판물 중 가장 중요한 것은 경영진과 노조에 대한 평조합원 노동자들의 투쟁을 소개하고 분석한 것들일 것이다. 여기에는 자동차 공장에서 벌어지는 일상 투쟁을 다룬 「미국의 노동자」(1947), 공장 생활을 다룬 「출근부」(1952), 그리고 1955년 자동차산업에서의 살쾡이파업과 급진 노조위원들의 역할을 다룬 「노조위원들과 살쾡이파업」(1955) 등의 논문들이 포함된다.[110] 1950년대와 1960년대 초반에 걸쳐 그들은 연구, 집필, 그리고 노동자 투쟁에의 적극적 개입 등을 통해 노동자들의 자기활동성의 정치학을 계속 살아 있게 만들었다.[111]

---

110. Phil Romano and Ria Stone [Raya Dunayevskaya], *The American Worker*; Martin Glaberman, *Punching Out* 그리고 *Union Committeemen and Wild Cat Strikes*. 존슨-포리스트 경향과 그로부터 생겨난 집단들의 작업에는 여러 측면이 있었다. 제임스와 두나예프스카야는 모두, 처음부터, 철학적 일반화에의 주목할 만한 선호를 갖고 있었다. 트로츠키주의와의 결별 기간 동안에 그들의 이론적 작업의 일환으로 그들은 맑스 뿐만 아니라 헤겔도 다시 읽고 다시 연구했다. 그들의 맑스주의에서 보이는 강한 헤겔주의적 측면은 제임스의 *Notes on Dialectics*(1948)와 두나예프스카야의 *Philosophy and Revolution*(1973) 같은 작품에서 분명하게 나타난다. 그들의 발전을 전체적으로 분석하려고 한다면, 그들의 진화뿐만 아니라 그들의 그러한 다양한 관심들도 함께 고려해야 할 것이다.

111. 여기서 나의 유일한 관심은 존슨-포리스트 경향의 사람들에 의한 노동자들의 자율적 힘에 대한 인식에 초점을 맞추는 것에 놓여 있기 때문에, 여기서 거기에 관련된 사람들의 진화에 대해 더 자세하게 다루지는 않겠다. 두나예프스카야와 그녀 주변의 사람들이 분리하여 News and Letters Committee를 조직한 1955년의 분리, 그리고 제임스와 그레이스 리 보그(Grace Lee Boggs)가 [조직을] 떠나고 〈서한출판위원회〉가 그 이름을 페이싱 리얼리티(Facing Reality)로 바꾼 1962년의 분리 등을 포함하는 그 이후의 역사에 관심이 있는 사람들은 앞의 주 97)에 인용된 자료들을 참고할 수 있다.

『사회주의인가 야만인가』

존슨-포리스트 경향이 발생해 나온 2차 세계대전 중과 그 이후의 미국 트로츠키주의가 점증하는 위기에 직면했듯이 유럽에서의 트로츠키주의도 비슷한 위기를 맞았다. 소련과 당의 역할에 관한 트로츠키의 분석에 대한 [미국에서와] 동일한 불만이 제4인터내셔널 프랑스 지부의 몇몇 회원으로 하여금, 일차적으로 반대파를 구성하고 그러고 나서 완전히 분리된 집단을 구성하여 잡지 『사회주의인가 야만인가』(1949~1965)를 발행하도록 이끌었다.[112] 『사회주의인가 야만인가』를 중심으로 한 집단의 진화는 존슨-포리스트 경향과 매우 유사한 면을 많이 가지고 있을 뿐 아니라 두 집단은 서로 직접 접촉하고 있었고 서로의 자료를 출판했고 자신들의 견해의 유사점을 나타내는 다양한 문서들에 공동 서명했다. 여기에서 나의 관심사로 가장 중요한 것은, 그들이 노동계급 자율성의 근본적 역할에 대해 유사한 개념을 공유했으며 노동자 투쟁의 구체적 현실을 조사하고 분석하는 유사한 기획들을 추구했다는 점이다.

존슨-포리스트 경향처럼 『사회주의인가 야만인가』도 두 사람의 주요한 대변인이 있었는데 클로드 르포르Claude Leforte와 그리스 경제학자인 코르넬리우스 카스토리아디스Cornelius Castoriadis가 그들이다.

---

112. 존슨-포리스트 경향에서와 마찬가지로 『사회주의인가 야만인가』에 대한 적실한 역사/분석은 없다. 그러나 관심 있는 독자는 Telos 23 (Spring 1975) : 131~155에 실린, 약간의 역사적 자료를 포함하고 있는, 카스토리아디스와의 인터뷰와 그에 대한 딕 하워드(Dick Howard)의 서론, Telos 30 (Winter 1976~1977) : 173~192에 실린 클로드 르포르와의 유사한 인터뷰, Andre Liebich, "Socialisme ou Barbarie, a Radical Critique of Bureaucracy", Our Generation 12, no. 2 (Fall 1977) : 55~62 등을 영어로 찾아볼 수 있다. 이 논문들, 특히 마지막 논문은 영어와 프랑스어로 되어 있는 카스토리아디스와 르포르의 저작에 대한 많은 추가적 참고문헌을 포함하고 있다.

카스토리아디스의 트로츠키주의와 결별은 2차 세계대전 중 그리스에서 겪었던 자신의 경험에서 기원했다. 이때 그는 공산당에 대한 트로츠키주의의 분석이 위험스러울 정도로 부적합하다고 보기 시작했다. 그는, 공산당이 일단 ─ 그리스 내 트로츠키주의자들이 지지했던 ─ 권력을 장악하게 되면, 그 당은, 러시아 공산당이 전쟁을 통해 그 어느 때보다도 더 강력해졌듯이, 결코 "불안정"해지지 않을 것이라고 보았다. 그의 미국 측 동반자들처럼, 그는 점차 그 힘이 강화되어 가는 러시아 관료제의 현실이 "타락한 노동자 국가"라는 트로츠키의 이론과 독단적으로 모순된다고 생각했다.[113] 이러한 인식을 공유했던 르포르도 트로츠키 정통주의에 대한 비판에 한때 그의 스승이었던 메를로-퐁티의 영향력과 상당 정도의 실존주의적 현상학을 동원했다.[114] 자기 집단의 다른 사람들과 함께, 그들은 (생산의 사회적 관계에 대한 연구에 기초를 둔 제임스와 두나예프스카야의 작업처럼) 소련에 대한 상세한 분석을 내놓았을 뿐만 아니라 당과 사회주의에 대한 레닌주의적 개념을 향한 불가피한 비판을 내놓았다.[115]

비록 『사회주의인가 야만인가』에서 전개된 관료제 비판이 국가자본주의 이론과는 매우 중요한 면에서 달랐지만, 프랑스 집단과 미국 집단 모두 정통 맑스주의의 물화된 범주들에 대한 거부와, 생산현장과 사회에서 어떤 공식 조직에 의해서도 매개되지 않는 노동자 투쟁의 분석에 대한 강조를 공유했다. 『사회주의인가 야만인가』의 진화에 관한 최근(1975)의 인터뷰에서 클로드 르포르는 미국 집단과 그들의 관

---

113. "An Interview with C. Castoriadis" : 131~132를 보라.
114. "An Interview with Claude Lefort" : 173~174를 보라.
115. 이러한 작업의 예로는 Cornelius Castoriadis, "From Bolshevism to the Bureaucracy", *Our Generation* 12, no. 2 (Fall 1977) : 43~54와 Claude Lefort, "What Is Bureaucracy?" *Telos* 22 (Winter 1974~1975)를 보라.

계에 대해 이렇게 말했다 : "그들[제임스와 두나예프스카야]은 소련, 관료제, 그리고 피착취자들의 자율적 투쟁의 조건과 관련해 우리와 비슷한 결론에 도달했다. 특히 산업에서 노동자들의 일상적 저항이라는 그들의 개념은 유익했다."[116] 그 개념에 대한 카스토리아디스와 르포르의 관심은,『사회주의인가 야만인가』의 창간호부터 시작된 연재물로서,「미국의 노동자」를 번역하여 게재하는 것에서 처음으로 표현되었다. 그리고 나서 그 관심은 프랑스 맥락에서 이 접근법을 발전시킨 많은 기사들을 통해 표현되었다. 이 작업은 부분적으로는, 폴 로마노[Paul Romano]처럼 노동자이자 노동조합 투사였던 다니엘 모떼[Daniel Mothé]와 앙리 시몽[Henri Simon]에 의해서도 담당되었다. 로마노가 제너럴 모터스 자동차공장에서의 자신의 투쟁에 관해 썼던 것처럼, 모떼는 르노 공장에서의 자신의 투쟁을, 그리고 시몽은 거대 보험회사에서의 자신의 작업에 대해 썼다. 카스토리아디스도 다른 사람들처럼 많은 수의 기사들에서 그러한 투쟁들에 대한 분석에 기여했다.

　『사회주의인가 야만인가』와 존슨-포리스트 경향 두 경우 모두에서 이들의 비정통적 맑스주의와 노동자 투쟁에의 강조는 이들로 하여금 공장을 넘어 공동사회에로 나아가도록 만들었다. 미국에서는 흑인들의 투쟁에 대한 제임스의 작업이 이후의 시민권 운동과 흑인 운동의 부상을 예상했다. 미국과 프랑스에서 이 두 집단은 청년 투쟁과 여성 투쟁을 포함하는 비공장 투쟁에 가장 일찍 관심의 초점을 맞춘 사람들에 속했는데 이러한 투쟁들은 그 이후 10년 동안에 매우 중요해졌다.

　두 집단이 그들이 존속하는 내내 소규모로 남아 있었고, 또 적어

---

116. "An Interview with Claude Lefort" : 177.

도 카스토리아디스와 르포르의 경우와 같은 그들의 주요 대변인들이 정통 맑스주의뿐만 아니라 모든 맑스주의를 거부하기에 이르렀지만, 그들이 현대 사회에서 노동자 투쟁에 대한 유용한 이해에 끼친 기여는 불후의 것으로 남아 있다. 한편에서 그들은 자신들의 저작을 통해 헤아릴 수 없을 만큼 가치 있고 여전히 타당한 문서들을 남겼다. 그것들은 소련 사회의 성격, 노동자 투쟁의 형태와 성격, 정통 맑스주의에 대한 비판, 그리고 조직의 문제 등을 다룬 문서들이다. 다른 한편, 비록 그들의 저작의 배포가 제한된 범위에 머물고 회원 수도 적었지만, 그럼에도 불구하고 그들의 작업은 중요한 경험이었으며 그들을 따르는 사람들에게는 중요한 준거점이었다. 그들의 저작에 대한 인정과 평가가 그것의 중요성을 이제 막 포착하기 시작한 것으로 보이는 것처럼, 그들이 끼친 영향의 방향들도 이제야 막 연구되기 시작했다. 내가 다음 절에서, 비록 충분한 설명은 못 되겠지만 언급하고자 하는 영향의 방향 중의 중요한 하나는, 노동자들의 자율적 투쟁에 관한 그들의 분석이 1960년대와 1970년대에 이탈리아 신좌파 중 '노동자의 자율'파의 주요 인물들에게 미친 영향이다.

이탈리아 신좌파

1960년대에 등장한 노동자의 자율에 대한 새로운 자각은 이 현상이 가지는 이론적, 정치적 함의에 대한 많은 새로운 분석을 생산했다. 이것은 특히 프랑스와 이탈리아에서 그러했다. 이 나라들에서 노동자들의 봉기의 성장은 많은 수의 산업노동자, 학생 그리고 지식인들이 강력한 공산당을 거부하고 그에 맞서는 형태를 취했다. 맑스에로의 회귀가 네오맑스주의의 지배적 영향력에 반대하여 발생했던 미국에서의 상황과는 달리, 이탈리아와 프랑스에서 그 회귀가 공산당 및 공산당이 지배하는 노동조합과의 갈등으로부터 발생했다. 이러한 대립은 공장과 공동사회에서 새로운 형태의 노동계급 투쟁의 빠른 유통이 당의 통제를 벗어나기 시작하면서 생겨났다. 프랑스에서 파열점은 1968년 5월의 극적 사건에서 나타났다. 이때 수백만 명의 노동자들과 수십만 명의 학생들이 자율적 반란 속에서 공장들을 점거하고 바리케이드를 설치했으며 정부와 당을 기습했다. 이탈리아에서는 반란이 덜 극적이었다. 하지만 이 반란은 1960년대를 거치면서 맑스주의 정통주의의 통제와 이해방식을 모두 벗어나 급격히 성장했다. 이 두 경우 모두에서 공산당은 반란 운동을 봉쇄하려고 애쓰는 자본주의 세력과 합세했다. 이때 공산당은 자본 내부의 조직으로서의 그 성격을 드러냈다. 아시아와 라틴아메리카에서는, 노동계급 및 지식인 투사들과 계급의 '공식' 조직들 사이의 중대하는 갈등이 기존 조직으로부터의 이탈로, 그리고 새로운 정치의 일부인 새로운 조직 및 새로운 이론의 형성으로 이끌었다. 이 여러 새로운 집단들의 핵심적 요소는 노동자의 자율 개념의 중심성이었다.

이탈리아에서는 '원외' 좌파의 새로운 경향들과 연결된 사람들의 가장 중요한 분석들 중의 일부가 일련의 새로운 잡지들에 발표되었다. 예를 들어,『꾸아데르니 로씨』*Quaderni Rossi*(1960~1966),『끌라쎄 오뻬라이아』*Classe Operaia*(1964~1967),『라보로 제로』*Laboro Zero*(1975~),『꼰뜨로뻬아노』*Contropiano*(1967~1972),『쁘리모 맛지오』*Primo Maggio*(1973~),『꾸아데르니 델 떼리또리오』*Quarderni del Territorio*(1976~) 등이 그것이다. 이 시기에 형성된 원외 집단들에는 〈뽀떼레 오뻬라이오〉 Potere Operaio, 〈일 마니페스또〉Il Manifesto, 〈로따 꼰띠누아〉Lotta Continua 등이 포함되어 있다.

노동계급 투쟁이 거듭해서 노동조합과 당의 영향력으로부터 자율적으로 혹은 그것에 대항하여 일어났다는 핵심적 사실은, 저 새로운 세대의 투사들 사이에서는 토론, 이론화, 그리고 논쟁의 근본적인 주제였다. 그들은, 특히 미국에서 평조합원 노동자들의 자율의 실재성에 대한 연구로부터, 노동계급 투쟁의 역사에 대한 재평가로부터, 노동계급이 자본가의 맹공격에 대항하여 자신의 이익을 방어하기에 급급한 수동적이고 반응적인 희생물이 아니라는 입장을, 그리고 자본을 폐지할 수 있는 그 계급의 궁극적 힘이 투쟁을 주도하고 자본으로 하여금 그 자신을 재조직하고 또 발전하도록 강제하는 그 계급의 현존하는 힘에 근거하고 있다는 입장을 예리하고 깊이 있게 새로이 표현할 수 있었다.

이탈리아 공장에서의 반란에 대한 연구와 노동계급의 역사에 관한 연구는 몇몇의 더 앞선 시기의 최고의 맑스주의적 분석들에 대한 재가공을 포함했으며 또 그것에 의해 알려졌다. 예를 들어 『꾸아데르니 로씨』의 지도적 인물 중의 한 사람인 라니에로 빤찌에리는 이탈리아에서의 포드주의의 성장과 미숙련 '대중 노동자'의 발생에 관한 분석을, 기술 지배에 관한 맑스의 [글의] 재독해 및 프랑크푸르트학파의 작업에 대한 재평가와 결합시켰다. 이 과정에서 그는 (비판이론가들과 존슨-포리스트 경향 및 『사회주의인가 야만인가』 집단의 구성원들에 의해) 앞서 제출된 생각을 재발견했다. 그것은 노동의 조직화가 노동계급을 분할하고 통제하기 위한 자본주의 계획을 구성한다는 생각이었다. 그리고 그러한 지배에 대항하는 노동계급의 힘을 이해함에 있어서 존슨-포리스트 경향과 『사회주의인가 야만인가』 집단이 폴록을 넘어선 것이라면, 빤찌에리는 그보다 더 나아갔다. 자신의 연구를 통해서 그는, 자본의 기술적 진화를, 상승하는 수준의 계획화를 통한 노동계급 투쟁에 대한 자본주의적 대응이라는 맥락 속에서 정식화할 수 있었다. 자신의 논문 「잉여가치와 계획 − 자본 읽기에 관한 노트」에서 빤찌에리는 자율적인 노동계급 투쟁이 어떻게 자본의 분할을 극복하고 또 자본으로 하여금 공장에서의 생산을 재조직하도록, 그리고 자본의 계획화를 더욱 높은 수준으로 확대하도록 하는가에 대한 분석을 개진하였다.[117] 이렇게 하여 그는, 프랑크푸르트학파와 제임스에 의해 확인된 1930년대의 자본주의 계획화의 새로운 국면을, 자본주의 기술 혁명을 분석하기 위한 일반적인 이론적 틀 내부에 위치시킬 수 있었고, 노동자 조직의 혁명을 계급투쟁의 동학 내부에 위치시킬 수 있었다. 사실 그의 연구로부터 도출되는 것은, 궁극적으로 자본이 계획할 수 없는 유일한 요소는 바로 노동계급이라는 개념이다. 이것은 오직 자본주의적 계획화만을 보았던 프랑크푸르트학파를 넘어서는 이론적 정치적 진전을 구성했으며, 자본주의적 계획화에 대항하는 자율적 노동계급 투쟁을 강조했지만 그러한 일반이론을 만들어 내지는 못했던 사람들을 넘어서는 이론적 진전을 구성한다. 노동계급의 자율성을 자본주의 발전의 이론 속에 통합시킨 것은 자본주의적 노동분업의 진화하는 구조 속에서 계급투쟁에 대한 분석을 파악하는 새로운 방식을 함의한다. 노동분업은 계급을 약화시키기 위한 힘의 위계적 분할(즉 특정한 권력구성)로 이해되고 노동계급은 자신의 이해관계 속에서 그 권력 관계를 정치적으로 재구성하면서 기술의 이 자본주의적 이용에 대항하여 즉 이러한 분업에 대항하여 투쟁하는 것으로 이해된다. 이것은 다시, 자본의 성격과 노동계급 조직화의 문제 모두를 이해하는

---

117. Raniero Panzieri, "Surplus Value and Planning : Notes on the Reading of Capital", in *The Labour Process and Class Strategies* : 4~25.

새로운 방식을 함축한다.

만약 자율적인 노동자들의 힘power이 [바로] 그 힘을 발전시키는 자본의 재조직과 변화를 강제한다면, 자본을 노동계급으로부터 독립해 있는 외부의 세력으로 이해할 수는 없다. 그것은 바로 계급 관계 자체로 이해되어야 한다. 이것은 『꾸아데르니 로씨』에서, 후에는 『끌라쎄 오뻬라이아』에서 또 다른 주요 인물인 마리오 뜨론띠로 하여금 노동계급과 노동력을 병치시킨 맑스의 이론적 통찰을 다시 강조하도록 만들었다. 달리 말해, 자본은 노동계급을 단순히 노동력으로서 그 자신 내부에 통합하려 하는 반면에 노동계급은 자본의 자기재생산을 파열시키는 투쟁을 통해서만 그 자신이 독립적인 "대자 계급"class-for-itself임을 증언한다.118

이러한 종류의 고찰은 두 가지 추가적인 연구를 촉발했다. 첫 번째 연구는 현대의 계급투쟁에 관한 구체적 연구이다. 『사회주의인가 야만인가』에 실린 불어본 「미국 노동자」를 이탈리아어로 번역했으며 이 잡지에 실린 다니엘 모떼의 글 일부도 번역한 다닐로 몬딸디Danilo Montaldi의 작업이 보여 주는 것처럼, 이탈리아 사람들은 노동자들의 투쟁을 직접 조사한 프랑스와 미국의 경험에 영향을 받았으며 그것에 의지했다.119 이것에 덧붙여야 할 것은 맑스의 『노동자 조사』의 재발견이었다.

---

118. Mario Tronti, "Social Capital", *Telos* 17 (Fall 1973) : 113~121.
119. 몬딸디의 *The American Worker*의 번역은 *Battaglia Comunista*, February~March 1954에 실렸다. 미국의 예는 이탈리아에서 행해진 이러한 작업의 이론적, 정치적 발전에서 중요한 준거점이었다. 그것의 이유들은, 존슨-포리스트 경향과 연결된 사람들이 수행한 선구적 작업(그중에서도 C. L. R. 제임스, 제임스 보그(James Boggs), 조지 라윅, 마틴 글레이버먼의 작업들은 이탈리아어로 번역되어 아마도 미국에서보다도 이탈리아에서 더 널리 유통되고 토론되었다.)뿐만 아니라, 미국 자본주의가 세계에서 가장 선진적이며 따라서 그것을 연구하는 것이 특별히 중요하듯이 그러한 발전을 강제하고 또 그에 끊임없이 도전한 미국 노동자들의 투쟁도 [세계] 모든 곳의 노동자들에게 틀

그것은 맑스가 노동자의 삶과 투쟁에 대한 경험적 연구를 제안하며 작성한 개요였다. 그 글은 이탈리아어로 번역되어 『꾸아데르니 로씨』에서 분석되었다.[120] 이러한 종류의 작업은 몬딸디의 친구인 로마노 알꾸아띠Romano Alquati에 의해 선도적으로 수행되었다. 그는 이탈리아 공장 노동자들과의 인터뷰를 시작했고 이탈리아 노동계급의 구성과 정치적 재구성의 구체적 과정을 연구했다.[121] 두 번째 종류의 연구는 노동계급 투쟁의 역사에서 더 초기의 투쟁들을 국제적으로 재평가하는 작업을 포함했다. 마리오 뜨론띠, 세르지오 볼로냐Sergio Bologna, 그리고 다른 사람들은 유럽과 미국의 노동계급의 경험을, 자본주의적 계획화에 대항한 그들의 투쟁이라는 맥락과 노동계급 조직의 역사라는 맥락에서 재검토하는 작업에 착수했다. 포드주의의 부상 이전으로 거슬러 올라가서 그것의 진상을 조사하면서 그들은 계급구성과 노동계급 조직의 관계를 검토했다. 볼로냐는 자신의 논문 「계급구성과 당 이론」에서 소비에트와 독일의 노동자 평의회 조직 형태의 경험을 숙련노동자들의 집중 속에 위치시켰다. 숙련노동자들이 이전부터 자신들의 생산도구를 부분적으로 통제해 왔던 경험이 그들로 하여금 자신들의 생산도구를 완전히 장악한다는 맥락에서 조직화를 구상하도록 만들었다는 것이다.[122] 그는 이 경험을 미국의 〈세계의 산업노동자〉IWW의 경험

림없이 특별한 중요성을 가진다는 인식 속에서도 발견될 수 있다. 많은 사람들이 아마도 올바르게 말했듯이, 미국에서의 혁명투쟁의 진화는 [세계의] 모든 곳의 투쟁들에 결정적이다.

120. Dario Lanzardo, "Intervento Socialista nella lotta operaia : l'Inchiesta Operaia di Marx", *Quaderni Rossi* 5 : 1~30을 보라. Maniuccia Salvati와 Piero Scaramucci가 번역한 맑스의 '노동자 조사'는 Lanzardo의 분석의 부록으로 실려 있다.

121. Romano Alquati, *Sulla Fiat e Altri Scritti*를 보라.

122. Bologna, "Class Composition and the Theory of the Party at the Origin of the Workers-Councils Movement."

과 병치시켰다. 이 조직의 매우 다른 조직적 경험은 다른 계급구성을, 즉 미국 서부의 매우 이동이 잦은 미숙련 노동력을 반영하고 있었다. 「노동자와 자본」에서 뜨론띠도 이와 유사하게, 독일의 사회민주주의 시기와 미국의 산업 노동조합주의 시기의 경험을, 그 저변에 깔려 있는 계급구성의 맥락에서, 그리고 노동자 투쟁과 자본주의적 계획화의 상호작용이라는 맥락에서 추적했다.[123] 이러한 연구들에서 우리는 10여 년 전에 C. L. R. 제임스가 제시한 근본적 논점("프롤레타리아는 언제나 자신의 충동에 의해 낡은 조직을 부수고 도약을 〔이룬다〕.")의 풍부한 발전을 볼 수 있다. 노동계급 투쟁은 적합한 조직의 형태(예를 들면 노동자 평의회 또는 산업별 노조)를 통해 특정한 노동분업(예를 들면 숙련노동자 혹은 대중노동자)의 재구성을 달성할 뿐이다. 다시 말해 계급구성의 각 단계에서 적합한 조직적 형태는 바뀐다. 이러한 연구들은 노동계급의 자율성과 조직에 대한 새로운 맑스주의적 이해를 정초했다. 이 연구들은, 노동자들이 계급 관계의 구체적 성격에 따라 어떻게 여러 형태의 조직을 발전시키고 또 폐기했는가를 보여줌으로써, 노동조합주의, 사회민주주의, 노동자 평의회 그리고 레닌주의 정당 등이 모두 특수한 역사적 산물이었음을 보여 줄 수 있었다. 연구의 초점을 자본의 자기발전으로부터 노동계급의 자기발전으로 옮김으로써 이 저자들은 자본의 형태와 노동계급 조직의 형태를 모두 영구적으로 주어

---

123. Tronti, "Workers and Capital." 이 논문이 뜨론띠의 저서 *Operai e Capitale*의 1970년 판에 붙인 저자의 후기를 번역한 것이라는 점이 지적되어야 한다. 이것은 뜨론띠가 이탈리아 공산당으로 복귀한 후에 쓰였다. 따라서 그 논문의 유용한 역사적 분석에도 불구하고 그의 해설은 이탈리아 공산당의 현재의 사회민주주의적 프로그램들에 정당성을 제공하기 위해 준비된 것이다. 미국 노동자들이 1930년대 투쟁에서 얻은 이득의 정도에 대한 그의 평가는 오늘날 이탈리아 노동자들을 위한 모델로 평가된다. 그것은 투쟁을 노조 활동으로 제한하고 미래를 당에 맡기자는 보수적 주장이다.

진 것으로 간주했던 맑스주의자들의 관념론을 폭로했다(5장 참조). 이런 방식으로 그들은, 이탈리아 노동자들이 자신들의 '공식' 조직들에 대해 갖는 점증하는 불만을 이해하고 또 이제 막 등장하고 있는 새로운 형태의 조직을 '이해할' 수 있는 방향으로 자신들의 좌표계를 이동시킬 이론적 틀을 정교하게 발전시켜 나갔다.

이러한 개념들은 대중노동자의 공장 연구에 적용되었을 뿐만 아니라(예를 들어 알꾸아띠) 이탈리아 전후 '경제 기적'에 있어 케인스주의 국가의 역할을 연구하는 데도 적용되었다. 여기서도 다시 이전의 연구를 넘어서는 중요한 진전들이 이루어졌다. 앞에서 나는 케인스주의를 노동자들의 양적 필요에 대한 만족으로 보는 프랑크푸르트학파의 인식에 대해 간단히 언급했다. 그런데 바로 그 양적 필요들은 새로운 소비자주의적 논리를 통해 노동계급을 통제하기 위해 질적으로 조형된다. 이 시기에 뜨론띠나 안또니오 네그리 같은 이론가들에 의한 케인스주의 분석은 이 지배의 이론들에 대한 부분적이지만 중요한 응답을 구성한다.[124] 첫째, 케인스주의 전략을 노동자들이 임금의 "하향을 어렵게 하고 상승을 쉽게 하는 데 성공한 것sticky downward"에 대한 자본의 대응으로 파악함으로써, 그들은 그러한 전략이 단지 또 하나의 교활한 책략이 아니라 바로 노동계급의 역량에 대한 반응이라고 인식했다. 둘째로 그들은, 맑스의 상대적 잉여가치와 위기에 대한 분석을 다시 연구함으로써, 그리고 케인스주의 전략에 대해 면밀히 연구함으로써 '양적 전략'quantitative strategy의 핵심을 파악할 수 있었다. 케인스주의의 생산성 임금제는 임금 인상을 생산성 상승에 묶어 놓음으로써 노

---

124. Negri, "John M. Keynes e la teoria capitalistica dello stato nel '29.'" [네그리, 「케인즈 그리고 1929년 이후의 자본주의적 국가이론」, 『혁명의 만회』].

동계급 투쟁을 자본주의 발전의 원동력으로 이용한다는 것이 그것이다. (제임스와 그의 지지자들도 1950년대에 노동자들의 저항뿐만 아니라 임금/생산성의 교환관계를 연구했다.) 이러한 이해방식이 1960년대에 이탈리아 노동자들의 투쟁에 대한 그들의 연구와 만났을 때, 그들은 폭발하는 임금 요구와 노동 및 생산성에 대항하는 점차 늘어가는 반란이 그러한 거래를 파열시키고 있다는 사실을 깨달았다. 이탈리아 정부의 소득정책에 응용된 바의 케인스주의적 양적 전략이 이미 무너지고 있다는 것이 명백해졌다. 사실상 그들은 이탈리아 경제의 깊어가는 위기를 부분적으로 그 생산성 임금제의 파열 속에 위치시켰다. 케인스주의 경제 전략을 1930년대와 1940년대의 위기 ─ 그것 자체가 부분적으로는 노동자들의 힘의 성장에 기인한다 ─ 에 대한 자본의 정치적 대응으로 파악함으로써 그들은 제2인터내셔널 이래 좌파 사상을 지배해온 정치와 경제의 구분이 이미 자본에 의해 새롭고 극적인 방법으로 붕괴해 버린 것을 이해하게 되었다.

이탈리아에서는 이러한 고찰들이 상당한 정치적 의미를 가졌다. 이러한 분석을 기초로, 〈뽀떼레 오뻬라이오〉 같은 집단들은, 이탈리아 노동자들에게 케인스주의식의 생산성 임금제를 강제하려는 정부의 노력에 이탈리아 공산당이 참가한 것은 노동자의 힘을 통제하고 이용하려는 자본주의 전략과의 공모라고 공격했다. 〈뽀떼레 오뻬라이오〉는 보다 많은 임금, 보다 적은 노동, 보다 낮은 생산성을 요구하는 노동자들의 자율적 전략을 지지했다. 이러한 전략은 케인스주의 전략의 토대를 직접적으로 침식할 수 있는 경향의 것이었다.[125]

---

125. Potere Operaio, "Italy 1969~70 : A Wave of Struggles", *Potere Operaio*, June 27~
 July 3, 1970의 부록 ; 같은 저자, "The Communism of the Working Class" ; 같은 저자,
 "Italy 1973 : Workers' Struggles and the Capitalist Crisis", *Radical America* 7, no. 2

이러한 입장은 또한 노동에 대한 낡은 좌파주의적 관점을 포기함으로써 이론적으로 뒷받침되었다. 그 관점은 평의회, 소비에트 등 초기 자본주의 시대 숙련노동자들의 경험에 뿌리박고 있는 것으로, 투쟁은 노동을 자본으로부터 해방하여 소외되지 않은 노동을 실현하기 위한 것이라는 관점이었다. 뜨론띠가 지적했듯이 미숙련 대중노동자가 처한 조건에서는 노동 자체가 단지 폐지되어야 할 사회 통제의 수단으로 보일 수 있을 뿐, 향상되어야upgraded 할 것으로 보일 수는 없었다. 이러한 이해는, 이 시기 노동계급 투쟁의 기본적 성격이 자본으로부터의 탈주일 뿐만 아니라 노동계급으로서의 실존 자체로부터의 탈주이기도 하다는 깨달음으로 직접 연결되었다. 대중노동자의 목표는 노동자이기를 중지하는 것이지, 노동이라는 종교를 만드는 것이 아니다.[126] 이것은 다시 이전의 작업을 넘어서는 일보전진을 표현했다. 예를 들어 제임스는 1950년대의 미국에서 노동에 대항하는 노동자들의 자율적 투쟁을 인식하고 연구했지만, 그럼에도 불구하고 그는, 노동자들이 실제로 추구한 것은 "노동 그 자체 속에서의 만족"이었다는 전통적 견해를 벗어나지 못하고 있었다.[127] 미국에서의 공장노동에 대한 반란이 "소외"된 노동의 거부를 넘어서는 것이라는 인식은 존 저잰John Zerzan(「조직된 노동 대對 노동에 대한 봉기」[1974년]) 같은 사람들이나 잡지 『제로워크』의 필자들의 분석에서 발견할 수 있다.[128]

이런 식으로 1950년대와 1960년대의 노동자 투쟁의 경험과 그에

(March~April) : 15~32.

126. Mario Tronti, "The Struggle against Labor", *Radical America* 6, no. 1 (May~June 1972) : 22~25.

127. James 특집호, *Radical America* 4, no. 4 (May 1974) : 23.

128. John Zerzan, "Organized Labor versus 'The Revolt against Work' : The Critical Contest", *Telos* 21 (Autumn 1974) : 194~206.

대한 연구를 통해 공장에서 자본주의의 총체적 지배라는 낡은 이론
은 그 토대가 침식되어 왔다. 새로이 등장한 이론들과 그것들을 요소
로 하여 구성된 정치학은 자본주의적 기술에 대해 맑스주의 정치경제
학자들이 가졌던 개념을 통합하는 동시에 극복할 수 있었다. 기술적
변화를 경쟁의 부산물로 보았던 낡은 이론 대신에, 혹은 기술적 합리
성에 대한 프랑크푸르트학파의 보다 진전된 분석 대신에 오늘날 우리
는 자본주의의 자율성과 지배라는 일방적 개념을 넘어서는 분석들의
예를 갖고 있다. 그것들은 노동계급의 전략적 필요라는 관점에서 공장
기술, 자본주의적 전략, 그리고 노동계급의 자율성을 계급투쟁에 대한
진정한 변증법적 이해에로 통합한다. 이러한 통합을 달성한 연구들은,
국내외적으로 다양한 산업 부문들에 대한 조사만이 아니라 국가 수
준에서의 자본주의 전략에 관한 연구도 포함한다. 예를 들어 이탈리
아에서는 석유화학 부문에 대한 여러 차례의 연구가 수행되었는데, 그
것은 현재의 위기 속에서 전개되는 노동자 투쟁을 다루기 위한 노력의
일환으로 재조직되고 있다.[129] 자동차 부문의 재구조화에 관한 비슷
한 연구들은 이탈리아에서뿐만 아니라 영국과 미국에서도 이루어졌
다.[130] 또 광업과 농업 등과 같은 채취 산업에 대해서도 다른 연구들이
수행되었다.[131] 이 모든 연구들의 목적은 노동계급 권력과 자본가 권력

---

129. Sergio Bologna, "Questions of Method for Analysis of the Chemical Plan", from
  Quaderni Piacentini, January 1973. Potere Operaio, "Porto Marghera : An Analysis
  of Workers' Struggles and the Capitalists' Attempts to Restructure the Chemical In-
  dustry, a Worker's Inquiry", from *Potere Operaio*, November 1971.

130. Ferrucio Gambino, "Workers' Struggles and the Development of Ford in Britain",
  Bulletin of the Conference of Socialist Economists, March 1976 : 1~18. Peter Line-
  baugh and Bruno Ramierez, "Crisis in the Auto Sector", *Zerowork* 1 (December
  1975) : 60~84.

131. William Cleaver, "Wildcats in the Appalachian Coal Fields", *Zerowork* 1 (Decem-

의 상호작용을 노동계급 권력을 구축하기 위한 기초로서 연구하는 것이었다. 또 노동계급의 자기활동성에 대한 이 기본적 인식은 이러한 공장 및 산업에 대한 연구에 유용한 시각을 제공했을 뿐만 아니라 – 소비와 '질'의 '문화 영역'을 포함하는 – 전체로서의 자본주의 사회의 구조에 대한 재사유가 약동하게 만들었다.

자본은 노동계급을 자기 안에 포함한다 – 이를 깨뜨리고 나오려는 노동계급의 투쟁이 성공할 때까지는 – 는 인식에서 출발하면서, 마리오 뜨론띠는 축적의 전 과정을 분석하기 위해 맑스로 돌아갔다. 그가 근본적 논점을 『자본』 안에 위치시키는 것은 어렵지 않았다. 『자본』에서 맑스는, 축적의 과정이 그 핵심에 있어서는 "계급들의 축적, 즉 자본가 계급과 노동계급의 축적"이라고 주장한다. 1963년에 『꾸아데르니 로씨』에 처음 발표한 논문 「자본의 계획」Capital's Plan에서 그는 이러한 관찰로부터 출발하여 맑스가 "총 사회적 자본"total social capital을 분석한 여러 방법을 검토하는 것으로 나아간다.[132] 그는 『자본』 2권에서 유통과 재생산의 분석이 어떻게 계급의 재생산도 포함하는가에 초점을 맞춘다. 이러한 통찰은, 맑스주의 정치경제학에 특징적인 자본과 '공장'의 동일시가 명백히 부적합하다는 것을 의미했다. 노동계급의 재생산은 공장에서의 노동뿐 아니라 가정 및 가정들의 공동체에서의 노동 또한 포함한다. 이 깨달음은, 『자본』 1권의 축적에 관한 장들에서 맑스가 전개한 산업예비군에 관한 긴 논의의 중요성에 예리하게 집중하도록 만들었다. 축적이란 현역[노동자]군대의 축적만이 아니라 예비[노동자]군의 축적을 의미하며, 노동계급을 재생산하는 노동을 하는 사람들뿐만

---

ber 1975) : 113~126; 그리고 Harry Cleaver, "Food, Famine and the International Crisis", *Zerowork* 2 (Fall 1977) : 7~70.

132. 뜨론띠의 논문은 "Social Capital"이라는 제목으로 영어로 출판되었다.

아니라 (노동력 외의) 다른 상품들을 생산하는 사람들의 축적을 의미한다. 노동계급이 일하는 '공장'은 전체로서의 사회, 즉 사회 공장social factory이다. 노동계급은 비공장노동자까지 포함되도록 재정의되어야 했다. 이러한 이론은 이탈리아에서 학생, 여성, 실업자 들을 포함했던 1960년대의 점점 증가하는 수의 투쟁들뿐만 아니라 유럽과 미국 각지에서의 비슷한 투쟁들, 그리고 제3세계 농민들의 투쟁까지를 맑스주의적 분석 안에서 이해할 수 있는 출발점을 제공했다.

사회 통제 혹은 사회 공장으로서의 자본의 개념은 비판이론가들에 의해 정립되었던 '문화 영역'이라는 문제틀의 재구성에 해당한다. 비판이론가들이 (생산을 근본적으로 결정적인 심급으로 이해한) 맑스주의의 모든 타당성을 의문에 부치고 '소비'의 중심성을 이해한 곳에서, 뜨론띠의 작업은 '소비'를 노동력의 생산과 재생산으로 이해함으로써 그러한 시각을 다시금 맑스주의에로 통합하기에 이르렀다. 비판이론가들처럼 그도 자본의 계획을 사회의 총체성을 포괄하는 것으로 이해한다. 하지만 그들과는 달리 그는 자본의 계획에서 세뇌된 동의라는 침묵의 생산 이상의 것을 본다. 그는 자본의 계획을, 공장 외부의 공동사회community로 퍼져나간 노동계급의 반란에 대처하는 전략으로 이해한다. 그리고 그는, 공장에서와 마찬가지로 공동사회에서도 자본의 그 전략이 노동계급의 반란에 의해 점점 더 위협받고 있음을 이해한다. 노동자들의 반란을 자신들의 노동자 신분 그 자체에 대항하는 것으로 보는 관점에서 출발하면, 그 관점은 공동사회나 문화 영역에서의 반란을 노동력 생산의 해체에 해당하는 것으로 보는 관점과 그렇게 멀지 않다. 부르주아의 문화적 헤게모니라는 일방적 이론 대신에 이제 우리는 사회 공장의 이 부문에서의 투쟁에 대한 변증법적 이론의 기초를 갖게 된다. 이러한 접근법은 우리로 하여금 산업적 노동분업에 대한 많은 새로운 (그리고 오래된) 맑스주의적 분석들을 문화 영역에 적용할 수 있도록 해 주며 프랑크푸르트학파의 많은 유용한 통찰들을, 그것의 결함을 피하면서, 통합할 수 있도록 해 준다.

이탈리아에서 사회 공장의 성격에 관한 이와 같은 통찰의 함축은 원외 투쟁에 가담했던 많은 사람에게 직접적이었다. 산업 공장 밖의 공동사회에서 일어나고 있었던 다양한 투쟁들이 모든 형태의 자본주의적 노동에 대항하는 노동계급 투쟁의 구성 부분으로 이해되고 또 지지될 수 있었다. 〈뽀떼레 오뻬라이오〉와 같은 일부 집단들은 계속해서 주로 공장투쟁에 초점을 맞추었지만, 〈로따 꼰띠누아〉 같은 집단들은 점차 – 주택, 식품, 공공요금 등의 자율인하를 중심으로 하는 갈등들 같은 – 공동사회의 갈등들을 지원하는 쪽으로 나아갔고 또 그러한 갈등들이 공장투쟁과 연결되도록 돕기 위해 노력했다. 또리노의 공장노동자들이 국영전기공사에 대항한 주부들의 자율인하 투쟁을 지원하는 동원위원회를 설치한 것처럼, 그들의 노력은 공동사회와 공장의 그러한 연결을 가져왔다.[133] 이것들은 이론적 발전을 낳았고 또 [역으로] 그 이론적 발전에 의해 설명되었던 종류의 전투들이었다.

공동사회에서의 이러한 투쟁들의 발전과 그것들의 이론화에서 극히 중요한 정치적 계기의 하나는 여성들의 자율적인 투쟁이 자기의식적이고 조직적인 정치 집단들 속으로 병합된 것이다. 이 발전 속에서 우리는 제임스가 20여 년 전에 미국 내 흑인투쟁에 대한 분석에서 보았던 자율성, 즉 노동계급의 한 부문의 다른 부문으로부터의 자율성을 볼 수 있다.[134] 이 새로운 자율적 운동은, 많은 여성들이 신좌파 조

133. Bruno Ramierz, "The Working Class Struggle against the Crisis : Self-Reduction of Prices in Italy", *Zerowork* 1 (December 1975) : 142~150.

134. James, "The Revolutionary Solution to the Negro Problem in the United States."

직의 남성에 의한 지배와 공장에 대한 그들의 과도한 강조라고 보았던 것에 대한 투쟁을 통해 발생했다. 그 여성들은 사회 공장이라는 이론적 개념을 파악했을 뿐만 아니라 비공장노동자들(그들 대부분은 여성이다)의 투쟁이 갖는 핵심적 역할도 파악했다. 마리오 뜨론띠와 〈뽀떼레 오뻬라이오〉의 다른 구성원들은 『자본』 2권에 서술된 재생산 도식이 노동의 재생산도 포함한다는 것을 이해했다. 〈뽀떼레 오뻬라이오〉의 여성들은 노동의 재생산을 완수하는 것이 자신들의 노동이며 이탈리아와 그 밖의 지역에서 벌어진 자율인하 운동과 기타의 공동사회 운동의 핵심에 놓여 있는 것은 바로 공동사회에서의 재생산 노동에 대항하는 여성들의 투쟁이었다는 것을 이해할 수 있었다.

이 주제를 부각시키기 위한 투쟁의 일환으로 마리아로자 달라 꼬스따 같은 여성들은 새로운 이론적 강조점과 새로운 조직을 발전시켰다. 이탈리아에서 그들은 조직상에서 〈뽀떼레 오뻬라이오〉와 결별하고 〈로따 페미니스따〉Lotta Feminista를 조직했고, 이어 국제적인 "가사노동에 대한 임금 지불"Wages for Housework 운동을 조직했다. 이론적 차원에서 그들은 노동계급의 비공장 부문에 관한 뜨론띠의 연구작업을 넓게 확장했다. 그들은 공장에서 노동일의 지급되지 않은 부분뿐만 아니라 공장 밖에서의 비지불 노동을 은폐함에 있어서 임금이 수행하는 핵심적 역할에 초점을 맞추었다. 그들은 산업예비군과 임금에 관한 맑스의 저작을 원용했다. 그러나 그들은 노동력의 재생산을 자본주의 계획 내부에 있는 것으로 파악함으로써 맑스의 저작을 넘어섰다. 그들은 임금이 계급을 임금(공장) 부문과 비임금(주부, 학생, 농민 등) 부문으로 수직적으로 분할하고 이로써 비임금 부문의 집단들이 단지 임금을 지불받지 못한다는 이유만으로 노동계급 바깥에 있는 것처럼 나타내게 되는 방식을 밝혀냈다. 그들은 노동력을 재생산하는 노동에 대한 분석을 내놓았고 가정 내부에서, 그리고 학교, 병원 등등의 사회화된 형태 안에서 그 노동의 구조를 분석했다.[135]

임금이 계급의 수직적 분할을 위한 근본적 도구라는 이러한 인식은 성차별주의와 인종차별주의가 자본 안에서 차지하는 역할이라는 오랜 문제에 대한 핵심적 통찰을 제시했다. 셀마 제임스Selma James가 이 문제에 관한 그녀의 획기적 연구에서 주장하듯이 성차별주의와 인종차별주의는 거의 항상 임금 분할과 동시적으로 나타나는 분할의 특수한 경우로 이해될 수 있다.[136] 이것은 비임금 집단 속에서의 인종적, 성적 분할에도 해당된다. 여기서 위계는 바로 비임금소득의 위계이다. 그녀는 이 분석을 농민의 경우에까지 연장했는데, 이것은 자본의 국제적 성격을 재개념화할 수 있는 문을 열었고 전체로서의 세계자본주의 체제 안에서 농민이 수행하는 역할에 대한 엄밀한 재규정으로 가는 문을 열었다. 여기에는 알튀세르의, 개조되었지만 여전히 불모적인, 생산양식의 역사유물론에 대한 응답이 있을 뿐만 아니라 그 역사유물론의 정치학을 거부할 좀 더 견고한 기초가 있다. 프랑크와 같은 네오맑스주의자들이 자본의 전 지구적 성격을 정확히 파악했으나 매우 다양한 생산 배치 ― 특히 농민 속에서의 ― 를 설명할 이론을 발전시키는 데는 실패했다면, 제임스의 작업은, 특히 노동계급의 자율성 및 정치적 재구성의 개념과 결합되었을 때 시간의 흐름 속에서 생산구조의 진화를 설명할 수 있는 이론을 제공했다.

이러한 새로운 통찰의 정치적 의미는 지대한 것이었다. 여성으로서

---

135. Mariarosa Dalla Costa and Selma James, *The Power of Women and the Subversion of the Community* [마리아로자 달라 꼬스따, 「여성권력과 공동체의 전복」, 『달라 꼬스따 선집』(가제), 김현지·이영주 옮김, 갈무리, 근간].

136. Selma James, *Sex, Race and Class*, 그리고 "Wageless of the World", in Edmond and Fleming, eds. *All Work and No Pay*.

〈로따 페미니스따〉와 "가사노동에 대한 임금 지불" 운동의 구성원들은, 여성들로 하여금 공장으로 들어가 노동계급에 '합세'할 것을 촉구한 좌파주의 전략이 반생산적counterproductive이라는 것을 이해할 수 있었다. 여성들은 가정에서 이미 자본을 위해 일을 하고 있는 것이기 때문에, 공장으로 들어가는 것은 곱절의 노동을 의미한다. 게다가 일단 공장에서는 노조와 당에 의해 영속되는 자본의 임금 위계제가 집단으로서의 여성을 억압하거나 바로 그 위계제를 가지고 분할하여 여성들의 집단적 힘을 파괴할 것이다. 제임스가 흑인 운동에 필요한 자율성을 옹호했듯이 여성들도 그러한 조직 속에 포섭되는 것을 거부했다.[137] 이 여성들은 임금을 받는 사람과 임금을 받지 못하는 사람의 기본적 차이는 힘의 차이라고 보았다. 임금 – 즉 돈 – 은 힘, 즉 투쟁의 기초가 되는 물질적 자원을 가져다준다. 따라서 그들은 집합적 자본가로서의 국가가 가사노동에 대해 임금을 지불하라는 질적인 요구를 내놓았다. 임금의 양적인 결정은 자본주의적 생산성 척도에 달려 있지 않고 여성의 힘에 달려 있을 것이다. 그것[가사노동에 대한 임금 지불 요구]은 임금/비임금의 분할에 반대하는 것을 목표로 삼는 요구였다. 그 요구는 여성의 힘을 증대시킴과 동시에 그 과정에서 노동계급의 최하층의 힘을 끌어올림으로써 노동계급 전체의 힘을 증대시키기 위한 것이었다.[138]

이 작업은 뜨론띠와 다른 사람들의 더 초기의 작업을 넘는 결정적 진전을 구성했다. 그것은 이탈리아 노동계급의 정치적 재구성에 관한 더욱 적실한 이해를 가능하게 했을 뿐만 아니라 자본주의 위기에 관

---

137. Selma James, "Women, the Unions and Work, or ⋯ What Is Not To Be Done", *Radical America* 7, nos. 4~5 (July~October 1973) : 51~72. 원래는 Notting Hill Women's Liberation Workshop Group에 의해 1972년에 작성된 팸플릿이다.

138. Silvia Federici, *Wages against Housework*.

한 더 초기의 작업을 세계적 차원으로 일반화할 길을 열었다. 이탈리아의 1960년대의 투쟁에서 비임금 노동자들이 수행한 주도적 역할에 대한 확인과 그 개념의 농민에로의 확대는, 미국과 유럽의 학생들, 가정주부들, 실업자들 및 종족적·인종적 소수자들 그리고 제3세계 농민들의 투쟁들이 모두 노동계급 투쟁의 국제적 순환의 계기들로 파악될 수 있는 이론적 틀을 제공했다.

달라 꼬스따, 제임스의 작업과 "가사노동에 대한 임금 지불"의 다른 작업들을 자본주의 위기 분석에 통합함으로써, 그 분석을 미국과 세계 전체로 확장하는 것이 가능해졌다. 미국과 유럽에서 점점 많은 수의 논문들이 현재의 위기에서 비임금 노동자들의 위치와 중요성을 강조했다. 예를 들어 『오뻬라이오 물띠나찌오날레』*Operaio Multinazionale*(1974)는, 이민 혹은 '다국적' 노동자에 대한 분석을 통해, 제3세계의 농민투쟁들, 선진국에서의 학생, 여성 및 '제3세계' 투쟁들, 그리고 임금노동계급의 투쟁들 등의 상호연결에 대한 우리의 이해를 통합하려고 모색하는 여러 편의 논문들을 실었다.[139] 이 논문들은 현재의 국제 위기의 기원을 전체로서의 '사회 공장'의 위기에서 찾도록, 그리고 그 위기를 일반적으로 생각되는 것보다 무척 심각한 것으로 보도록 만들었다.

1975년 『제로워크』 창간호는 미국에서의 투쟁들에 대한 상세한 연구를 통해 그 투쟁들이, 〈뽀떼레 오뻬라이오〉가 보여 준 바 있는 갈등들과, 즉 전후 케인스주의 질서를 침식하고 자본으로 하여금 통제권을 회복하기 위한 전략으로서 위기를 채택하도록 강제한(즉 투자에 대한 정치적 파업을 요구한) 이탈리아의 갈등들과 같은 종류의 것이라고 주

---

139. Alessandro Serafini, et al., *L'Operaio Multinazionale in Europa*.

장했다. 그러나 노동계급의 에너지를 동원하려는 케인스주의적 노력의 붕괴는 비단 공장에서의 생산성 거래의 차원에 머물지 않았다. 시민권·흑인 운동, 학생 권력, 반전 운동과 여성 운동 등에 대한 분석은 그와 같은 붕괴가 '사회 공장' 전체를 관통하고 있었음을 보여 주었다. 자동차와 광산 같은 주도적 부문에서의 산업 투자가 새로운 노동계급 반란의 강타로 비틀거렸을 뿐만 아니라, 케네디·존슨 시대의 빈민굴과 대학에 대한 인적 자본 투자도 비임금 노동자들의 새로운 운동에 의해 침식되었다. 이 모든 투쟁은 이전에 신좌파 이론가들에 의해 포착된 바 있다. 그러나 그들의 분석을 노동계급에 대한 분석 속에 통합하거나, 그러한 투쟁들의 자율성을 이해하거나, 또는 계급의 여러 다른 부문들 사이의 투쟁의 유통 패턴을 분석하는 것은 이전에는 결코 가능하지 않았다.[140]

『제로워크』 제2호에 실린, 제3세계와 사회주의 진영에서 임금노동자와 비임금 노동자의 투쟁에 대한 추가적 분석은 투쟁순환의 진정한 국제적 성격을 분명히 밝혔다. 동구, 소련, 그리고 베트남에서 농민 및 농장노동자들의 투쟁에 대한 재평가는, 노동자의 공세와 자본주의 전략의 패턴이 '서방'에서의 농민 및 농업노동자 투쟁들과 많은 공통점을 가지고 있다는 것을 보여 주었다. 이 연구들은 토지에 대한 접근권의 역할이나 다국적 노동자의 역할과 같은 많은 핵심적 현상들을 재해석하는 데 기여했다. 토지소유를 단순히 쁘띠부르주아적이거나 봉건적인 성격의 것으로 보는 전통적 관점과는 달리, 이 연구들은 토지가 소득의 보증물로 나타남과 동시에 비임금 노동자를 분할하는 도구로도 나타나는 방식을 명백히 밝혔다. 노동 이주를 단순히 자본주의의 조

---

140. *Zerowork* 1 (December 1975).

작에 의해 희생된 노동자들의 참상으로 보는 견해와는 달리, 이 연구들은 자본에 대항하는 투쟁 형태로서의 자율적 노동 이동의 역할을 강조했다.[141]

이 모든 것이 결국은 맑스의 위기 이론에 대한 근본적 재해석으로 이끌었다. 노동계급이 자본 안에 있는 것으로 이해되면서도 축적 과정을 파열시킴으로써 자본을 깨고 나올 자율적 힘을 갖고 있는 것으로도 이해되면, 위기는 더 이상 신비스럽고 비가시적인 경쟁 법칙에 의해 발생하는 맹목적 '붕괴'로 간주될 수 없게 된다. 맑스의 위기 이론에 관한 안또니오 네그리의 연구를 시작으로, 위기는 계급 간 역관계의 맥락에서 재해석되었고 경쟁은 이 역관계를 조직하는 하나의 방법에 불과한 것으로 위치 지어졌다.[142] 위기를 성장조건의 회복수단으로 파악한 맑스의 해석도 노동계급에 대한 적절한 통제의 회복이라는 맥락에서 이해된다. 따라서 현대의 '그' 위기는 두 계기를 가진 현상으로 나타난다. 첫째 계기는, 노동계급 투쟁이 위기를 자본에 강제하는 것이고 둘째 계기는, 자본이 명령을 회복하기 위해 그 위기를 노동계급을 향해 되돌리려고 시도하는 것이다. 따라서 국제적 위기의 현재적 순환에서 1960년대는 노동계급 공세의 국제적 순환 때문에 자본이 전체로서의 '사회 공장'에 대한 통제를 상실한 시기로 나타난다. 그리고 1970년대는 자본이 국제적인 공세를 개시한 시기로 나타나는데, 여기에서 식

---

141. *Zerowork* 2 (Fall 1977).

142. Antonio Negri, "Marx sul ciclo e la crisi", in *Operai e Stato*, by Bologna et al〔영어판 : "Marx on Cycle and Crisis", in Negri, *Revolution Retrieved*〕〔안또니오 네그리, 「맑스의 순환론과 위기론」, 『혁명의 만회』, 영광 옮김, 갈무리, 2005〕. 또한, Sergio Bologna, "Moneta e crisi : Marx Corrispondente della 'New York Daily Tribune,' 1856~57", in *Crisi e Organizzazione Operaia*, by S. Bologna, P. Carpignano and A. Negri를 보라.

품 및 에너지 가격, 그리고 환율 및 국제부채 등에 대한 직접적 조작은 케인스주의 정책이 국내적으로 얻으려다 실패한 것(즉 임금 투쟁을 생산성 향상의 한계 안에 봉쇄함으로써 통제를 회복하는 것)을 국제적 회로를 통해 달성할 수단으로 사용되고 있다. 이와 동시에 국제적 위기의 2단계에 대한 자본의 조직화는 노동계급을 기술적으로 또 지리적으로 재구조화함으로써 노동계급의 통일을 해체하려는 시도를 포함했다. 이론의 측면에서 이것은, 가변자본을 불변자본으로 대체하려는 자본의 장기 경향(맑스는 이 경향이 노동의 고용에 기초한 체제의 근본적 위기를 가져오는 것으로 보았다)에 대한 맑스의 분석을 새롭게 평가하는 작업도 포함했다.[143]

서로 함께 엮여서 노동계급의 힘의 패턴에 대한 전략적 분석을 구성하기 시작한 주요한 통찰들은 다음과 같다. (1) 자율적 힘으로서의 노동계급 (2) 노동계급을 그 내부에 포함하는 것으로서의 자본, 그러니까 계급투쟁으로서의 자본 (3) 계급투쟁을 통해 생산된 노동계급의 힘에 대한 특수한 분할로서의 기술technology (4) 계급구성의 기능으로서의 노동계급 조직, 따라서 노동계급의 타당한 조직적 해법으로서의 노동조합주의, 사회민주주의, 레닌주의 등의 역사적 특유성 (5) 자본의 분할을 극복하는, 노동계급으로서의 정치적 재구성 (6) 임금노동자와 비임금 노동자를 포함하는 것으로서의 노동계급 (7) 사회 자본으로서의 자본 혹은 '사회 공장'으로서의 자본 (8) 계급 간 힘의 위기로서의 자본주의 위기 (9) 위기의 두 계기의 실체인 노동계급의 정치적 재

---

143. Mario Montano, "Notes on the International Crisis", *Zerowork* 1 (December 1975):32~59의 끝부분을 보라. 이 연구가 의미하고 있는 종류의 위기 이론과 전통적 정치경제학의 접근법 사이의 차이점은 Peter F. Bell, "Marxist Theory, Class Struggle and the Crisis of Capitalism", in *The Subtle Anatomy of Capitalism*, ed. J. Schwartz 를 보라.

구성과 자본주의적 탈구성.

이상의 서술에서 나는 맑스에 대한 다시 읽기가 어떻게 이러한 요소들의 발전의 중요한 계기였는지에 대해 밝히려고 노력했다. 특히 노동의 조직화를 중심으로 한 빤찌에리의 맑스 다시 읽기, 노동의 종말을 중심으로 한 『제로워크』의 『정치경제학 비판 요강』 다시 읽기는 노동계급의 힘의 발전에서 정통 맑스주의나 서구 맑스주의보다 더 큰 전략적 유용성을 갖는 분석의 발전에서 필수적이고 중요한 계기였다. 이것들은 어떠한 종류의 다시 읽기일까? 그것들이 전통적인 접근법과 다르다면, 어떻게 다른가? 내가 보기에 그것들은 이데올로기나 자본주의적 전략 구축의 연습이 아니다. 그것들은 자본주의 비판을 모색하지 않는다. 오히려 그것들은 노동계급의 힘을 발전시키기 위한 새로운 도구를 찾는다. 빤찌에리는 자본주의적 기술과 자본주의적 계획의 변형을 강제하는 노동계급의 자율성을 발견한다. 뜨론띠는 공장 투쟁과 비공장 투쟁을 연결할 방법을 탐구할 이론적 근거를 발견한다. "가사노동에 대한 임금 지불" 운동은 임금이 계급 분할을 극복할 힘의 관건임을 재발견한다. 『제로워크』는 노동에 대항하는 현재의 투쟁이 자본의 역사적 위기를 만들어 낸다고 본다.

(당대적 투쟁의 필요에서 도출되는) 『자본』의 전략적 읽기 혹은 정치적 읽기라는 목표를 고려할 때, 우리로 하여금 『자본』을 그것의 19세기적 기원에서 분리시키고 또 그것을 현재의 위기에 대한 투쟁을 조명하기 위해 사용할 수 있도록 만드는 것은 무엇인가? 『자본』이 자본주의 사회의 범주들과 관계들의 성격에 관해 근본적인 통찰(언제나 두 개의 관점이 있다. 자본의 관점 대 노동계급의 관점이 그것이다!)을 제공한다는 점에 그 답이 있다. 모든 범주와 현상에 관한 분석은 쌍방적이어야 한다. 이 두 관점을 넘어서는 객관적 장소란 없다. '객관적 과학'을 향한

알튀세르와 그 밖의 사람들의 추구는 고전적 정치경제학이나 칼 만하임Karl Mannheim의 추구만큼이나 무효하다. 분석의 불가피한 쌍방성을 인정한다는 것은 단순히 계급투쟁을 반성reflect하는 것이 아니라 그것을 재생산하는 것이다.

예를 들어 임금에 대한 맑스의 논의를 살펴보자. 첫째, 노동자에게 임금은 소득이지만 자본가에게 그것은 비용이다. 둘째, 자본은 임금형태를, 가변자본과 불변자본의 분리 및 자신의 착취를 감추기 위해 사용한다. 그러나 그때 노동계급은 이 착취를 공격하기 위하여 임금 요구를 사용한다. 결국 임금은 노동계급을 분할하고 약화시키며 노동계급에 대한 착취가능성을 보장하기 위한 핵심 도구이다. 그러나 동시에 그것은 바로 그 분할을 공격하는 무기로 전환될 수도 있다.

우리가 맑스를 해석할 수 있고 또 그의 저작이 우리에게 어떻게 유용할 수 있는지를 발견할 수 있는 것은 바로 그러한 쌍방적 분석 혹은 계급 분석을 적용함으로써이다. 이러한 분석은 『자본』의 모든 다른 범주들을 두 계급의 상이한 관점으로부터 조사함으로써 각 범주의 의미를 탐구한다. 우리는 철학이나 정치경제학의 신비화들에 빠져들지 말아야 한다. 그것들은 자본의 결정이 어떻게 노동계급에 부과되는지, 또 그 결정에 대항하는 투쟁에 의해 어떻게 조형되는지를 보여 주지 못하고 기껏해야 자본 그 자체의 일방적 관점을 드러낼 뿐이다. 우리는 그러한 접근법들에 만족할 필요가 없다. 왜냐하면 현재의 투쟁을 보는 렌즈를 통해 우리는 이제, 맑스의 저작이 어떻게 자본에 반립적인antithetical 동시에 자본의 결정을 파괴할 힘을 갖고 있는 것으로서 노동자들의 입장을 드러내는지를 이해할 수 있기 때문이다. 혁명적 전략은 그 밖의 어떤 것이 아니다. 그것은 계급 관계 연구의 본질적 부분이다. 비록 이 관계가 끊임없이 변하고 있지만, 또 19세기는 오래전에 가버렸지만, 자본의 쌍방성은 남아 있다. 그것에 대한 분석은 간단하지 않다. 그러나 동시에 우리가, '전문적 맑스주의자들'이『자본』의 의미를 애매하게 만드는 저 이해할 수 없는 복잡함들에 골몰할 아무런 이유도 없다.

내가 보기에, 이것이 위에 언급한 최근의 작업들의 중요한 교훈인 것 같다. 그 교훈은『자본』을 정치적으로 읽기를 함축하며 그러한 읽기는 두 개의 단계를 포함한다. 첫째 단계는 각각의 범주와 관계가 계급투쟁의 성격과 어떻게 관계되고 또 계급투쟁의 성격을 어떻게 밝혀주는지, 그리고 그것[계급투쟁의 성격]이 노동계급의 정치적 전략에 대해 어떤 의미를 갖는지를 보여 주는 것이다.[144] 이 두 계기는 직접적으로 상호연관되어 있다. 그리고 전자를 수행하는 것은 종종 이미 후자를 암묵적으로 행하는 것이기도 하다. 예컨대 맑스는, 화폐가 어떻게 자본의 필수적 구성요소 ─ 자본에 의해 상품형태의 일부로 부과된 매개물 ─ 인가를 보여줌으로써, 자본을 파괴하려는 어떠한 노동계급 전략도 궁극적으로는 화폐의 파괴를 포함해야만 한다고 암묵적으로 말한다.

각각의 범주를 계급투쟁에 명시적으로 연관시켜야 한다는 이러한 요구는 모든 것을 계급투쟁으로 환원하라는 것은 아니다. 왜냐하면 계급투쟁은 범주들과 관계들의 독립적이며 외부적인 원인이 아니기 때문이다. 또한 계급투쟁은 그 범주들과 관계들로부터 파생된 외부적 결과도 아니다. 우리가 이제 깨닫기 시작하였듯이 자본은 계급 관계이며 또 그 관계는 투쟁의 관계이다. 계급투쟁은 ─ 자신의 모든 범주

---

144. 마리오 뜨론띠는 마셜(Marshall)의 원칙들을 논하는 가운데 마셜의 일방성을 지적하고 노동계급의 관점을 볼 필요를 강조했다. "이것은 객관적 사회과학의 모든 발견이 투쟁의 언어로 표현될 수 있고 또 그렇게 되어야 한다는 우리의 관점에서 볼 때 진실과는 정반대이다. 가장 추상적인 이론적 문제는 가장 구체적인 계급적 의미를 가질 것이다"("Workers and Capital": 30).

들과 결정[태]들을 가지고 – 자신의 사회질서를 부과하려는 자본의 시도와, 자신의 자율적 이익을 지키려는 노동계급의 시도의 대립이다. 노동계급 투쟁은 자본주의 사회의 '경기 규칙'을 의문에 부치는 혁명적 행동이다. 그렇기 때문에 그 모든 규칙들과 결정[태]들은, 노동계급 전략의 견지에서 자본의 모든 측면을 평가해야 한다고 주장하는 관점에 입각하여 독해되어야 한다. 이것이 자본주의적 범주들의 쌍방성의 원천이다. 철학자들과 정치경제학자들의 '과학'은 단지 자본의 관점 그 자체일 뿐이다. 『자본』과 자본을 정치적으로 읽기는 노동계급의 전략적 행동이다. 투쟁을 초월하는 제3의 객관적 관점은 없다. 왜냐하면 혁명적 행동은 어디에서나 타방 the other side을 [즉 적수를] 드러내기 때문이다. 내가 위에서 간략하게 서술한 저작의 결정적 중요성은 그것이 이러한 사실을 재발견하고 이 전략적 기획을 실행하기 시작했다는 것이다.

이 기획은 바로 맑스가 물신숭배에 대한 논의에서 촉구한 바로 그 기획이다. 맑스가 자신이 『자본』[1장 1~3절]에서 방금 수행한 그 분석을 물신숭배적인 것이라고 비판하면서 우리를 갑자기 멈춰 세우는 곳은 1장의 상품형태에 대한 상세한 논의의 끝[4절]에서라는 것을 기억해야 한다. 그가 그것[1~3절의 논의]을 비판하는 이유는 [1장 1~3절의] 그 분석이 계급 간 사회관계를 다룬다기보다 단지 사물들 사이의 관계만을 다루기 때문이다. 맑스는, 우리가 상품들의 물신주의의 이면을 보아야 한다고 주장한다. 상품 물신주의 속에서 상품들은 종교적 이념들처럼 '생명을 부여받고 서로 간의 관계 속으로 그리고 인간과의 관계 속으로 들어오는 독립적 존재자들'로 나타난다. 달리 말해, 우리는 상품형태에 대한 맑스의 자신의 설명 이면을 보아야 한다. 맑스가 설명하는 상품형태 속에서 상품들은 그들 스스로 상호작용하는 것처럼 나타난다. 맑스가 2장에서 교환을 사람들 사이의 행위로 분석하고 그 후에 그 책의 나머지 부분에서 자본의 사회관계의 다른 측면들을 분석하기 위해 나아갈 때, 그는 자신이 처방한 바로 그것을 행하고 있는 것이다. 그것은, 상품들과 그것의 모든 결정[태]들을 계급 관계 내부에 놓는 것이다. 이것은 앞에서 내가 개괄한 기획, 즉 계급 대결의 맥락 속에 자본의 각 범주들이 갖는 의미를 분석하는 기획의 중요한 부분이다.

상품형태 그 자체에 논리가 있듯이 상품교환에도 분명히 규칙들 또는 '법칙들'이 있다. 그러나 그 논리와 법칙들은 단지 자본이 강제하는 데 성공한 것들일 뿐이다. 맑스가 『자본』에서 우리에게 보여 주는 것은 자본에 의해 설정된 '경기 규칙들'이다. 이 규칙들은 자본 자체의 내적 구조 ─ 두 계급의 모순적 투쟁 ─ 를 반영한다. 우리의 문제는 바로 이러한 각각의 결정[태]들과 규칙들이 노동계급에 대해 가지는 의미와 중요성을 명확히 밝히는 것이지 그것들을 단지 객관적으로 주어진 것으로 받아들이는 것이 아니다.

1장 읽기

『자본』의 가장 기본적인 개념의 하나이자 내가 앞에서 개괄한 맑스 읽기들에서 핵심적이었던 것은 '가치'라는 개념이다. 내가 아는 바로는, 안타깝게도 이 개념 자체는 결코 정치적으로 읽힌 적이 없다. 그리고 이 사실이 이 개념을 다소 혼란스럽고 모순되게 사용되도록 이끌었다. 내가 보기에 이 문제는, 『자본』 1권 1장에서의 맑스의 가치 분석에 대한 정치적 읽기를 통해 극복될 수 있을 것으로 보인다. 이것을 위해, 나는 앞에서 언급한 쌍방 접근법을 적용하여 1장에서 서술되는 여러 개념들과 범주들에 대한 명료화와 해석에 집중하려고 노력했다.

이 1장에 대한 '읽기'는 주의를 요한다. 왜냐하면 맑스가 자본의 몇몇 결정[태]들determinations — 그가 상품형태라고 부르는 것 — 만을 다루고 있기 때문이다. 자본의 다른 많은 결정[태]들은 1권의 나머지와 2권 및 3권에서 조심스럽게 설명된다. 그 부분에서 그(와 2권, 3권을 편집한 엥겔스)는 점점 더 복잡해지는 결정[태]들의 논리적으로 발전하는 전개를 느꼈다. 이것이 상품으로서의 노동력, 잉여가치, 자본, 축적, 이윤, 임금 등등의 대부분이 이 장에 등장하지 않는 이유이다. 역설적이지만 바로 이 이유 때문에, 1장의 어려움은 그것의 복잡성이 아니라 그것의 단순성에 있다. 이것이, 이 장의 해석이 전통적으로 어려웠고 심지어 신비적이기까지 했던 이유 중의 하나이다. 1장이 상품형태와 자본주의의 관계에 관한 대부분의 명시적인 논의를 배제하고 있기 때문에 많은 해석가들은 맑스가 경고했던 바로 그 상품물신주의commodity fetishism의 덫에 걸려들고 말았다. 그들은 상품형태의 결정[태]들을 일체의 상품교환 — 단순한 [상품생산양식] 또는 '소상품생산양식'의 상품교환에서 자본의 상품교환에 이르는 — 의 추상적 특징으로 바라보았다. 이런 식으로 2

장에서의 교환에 대한 분석과 3장에서의 화폐에 대한 분석을 포함하는 『자본』 제1편의 전체적 분석이, 제2편 "화폐의 자본으로의 변형"으로 들어가면서 비로소 나타나는 자본에 대한 분석으로부터 분리 가능한 것으로 간주되어 왔다. 마치 제1편의 화폐가 모종의 비역사적[ahistorical] 범주나 전[前]자본주의적 생산양식의 범주이기나 하다는 듯이 말이다.

그러나 맑스의 설명의 질서는 비역사적이지 않으며, 자본의 범주들에 선행하는 전[前]자본주의적 범주의 화폐를 가지고 역사적 발전을 재생산하는 것을 목표로 삼지도 않았다. "따라서 경제학 범주들을, 그것들이 역사 속에서 지배적 역할을 수행한 질서에 따라 연속적으로 나열하는 것은 부적합할 뿐 아니라 잘못된 것일 것이다. 오히려 그 범주들이 연속되는 질서는 근대부르주아 사회에서의 그것들의 상호관계에 의해 결정된다."[145]

이 시점에서 나는 전[前]자본주의 사회에서의 가치와 화폐의 성격 문제에 관해 여기에서는 단지 다음과 같이 말하고 싶을 뿐이다. 『정치경제학 비판을 위하여』의 "서문"에 나오는 맑스의 충고, 즉 자본주의에 적합한 범주들을 아무런 변형 없이 다른 사회체제에 적용하는 것은 타당하지 않다는 충고를 진지하게 받아들이는 것은 좋은 생각이라고 말이다. "부르주아 경제는 따라서 고대경제들을 이해하기 위한 열쇠를 제공한다. 그러나 모든 역사적 차이를 무시하고 모든 사회현상에서 오직 부르주아적 현상만을 보는 그러한 경제학자들의 방식으로 〔이러한 통찰력을 얻는 것은〕 완전히 불가능하다. 우리가 지대[rent]를 알면 조공

---

145. Marx, "Introduction", to *A Contribution to the Critique of Political Economy*: 213 〔칼 마르크스, 「서문」, 『정치경제학비판을 위하여』〕.

tribute, 10분지 1세^{tithe} 등을 이해하는 것이 가능하다. 그렇다고 그것들을 동일한 것으로 취급해서는 안 된다."[146]

이러한 방법론적 논의의 한 부분으로, 맑스는 화폐의 경우에 대해 명백하게 논의한다. 그는 "화폐가 현재 존재할 수 있고 또 자본, 은행, 임금노동 등이 존재하기 이전의 역사적 시기에 존재했을 수도 있다."는 것은 분명히 사실이지만 그럼에도 불구하고 전前자본주의 사회에서 '화폐'는 덜 발전되었고 따라서 [현재와는] 달랐던 것이 사실이라는 점을 주목한다. "따라서 비록 더 단순한 범주[화폐]가 더 구체적인 범주[자본]보다 역사적으로 앞서서 존재했을 수 있지만, 그것의 완전하고 집약적이며 확장적인 발전은 오로지 복잡한 사회구성체 속에서만 일어날 수 있다."[147]

그러므로 만약 우리가 전前자본주의 사회에서의 가치와 화폐의 성격을 분석하고자 한다면 ― 그것이 [나의] 이 책의 목적은 아니다 ― 맑스의 예를 좇아, 자본주의에 적합한 것인 『자본』의 이론이 다른 상황들에 유용하기 위해서는 어떻게 변형될 필요가 있는가를 이해하려고 시도하는 것이 좋을 것이다.

『자본』 1장은 완전히 발전된 상품교환체제 ― 그것은 오직 자본주의의 양상으로서만 존재했다 ― 의 결정[태]들을 다루고 있다. 자본주의가 그렇게 완전히 발전된 체제이기 때문에(그 이유는 다음 장에서 논의하겠다) 그것의 결정[태]들은 또한 자본의 결정[태]들이며 또 그렇게 이해되어야만 한다. 맑스는 임금노동을 고용하기 위해 자본으로 쓰이는 화폐와 개인적 용역을 구입하기 위해 자본 아닌 것으로 쓰이는 화폐를 구

---

146. 같은 책 : 211.
147. 같은 책 : 209.

분한다. 그가 그렇게 하는 것은, 자본이 자신의 체제 확장 과정에서 화폐를 완전히 사용하는 데에 성공하지 못하는 상황이 있다는 것을 그가 인식했기 때문이다. 이러한 구분은 분명히, 노동계급의 화폐 사용과 지대 소득자의 화폐 사용을 구분하는 것만큼이나 타당한 것이다. 그러나 이러한 사용들은 어떤 추상적 화폐 그 자체로서의 화폐 사용이 아니라 특수한 역사적 계급 맥락 속에서의 화폐 사용이다. 자본의 관점에서 보면 화폐의 이 모든 사용은 자본 자신의 확대재생산에 종속되고 통합되어야 한다. 만약 그렇지 않으면 그 화폐 사용들은 자본을 위한 화폐로서 기능하는 것이 아니다. 이것이 밝혀 주는 것은 바로, 가치와 화폐를 자본의 통합적 구성 부분으로 이해하는 것이 왜 결정적으로 중요한가 하는 것이다. 우리는 왜 그 부분들이 자본에 적합한 형태들이고 또 자본에 의해 재생산되는 형태들인가를 이해해야 한다. 그래야만 그것들[가치와 화폐]을 폐지하는 것이 무엇을 의미하는가도 이해할 수 있다.

또 다른 문제는, 맑스를 해석할 때, 맑스가 자신이 설명하고 있는 관계들을 자연적 사실처럼 받아들이고 있는 것으로 해석하기가 너무 쉽다는 것이다. 그러한 해석은 맑스주의 정치경제학자들이 거듭 반복해 온 오류를, 즉 맑스의 상품형태 분석을 단지 그 정확성에서만 고전적 정치경제학의 분석과 다르다고 보는 오류를 포함한다. 맑스는 물론 그의 선구자들의 '오류'를 파악하여 정정한다. 그것이 잉여가치론에 관한 『자본』 4권의 기획이다. 그는 상품형태와 연관된 일단의 규칙들이 가지고 있는 논리적 일관성을 더 잘 보여 줄 수 있었다. 그러나 그가 이렇게 할 수 있었던 것은, 그가 그들 선구자들의 관점(즉 자본의 관점)에서 벗어나 상품형태를 자본에 내적인 것으로 볼 수 있었기 때문이다. 상품형태가 자본에 내적인 형태라는 것은, 그 형태가 노동계급으로 하여금 자본을 위해 '자유롭게' 일하도록 강제하는 형태이자 동시에 그것이 시장 관계를 이용하여 그 강제를 은폐하는 방식이라는 것이다. 맑스는, '보이지 않는 손'invisible hand이 애덤 스미스가 생각한 것보다 훨씬 잘 기능하는 이유를 보여 주고 있지는 않다. 그는 자본이 강제하려고 하는 이상적 구조를 보여 주고 있으며, 자본이 상품의 매개를 통해 이러한 강제를 달성하고 위장하는 방식을 보여 주고 있다. '보이지 않는 손'의 경제이론에서는 여기서 말하는 위장이 물신주의적으로 재생산된다.

우리의 문제는 맑스의 설명이 갖는 문제와는 다르다. 1장의 가치론을 이해하는 것은, 맑스가 우리에게 우리가 해야만 한다고 말한 것 ─ 그가 『자본』에서 더욱 발전시켰고 우리가 오늘날 더욱 확장하고 있는 계급 관계에 관한 이해 속으로 상품형태에 관한 논의를 통합시키는 것 ─ 을 어떻게 할 수 있을 것인가를 알아내는 것이다. 이 일을 하기 위하여 우리는 『자본』의 나머지 부분에 대한 우리의 지식과 해석을, 그리고 『자본』이 분석하는 계급투쟁에 대한 지식과 해석을 [그것의] 1장에 대한 읽기에 집중시켜야 한다. 맑스는 설명을 명확하게 하기 위해 자신의 분석을 논리적 순서대로 전개하였다. 우리는 그 총체성을 복원해야 하며 이를 위해서는 각각의 분리된 부분들을 다른 부분들과 연관 지어야 한다. 잉여가치가 가치의 발전된 형태이므로 잉여가치의 논의가 가치에 대한 논의를 포함한다는 것을 방법론적 원리로서 주장하는 것으로는 충분하지 않다. 우리는, 가치의 결정[태]들이 어떻게 잉여가치 속에서 보존되고 또 그것에 덧붙여지는지를 명확하게 보여야 한다. 이와 마찬가지로, 우리는 잉여가치의 결정[태]들이 어떻게 계급 관계의 총체성 속에서 유지되고 그것에 덧붙여지는지를 보여야 한다. 이것이 앞에서 내가 논의한, 『자본』에 대한 정치적 읽기의 의미이다. 이렇게 함으로써만 우리는 "각각의 범주와 관계가 어떻게 계급투쟁의 성격과 연관되고 또 그것을 밝혀 주는 가를 이해할 수 있다. 가치와 화폐가 "노동계급의 정치적 전략 일반에 대해" 가지는 의미가 무엇인지를 우리가 이해하기 시작할 수 있는 유일한 길이 바로 이것이다. 그것들이 의미하는 바를, 특히 오늘날 그것이 의미하는 바를 발견할 수 있기 위해서 우리는 이 관계들을 어떤 추상적 모델의 추상적 계기로서가 아니라 계급 대결이라는 당대적 현실의 실재적 계기들로 파악해야만 한다. 내가 생각하기에, 우리가 『자본』의 나머지 부분과 그 연장선상의 작업들이 어느 정도로 일관성 있게 그리고 쓸모 있게 재해석되어 왔고 또 재해석될 수 있는가를 평가할 수 있는 것은 가치에 대한 그러한 이해를 기초로 해야 한다.

다음에서 나는 『자본』 1장의 1, 2, 3절을 그 순서대로 '다시 읽고', 이어서 자본 안에서의 상품형태, 상품형태의 사용가치와 교환가치의 분석 및 상품형태의 질적 측면과 양적 측면의 분석, 가치 실체로서의 추상노동, 추상노동의 척도로서의 사회적 필요노동시간, (화폐형태와 휘감기는) 가치형태 등을 [차례로] 다루고 끝으로 화폐형태에 의해 드러나는 화폐의 여러 측면들을 다룰 것이다. 이 각각의 경우에서 나는 두 계급 관점two class perspective을 드러내고 [이것이] 노동계급 투쟁에 대해 갖는 의미를 간략하게 논의하려고 시도했다. 나는 물신주의를 다루는 1장 4절에 관한 별도의 분석을 하지 않는다. 그 이유는 단순하다. 그것은, 이미 내가 설명한 대로, 이 책 『자본을 어떻게 읽을 것인가』 전체가 상품형태라는 현상을 넘어 사회관계[라는 본질]에 도달하려는 작업을 포함하기 때문이다. 결론에서 나는 1장 읽기의 주요한 결과들 중의 일부를 요약한다.

2장

상품형태

왜 맑스는 상품에 대한 — 사고파는 인간노동의 유용한 산물에 대한 — 분석에서 자신의 연구를 시작하는가? 그는 『자본』 1장의 바로 첫 두 문장에서 우리에게 하나의 해답을 준다. "자본주의적 생산양식이 지배하는 사회들의 부※는 '상품들의 거대한 집적'으로 나타나며, 개개의 상품이 그것의 기초적 형태로 나타난다. 따라서 우리의 조사는 상품에 대한 분석에서 시작한다."[1] 그가 상품에서 시작하는 이유는 그것이 자본주의 사회에서 부의 기초적인 형태이기 때문이다. 우리가 『자본』의 나머지 부분을 읽을 때, 우리는 부르주아 사회에서 모든 부가 왜 상품형태commodity-form를 띠는지를 발견한다. 그것을 알게 되면, 왜 우리가 상품으로부터 시작해야 하는가는 더욱 명백해진다. 상품형태가 자본의 근본적 형태이기 때문이다. 이 장에서 나의 목적은, 맑스가 '상품형태'라는 말로 지시하는 자본의 기본적 측면들을 설명함으로써, 그리고 자본이 상품형태 속에서 발전되어 온 역사를 개괄함으로써 이 근본적 논점을 명확하게 하는 것이다.

『자본』은 자본에 관한 것이다. 그렇다면 자본이란 무엇인가? 맑스

---

1. 독일어 3판을 영어로 번역한 무어(Moore)와 에이블링(Aveling)의 전통적인 영어본에서 그 첫 문장은 다음과 같다. "자본주의 생산양식이 지배하는 사회들의 부는 그 자신을, 그 단위(unit, 해리 클리버의 강조)가 개개의 상품인, '상품들의 거대한 집적'으로 나타낸다." 『자본을 어떻게 읽을 것인가』가 위 인용구를 가져온 벤 포우크스(Ben Fowkes)의 새로운 번역판에서는 독일어 'elementarform'을 좀 더 정확하게 '기초적 형태'(elementary form)로 번역한다. 맑스가 1장에서 자신이 사용하는 방법에 관해 말하고 있는 독일어 1판 머리말에서 그는 상품형태를 '세포형태'(cell-form)라고 말한다. "더구나 경제적 형태의 분석에서는 현미경도 화학적 시약(試藥)도 도움이 되지 않는다. 추상의 힘이 이러한 것들을 대신한다. 그러나 부르주아사회에 있어서, 노동생산물의 상품형태 또는 상품의 가치형태는 경제적 세포형태이다. 피상적인 관찰자에게는 이러한 형태들에 대한 분석이 미세한 것에 눈을 돌리는 것으로 보인다. 그 분석이 미세한 것을 다루는 것은 사실이지만 그것은 현미경적 해부가 미세한 것을 다루는 것과 유사하게 그 미세한 것을 다룬다." (Karl Marx, *Capital*, Volume I, translated by Ben Fowkes : 90 [카를 마르크스, 『자본론 1 – 상』, 김수행 옮김, 비봉출판사, 2015]).

가 보기에 자본은 무엇보다도 사회관계였고 좀 더 자세히 말하면 부르주아 사회의 계급들 – 자본가계급과 노동계급 – 사이의 투쟁의 사회관계였다. 만약 자본이 기본적으로 계급투쟁의 동력학이라면 그 투쟁의 가장 기본적인 성격을 검토함으로써 그것에 대한 연구를 시작하는 것이 합당할 것이다. 맑스가 연구하는 것이 바로 그것이긴 하지만 [맑스의 연구에서] 상품들과 계급투쟁 사이의 관계가 직접적으로 명백하지는 않다. 이 관계를 명백히 밝히기 위해서는, 계급투쟁은 자본가계급이 대부분의 사람들에게 상품형태를 강제하는 방법을 둘러싸고 벌어진다는 사실을 이해해야만 한다. 상품형태를 강제하기 위해 자본가계급은 사람들로 하여금 자신들의 생존을 유지하고 또 사회적 부에 대한 약간의 접근권을 얻기 위해 자신들의 삶[생명활동]의 일부를 상품 노동력으로 팔도록 강제한다. 달리 말해, 압도적 다수의 사람들은 굶어 죽는 것을 모면하려면 노동을 하지 않으면 안 되는 상황에 처해진다. 자본가계급은 사회적인 부를 생산하는 모든 수단에 대한 총체적 통제를 달성함으로써 이러한 강제의 상황을 만들고 또 유지한다. 상품형태의 일반화된 강제는 사회를 조직하는 (즉 사회 통제의) 근본적 수단이 되었다. 그것은 노동계급 – 생산수단을 통제하는 계급에게 노동할 수 있는 자신들의 역량을 판매함으로써만 생존할 수 있는 사람들의 계급 – 의 창출을 의미한다.

자본은 자본과 노동계급 사이의 투쟁이다, 라고 말하는 것이 역설적으로 들릴 수도 있다. 어떻게 어떤 것이 그 자신과 그 외의 어떤 것 사이의 투쟁일 수 있는가? 간단히 말해, 노동계급은 그것이 자본을 위해 일하는 한에서는 '그 외의 어떤 것'이 아니기 때문이다. 노동계급은 자본 내부에서 노동력으로 존재한다. 이것은, 자본이 전체인 동시에 일부임을 의미하는가? 아니다. 그것은 언제나 전체이다. 바로 그것이 어려운 점이다. 왜냐하면 노동계급은, 매우 특별한 의미에서 그 자신을 포함하는 전체와 그 자신이 대립하고 있음을 발견하기 때문이다. 자본의 지배 아래서 노동은 유용한 재화들, 상품들, 수입, 그리고 궁극적으로는 잉여가치 혹은 이윤을 생산한다. 그것들은 다시 자본가계급에 의해 관리됨에 따라 노동을 지배하는 데에, 그리고 더 많은 노동을 가동시키는 데에 사용된다. 이처럼 상품형태를 통해 노동은, 자신이 창출하는 생산물과 가치라는 소외된 '죽은' 형태 속에서, 그 자신('산 노동'living labor)을 자본으로서 지배한다. 이러한 의미에서 우리는 노동 속의 자본capital within labor을 사회적 왜곡의 특수한 종류로서 이해할 수도 있다. 여기서 매우 특유한 종류의 사회적 활동성(즉 노동)은 죽은 형태 속에서 좀비 같은 실존을 취하며 그것이 더 많은 노동을 강제함으로써 모든 사회적 활동성을 지배한다. 사실상 우리는 자본을, 상품형태를 통한 노동 강제에 기초한 사회체제로 정의할 수 있다. 죽은 노동이 산 노동을 지배할 뿐만 아니라 그 지배 속에서 자신의 확장을 위해 산 노동의 생명력을 빨아내는 그 방식 때문에, 맑스는 종종 자본을 "흡혈귀 같은" 존재라고 말했다.

자본의 성격에 관한 이러한 이해는 부르주아 경제학의 이해나 맑스에 대한 일부 해석들과 판이하다. 후자의 이해나 해석들은 자본을 물신화된 방식으로, 즉 단순한 사물들(생산수단, 이윤, 투자가능한 자금 등)로 본다. 이것들이 사회관계 조직화의 계기들이라는 것은 분명하지만 그것들을 사회관계 그 자체로 오인해서는 안 된다. 이 점은, 자본을, 이 모든 양상들을 포함하는 순환적이고 자기생산적인 관계들의 집합으로 본 다음과 같은 맑스의 공식을 마음에 새긴다면 기억해 내기 쉬울 것이다.

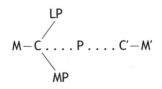

위의 공식에서 실선은 교환관계를, 그리고 점선은 생산관계를 나타낸다. 여기서 우리는, 투자 가능한 자금(M)이 생산에 사용되는 상품들(생산수단들, 즉 MP와 노동력 LP)을 구입하여 그것들을 상품자본(C')을 생산하는 노동과정(P)에 투입한다는 것을, 그리고 그 상품자본은 이윤($M'-M$)을 산출하는 소득(M')을 받고 팔릴 수 있다는 것을 볼수 있다. 이 모든 것들이 자본이라는 총체를 이루는 계기들이다. 이러한 총체의 각 양상에 대한 검토가 『자본』 1권에서 이루어지고 있으며이 과정의 형태에 대한 분석은 2권에서 가장 완전히 전개된다. 2권에서맑스는 재생산 회로를 이 각각의 계기들과 관련하여 분석한다.[2]

만약 상품형태가 자본의 계급 관계가 취하는 근본적 형태라면, 그리고 그 형태가 노동자들에게 있어서 사회적 부(음식, 의복 등)에 대한유일한 접근권이 자신들의 노동력의 판매를 통해서만 얻어지는 강제된 상황의 창출에 의해 구성된다면, 모든 노동생산물은 필연적으로 상품형태를 띠지 않을 수 없다는 결론이 나온다. 그 이유는 단순하다. 왜냐하면노동자들의 생존과 성장을 보장하기 위해서는 그 노동생산물들이 노동자들에게 다시 팔려야 하기 때문이다. 자본에게 부란 노동과 그 노동이 생산해 낸 생산물의 축적에 불과하다. 그리고 노동과 그것의 생산물이 모두 자본 안에서는 상품형태를 띠고 있기 때문에, 개개의 상

---

2. 맑스가 화폐자본(M), 생산자본(P), 그리고 상품자본(C')의 순환을 별도로, 그리고 묶어서 분석하는 것은 『자본』 2권 제1편 "The Metamorphoses of Capital and Their Circuits"에서이다.

품이 그러한 부의 기초적 형태로 나타난다.[3]

따라서 상품형태는 일단의 세력 관계이다. 그것이 강제된 것인가 아닌가, 그리고 어떻게 강제된 것인가는 노동계급에 대한 자본의 힘에 달려 있다. 상품형태는 단순히 자본주의 사회에서 일단의 관계를 서술하거나 지칭하는 어떤 비정치적 개념이 아니다. 상품형태를 강제하는 자본의 힘은 체제 그 자체(대부분 사람의 생명이 노동력으로 전화되는 체제)를 유지하는 힘이다. 바로 여기에 노동력과 노동계급을 구분하는 것의 중요성이 놓여 있다. 노동계급이 자본의 일부로 기능할 때 노동계급은 노동력이다. 그리고 자본은 이러한 측면에 따라 그 계급을 정의한다. 이것은 맑스가 행한 즉자적 노동계급working class in itself과 대자적 노동계급working class for itself의 구분을 사용해서 설명될 수 있다. 즉자적 노동계급은 자신의 노동력을 자본에게 팔지 않을 수 없는, 그래서 노동력이지 않을 수 없는 모든 사람들로 구성된다. 그것은 순전히 자본 안에서 공통적인 특징들의 집합에 기초한 정의이다. 대자적 노동계급(또는 정치적으로 정의된, 노동계급으로서의 노동계급)은, 노동계급이 노동력으로서의 자신의 역할에 대항하는 투쟁 속에서 획득한 통일을 통해 계급으로서의 자신의 자율성을 주장할 때 비로소 실존한다.[4] 따라서 이 구분을 기초로 하면 역설적으로, 노동계급은 계급으

---

3. 『자본』 2권 1장에서 맑스는 이 점을 분명히 한다. "반면에 만약 임금노동자들, 직접생산자 대중이 $L-M-C$를 행하려 하면 그들은 항상 구매 가능한 형태의 필요생계수단들, 즉 상품형태의 필요생계수단들과 대면해야 한다. … 임금노동에 의한 생산이 보편적으로 되면 상품생산은 생산의 일반적 형태가 될 수밖에 없다."(*Capital*, Volume II, Chapter 1, Section 2:33)고 말한다. (『자본』 2권과 3권에 대한 페이지 참조는 모두 International Publisher판으로 이루어질 것이다. 다른 판본에서의 인용구 찾기를 쉽게 만들 수 있도록, 장과 절도 명기하겠다.)

4. 즉자적 노동계급과 대자적 노동계급의 구분에 대한 맑스의 고전적 논의는 프랑스 농민에 대한 그의 분석에서 찾아볼 수 있다. 그는, 한 부대의 감자가 하나의 계급[집단]

로서의 그들의 실존에 대항하여 투쟁할 때에만 비로소 진정한 노동계급이다. 즉 자적 노동계급과 대자적 노동계급의 변증법의 결과는 자본의 혁명적 폐지 이후의 순수한 노동계급의 창출이 아니라 오히려 노동계급 그 자체의 해체이다.[5]

　　우리가 노동계급에게 강제되는 상품형태를 분석할 때, 그 강제를 화폐임금의 강제와 동일시하지 않는 것이 중요하다. 이것은 맑스를 너무 좁게 해석하여 노동계급을 임금노동으로만 정의하는 사람들이 범하는 오류다. 노동계급이 자신의 노동력을 자본에 판다고 말하는 것은 넓게 이해되어야 한다. 노동계급은, 자신들이 생산하는 사회적 부 전체의 일부를 교환을 통해 얻기 위해 여러 가지 방식으로 자본을 위

(class)을 이루는 방식으로 즉자적 노동계급도 하나의 계급을 이룬다는 것을 발견한다. 말하자면 그들 모두는 같은 특징을 가지며 즉자적 계급이지만, 정치적으로 함께 행동하지 못하기 때문에 대자적 계급을 형성하지는 못한다. Karl Marx, "The Eighteenth Brumaire of Louis Bonaparte", in *Surveys from Exile*, ed. David Fernbach : 238~239 [카를 마르크스, 「루이 보나파르트 브뤼메르 18일」, 『프랑스 혁명사 3부작』, 임지현·이종훈 옮김, 소나무, 2017]를 보라.

5. 노동계급은 자신의 실존을 끝내기 위해 투쟁한다는 이 기본적인 논점은 '공산주의'에 대한 모든 논의에서 명심할 필요가 있다. 자본의 혁명적 폐지가 노동계급 그 자체의 종말을 의미할 것이라는 사실은, 최근에 진 코헨(Jean Cohen)이 아그네스 헬러(Agnes Heller)의 *The Theory of Need in Marx*[진 코헨·아그네스 헬러, 『마르크스에 있어서 필요의 이론』, 강정인 옮김, 인간사랑, 1990]에 대한 서평에서 시사하고 있듯이, 노동계급이 자본에 대항하여 함께 싸울 수 없다는 것을 의미하는 것은 아니다. 코헨은, 자본 내에서 창출된 계급으로서의 노동계급은 자본을 넘어서는 요구나 또는 "이해관계"를 가질 수가 없으며 (그가 "급진적 필요"라고 부르는) 자본을 위협하는 유일한 요구는 "노동자로서의 자신의 지위에 도전하고 자신들의 욕구, 인격, 활동, 그리고 개성을 계급 관계의 명령에 따라 축소하는 데 반대하는" 개인들로부터 나올 수 있다고 주장한다(*Telos* 33〔Fall 1977〕: 180). 그러나 이것은 그러한 개인들이 즉자적 계급(그들 모두는 자본에 대해 기본적으로 동일한 특성을 갖는다)으로서 자본과 대면하며, 그들이 체제의 폐지에 필요한 힘을 얻을 수 있는 유일한 길은 대자적 계급으로서 함께 행동하는 것뿐이라는 주장이다. 일단 그들이 문을 박차고 나가서 사회 공장을 벗어나면 지금 그들을 함께 묶어주고 있는 자본에 대한 저항은 사라질 것이고, 맑스가 말한 대로, "개성의 자유로운 발전을 위한"(*Grundrisse*, Notebook VII : 706) 탈자본주의 사회가 창출될 수 있다.

해 노동을 하는 사람들을 포함한다. 맑스가 『자본』 제4편의 임금에 대한 논의에서 지적했듯이, 그리고 "가사노동에 대한 임금 지불" 운동이 강조했듯이 화폐임금은 단지 그러한 노동의 일부에 대한 지불만을 나타낸다. 공장에서는 비지불 및 비임금 부분도 잉여가치로 계산된다. 사회 공장에 대한 분석의 발전(이 책의 서론을 보라)은 어떻게 자본이 노동계급으로 하여금 자신을 위해 여러 가지 방법으로 비임금 노동을 하도록 강제할 수 있는가를 밝혀냈다. 이중 가장 세밀하게 분석된 측면은 노동력 그 자체를 훈련하고 유지하는 데 필요한 노동이다. 이 노동은 임금노동자에 의해 수행되는 노동뿐만 아니라 비임금 가사노동자들, 주로 주부들이나 어린이들에 의해 수행되는 노동을 포함한다. 공식적으로 비임금인 다른 노동에는 직장으로 오가는 이동, 장보기, 그리고 학업, 지역사회 노동, 교회 노동 등 자본을 위해 노동력을 재생산하는 데 이바지하는 것들이 포함된다. 비임금 노동은 비지불 노동이 아니다. 오히려 그 노동은 비임금 소득의 대가로 자본에게 적어도 부분적으로는 팔린다. 여기서 중요한 점은 계급 관계 속에서 상품형태를 분석하는 작업은 노동력과 임금의 직접 교환뿐만 아니라 이러한 종류의 교환도 포함해야 한다는 것이다.

만약 상품형태가 계급 관계의 기본적 형태라면, 그 형태에 대한 연구는 현재를 포함하는 자본의 모든 역사적 시기의 계급투쟁의 성격을 이해함에 있어 근본적인 것이다. 그렇다고 해서 상품형태의 기본적 결정[태]들을 이해하는 것이 그 투쟁을 이해하는 데 충분하다고 말하는 것은 아니다. 단지 그것이 필요하다고 말하는 것일 뿐이다. 역사적 특유성을 이해하기 위해서 파악되어야만 할 결정[태]들은 분명히 훨씬 많다. 그러나 이것의 근본적 중요성을 이해하는 것은, 겉으로 보기에는 무미건조한 추상으로만 보이는 1장을 이해하는 것이 왜 그토록 결정적으로 중요한가를 이해하는 것이기도 하다. 이 점을 납득시키기 위해 나는 『자본』에 개관되어 있는 계급투쟁의 역사를 상품형태의 편재성 이라는 맥락에서 개괄할 것이다.

시초 축적

『자본』1권 제8편에서 맑스는 어떻게 자본이 시원적으로^{originally} 계급 관계의 상품형태를 강제했는가를 보여 준다. 그는, 자신이 시초 ^{primitive} 축적이라고 부르는 것이 어떻게 기본적으로, 노동과 상품교환 의 강제를 통한 자본주의 사회계급들의 시원적 창출이었는가를 보여 준다. 27장에서 그는 상품형태의 이 시원적 강제의 비밀이 바로 '생산 자를 생산수단(근본적으로 토지)으로부터 분리하려는 역사적 과정'임 을 보여 준다. 이 과정은, 노동자들은 생계수단을 얻으려면 노동력을 팔아야 하고 모든 노동생산물은 따라서 상품형태를 취해야 함을 의 미했다. 28장에서 맑스는 농민들이 어떻게 토지로부터 쫓겨나 도시로 가서 이전에 봉건 하인이었던 사람들과 함께 자본을 위한 노동력의 잠 재적 원천을 형성하는지를 묘사한다. 그러나 28장은, 식품과 의복의 원천인 토지의 몰수가 사람들을 공장으로 몰아넣기에 충분치 못했음 도 보여 준다. 왜냐하면 많은 사람이 자본주의 산업의 억압적 조건과 저임금보다는 유랑생활이나 '범죄'의 삶을 선호했기 때문이다. 노동의 자본주의적 조직화라는 새로운 규율에 대항하는 그들의 투쟁은 권력 자들로 하여금, 그들을 공장으로 몰아넣기 위해 '유혈적 법률'을 제정 하도록 강제했다. "그래서 먼저 토지를 강제로 빼앗기고 집에서 쫓겨나 유랑민이 된 농민들이, 그다음에는 임금 제도에 필요한 규율을 받아 들이도록 기괴할 정도로 끔찍한 법률들에 의해 채찍질당하고 낙인찍

히고 고문당했다."[6] 『정치경제학 비판 요강』의 원고에서 맑스는 자본이 직면한 문제를 다음과 같이 서술했다. "그들은 자본이 설정한 조건에서 강제적으로 노동해야만 했다. 무산자들은 노동자가 되는 것보다는 유랑자나 강도나 거지가 되는 것을 더 선호했다."[7] 29장과 30장에서 우리가 볼 수 있듯이, 자신의 노동을 상품으로 팔도록 강제되는 노동계급의 이러한 창출의 맞짝을 이루는 것은 이러한 강제를 책임질 자본가계급의 출현이었는데, 처음엔 농업자본가들이, 그다음에는 산업자본가들이 그들이었다.

비록 노동계급의 이러한 "시초적" 창출 및 축적이 영국과 서구에서 처음으로 대규모로 이루어졌지만(자본주의의 "장밋빛 여명") 그것은 세계의 모든 곳에서 빠르게 착수되었다. 자본은 자신이 팽창함에 따라 기존 사회의 부를 몰수하기 위해 그리고 그 사회 인구의 노동에 대한 통제력을 얻기 위해 그 사회를 재구조화했다. 맑스는 31장~33장에서 상품형태의 시초적 강제의 이러한 확장에 대해 분석한다. 우리는, 자본주의의 식민적 팽창의 열쇠가 어째서 현지의 부의 초기적 강탈을 넘어 노동을 토지와 기타의 생산수단으로부터 분리시킬 수 있는 능력에, 그리하여 (공장들과 플랜테이션들 등에서 일하는) 임금노동자와 (임금노동자와 달리 산업예비군으로서 스스로를 재생산하기 위해 노동하는) 비임금 노동자를 만들어 낼 수 있는 능력에 달려 있는지를 반복적으로 보게 된다. 어떤 경우들에서는 임금노동의 창출이 전적으로 지엽적이었다. 자본은 종종 기존의 사회 통제 및 생산형태를 강화한다

---

6. Marx, *Capital*, Volume I, Chapter 28 : 787〔International Publishers edition〕[마르크스, 『자본론 1 − 하』].

7. Marx, *Grundrisse*, Notebook VII : 736 [칼 맑스, 『정치경제학 비판 요강』, 김호균 옮김, 그린비, 2007].

(예컨대 간접 지배). 혹은 자본은 기존 사회를, 임금노동을 사용하지는 않지만 자본에 잘 통합된 새로운 형태들(예컨대 16~19세기의 노예제, 미국 남북전쟁 후의 소작제도)로 변형시켰다. 노동계급의 그러한 비임금 부문들이 자본의 새로운 세계적 규모의 노동력의 결정적 부분을 이루었다. 맑스는, "영국에서 임금노동자라는 위장된 노예제는 신세계의 순수하고 단순한 노예제를 자신의 기반으로 필요로 했다."[8] 이 비임금 노동자들이 수행한 노동이 자본에게 중요했던 방식들은 잠재적 예비군으로서의 단순한 자기 유지로부터 면화 노예의 경우에서처럼 자본의 세계질서 전체에 결정적으로 중요한 식품과 원료 생산에 이르기까지 상당히 다양했다.

그러한 시원적 축적의 시대 동안에, 출현하는 계급들 사이의 투쟁은 자본이 계급 관계의 상품형태를 강제할 수 있을 것인가 아닌가를 둘러싸고 벌어졌다. 다시 말해, 그 투쟁은 자본이 새로운 노동계급을 창출하기 위해 농민들과 부족민들을 토지로부터 내쫓고 그들의 수공예와 문화를 파괴할 힘을 갖고 있는가 아닌가를 둘러싸고 전개되었다. 이것이 투쟁의 문제이지 [자본에 의한] 일방적 조작이 아니라는 것을 이해하는 것이 중요하다. 노동자가 되도록 내몰리고 있던 사람들의 투쟁은 범죄, 유랑, 봉기, 저항 전쟁 등을 통해 자본을 어렵게 만들었다. 그리고 자본이 항상 '승리'하지도 못했다. 예를 들어 자본은 아메리카 원주민 대중들을 노동계급의 일부로 결코 바꿀 수 없었다. 자본이 할 수 있었던 것이라곤 대량학살을 통해 그들을 종족째로 제거하는 것뿐이었고 그들을 대체하기 위해 흑인 노예와 백인 이민자들을 수입하는 것뿐이었다.

---

8. Marx, *Capital*, Volume I, Chapter 21:759~760 〔International Publishers edition〕 [마르크스, 『자본론 1 ─ 하』].

노동일[B]을 둘러싼 투쟁

자본을 피할 가능성이 줄어들거나 제거된 곳에서는, 상품형태가 강제될 것인가 아닌가의 문제에서 그 형태가 얼마나 많이 강제될 수 있을 것인가의 문제로 투쟁의 초점이 이동했다. 다시 말해, 자본을 위한 모든 노동을 피할 수 없게 된 새로운 계급의 노동자들은, 그럼에도 불구하고 생존하기 위해 포기해야만 하는 그들의 삶과 에너지 부분을 제한하기 위해 싸웠다. 노동이 얼마나 길 것인가를 둘러싼 투쟁이 핵심적인 것으로 되었다.

1권 10장에서 노동일의 길이를 둘러싼 갈등의 역사에 대한 맑스의 분석은, 상품형태의 실존이 더 이상 문제로 되지 않게 된 후에까지도, 상품형태의 강제 정도를 둘러싼 투쟁이 계속되었음을 분명히 보여 준다. 이 투쟁에 대한 맑스의 분석에는 단지 두 행위자만이 등장한다. 자본과 노동계급이 그들이다. 10장 5절에서 그는 자본이 부상하는 오랜 기간 동안 영국에서, 자본이 어떻게, 종종 국가를 통해, 증가하는 노동력에 부단히 길어지는 노동일을 강제했는가를 보여 준다. 이 기간 동안에 노동자들의 노력은 그들의 시간과 에너지에 대한 이 증가하는 흡출을 제한하고 멈추는 것을 목표로 삼았다. 그래서 노동계급으로부터 추가적 시간을 짜내는 것은 쉬운 일이 아니었다. 맑스가 지적하듯이, "자본과 노동의 수 세기에 걸친 투쟁" 후에야 비로소 노동이 "동의했다. 즉 노동은 생활필수품을 대가로 자신의 능동적 삶 전체를, 자신의 노동할 수 있는 역량 자체를 팔아야 하고, 죽 한 그릇을 대가로 자신의 생득권birthright을 팔아야 하는 사회조건을 강제로 받아들였다."9

---

9. 같은 책, chap. 10, Section 5:271.

식민 시대의 초기에 자본은 원주민들이 어떻게든 상품형태를 받아들이도록 만들기 위해 무력을 사용해야만 했다. 정규노동 또는 연장노동에 대한 지속적 저항에 직면하여 식민 정부들은, 이 인구에게 자본에 이윤을 가져다주기에 충분할 정도로 노동을 강요하기 위해, 대량학살, 화폐 조세, 척박한 땅으로의 이주 등과 같은 수단을 반복적으로 사용해야 했다. 이러한 노동 거부는 자본주의 경제학자들(이들은 이것을 표현하기 위해 "후굴곡"backward-bending, 後屈曲 노동공급 곡선10을 발전시켰다)에 의해 자연스럽게 "후진성"이라고 불렸다. 그리고 무력의 사용은 부르주아 정치학자들에 의해 미개인들을 "문명화할" 필요성에 대한 호소로 정당화되었다. 이러한 문제는 언제나, 토지가 풍부하고(서반구, 아프리카) "후진적" 원주민들이 오지로 도망갈 수가 있는 곳에서 가장 첨예했다. 자본을 피하기 위한 이 탈주는 단순히 "자본주의적" 노동의 회피와 노동에 대한 "자기통제"self-control의 선호로 이해되어서는 안 된다. 오히려 최근의 몇몇 인류학적 연구(예를 들어 "시원적 풍요 사회"에 관한 마셜 살린스의 연구)11가 보여 주듯이, 노동에 대한 "자기통제"란 실제로는 보다 적은 노동과 다른 사회활동을 위한 보다 많은 시간을 의미했다는 사실이 인정되어야 한다. 오늘날 우리는, 맑스가 이것을 알고 있었음을 재발견한다. "이런 식으로 가장 발달한 기계

---

10. '후굴곡'(backward-bending) 노동공급곡선은 임금과 '여가'의 균형에 기초하고 있다. 낮은 임금 수준에서 노동자들은 임금이 상승함에 따라 더 많이 일하지만 임금이 일정 수준 이상으로 오르면 그들은 '여가'를 택하기 시작한다. 그러면 노동하는 시간은 줄어들 것이다. 식민지에서 이에 대한 대응책은 '거주세'(hut tax)를, 혹은 식민정부에 원주민 거주자들이 지불해야 하는 일정한 화폐 지불을 부과하는 것이었다. 광산이나 플랜테이션에서 일하는 것이 돈을 버는 유일한 방법이었기 때문에 간접적으로 강제된 노동이 그 결과로 나타났다. 임금율이 매우 낮게 유지되었기 때문에, 현지 노동자들은 세금을 내는 데 필요한 돈을 벌기 위해 여러 날을 일해야만 했다.

11. Marshall Sahlins, *Stone-Age Economics*를 보라.

는 노동자로 하여금 야만인이 한 것보다도 더 오래 노동을 하도록 강요한다."[12] 33장에서 맑스가 E. G. 웨이크필드Wakefield의 식민주의론에 대한 분석을 통해 보여 주듯이, 자본의 이데올로그들이 그러한 탈주의 성격을 가장 명백하게 간파했고 그래서 토지에 대한 이용가능성을 제한할 것을 아주 일관되게 주장했던 곳은, 토지에 대한 이용가능성 때문에 그러한 탈주가 가능했던 곳에서였다.

이러한 조건에서 계급투쟁은 두 활동적 계급의 모순적 결합으로 나타났다. 자본가들은 사회 통제의 이 새로운 형태를 짜내고 또 확대하려고 했다. 노동계급은 도망치려고 하거나 그 후에는 그들의 삶에 대한 노동 강제를 제한하려고 했다. 이 시기에는 자본이 주도권을 갖고 있었기 때문에 자본이 공세적 입장에 있었고 노동계급은 자신들에 대한 착취에 한계를 부여하려는 시도를 하면서 저항적이고 방어적인 입장에 있었다고 보는 것이 정확할 것이다.

그러나 산업혁명 동안에 자본이 빠르게 발전하고 노동계급이 규모와 세력 면에서 성장함에 따라 노동계급의 활동은 점차 공격적으로 되었다. 노동계급이 자본에 대항해 자신들의 자율적 요구를 주장하기 시작했던 것이다. 여기서 노동계급 자율성이라는 관념을 밝혀낸 최근의 연구는 지난날 맑스의 분석이 가지는 특정한 측면들에 우리의 주의를 다시 돌리도록 만든다. 우리는 맑스가, 노동일을 제한하려는 노동자들의 투쟁이 어떻게 성공했는지, 또 그것이 공세로 전환하여 노동자들이 노동을 더 적게 하겠다는 자율적 요구를 내세우면서 어떻게 노동일을 단축시키려 했는지를 분석하는 것을 재발견할 수 있다. 10장 6, 7절에서 맑스는 계급투쟁에 관한 그의 가장 생생한 분석들 중의

---

12. Marx, *Grundrisse*, Notebook VII : 708~709 [맑스, 『정치경제학 비판 요강』].

하나를 전개한다. 여기서 그는 국가를 수단으로 삼아 자본으로 하여금 거듭해서 노동일을 단축하도록 만들었던 노동계급의 힘과 전투성의 성장을 개괄한다. 여기서 주도권을 가진 것은 자본이 아니라 그 힘이 커지고 있던 노동계급이다. 노동계급은 저항에서 공격으로 나아간다. 맑스는, 이러한 노동계급의 공세에 직면하여 어떻게 "자본의 권력이 점차 약화했고 동시에 노동계급의 공격력이 커졌는지"를 보여 준다. 이 성장하는 힘이 노동일을 15시간 또는 그 이상으로부터 오늘날 우리가 "정상"이라고 생각하는 8시간 정도로 거듭하여 축소했다. 그것은 또 주 노동일을 7일에서 5일로 줄였고 그 과정에서 주말을 만들어 냈다. 이처럼 맑스는 상품형태가 공식적으로 강제되는 시간대의 결정이, 그리고 "정상적 노동일의 창출"이 어떻게 "자본가계급과 노동계급 사이의 다소 은폐된 장기화된 내전의 산물"이었는가를 보여 준다.[13]

어떻게 하여 "법적으로 인가된" 공식적인 정상 노동일이 출현했는가를 보여 주는 상품형태의 시간 요소에 대한 이 분석은, 맑스가 자본주의 생산양식의 "법칙들"에 관해 말할 때 그것이 무엇을 의미하는가를 이해하는 데 매우 귀중한 도움을 준다. 노동의 시간적 구조를 규율했던 그 강제 법률들을 가리켜 맑스는 "이 [법적] 세부사항들은… 결코 의회의 기호嗜好의 산물이 아니었다. 그것들은 근대적 생산양식의 자연법으로서 환경으로부터 서서히 발전되어 나왔다. 그것들의 형성, 공식적 인정, 그리고 국가에 의한 선포는 기나긴 계급투쟁의 결과였다."라고 말한다.[14] 이 "자연법들"은, 전통적 맑스주의자들에 의해 흔히 환기되는 바의 그 형이상학적이고 설명되지 않는 규칙들이 아니다. 자본주

---

13. Marx, *Capital*, Volume I, Chapter 10, Section 6 : 296 〔International Publishers edition〕〔마르크스, 『자본론 1 ─ 상』〕.

14. 같은 책 : 283.

의 사회의 "운동 법칙들"은 계급투쟁의 직접적 산물이다. 그것들은 노동계급의 힘power도 상승하고 있었음을 고려하면 자본이 힘strength으로 강제할 수 있었던 것이 무엇인가를 지시할 뿐이다. 그것들은 행위자들의 "등 뒤에서" 발생하는데, 그 과정에서 그것들은 두 계급 세력의 대결이 가져오는 예측불가능한 결과일 뿐이다.

나아가 우리는, 노동계급이 더 적은 시간 노동함과 동시에 사회적 부에서 차지하는 자신의 몫을 유지하고 또 계속 증가시키는 데 성공하는 과정 속에서 노동계급의 힘의 발전도 발견한다. 실제로 노동계급은 덜 노동함과 공시에 자신들의 필요를 충족시키기 위해 자본을 이용했다고도 볼 수 있다. 이것은 맑스가 서술한 긴 과정의 한 국면인바, 그 과정 속에서 자본의 발전은 노동계급이 궁극적으로 자본을 넘어설 수 있는 물질적 기초의 발전이기도 하다.

상품형태가 얼마나 많이 강제될 것인가 라는 문제를 둘러싼 이 시기 계급투쟁 역사에 관한 [맑스의] 논의가 '얼마나 긴가'의 문제에 집중되어 왔지만, 그 논의가 '얼마나 강하게', 또 '어떤 조건에서' 노동이 수행될 것인가의 문제 역시 포함한다는 것도 분명하다. 맑스는 여러 곳에서 이 문제들을 둘러싼 투쟁을 다루었다. 노동일을 다룬 10장에서 그는, 하루의 길이[노동일의 길이]를 둘러싼 투쟁이 어떻게 일정 정도는 노동조건을 둘러싼 투쟁이기도 함을 보여 주었다. 예컨대 주간노동과 야간노동의 교대제에 대해 다룬 4절이 그러하다. 그러나 어떤 조건에서 얼마나 힘들게 노동하는가의 문제에 대한 가장 자세한 분석은 15장의 분석에서 나타난다. 거기에서 맑스는, 노동자들이 노동일의 길이를 투쟁으로 단축시킴에 따라 [이에 대한 대응으로] 빠르게 진행된 기계류의 발전이 어떻게 생산성 증대의 수단일 뿐만 아니라 노동의 속도와 강도를 막대하게 증가시키는 수단으로 판명되었는가를 보여 준다. 3절

c항에서 맑스는 어떻게 기계류가 노동자에게 "주어진 시간 안에 증가된 노동 지출을, 노동력의 고도화된 긴장을, 노동일의 구멍들에 대한 좀 더 세밀한 메꾸기를"[15]를 강제했는지를 보여 준다. 그는 5절, 9절, 그리고 그 밖의 곳에서 계속해서, 이러한 가속이 기계에 대한 러다이트 Luddite 태업으로부터 (노동 강도를 제한하고 축소시키며 노동 조건을 향상시키기 위한) 자본에 대항하는 더 장기적인 투쟁에 이르는, 노동계급의 새로운 종류의 투쟁들을 생산한다는 것을 보여 준다. 노동의 길이, 강도, 그리고 조건을 둘러싼 모든 투쟁들은 노동계급이 자본가들에게 팔아야만 하는 노동력에 관한 것이다. 그것들은 상품형태가 얼마나 많이 강제될 것인가라는 양의 문제들이다. 맑스가 말하듯이, "노동의 지속과 그 강도는, 단일하며 동일한 노동양에 관한 두 가지의 대립적이고 상호 배타적인 표현이다."[16]

생산성 및 노동력의 가치를 둘러싼 투쟁

노동계급이 노동시간 단축에 성공한 것은 역사적으로 자본에게 심각한 위기를 가져왔고 또 자본으로 하여금 새로운 전략을 찾도록 강제했다. 공장에서 비지불노동의 축소에 대한 [자본의] 한 대응은 공장 밖에서 비임금 노동을 확장하는 것이었다. 사회 공장에 대한 분석이 밝혀주는 것은, 노동시간이 단축되고 여성과 어린이가 공장노동을 하지 못하도록 되었지만 ─ 이것은 맑스가 『자본』을 쓴 이후부터 시작된 경향이다 ─ 노동력의 질을 유지하고 향상시키기 위해 자본이 가정과 학

---

15. 같은 책, chap. 15, Section 3, part c : 140.
16. 같은 책.

교에서 수행되는 노동을 증가시키는 것을 통해 이것이 부분적으로 상쇄되었다는 점이다. 그러나 이러한 증가가 공장 [노동]시간의 축소를 완전히 보충하지 못했다는 것을 고려하면, 다른 종류의 변화가 필요했다. 자본이 자신의 통제력을 유지하고 재생산하며 확장하기 위해 발견한 다른 주요한 방법은, 우리가 방금 살펴보았듯이, 노동을 기계로 대체하여 더 적은 인간 노동이 여전히 이전만큼 혹은 이전보다 더 많이 생산하게 하는 것이다. 생산성을 높이려는 시도는 자본주의적 착취의 또 다른 측면일 뿐만 아니라 노동자의 힘의 성장에 의해 자본주의적 착취에 강제된 자본의 전략적 계획의 변화임을 이해하는 것이 중요하다. 맑스에게 이 점은 의심의 여지가 없었다. "점차 치솟아 오르는 노동계급의 반란이 노동시간을 강제로 단축하도록, 그리고 공장 자체에 정상적 노동일을 강제하는 것에서 시작하도록 의회에 압박을 가하자마자, 그리하여 노동시간의 연장에 의한 [절대적] 잉여가치 생산의 증대가 갑자기 중단되자마자, 그 순간부터 자본은 모든 힘을 다해 기계류의 추가적 개량을 서두름으로써 상대적 잉여가치 생산에 몰두했다.[17]

그 지점에서 투쟁은, 상품형태가 주로 얼마나 많이 강제될 것인가에 관한 것으로부터 그것이 얼마에at what price 강제될 것인가에 관한 것으로 넘어갔다. 이제 노동계급은 상품형태는 참고 견디지만 사회적 부의 보다 큰 몫을, 즉 자신의 상품인 노동력에 대한 더 높은 가격을 요구한다. 노동력 가격의 지속적 인상을 노동시간의 연장에 의해 벌충할 수 없었기 때문에, 자본은 더 높은 가격을 지불하고도 이윤을 유지하거나 증대시키기 위한 유일한 수단으로서 생산성 향상에 의탁하게 된다. 이것이 상대적 잉여가치relative-surplus-value 전략이다. 이 전략에 의해

---

17. 같은 책 : 409.

부의 성장이 가능하고 또 자본과 노동계급 모두의 힘을 절대적으로 키우는 것이 가능하다. 노동력의 가치는 [생산된] 잉여가치에 비해 상대적으로 떨어지고 이로써 이윤이 증대되지만, 노동계급에 의해 획득되는 사용가치의 절대량은 여전히 늘어날 수 있는 것이다.[18] 가격과 생산성 사이의 변화하는 관계가 그 힘의 상대적 배분을 결정한다. 우리는 맑스[의 책]에서 이러한 관계가 개별 자본들 각각의 노력에 의해 처음으로 나타난다는 것을 본다. 빤찌에리의 저작(그는 『자본』을 다시 읽음으로써 노동의 조직화가 곧 노동계급의 계획적 조직화라는 사실을 재발견했다) 덕분에, 그리고 케인스 시대에 관한 뜨론띠와 다른 사람들의 연구작업 덕분에, 우리는 이제 어떻게 자본이 1940년대와 1950년대 미국에서 노조 계약과 케인스주의적 "생산성 거래"를 통해 상대적 잉여가치를 제도화하려고 했는가를 이해할 수 있다.[19] 『자본』에 대한 주의 깊은 연구가 밝혀 주는 것은, 이러한 [제도화] 가능성이 상대적 잉여가치 전략에 어떻게 내재하고 있는가 하는 것이다. 내가 덧붙이고 싶은 것은, 이러한 연구가 맑스 이후의 맑스주의로 하여금 마침내 부르주아 경제학을 가지고 자신을 갱신하도록 한다는 것이다. 부르주아 경제학은, 비록 왜곡된 방법으로이긴 하지만, 오랫동안 상대적 잉여가치의 본질(신고전주의 미시경제이론에서 임금을 한계생산성에 연동시킨 것)을 파악했을 뿐만 아니라, 생산의 본질을 더욱 일관되게 계급 간 힘 관계의 협력적 계획화(일반적으로 능률공학과 노무관리의 영역)로 이해해 왔다.

임금과 생산성을 연동시킴으로써 자본은, 상품형태의 가격을 둘

---

18. 상대적 잉여가치에 대한 추가적 논의로는 이 책 4장의 마지막 절을 보라.
19. Panzieri, "Surplus Value and Planning"; Tronti, "Workers and Capital."

러싼 노동계급 투쟁이 새로운 방식으로 자본이 성장하는 바로 그 원동력이 되는 상황을 창출하려고 한다. 노동일을 단축시키는 것에 노동계급이 성공한 것이 자본으로 하여금 새로운 전략을 발전시키도록 강제하듯이, 그렇게 공장에서의 임금 인상 (그리고 공장 밖에서의 소득 상승) 압력은 자본으로 하여금 생산성을 빠르게 상승시킬 수 있기 위해 과학과 기술을 발전시키도록 강요한다. 이것은, 맑스 시대에서처럼 부분적으로는 직접 자신의 이윤을 높이려는 개별 기업의 노력을 통해서 발생하고, 점차적으로 노동계급의 압력이 자본가들로 하여금 그들의 공동의 계급이익을 의식하도록 강제함에 따라 자본가계급 전체의 합치된 노력을 통해(즉, 계획자로서의 국가를 통해), 〈국가계획협회〉National Planning Association 같은 정부와 민간의 합동계획 기관을 통해 발생한다.[20] 노동계급의 각각의 공격은 새로운 형태의 자본주의적 성장에 대한 자극이 된다. [자본의] 이러한 전략이 작동하는 한에서, 상품형태를 둘러싼 투쟁의 이 국면은 각 편이 그들 자신의 발전을 위해 서로를 이용하는 능동적인 두 당파를 보여 준다.

그렇지만 노동계급의 입장은 모호하다. 한편으로 노동계급은 점차 힘 ─ 자신들의 투쟁을 뒷받침할 더 많은 부 ─ 을 얻어가지만 다른 한편으로는 상품형태를 받아들여 자본의 확장을 허용한다. 자신의 행동이 자본에 대항하는 것이 아니라 자본을 위하게 되는 것이다. 더 짧은 노동일을 위한 투쟁은, 비지불 노동시간이 지불 노동시간에 비해 상대적으로 줄어듦에 따라, 자본의 이윤과 통제에 대한 직접적인 공격으로 작용했다. 그러나 생산성 거래는 자본에게 계속된 이윤과 권력을 보장

---

20. 자본주의적 계획화의 여러 제도기관들에 관한 간단한 입문서로는 William Domhoff, *The Higher Circles*를 보라.

한다. (노동조합에 의해 조직된) 노동계급 투쟁은 자본을 발전시킨다. 그리고 그 투쟁은, 실제로 그러하듯이, 노동의 강도를 높임과 동시에 새로운 부문에 노동이 확장적으로 부과되도록 만든다.

여기에서 우리는 이상한 상황에 놓인다. 생산성 향상의 본질적 의미(일정 시간당 산출고의 증대)는 사람들이 덜 일하고 더 많은 생산물을 얻는다는 것인데, 자본의 지배 아래서는 생산성 증대가 더 적은 노동은커녕 더 많은 노동으로 변한다. "이로부터도 다음과 같은 경제적 역설이 따라 나온다. 노동시간을 단축하는 가장 강력한 수단[기계류]이 노동자와 그 가족의 매 순간의 노동시간을, 그의 자본의 가치 확장 목적을 위해 자본가의 처분에 맡기는 가장 틀림없는 수단이 된다."[21] 맑스는, "장인匠人 노동자에게 도제가 필요 없고, 영주에게 노예가 필요 없을"[22] 정도까지 도구가 발전할 모습을 보여 준 사람으로 아리스토텔레스를 인용했다. 그러한 아리스토텔레스의 꿈에 대해서는 이 정도로 이야기하자. 또 수행해야 할 노동량을 줄이는 것에 거의 대부분이 바쳐져 온 노동계급의 투쟁에 대해서도 이 정도로 이야기하자. 생산성이 증가되는 동시에 노동이 증가되는 이 사회적 역설은 오직, 사회를 통제할 기본적 수단이 노동의 강요에 있는 그러한 계급의 시각에서만 이치에 맞다.

그러나 노동계급이 자신의 발전을 위해 자본을 이용함에 따라 그 계급은, 믿을 수 없을 정도의 생산성 향상 때문에 그들이 바라는 사회적 부가 점점 자신들의 노동을 덜 필요로 하게 된다는 사실을 알게 된다. 노동계급은 노동집약적 생산방법(예컨대 수많은 노동자를 필요로

---

21. Marx, *Capital*, Volume I, Chapter 15, Section 3, part b : 408〔International Publishers edition〕[마르크스, 『자본론 1 - 하』].
22. 같은 책.

했던 맑스 시대의 직물공장들)에서부터 고도의 '자본'집약적 생산방법 (예컨대 극소수의 사람을 필요로 하는 오늘날의 석유화학 정제공장)에로의 진화가 점점 노동계급 요구들의 압력하에서 이루어진 자본에 의한 과학 및 기술의 개발에 기초해 왔음을 알게 된다. 맑스는 이 일반적 경향을 한 세기도 더 전에 인식했다. "그러나 대공업이 발전하는 정도만큼, 실질적 부의 창조는 노동시간이나 고용된 노동량보다, 노동시간에 작동되는 기관들[기계류 등]의 힘에 더 의존하게 된다.[그 기계들 등의]'강력한 효율성' 자체는 다시 그것들을 생산하는 데 소비된 직접적 노동시간과의 비례를 벗어나 오히려 과학의 일반적 상태와 기술의 진보에 의존한다."[23]

그러나 자본의 노동 강제의 척도는 가치이며 자본의 통제의 지표는 잉여가치이다. 만약 기계류의 발전이 자본이 노동의 필요를 제거하는 지점에까지 이르면, 그때 자본은 근본적 위기에 직면한다. "자본 그 자체는 움직이는 모순이다. 왜냐하면 그것은 노동시간을 최소한으로 축소시키기 위해 압박하는 한편 노동시간을 부의 유일한 척도와 원천으로 정립하기 때문이다. … 자본은 노동시간을, 그것에 의해 창조되는 거대한 사회적 힘을 재는 척도로 사용하고 싶어 한다."[24] 위기가 일어나는 이유는, 자본주의적 생산이 생산 그 자체에 관심을 갖는 것이 아니라 상품형태를 통한 노동 강제 및 [생산된] 가치의 실현을 통한 사회적 통제에 관심이 있기 때문이다. 그러나 만약 "직접적 형태의 노동"이 "부의 거대한 샘이기를 그치면 노동시간은 부의 척도이기를 멈추고 또 멈추어야 하며 따라서 교환가치는 사용가치의 (척도이기를 멈추어야

23. Marx, *Grundrisse*, Notebook VII : 704~705 [맑스, 『정치경제학 비판 요강』].
24. 같은 책 : 706.

한다)."25

맑스는 이 모순의 발전 속에서 노동자들이 자신들을 노동으로부터 해방하고 자본을 폐지할 수 있는 잠재력이 성장하는 것을 보았다. 그는 생산성이 상승함에 따라 자본이 노동을 강제할 방법을 찾기는 점차 어려워질 것이고 노동계급에게는 노동이 늘지 말고 줄어야 한다는 점이 점차 명확해질 것임을 알았다. 사회적 생산성의 상승 수준과 더 많은 노동에 대한 자본의 지속적 요구 사이에 모순이 커져감에 따라, 노동계급 투쟁은 점점 더 노동에 대한 투쟁의 성격을 띠게 되었다. 내가 여기에서 사용한 용어로 표현하면 이것은, 자본이 상품형태를 통해 어떤 가격에서건 노동을 강제할 힘을 갖고 있는가 아닌가 라는 물음을 다시 제기하는 것에 해당한다. 현재의 위기의 심각함은 이 때문이다. 지금 문제가 되고 있는 것은 바로 체제의 존립 그 자체이다. 다시 말해 그것은, 자본이 노동을 강제하고 가치를 실현할 새로운 방법을 찾을 것인가 아니면 노동에 대한 노동계급의 투쟁이 체제를 붕괴시키고 새로운 체제를 건설할 것인가의 문제이다.

오늘날 새로운 사회질서를 창조하기 위해서는 – 낭만적인 혹은 과학적인 – 일부의 사회주의자들이 생각하듯이 더 이상 토지나 수공업으로 돌아갈 필요가 없다. 그것을 위해서는 오히려 적절한 부와 노동을 갖춘 고도로 생산적인 사회체제의 더욱더 완전한 발전이 필요하다. 이 체제는, 생산력이 상승함에 따라, 노동을 늘리기보다 줄일 것이다. 그러한 체제에서는, 맑스가 1세기 전에 탁월하게 예견했듯이, "부의 척도는 더 이상 노동시간이 아니라 가처분시간disposable time이다."26 따라서

---

25. 같은 책 : 705.
26. 같은 책 : 708.

노동계급의 요구에 의해 계속 운전되어 온 자본의 발전은 '잉여노동을 정립하기 위해 필요노동을 축소하는 것'을 넘어, '사회의 필요노동을 최소한으로 축소하는 것'에 이바지하는 체제로 나아갈 실제적인 물질적 기반을 창출했다. 그때 그것은 개개인들이 자유로워진 시간에, 그들 모두를 위해 만들어진 수단들을 가지고 예술적·과학적 등의 발전에 주력하는 것과 부합한다."[27]

상품형태가 강제되는가 아닌가, 얼마나 많이 강제되는가, 얼마에 강제되는가 등의 물음들에 따라 이루어진 계급투쟁에 대한 지금까지의 분류는 역사적인 동시에 분석적이다. 맑스가 개괄한 것처럼, 어느 하나 혹은 다른 유형이 지배하는, 발전의 일반적인 역사적 경향이 있긴 하지만 이 투쟁들이 언제나 서로 뒤섞인다는 것도 분명하다. 내가 강조하고자 한 것은 각각의 경우에, 그리고 각각의 시대에 걸쳐 노동과 자본 사이의 계급투쟁은 항상 상품형태에 관한 것이라는 점이다. 왜냐하면 투쟁은 항상 노동에 관한 것이고 또 자본 속에서 노동은 항상 상품형태를 통해 강제되기 때문이다. 상품에 대한 상세한 해부가 오늘날 관심을 끄는 이유가 바로 이것이다. 그 해부는 현재의 위기 속에서 계급투쟁의 성격을 이해할 출발점을 제공해 준다. 게다가 현재 위기 속에서 체제의 본질 그 자체가 내기에 걸려 있는 것이 사실이라면, 우리는 당연히 그 체제의 근본적 성격이 무엇인가에 관해 더욱 명확히 밝혀야 할 것이다.

『자본』 1장에서 제시되는 상품에 대한 맑스의 완벽한 해부는 상품형태의 겉모습으로부터 시작하여 상품의 사용가치와 가치 측면의

---

27. 같은 책:706.

실체, 척도, 형태 등의 성격에 대한 면밀하게 조직된 극히 상세한 설명을 거쳐, 화폐형태에서 끝을 맺는다(〈그림 2〉를 보라). 서론에서 지적했듯이, 맑스가 사용한 제시 양식에는 일정한 논리가 있다. 우선 상품을 사용가치와 교환가치로, 사용가치를 질적 측면과 양적 측면으로, 그리고 교환가치를 그것의 질적 본질(가치)로 분석한 다음에, 그는 가치의 성질에 대한 설명에서 소수의 결정[태]들을 가진 비교적 단순한 범주들(예컨대 추상노동)로부터 시작하여 점차 복잡한 범주들(예컨대 가치형태들)로 나아가는 종합적 전개를 제시한다. 여기서 복잡한 범주들은 더욱 구체적인데 왜냐하면 그것들은 더 많은 결정[태]들의 종합이며 따라서 "다양한 측면들의 통일"을 나타내기 때문이다. 가치의 실체는 우선 척도와 형태로부터 분리되어 논의된다(1절). 그다음에 그것의 척도는 실체와 연관되어 논의된다(1절과 2절). 그다음으로 형태는 실체와 척도의 발전적 표현이다(3절). 더구나 점차 구체적인 개념들 사이의 관계는, 그 개념들이 자본의 변증법적 관계의 특수한 측면들을 재생산한다는 점에서 "변증법적"이다. 따라서 그 제시는 "연역적 a priori 구축"으로 나타난다. 맑스는 이 구축이 "주제 — 계급투쟁 — 의 생명을 이상적으로 반영했기를" 희망했다.[28] 비록 그것이 수년간의 공들인 분석과 한 조각 한 조각씩 다시 짜맞추는 재구축에 의해 달성되었지만 말이다. 내가 서론에서 지적했듯이, 내가 여기에서 행하는 종류의 읽기는 『자본』 1장의 자료를 맑스 저작의 다른 부분들과 통합하는 것을 필요로 한다. 그러므로 『자본』의 다른 부분이나 맑스의 다른 저작의 일부로부터 가져온 특정한 인용 자료의 해석에 내가 영향을 미치

---

28. Marx, *Capital*, Volume I, "Afterword to the Second German Edition" : 19 〔International Publishers edition〕 [마르크스, 『자본론 1 — 상』].

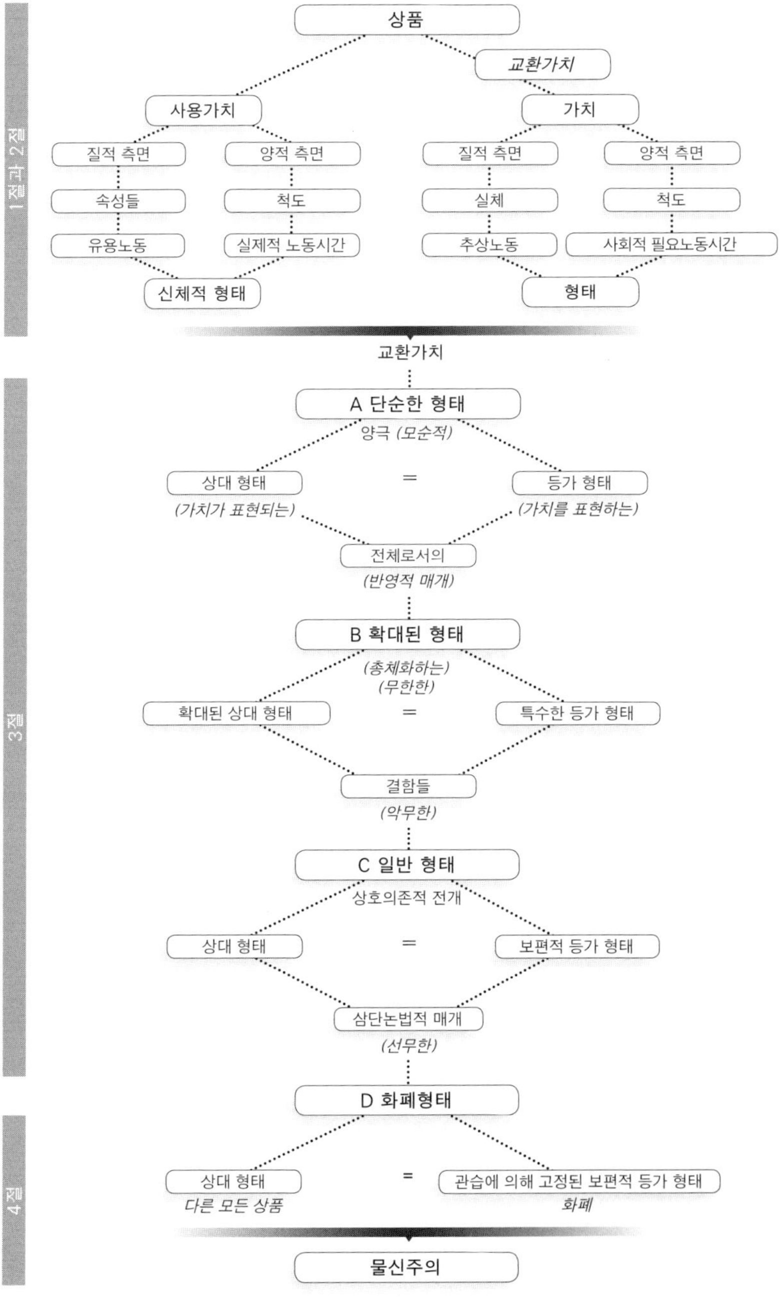
1절과 2절
상품
교환가치
사용가치
가치
질적 측면
양적 측면
질적 측면
양적 측면
속성들
척도
실체
척도
유용노동
실제적 노동시간
추상노동
사회적 필요노동시간
신체적 형태
형태
교환가치
3절
A 단순한 형태
양극 (모순적)
상대 형태
=
등가 형태
(가치가 표현되는)
(가치를 표현하는)
전체로서의
(반영적 매개)
B 확대된 형태
(총체화하는)
(무한한)
확대된 상대 형태
=
특수한 등가 형태
결함들
(악무한)
C 일반 형태
상호의존적 전개
상대 형태
=
보편적 등가 형태
삼단논법적 매개
(선무한)
D 화폐형태
4절
상대 형태
다른 모든 상품
=
관습에 의해 고정된 보편적 등가 형태
화폐
물신주의

〈그림 2〉『자본』 1장의 구조 도해

려고 하는 경우에 그것의 목적은, 맑스가 쓰고 생각한 것의 진화를 재구축하는 것이라기보다, 좀 더 큰 분석[틀] 안에서『자본』1장을 파악하는 것이다.

3장

가치의 실체와 크기 : 1장 1절

현재의 위기에서 놀라운 것은 실업의 증대가 아니다. 실업의 증대는 대공황과 1950년대 경기후퇴들의 주요한 특징이었다. 오히려 놀라운 것은 실업을 동반한 인플레이션이다. 우리가 구입하는 거의 모든 상품들의 가격이 전반적으로 등귀하고 있는 것이다. 가격 등귀는 모든 사람들 – 그들이 임금을 받는 직업을 가지고 있든 그렇지 않든 간에 – 에게 영향을 미친다. 한 사람의 소득 형태가 어떠하든 간에, 인플레이션은 그 소득의 실질 가치를 침식한다. 특히 노동계급에게 인플레이션은 자신이 팔아야 할 유일한 상품인 노동력의 가치를 감소시키는 직접적 효과를 갖는다.

자본가계급에게 사정은 정반대다. 그들은 가격이 오르는 상품들을 소유하고 있기 때문에 그 상품들에 구체화된 그들의 부富도 가격과 함께 오르는 경향이 있고, 따라서 그 상품들의 판매로부터 나오는 소득도 오르는 경향이 있다. 다른 요소들이 같다고 가정하면, 인플레이션은 노동계급의 소득을 줄이고 자본의 소득을 늘린다. 한 계급에서 다른 계급으로의 가치 이전을 야기하는 것이다. 실업의 증대가 노동계급의 명목적 소득을 추가적으로 줄이는 효과를 가질 때 특히 그렇다.

두 번째로 놀라운 위기의 특징은 그것의 전 지구적 성격이다. 오늘날 인플레이션은, 다른 나라가 통화수축하는deflate 동안 특정 나라들에서만 제한적으로 통화팽창이 발생하는 국가적 현상이 아니다. 그것은, 그것의 주요한 요소들이 전혀 신비가 아닌 국제적 현상이다. 1970년대에 발생했던 식품 및 에너지 가격의 극적인 상승이 그렇다. 개발된 세계에서의 가격 상승과 저개발 세계 일부에서의 절대적 품귀를 포함하는 이 식품 및 에너지 위기들은 명백한 정부 정책의 결과였다. 에너지의 경우에 〈OPEC〉이 1973년에 자신들의 원유가격을 어떻게 극적으로 올렸는가는 잘 알려져 있다. 미국 정부가 어떻게 이러한 조치를 고무했는지에 관해서는 미국에서조차도 그만큼 잘 알려져 있지 않다.[1] 또한 소련과 중국도 이 국내용 및 수출용 원유가를 인상함으로써 〈OPEC〉의 선례를 따랐다는 것도 잘 알려져 있지 않다.[2] 미국에서 식품 가격이 가파르게 상승했고, 이로 인해 미국이 지배하는 국제 식품시장 상당 부분에서도 가격이 가파르게 상승했는데 이것은 모두 정부 정책의 결과였다. 수출 촉진, 생산 제한, 평가 절하, 그리고 1972년과 1975년 소련으로의 특판 등의 조합은 식품 가격을 올리고 그 인상가를 유지시켰다. 그것은 서구에서는 실질소득의 감소를 가져왔으며 아시아와 아프리카 일부에서는 광범위한 기아를 발생시키는 데 기여했다.[3]

이러한 가격 상승과 이른바 식품 및 에너지 희소성은 우리들로 하여금 이 상품들의 가격뿐만 아니라 그것들의 많은 측면들을 숙고하도록 만들었다. 자본주의 사회에서 상품들이 가격에 따라 분배되기 때문에 가격의 인상은 그것의 이용가능성의 축소를 의미했다. 그리고 이것은 양적 희소성의 문제 — 성장이론이 한계에 부딪힘으로써 촉발된 우려 — 를 제기했다. 과연 충분한 식품, 충분한 에너지가 있는가? 또 충분한 식품, 충분한 에너지가 있을 것인가? 그러한 질문은 반드시 상품들의 기원과 그 생산의 기초에 관한 근본적 질문으로 나아간다. 이와 동시에 이 '재화들'의 질에 대해 이전에 제기되었던 물음들은 그것들이 점점 비싸짐에 따라 새로운 긴급성을 띠게 되었다. 우리가 우리의 돈으로 무엇을 얻고 있는가? 이러한 상품들은 우리가 원하는 것들인가?

---

1. V. H. Oppenheim의 논문 "Why Oil Prices Go Up 〔1〕 In The Past We Pushed Them", *Foreign Policy* 25 〔Winter 1976~1977〕 : 24~57을 보라.
2. "OPEC Oil Price Change and COMECON Oil Prices", Radio Free Europe Research, RAD Background Report/244 〔Eastern Europe〕 November 1929, 1976.
3. Cleaver, "Food, Famine and the International Crisis" : 32~53을 보라.

그것들은 우리에게, 우리들의 환경에 안전한가? 만약 그렇지 않다면, 왜 그런가?

이렇게 정치적 의식과 질문이 증가함에 따라 이 쟁점들을 둘러싸고 매우 다양한 투쟁들이 성장했다. 소비자 운동 단체, 생태 운동, 기아반대 운동 등의 계속적 성장은 모두 이러한 변화의 산물들이다. 오른 가격과 줄어든 이용가능성에 의해 가장 심하게 타격을 받은 사람들 사이에서는 자신들의 소득의 불가피한 하락에 대항하는 전투적인 직접행동이 성장하고 있었다. 그들은 분노에서 직접적 전유와 폭력적 시위로 나아갔다. 가장 적게 지불받는 노동자들이 점점 가격 상승에 지불하기를 거부함에 따라, 미국 전역에서 상점 약탈로 인한 기업 손실(과 노동계급의 이득)이 꾸준히 증가하고 있다.[4] 소련과 동구에서는 국가로부터의 훔치기가 계속하여 증가했다.[5] 이탈리아의 토리노, 텍사스의 크리스털시티 등 다양한 장소들에서 노동자들은 가스와 전기 요금의 상승에 지불하기를 거부했고 이른바 가격의 "자율인하"라고 알려지게 된 것을 실천했다.[6] 마벨Ma Bell[7]의 설비를 뜯어가는 일은 미국에

---

4. 미국 상무부의 두 간행물, "The Cost of Crime against Business"와 "Crime in Retailing"을 보라. 직접적 전유의 연관 형태에 대해서는 Jerry Adler, "Employee Thievery : A 6 Billion dollar Hand in the Till", *Sunday News Magazine of the New York Daily News*, September 11, 1977을 보라.

5. "Whoever Steals, Lives Better," *New York Times*, April 13, 1976을 보라. 국가로부터 훔치는 일이 소련과 동구에 만연했을 뿐만 아니라 주기적 폭발들〔예를 들면 1976년 6월의 폴란드〕에서는, 한편에서는 공산당 중앙당사에 방화하는 것 그리고 다른 한편에서는 국가 운영 상점을 약탈하는 것이 시위자들이 선호하는 두 가지 행동이었던 것으로 보인다.

6. Ramirez, "The Working Class Struggle against the Crisis"; Dick Merkel, "Crystal Citizens Rejoice : Zavala Judge Blocks Cutoff", *San Antonio Express and News*, September 3, 1977 : 1.

7. [옮긴이] 미국의 일반 대중이 미국 전역의 전화 산업을 독점하고 있는 벨사를 비꼬는 말로서 '어머니 벨'(Mother Bell)의 구어.

널리 퍼진 실천이다. 최근의 정전 사태 동안에 뉴욕에서 일어났던 "검은 성탄절" 사건은, 가능한 경우에는 가격지불을 집단적으로 완전히 무시해 버리겠다는 널리 퍼진 의지를 보여 주었다.[8] 국민 정부가 가격 인상에 책임이 있다는 사실을 노동자들이 인식할 수 있었던 곳에서는 노동자들이 국민정부를 공격했는데, 종종 그 공격은 폭력적이었다. 1976년 6월에 폴란드에서, 1976년 11월에 이집트에서 일어난 사건은 폭력적 봉기가 정부로 하여금 이미 선포된 식품 가격의 인상을 번복하게 만들었던 가장 극적인 사건들 중의 두 개이다.[9] 미국에서는, 쇠고기 불매운동, 커피 불매운동, 그리고 부두노동자들이 소련으로 가는 밀의 하역작업을 거부한 것 등은 모두 물가인상을 늦추기 위해 취해진 행동이었다.[10]

이렇게 계급투쟁의 결정적 영역이 상품의 가격, 양, 그리고 질을 둘러싸고 전개되는 그러한 시기에, 상품이 무엇인가, 그리고 그것은 누구에게 봉사하는가, 그리고 그것의 가격은 무엇을 나타내는가 등에 대한 적절한 분석이 새로이 시급한 문제로 등장한 것은 분명하다. 노동자들은 공격받고 있다고 느꼈고 그렇게 느끼는 것은 옳았다. 본

---

8. 7월 13일~14일의 사건들을 묘사하고 분석하는 *New York Times*, 1977년 7월 14~20일자에 실린 많은 기사들을 보라. "검은 성탄절"은 이런 종류의 행동 중에서 가장 최근에 일어난 극적 사례에 불과하다. 1960년대 중반의 대도시봉기 동안에 널리 퍼진 직접적 전유는 "상품폭동"으로 명명되기에 이르렀다. Russel Dynes and E. L. Quarantelli, "What Looting in Civil Disturbances Really Means", *Transaction Magazine* 5, No 6 〔May 1968〕:9~14. 이 시기에 대한 전반적 분석으로는 Paolo Carpignano, "US Class Composition in the 1960s", *Zerowork* 1 〔December 1975〕:7~31을 보라.

9. 폴란드 사건에 대한 간략한 분석으로는 Cleaver, "Food, Famine and the International Crisis":58~60을 보라. 이집트에 관해서는 *New York Times*에 실린 기사들 즉 "Thousands in Egypt Riot over Price Rise", January 19, 1977; "Cairo Eases Prices, but Rioting Goes on", January 19, 1977. "Egypt's Cities Seem Calm after 2 Days of Price Riots", January 21, 1977을 보라.

10. Cleaver, "Food, Famine and the International Crisis":37~40.

질적인 것은 그 공격의 성격이 무엇이며 어떻게 하면 반격을 할 수 있을지를 이해하는 것이다. 우리는, 맑스의 분석이 이러한 변화들을 그 요소로 하는 계급투쟁을 이해할 단초를 제공한다는 것을 보게 될 것이다. 우리는 그의 분석을, 위기에서 중요한 역할을 하는 다양한 개별 상품들에 (예컨대 그것들의 가격 상승이 현재의 인플레이션에서 가장 큰 역할을 수행한 식품과 에너지, 그리고 그 인플레이션에 의해 가치가 삭감된 노동력 등의 상품들에) 적용함으로써 한층 깊은 통찰을 얻을 것이다.

상품은 두 측면을 갖는다 : 사용가치와 교환가치

맑스는 상품을 두 가지 특성으로 분석함으로써 그것에 대한 해부를 시작한다. 그는 각각의 상품이 이중의 실존을 가진다고 지적한다. 상품은 사용가치이자 동시에 교환가치이다. 〈그림 2〉의 첫 부분을 여기에 가져와 보자.

상품은 사용 속에서 가치(사용가능성, 유용성)를 가지기 때문에 사용가치이다. 그것은 "이런저런 종류의 인간 욕구를 만족시킨다." 상품은 또한 교환 속에서 가치를 갖기 때문에 교환가치이다. 즉 그것은 다른 어떤 것과 교환될 수 있다.

상품의 사용가치와 교환가치는 두 가지의 서로 다른 결정[태]들 혹은 측면들에 그치는 것이 아니다. 그것들은 모순적 결정[태]들이다. 상품은, 누구든지 그것의 소유자에게 직접적으로 유용하기만 하다면 사용가치이다. 상품이 직접적으로는 유용하지 않고 그 밖의 어떤 것을 얻기 위한 교환에서만 사용된다면 그것은 교환가치이다. 따라서 교환가치는 사용가치와 다를 뿐만 아니라 바로 그것과 정반대이다. 그것들은 서로에 대한 자신들의 모순적 위치에 의해 규정된다. 그러나 그것들은 상품의 이중적 측면일 뿐이며 상품은 이 대립물들의 통일이다. 통일과 대립의 기묘한 조합 — 그 안에서 대립물들이 서로에 대해서 자신들의 의미를 가지며 따라서 그것들은 분리불가능하게 결합된다 — 이 바로, 맑스가 모순적 관계라는 말로 뜻하는 바이다.

그러나 이것은 불가능한 상황처럼 보인다. 왜냐하면 사용가치이기 위해서 하나의 물건은 교환되어서는 안 되고 사용되어야 하며 또 교환가치이기 위해서 그것은 사용되어서는 안 되고 교환되어야 하기 때문이다. 맑스가 『정치경제학 비판을 위하여』에서 더욱 깊이 분석한 이 모순적 상황은 오로지 실질적 교환과정에서만 그것의 해결책을 찾을 수 있다. "교환과정은 이 모순의 전개와 해결을 모두 포함해야만 한다."[11] 맑스는 유통과정에서 일어나는 두 모순된 측면의 실현을 상품의 변태metamorphosis라고 부른다. 어떤 상품이 팔려서 소비되기 전에는 사용가치와 교환가치는 단지 추상적이고 잠재적인 실존일 뿐이다. 그것이 팔릴 때, 즉 화폐와 교환이 될 때($C-M$), 그때 그것의 교환가치 성격이 실현된다. 그러나 이 교환에서 그것의 교환가치 형태는 그것을 실현한 화폐로 나타난다. 그다음에 그 화폐가 다른 상품과 교환되어 소비될 때($M-C$), 그것의 교환가치는 다시 사용가치라는 그것의 다른

---

11. Marx, *A Contribution to the Critique of Political Economy* : 44 [마르크스, 『정치경제학비판을 위하여』].

측면으로 변태되고 그 후에 실현된다. 이 과정에 대한 완전한 분석은 가치에 대한 이해(1장의 뒷부분에서야 전개된다)와 교환에 대한 이해(2장에서 분석된다)를 필요로 하기 때문에, [사용가치와 교환가치의 모순에 대한] 이 해결이 실제로 어떻게 일어나는가에 대한 맑스의 논의는 3장에서 제시된다. 1장에서 우리는 사용가치와 교환가치의 추상적 병치만을 본다. 맑스는 이 관계들을 겉보기에 특별할 것 없는 다양한 상품들 — 아마포, 철, 시계, 곡물(밀) — 을 가지고 설명한다. 여기에서 내가 "겉보기에"라고 말한 것은 이 상품들의 대부분이 맑스가 분석한 자본주의 발전의 시기에는 핵심적 역할을 수행했기 때문이다. 아마포는 방직산업에서, 철은 기계류와 대포의 생산에서, 시계는 노동의 시간화에서, 그리고 밀은 노동계급 생존의 기본적 수단으로서 핵심적 역할을 담당했다. 이 설명에서 [맑스만큼] 주의 깊기 위해, 나는 우리가 우리 시대의 핵심 상품들, 즉 노동력, 식품, 에너지 등에 초점을 맞춰야 한다고 주장한다.

노동력 상품에 초점을 맞춤으로써 — 맑스는 『자본』 1권 제2편과 제3편에서 이 상품의 사용가치와 교환가치를 분석한다 — 우리는 곧장 자본주의의 핵심으로 나아간다. 우리는 앞의 장에서 전 세계에 걸쳐 노동계급이 자신들의 기력strength과 능력abilities을 자본에 팔도록 강제되었기 때문에, 노동력labor-power 혹은 일할work 수 있는 역량capacity이 상품임을 보았다. 노동력의 사용가치는, 맑스가 6장과 7장에서 보여 주듯이, 일을 할 수 있는 능력이고 가치와 잉여가치를 생산할 수 있는 능력이다. 그것의 교환가치는 노동계급이 자신의 노동력을 판매한 대가로 얻는 가치이다. 노동력의 사용가치와 교환가치는 모순적이다. 왜냐하면 노동력은 노동계급에게는 교환가치일 수 있을 뿐(노동계급은 생산수단을 소유하고 있지 않기 때문이다) 사용가치일 수 없기 때문이다. 그러나 바로 그 똑같은 노동력이 그것을 사서 생산에 투입하는 자본가들에게는 사용가치를 갖는다.

상품으로 생산되는 [부분의] 식품의 경우에도, 그것의 이중적 성격에 대한 분석은 역시 시사적이다. 오늘날 미국과 서구에서 소비되는 많은 식품이 국내외의 자본주의적 영농 기업에 의해서 생산된다. 대초원 지대의 거대 밀 기업농, 중앙아메리카의 바나나 플랜테이션, 그리고 아르헨티나 팜파의 육우肉牛목장 등은 모두 국제시장에서 그 상품들을 판매하는 자본주의적 생산자들이다. 그것들이 식탁에 도착할 때쯤이면 그 식품은 생산 및 수송노동자들의 지불노동과 비지불노동만이 아니라 요리사들 — 주로 가정주부들 — 의 노동까지 포함한다. 식품의 사용가치는 일반적으로 그것의 영양적 특질과 심미적 특질에 달려 있다고 이야기된다. 그리고 그것의 교환가치는 영농기업들과 중간상인들이 그것을 팔아서 받는 돈에 달려 있다[고 이야기된다]. 노동력 및 모든 다른 상품에서와 마찬가지로, 그 두 측면의 실현은 교환을 통해 이루어진다.

예들을 통한 이러한 설명은 상품형태 속에서 더 깊은 어떤 것을 드러낸다. 사용가치와 교환가치라는 두 범주는 분석적 추상이라는 도구를 사용한 지적 추론에 의해 도달한 추상적 개념에 불과한 것이 아니다. 그것들은 교환과정을 통한 상품의 이행 속에만 존재하는 것이 아니다. 이 두 측면은 또 자본주의 계급 관계의 특징인 쌍방적 모순도 표현한다. 사용가치와 교환가치는 자본가계급과 노동계급이 대립하고 통일되는 것과 같은 방식으로 모순적 통일 속에서 대립되어 있다. 각각은 타자의 대립물이지만 동시에 그 자체로 그 관계 안에서만 실존한다. 우리는 어떻게 계급 관계가 상품형태의 이러한 측면들을 포함하며 또 상품형태가 어떻게 그 자체로 이러한 종류의 계급사회에 적어도 부분적으로는 적합한 것인가를 알 수 있다.

나아가 우리는 이 두 측면이 어떻게 서로 다른 계급 관점을 암시하는가를 알 수 있다. 가장 근본적으로 상품을 사용가치로 보는 관점은 노동계급의 시각이다. 노동계급은 상품들(예를 들면 식품, 에너지)을 주로 전용appropriation과 소비의 대상, 즉 자신의 필요를 충족시키기 위해 사용될 물건들로 본다. 자본은 이 동일한 상품들을 주로 교환가치로, 즉 잉여가치와 이윤의 실현을 통해 그 자신을 성장시키고 사회에 대한 자신의 통제력을 증대시킨다는 목적을 달성할 단순한 수단으로 본다. 그러나 노동력의 예는, 이러한 시각들이 그렇게 단순하고 고정된 것이 아님을 보여 준다. 왜냐하면 우리는 앞에서, 자본의 맥락 속에서, 노동계급은 자신의 노동력을 (사용가치가 아니라) 자신에 대해서는 오직 교환가치만을 가질 수 있는 소외된 상품으로 발견한다는 것에 대해 살펴보았기 때문이다. 이와 유사하게, 자본의 주된 관심도 노동력의 교환가치에 있는 것이 아니라 그 사용가치에 있다. 그러나 자본은 [무엇보다] 잉여가치에 관심이 있기 때문에 노동력의 사용가치 — 그것이 생산할 수 있는 가치의 양 — 와 그것의 교환가치 — 노동력이 지불받아야 하는 가치의 양 — 에 동시에 관심을 가져야만 한다. 이와 마찬가지로 노동계급도, 노동조건을 둘러싼 투쟁을 할 때는, 자신들의 노동력이 처해지는 그 사용use[의 조건]에 관심을 가진다.

식품 문제로 다시 돌아가 보자. 노동계급은 식품의 사용가치에 주로 관심을 쏟지만, 식품이 교환가치를, 즉 노동자들의 식품에 대한 접근을 제한하는 화폐 가격을 가지고 있다는 사실은, 그들이 식품의 교환가치에도 관심을 가져야 한다는 것을 의미한다. 나아가, 자본도 자신의 생산품을 판매하려고 한다면 사용가치에 약간의 주의를 기울여야 한다. 썩은 식품은 거의 팔리지 않는다. 수확량이 높은 기적의 벼도

먹을 만한 맛을 가지고 있어야 한다. 빵은 그것을 어떤 노동자 집단에 팔 것인가에 따라 검거나 희어야 한다. 우리는 각각의 관점이 다른 관점에 어떻게 의존하는지를 알 수 있다. 자본이 앞서 말한 것들의 사용가치를 팔아 자신이 바라는 교환가치를 실현할 수 있는 것은, 바로 노동자들이 '필요'를 가지고 있(고 또 그들이 필요로 하는 것을 생산할 어떠한 수단도 가지고 있지 않)기 때문이다. 노동력이 노동자에게 교환가치인 것은 바로 그것이 자본에게 사용가치이기 때문이다.

이것은 우리를 좀 더 나아가는 두 가지의 고찰로 이끈다. 첫째로, 각각의 계급에게 각 상품의 의미는 일방적이지 않고 사용가치와 교환가치를 모두 포함한다. 그렇지만 교환가치에 대한 노동계급의 집착과 사용가치에 대한 자본의 집착은 모두 자본이 자신의 사회체제를 강제하는 데에 성공한 것의 결과이다. 둘째로, 노동계급과 자본에게 상품의 의미는 다르기 때문에(즉 노동계급에게는 사용가치가, 자본에게는 교환가치가 주로 의미를 갖기 때문에), 어떤 주어진 상품의 사용가치와 교환가치의 의미는 자본과 노동계급에게 동일하지 않다. 이것은 서론에서 개괄한 접근법 — 각 범주의 쌍방적 성격을 밝힐 필요, 분석의 각 범주에 대한 두 계급의 관점을 발견해 낼 필요 — 의 타당성을 부각시킨다. 우리는 어떤 상품에 있어서 사용가치와 교환가치의 의미가 두 계급의 관점에 따라 어떻게 다른지를 이해해야 한다.

이 문제들을 우리의 세 상품들을 예로 검토해 보자. 첫째로 노동력을 살펴보자. 만약 우리가 노동력의 사용가치 문제를 두 계급의 관점에서 살펴보면 우리는 그 관점들이 매우 다른 결과를 보여 준다는 것을 알 수 있다. 표면에서, 노동력의 사용가치는 전적으로 노동력을 사서 생산과정에서 그것을 소비하는 자본가들에게 속하는 문제이다. 우리가 앞의 절에서 살펴보았듯이, 노동이라는 궁극적 사용가치(그것은 노동력의 사용가치이다)는 자본주의적 사회 통제의 근본적 수단으로서 그것이 행하는 역할이다. 자본가에게 있어서, 노동을 강제할 수 있다는 것은 곧 사회적 통제력을 보유한다는 것이다. 그러나 자본에게 노동력의 사용가치는 가치와 잉여가치를 생산할 수 있는 능력이기도 하다. 그렇지만 통제와 가치는 별개의 사용가치들이 아니다. 우리가 곧 살펴볼 것처럼, 가치의 실체는 노동이며 노동은 사회 통제의 수단이다.[12] 따라서 잉여가치는 잉여노동일 뿐만 아니라 또한 자본주의적 생산의 목표이며 자본주의[적 생산]을 하나의 사회체제로서 강제함에 있어 그 성공의 지표이다.

그러나 비록 노동이라는 사용가치가 형식적으로 자본의 영역이라고 할지라도, 그것은 단지 자본의 관점일 뿐이다. 노동계급의 관점에서 보아도 노동은 자신에 대해 일정한 사용가치를 가질 수 있다. 하지만 노동계급은 노동 그 자체로부터 사용가치를 얻는다는 생각은 이미 지나간 수공업 시대에나 적합할 수 있는 생각으로 정치적으로 낭만적인 관념이다. 이러한 생각을 제쳐놓고 보면 우리는 노동계급이, 자본이 자신들에게 강제하는 노동을 어떻게 그들 자신에게 이득이 되도록 바꾸려 노력하는가를 여전히 볼 수 있다. 그러므로 노동자들이 자신이 생산한 생산물의 일부를 (적어도 간접적으로) 취득하는 한에서 그들의

12. 가치 개념을 자본의 사회 통제 개념에서 분리시키는 것은, 아마도 무의식적으로 경제(학)[가치]과 정치(학)[통제] 사이의 이분법을 재도입하는 것이다. 이것은 자본이 생산적 노동의 쇠퇴 때문에 "가치를 넘어서" "가장 순수한 형태의 정치적 통제"로서의 노동으로 나아간다는 몬타노의 자본 논의에 내재하는 경향으로 보인다〔"Notes on the International Crisis" : 57~58〕. 이 문제적 정식화는 "Money and the World Crisis : The New Basis of Capitalist Power", *Zerowork* 2 〔Fall 1977〕 : 94~95)에서 끄리스띠안 마라찌(Christian Marazzi)에 의해서도 채택된다. 두 저자가 망각한 것은, 그리고 오늘날의 노동의 기본적 요점은, 가치의 실체[노동]와 [가치의 본질적(quintessential) 표현으로서의] 화폐의 실체가 언제나 사회적 통제라는 것, 즉 강제된 노동을 통한 사회적 통제라는 것이다.

노동이라는 사용가치는 그들에게도 유용한 노동이며, 그들의 필요를 충족시키는 사용가치를 생산하는 노동이다. 보다 직접적으로, 공장에서 노동자들의 결합은 연대 행동의 경험을 제공한다. 그 경험 속에서 그들은 자신들을 계급으로 조직화함으로써 자본에 대항하는 법을 배운다. 이에 관해 맑스는 이렇게 말한다. "협동하는 노동자들의 수가 증가함에 따라 자본의 지배에 대한 그들의 저항도 증가한다."[13]

우리가 살펴보았듯이 노동력의 교환가치는 노동계급이 그것을 팔아서 받는 화폐이다. 그러나 노동계급에게 이 교환가치는 소득인 동시에 자본과의 투쟁에서 자신의 힘의 원천이다. 반면 자본에게 그것은 비용이며 생산된 총 가치로부터의 공제이고 또한 잉여가치, 그러니까 자본의 권력에 대한 위협이다. 이러한 차이 때문에 노동계급이 자신의 노동력의 교환가치를 받을 형태 — 화폐임금, 현물임금, 사회적 용역, 복지, 실업수당, 연금 등등 — 를 둘러싸고 종종 투쟁이 전개된다.

이제 상품으로서의 식품으로 돌아가서 같은 접근법을 적용해 보자. 노동계급에게 식품의 사용가치는 무엇보다도 우리의 근본적인 소비재(살아가기 위한 영양공급)로서의 역할이다. 식품의 이 사용가치에 대한 우리의 필요 때문에 자본은 일찍이 상품으로서의 식품에 대한 통제가 곧 노동자들에 대한 통제력을 준다는 것을 이해했다. 이것이, 시초 축적의 시기에 노동자들로부터 빼앗은 가장 기본적인 생산수단이 토지(전통적으로 식품 생산의 필수적인 전제조건)였던 이유이다. 따라서 자본에게 식품의 근본적인 사용가치는 노동계급으로 하여금 식품을 얻기 위해 일을 하지 않을 수 없게 만드는 힘이다. 이처럼 이 사

---

13. Marx, *Capital*, Volume I, Chapter 13:331 〔International Publishers Edition〕[마르크스, 『자본론 1 — 상』].

용가치에 대한 노동계급의 필요는 자본으로 하여금 희소성(배고픔)을 자신의 사회질서의 기본적 요소로 만들도록 이끌었다. "따라서 모든 것은 노동계급 사이에 배고픔을 항구적으로 만드는 데 달려 있다."[14] 이것은 현재 위기에 직접적 영향을 미치는 바로 그 기본적 논점이다. 현재의 위기에서 배고픔은 계급들 사이의 투쟁에서 결정적 역할을 하고 있다. 노동계급에 대한 자본의 전략에서 식품이 이러한 역할을 수행하고 있기 때문에 그것은, 노동계급 역시 식품에서 자본에 맞서 자신의 힘을 발전시키기 위한 근본적 요건을 인식한다는 것을 의미한다. 특히 그 계급의 가장 약한 부문들, 즉 소득 위계의 최하위에 있는 부문들의 투쟁에서 식품의 사용가치는 결정적이다. 농민 투쟁이 종종 작물이나 토지의 강탈로 나아가는 것은 놀라운 일이 아니다. 일반적으로 그러한 투쟁들이 다른 차원으로 전환할 수 있는 것은 오직 충분한 식품의 공급이라는 토대 위에서이다.

이러한 고찰들은 식품의 교환가치에 관한 두 계급 관점의 중요성을 명확히 하는 데 도움이 된다. 다른 상품에서와 마찬가지로 식품의 교환가치는 자본에게 잉여가치의 원천이다. 그러나 노동계급에게 식품의 교환가치는 노동력의 교환가치와 비교되어 식품에 대한, 그리고 그 식품이 제공하는 영양 및 힘이라는 사용가치에 대한 그들의 접근을 결정한다. 따라서 식품의 교환가치는 노동계급의 소득과 힘을 침식하며 이윤과 통제의 맥락에서 본 자본의 위치를 강화한다. 실제로, 절대적 희소함이 있지 않은 한, 가격(화폐형태 혹은 교환가치)은 배고픔을 항구적으로 만듦에 있어 자본의 핵심 무기이다. 현재의 위기에서처럼 자본이 식품의 교환가치의 전 지구적 상승을 획책할 때 자본은 이윤

---

14. 같은 책, Chapter 25, Section 4:646 [마르크스, 『자본론 1 - 하』].

을 증대시킬 뿐만 아니라 노동계급에 대한 자본의 힘도 증대시키고 있다. 따라서 그러한 공격에 대한 노동계급의 여러 부문들의 대응이 그들의 힘의 작동이라는 것은 놀라운 일일 수 없다. 노동계급이 힘이 미약한 곳에서는 [사하라 사막 동부의] 사헬에서처럼 굶주림을 면할 수가 없다. 그러나 노동계급이 더 큰 힘을 가지고 있는 곳에서는, 이집트·폴란드·미국 등에서처럼, 그러한 공격의 충격을 되받아치거나 제한하는 데 성공할 수도 있다.

그러면 그것의 가격 인상이 현재의 위기에서 핵심적 역할을 하고 있는 것으로 보이는 또 다른 상품인 에너지의 경우는 어떠한가? 에너지의 사용가치와 교환가치에 대한 계급 분석은 몇 가지 중요한 관계를 밝혀 준다. 우리가 통상적으로 상품으로 생각하는 에너지의 종류는 석유, 석탄, 가스, 전기 같은 것들이고 덜 발전된 나라에서는 나무, 숯, 똥 등이 있다. 이 상품들의 사용가치의 성질을 두 계급 관점에서 질문해 보면 우리는 약간의 흥미로운 결과들을 얻는다. 노동계급의 관점에서 보면 이들 중 일부는 다소간 직접적으로 소비되는 상품들이다. 전기는 가정용품, 전구, 전열기 등에 전력을 공급한다. 천연가스, 석탄, 장작, 똥 등은 난방, 취사, 조명 등을 위한 에너지를 공급한다. 휘발유는 잔디 깎는 기계, 선박, 그리고 무엇보다도 자동차에 에너지를 공급한다. 식품과 마찬가지로 에너지 상품들도 소비재인데, 그것의 사용가치는 노동을 줄이고 삶을 보다 즐겁게 만들 수 있는 능력에 놓여 있다. 또 이 에너지 상품들의 유용성에는 각종의 분명한 위계가 있다. 그 상품들은 그것들의 다용도성과 미적 가치에서 차이가 있다. 비록 등급은 그것들의 다양한 용도와 문화에 따라 다를 수 있겠지만 우리는 일반적으로 전기 혹은 천연가스가 숯이나 똥보다 용도가 더 다양하며 다루기도 더 쉽다는 것을 알 수 있다.

이와 동시에, 여러 에너지 상품들이 노동자들에 의해 소비되는 상품들이 아니고 오히려 그것들을 사용하는 데 필요한 생산수단을 갖고 있는 자본가에게만 원료로서의 사용가치를 갖는 중간생산물이라는 것도 분명하다. 이것은 원유, 우라늄, 혹은 특정한 종류의 석탄의 경우도 마찬가지이다. 그것들은 휘발유나 전기와 같은 다른 종류의 에너지상품들을 생산하기 위해 쓰이며 그 후에 그 생산된 상품들이 노동자들에게 팔린다. 그러나 여기에서 다시, 이 에너지 상품들의 많은 양이 직접 소비자에게 판매되지 않고, 모든 종류의 상품들을 생산하는 중간 투입재로서 다른 자본가들에게 팔린다는 것이 분명하다. 두 경우 모두에서 에너지는 불변자본으로 나타나며 자본에 대해 그것이 갖는 사용가치는 그것이 생산물에 이전하는 가치에 있다. 이 가치 이전은 잉여가치 생산에서 필수적인 한 단계이다. 이 에너지 불변자본은 잉여가치를 생산하지 않을 수 있지만, 잉여가치를 생산하는 데에는 필수적이다.

그러나 이것은 반드시 이해되어야 할 또 다른 측면을 드러낸다. 에너지가 생산과정에서 인간 기력strength의 대체물인 한에서, 그리고 노동계급이 (노동조건을 둘러싼 투쟁에서처럼) 그 자신의 노동력을 사용가치로 지출하는 것에 관심을 갖는 한에서, 노동계급은 에너지 상품에서 인간의 땀을 지출할 필요를 축소시키는 사용가치를 볼 수 있다. 달리 말해, 노동계급에게 에너지는 가정에서 노동을 줄이는 사용가치를 가질 뿐만 아니라 공장에서 노동을 줄이는 사용가치도 갖는다. 그렇지만 만약 노동계급에게 에너지의 사용가치가 노동을 줄이는 그것의 능력이라면, 자본에게는 그것과 정반대이다. 맑스가 『자본』 15장에서 보여 주듯이, 역사적으로 생산에서 비인간 에너지의 근본적 역할은 기계의 창출을 가능케 하고 또 이로써 근대 산업이 기반을 두고 있는 복잡한 기계류 체제의 창출을 가능케 하는 것이었다. 한편에서, 자본이 동력기계류에 이렇게 에너지를 사용함으로써 끌어내는 사용가치는 그것이 생산하는 상승하는 생산성에 놓여 있다. 이것이 이윤과 투자를 상승시킬 때, 그것은 상승하는 생산성을 더 많은 노동과 더 많은 사회적 통제의 원천으로 역전시키기에 이른다. 나아가 우리는, 에너지를 동력기계류에 더 많이 사용하는 것은 "노동자가 기존의 물질적 생산조건의 단순한 부속물로 되는, 순전히 객관적인 생산 유기체"[15]의 창출을 의미했음을 알 수 있다. 여기에서 우리는 에너지의 사용가치는 자본에게 노동자들에 대한 통제를 재조직화할 수 있게 하는 것임을 본다. 사실상, 맑스가 매우 상세하게 지적하듯이, 에너지는 거듭해서, 자본을 위협한 노동계급 권력을 탈구성[해체]decompose하는 열쇠였다. "가스켈에 따르면, 증기기관은 처음부터 인력의 적대자였다. 그것은, 갓 태어난 공장 체제를 위기에 빠뜨려 위협하는, 노동자들workmen의 점증하는 요구를 자본가가 발로 짓밟을 수 있게 하는 적대자였다."[16] 증기기관에 대해 사실인 것은 내연기관이나 더 최근의 원자력 기관에 대해서도 똑같이 사실이다. 그리고 에너지 상품들의 새로운 원천들의 지속적 발전은 이 무기들의 발전에 핵심적이었다.

이러한 고찰들은 분명히 에너지 위기에 대한 현재의 논쟁을 넘어서기에 충분하다. 현재의 위기에서 더 많은 에너지에 대한 자본의 끝없는 요구에 대한 유일한 대안은 다시-땅으로-운동이었다. 그 운동은, 종종 생태학적 이유를 근거로, 노동집약적 생산방법으로 복귀하는 데 도움이 될 수 있는 에너지 사용량의 절감을 자랑했다. [그런데] 선택은

---

15. 같은 책, Chapter 15, Section 1 : 386.
16. 같은 책, Section 5 : 436.

땀과 노고인가 아니면 자연 자원의 낭비적 약탈인가 사이에 있지 않다. 오히려 선택은 노동계급의 이익을 위한 에너지 사용인가 자본의 이익을 위한 에너지 사용인가 사이에 있다. 수익과 이윤만을 목표로 하는 자본의 연료소모적이고 기종변경적인 제품들을 거부하기 위해, 노동자들에게도 실제적인 사용가치를 갖는 자동차를 거부할 필요는 없다. 주로 석유 회사들에게 이익이 되는 무기질 비료의 낭비적인 사용을 거부하기 위해, 농업에서 노고를 줄이기 위해 에너지를 사용하는 것까지 거부할 필요는 없다.

두 계급에서 에너지 상품의 사용가치가 갖는 차이에 대한 이러한 분석은 그 상품들의 교환가치에서의 관점 차이를 밝히는 데에도 도움이 된다. 우선, 식량의 교환가치 증가와 마찬가지로, 에너지의 교환가치 증가도 분명히 노동자들의 노동력 교환가치의 감소를 통한 에너지 상품 판매자(예컨대 석유 회사, 석탄 회사)의 이윤 증가를 의미했다. 이러한 현상은 두 가지 방식으로 발생했다. 첫째 소비를 위해 구입된 에너지의 경우에는 직접적으로 발생했다. 그리고 둘째로 다른 소비재의 생산에 투입물로 사용되는 에너지의 경우에는 간접적으로 발생했다. [에너지 상품 판매자의 이윤 증가를 가져오는] 이 간접적인 효과 때문에, 식품비 상승으로 인한 비농업 임금의 가치 감소가 항상 농민들의 소득 증가를 의미하지는 않았다. 농민들의 소득은 경작에 사용되는 에너지의 교환가치 상승 및 에너지파생적 투입물의 교환가치 상승으로 인해 오히려 줄어들었다. 이런 방식으로 에너지 교환가치를 높이는 것은 자본이 노동계급의 소득을 공격하고 농장 안팎의 노동력을 평가절하하는 강력한 무기였다.

교환가치의 이러한 조작(여기서 우리가 다루는 것은 가격이 가치로부터 극적으로 갈라지는 경우이다)의 함축은 임금에 대한 직접적 공격을 넘어선다. 우리는 방금, 자본에게 에너지의 근본적 사용가치의 하나는 노동력의 대체물로서의 역할, 즉 자본의 상승하는 유기적 구성 속에서 불변자본으로서의 역할임을 살펴보았다. 그러나 2차 세계대전 이후 시기에, 그 무기의 다용도성versatility은 적어도 부분적으로는 에너지상품의 낮은 교환가치에 기초하고 있었다. 값싼 석유를 손쉽게 이용할 수 있다는 사실은 전후 유럽의 재건에 불을 붙였으며 일반적으로 산업노동의 재조직화와 서방세계에서의 자본 팽창을 가능하게 만들었다. 그러면 어떻게 에너지 상품들의 교환가치 상승이 자본의 이익에 봉사하는가? 첫째로, 우리는 이것이 위기의 전략임을 기억해야 한다. 자본은 에너지 가격 상승이라는 전략을 선택에 의해서가 아니라 필연에 의해서 채택했다. 둘째로, 에너지 가격의 상승은, 우리의 앞의 분석에서 따라 나오는, 적어도 두 가지의 중요한 방식으로 이용되고 있다. 나는 에너지 가격의 상승이 노동계급으로부터 자본에게로 막대한 가치의 이전을 허용하는 방식에 대해 이미 검토했다. 이와 동시에 에너지 가격의 상승은 잉여가치를 에너지 부문에, 특히 석유와 석유화학 부문에 집중시킨다. 이 부문은, 미국의 농업과 더불어, 산업에서 이미 가장 고도의 유기적 자본구성을 가진 부문이다. 따라서 기존의 산업구조 내에서 자본은 유기적 구성이 낮은 곳으로부터 높은 곳으로 이동한다. 그것은 투자를 통한 유기적 구성의 고도화와 부분적으로 동일한 효과를 갖는 이동이다. 마지막으로, 에너지 가격의 상승은, '석유달러'petrodollars의 형태를 띤 잉여가치가 (재순환 기제에 대한 통제를 통해) 자본주의의 팽창 양식을 대단히 고도로 계획하는 것을 가능케 하는 방식으로 사방에서 모여 집중된다는 것을 의미한다.

이런 식으로 우리는 상품으로서의 식품과 에너지를 그것들의 사용가치와 교환가치에 관한 두 계급의 관점에서 분석함으로써 적어도 현

위기의 중요한 측면들 중의 일부를 파악할 수 있다. 특수한 역사적 상황 속에서 이러한 개념들을 정치적으로 읽어냄으로써 우리는 각 상품의 사용가치와 교환가치의 의미가 계급 관점과 교환과정 속의 국면에 달려 있을 뿐만 아니라 그러한 계급 관점들이 서로 모순적임을 알 수 있다. 한 대상이 자본에게 갖는 사용가치(또는 교환가치)는 같은 [대상의] 상품이 노동계급에게 갖는 사용가치(또는 교환가치)와 같지 않다. 교환가치는 일반적으로 사회적으로 결정된 범주로 인식된다. 그러나 사용가치의 경우도 상품이 가지는 내재적 성질 — 물질적 성질이든 다른 성질이든 — 에 의해 주어졌다고 말할 수는 없다. 그것도 어떤 주어진 순간의 계급투쟁이라는 맥락 속에서 파악되어야만 한다.

　이것은, 『정치경제학 비판을 위하여』에 제시된 사용가치에 대한 맑스의 설명의 일부가 왜 조심스럽게 그리고 가감해서 해석되어야 하는가를 분명히 밝혀 준다. 어떤 곳에서 맑스는 "사용가치는 생산의 사회관계를 표현하지 않는다."고 말한다.[17] 또 다른 곳에서 그는, "사용가치는 그 자체로 규정된determinate 경제 형태로부터 독립적이기 때문에, 정치경제학 연구의 영역 밖에 있다. 그것은 그 자체가 규정된 형태일 때에만 정치경제학 연구 영역에 속한다."[18]고 말하고 있다. 이제 사용가치가 교환가치와 같은 방식으로 자본의 사회적 관계를 표현하지 않는다는 것은 의심할 여지가 없다. 또한 교환가치가 자본에 중심적이라는 사실도 의심의 여지가 없다. 그러나 우리가 방금 살펴보았듯이 사용가치들은 여러 가지 방식으로 '규정된 형태들'이다. 사용가치의 성격과 역할은 분명히 사회관계를 표현할 수 있다. 『자본』에서 맑스는 이것을 여

---

17. Marx, *A Contribution to the Critique of Political Economy* : 28 [마르크스, 『정치경제학비판을 위하여』].
18. 같은 책.

러 가지 방식으로 설명한다. (a) 분업에서 노동력의 변화하는 사용가치, (b) 생산수단의 특수한 사용가치, (c) 생산되어 노동계급에게 팔리는 사용가치들의 성격 등이 그것이다. 이후 2권 제3편의 재생산 도식에서 우리는 사용가치들 사이의 구분들이 갖는 중요한 역할을 발견한다. 3 권에는 원료의 구성요소들의 가격하락에 대한 논의가 있고 사용가치 분석이 중요한 역할을 하는 많은 장소들에 대한 논의가 있다.

「아돌프 바그너의 정치경제학 교과서에 관한 방주」Marginal Notes on Adolph Wagner(1879)에서 맑스 자신은 사용가치가 자신의 분석에서 상품의 한 측면 이상의 어떠한 자리도 차지하지 못한다는 해석을 "허튼 소리"라고 명백히 거부했다. 그는 사용가치가 자신의 분석에 들어오는 적어도 세 가지의 다른 방식들을 분명히 제시한다. (a) 사용가치의 이면에는 상품을 생산하는 노동의 이중성의 한 측면인 유용노동이 있다 (아래 이 책의 4장을 보라). (b) "상품의 가치형태 전개에서 … 어떤 상품의 가치는 다른 〔상품의〕 사용가치로 대표된다."(아래 이 책의 5장을 보라). 그리고 (c) "잉여가치 그 자체는 노동력의 '특유한' 사용가치로부터 도출된다. … 등등"이 그것이다. 맑스는, "따라서 내게 있어서 사용가치는 그것이 지금까지의 경제학에서 가졌던 것보다 훨씬 더 중요한 역할을 수행한다."[19]고 결론짓는다.

사용가치 및 교환가치의 질적 측면과 양적 측면

식품과 에너지 가격의 극적인 상승을 포함하는 현재의 위기의 인

---

19. Marx, "Marginal Notes on Adolph Wagner", in *Value : Studies by Karl Marx*, ed. Albert Dragstedt : 214~216.

플레이션적 양상은, 우리들 대부분이 더 적은 양의 상품을 사게 되고 결과적으로 구입할 수 있는 상품의 다양성도 줄어든다는 것을 의미했다. 고기와 같은 비싼 음식의 양이 줄어들자 식단은 더 단조로워졌다. 휘발유 가격의 상승은 여행과 휴가의 회수 및 길이를 줄인다. 일반적으로 소비는 양적으로 그리고 질적으로 모두 제한된다. 이러한 상황은 상품들의 질적 측면과 양적 측면에 대한 분석을 직접적으로 중요한 것으로 만든다.

우리는 바로 앞 절에서 맑스가 상품을 우선 사용가치와 교환가치로 분석했다는 것에 대해 살펴보았다. 그리고 우리는 그 범주들이 자본주의적 상품생산 사회의 계급적 성격의 특정한 측면들을 구현하고 있음을 보았다. 그다음에 맑스는 『자본』 1장의 1절에서 동일한 추상 과정을 통해 이 두 측면들 각각을 양적 결정과 질적 결정으로 분석하는 것으로 나아간다. 〈그림 2〉의 다음 계단을 취해 보면 다음과 같다.

사용가치의 질적 결정은 속성들(예를 들면 무게와 같은 물리적인 속성들과 통제와 같은 사회적 속성들)에 의해 표현된다. 이 속성들의 양적 결정은 그것들의 크기와 척도(예를 들면 톤, 도^{degree})에 의해 주어진다. 우리는, 이 특수한 속성들이나 질들의 배후에, 그것들을 생산한 특수하고 구체적인 유용노동이 있음을 뒤늦게 발견한다. 그리고 우리는 그것들의 양의 배후에서 그것들을 생산하는 데 사용된 실제적 노동시간을 발견한다.

교환가치의 직접적인 양적 측면은 "한 종류의 사용가치가 다른 종류의 사용가치와 교환되는 비율"에 의하여 표현되는 것처럼 보인다.[20] 그러나 이것은 모호하고 또 분명히 우연적이다. 왜냐하면 교환가치의 질적 측면이 아직 분석되지 않았기 때문이다. 이것은 교환가치에 대한 더 깊이 있는 분석을 필요로 한다. 이 때문에 엄밀히 말하면 우리가 이 지점에서 교환가치의 두 측면에 대해 말할 수는 없다. 그렇지만 우리는 이후에 도래할 바를 염두에 두면서, 사용가치와 교환가치의 맥락 속에서 상품형태의 이 두 측면[양적 측면과 질적 측면]이 갖는 의미에 대해 몇 가지 예비적 논급을 할 수는 있다.

첫째로 우리는 이 두 결정이 독립적이지도 않고 그것들의 관계가 임의적이지도 않다는 것을 주목할 수 있다. 사용가치에 대한 논의에서는 질이 양에 앞선다. 교환가치에 대한 논의에서는 그 순서가 처음에는 뒤바뀌는 것처럼, 즉 양이 질에 앞서는 것처럼 보인다. 하지만 '양적 결정'은 사실상 이후에 질적 기반이 드러날 때까지 신비에 싸여 있다. 그렇다면 양적 결정은 언제 드러나는가? 우리는 이 질문이 잘못 제기되었으며 교환가치의 질적 측면과 양적 측면 모두가 사실상, (교환가치가 유일한 현상 형태인) 가치의 측면들임을 발견한다. 이 지점에서 우리는 또 상품의 두 측면[질적 측면과 양적 측면]이 사실은 사용가치와 가치 각각의 두 측면들임을 깨닫는다. 사용가치에 대한 분석에서와 마찬가지로 가치에 대한 분석에서도 그 질(이 장의 바로 다음 절에서 다루어지는 실체 혹은 추상노동)에 대한 고찰이 그것의 양(이 장의 그다음 절인 4절에서 다루어지는 사회적 필요노동시간)에 대한 고찰보다 앞

20. Marx, *Capital*, Volume I, Chapter 1, Section 1:36 〔International Publishers Edition〕 [마르크스, 『자본론 1 – 상』].

에 나온다.

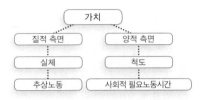

순서가 그렇게 되는 이유는 논리적이다. 우리가 양을 갖기 위해서는 어떤 것의, 즉 어떤 질의 양을 가져야 한다. 우리가 10톤의 밀 단백, 또는 40톤의 석탄에 대해 말할 수 있으려면 먼저 있는 그대로의 밀 단백 또는 석탄을 구성하는 질들을 파악해야만 한다. 그렇지 않으면 그 척도는 의미가 없다. 그러나 동시에 양이 없는 질도 무의미하다는 것도 분명하다. 어떤 양에 대면하지 않고서는 밀, 석탄, 또는 가치와 결코 대면할 수 없다. 그 양의 척도는 따라서 질과 양의 결합이다.

둘째로 사용가치와 교환가치에서와 마찬가지로 이들 질적 측면들과 양적 측면들은 단순히 논리적으로 규정된 두 범주가 아니다. 그것들은 동시에 두 계급 관점과 그것들의 투쟁의 복잡한 변증법을 구현한다. 이것은 사용가치와 교환가치를 보는 계급 관점에 대한 앞의 논의에도 약간 함축되어 있지만 여기서 그것을 상술해 보겠다. 먼저, 노동계급 관점은 주로 질적 관점이다. 즉 노동계급은 기본적으로 특정 종류의 물건들 — 식품, 의복, 주택, 음악 등 — 의 획득에 관심을 갖는다. 그 모든 것들은 우리로 하여금 우리가 바라는 종류의 삶을 살게 해 준다. 사용가치의 주어진 질들의 양은 결코 중요하지 않다고 할 수는 없지만 부차적이다. 분명히 사람은 적어도 온 가족이 살 수 있는 한 채의 집, 한 켤레의 구두, 하루 세 끼니를 필요로 한다. 양은 분명히 필수적인 요소이다. 그러나 초점은 먼저 삶의 종류 — 피난하기, 발을 보호하기, 먹기 — 에 있지 그것의 척도에 있지 않다.

자본의 관점은 주로 양적이다. 자본은 기본적으로 자신이 생산하는 상품들의 특수한 질에는 관심을 갖지 않는다. 물론 그 상품들이 교환가치여야 하고 잉여가치의 담지자여야 한다는 점은 예외이다. 이외의 다른 질들은 부차적이다. 집이 잘 지어졌는가 부실하게 지어졌는가, 음식이 신선한가 부패했는가는 얼마나 많은 교환가치와 이윤이 실현될 수 있는가라는 문제에 대해 (종종 함수관계를 가짐에도 불구하고) 부차적이다. 자본의 격언은 어떤 종류인가what kind가 아니라 더 많이more인 것으로 나타난다. 더 많이 팔기 위해 이러저러한 종류의 상품을 생산하는 것이 필요한 한에서만 어떤 종류인가라는 문제가 작동하기 시작한다. 자본이 생산수단으로서 구입하는 상품들의 경우에도 마찬가지이다. 여기서 주된 관심은 이윤율을 높일 수 있도록 이 불변자본의 교환가치를 낮게 유지하는 것이다. 생산수단의 특수한 질들이 분명히 필요하겠지만, 그것들은 목적에 대한 수단일 뿐이다.

그렇지만 여기서 멈추고는, 노동계급이 질에 대한 독점권을 갖고 있는 것으로 낭만적으로 생각하고 자본은 단지 저속하고 양적인 것에만 관심을 갖고 있다고 본다면 그것은 잘못일 것이다. 계급투쟁에서 관점들의 대립은 훨씬 더 복잡하다. 자본과의 투쟁 속에서 노동계급은 양에 직접적으로 관심을 쏟도록 강제된다. 임금, 노동일의 길이, 그리고 노동 강도 등을 둘러싼 투쟁은 모두 소득과의 교환으로 얼마나 많은 일을 할 것인가를 둘러싸고 벌어진다. 노동계급은 가치 그 자체에 관해 주의를 덜 기울일 수가 없다. 우리가 원하는 것은 더 적은 노동으로 더 큰 다양성의 사용가치를 더 많은 양으로 얻는 것이다. 양이 중요하게 되는 것은 오직, 우리가 욕망하는 질적으로 구분되는 저 특수한 상품들에 (그리고 그것들을 즐기는 데 필요한 시간에) 우리가 접근할 수 있게 되는 것이 이 양적 투쟁을 통해서이기 때문이다. 노동력의 교환가치에 가해진 양적 제한(이것은 자본의 잉여가치 실현을 위하여 필요하다)은 노동계급의 소비에 질적 제한을 가한다. 그래서 그러한 제한에 대한 저항이 일어나는 것이다.[21]

반면에, 좀 더 앞에서 살펴보았듯이, 자본은 노동계급에 대한 통제를 유지하려는 자신의 노력 속에서, 자신이 가동하는 노동력의 성질에 대해서뿐만 아니라 자신이 그 노동력을 통제하고 계획하는 산업 과정의 구조에 대해서도 면밀한 관심을 가질 수밖에 없다. 공장 밖에서 자본은 자신이 파는 상품들의 질에 주의를 기울인다. 그리고 자본은 그 상품들의 사용가치를 통해 사회 공장 전체를 조직하려고 노력한다. 이 두 가지 관심의 한 예로 우리는, 상품들의 질들 및 생산과정의 확장이 상대적 잉여가치의 생산에서 가지는 역할에 관한 맑스의 폭넓은 분석에 주목할 수 있다. 그는, 그 [상대적 잉여가치의] 생산이 기존의 소비 다양성의 양적 확장과 질적으로 다른 새로운 필요 및 사용가치들의 생산을 필요로 함을 보여 준다. 이것은 다시 "노동 내부의 질적 차이의 순환"의 확장을 의미한다. 이렇게 맑스는, 노동시간 및 절대적 잉여가치에 대한 노동계급의 양적 공격에 의해 자본이 어떻게, 사물들의 새롭고 유용한 질들을 발견하기 위해, 그리하여 "사회적 인류의 모든 질"[22]을 계발하기 위해 모든 자연을 탐사하도록 내몰리는가를 보여 준다. 이것이, 맑스가 자본의 역사적으로 긍정적인 측면이라고 본 자본의 바로 그 측면(자본이 부르주아 사회를 창출해 감에 따라 그 실존의 다양성을 확장하는 방식)이다. 그런 한에서 자본은 이전의 사회에 비하여 진보를 표현하고 자본주의 이후 사회의 기초를 놓는다.

---

21. Marx, *Grundrisse*, Notebook II : 283 [맑스, 『정치경제학 비판 요강』].

22. 같은 책. Notebook IV : 408~409.

그러나 맑스는 계급투쟁에서 양과 질의 변증법이 가지는 의미에 관한 이러한 일반적 견해에 멈추지 않았다. 그는 어떻게 이 과정의 모순들이 자본을 발전시킴과 동시에 그것의 해체를 향해 작용하는지를 더욱 정확하게 보여 주려고 했다. 이것이 내가 앞의 2장 끝에서 논의한 과정이었다. 거기에서 노동자당^{III} 불변자본 특히 기계류의 총량의 양적 증가는 자본과 노동계급의 관계의 질적 변화를 가져오고 궁극적으로 그 관계의 파괴의 가능성을 가져왔다. 이것이, 필요노동 이상으로의 노동의 양적 연장이 그것을 잉여가치로 질적으로 변형하는 과정이다. 그 잉여가치를 생산성을 증대시키는 기계류에 재투자하는 것은 노동시간을 연장시키고 노동 강도를 증대시키는 경향이 있다. 그러나 (노동계급 권력에 의해) 이 연장에 자연적 제약이 가해지고 또 특별히 사회적 제약이 가해지면 그것은 결국 노동시간의 단축을 가져온다. 앞에서도 논의했듯이, 생산성의 본질은 주어진 양의 노동으로부터 (그러니까 더 적은 양의 노동으로부터) 산출량을 증대시키는 것이다. 점점 더 많은 기계류, 과학, 그리고 기술이 생산과정에 동원됨에 따라 필요노동시간의 양적 단축이 이루어지고, '직접적 형태'의 노동이 더 이상 '부의 거대한 원천'이기를 중지함에 따라 그것은 결국 그것의 질적 변형을 가져오게 된다. 공장 또는 사회 공장이 더 이상 노동을 부과할 공간을 제공할 수 없는 그러한 상황에서, 그 노동의 가치로서의 질은 침식된다.

자본에게는 위기이며 노동계급에게는 기회인 이러한 상황은 서로 다른 측면에서 보일 수 있다. 노동시간의 양적 축소는 또한 가처분시간의 양적 증가이기도 하다. 자본의 영원한 과제는 이 팽창하는 잠재적 자유시간을 노동시간으로 전환하는 것이다. 앞에서 언급한 과정은 이것을 더욱 어렵게 만든다. 그리고 노동의 부과, 잉여노동의 부과, 그리고 사회에 대한 질적 통제의 부과도 점점 더 어려워진다. 따라서 노동의 부과에 기초한 자본주의의 발전 그 자체가 "이러한 기반을 완전히 파괴해 버릴 물질적 조건"을 창출한다.[23]

　이 분석을 좀 더 구체적 맥락 속에서 제시하기 위해 우리는 식품을 생산하는 농업 부문과 에너지 부문에서의 자본의 발전을 살펴볼 필요가 있다. 이 두 부문 모두에서 기술의 발전과 불변자본에 의한 가변자본의 대체는 가장 선진적인 경우에 속한다. 적어도 미국의 곡물 생산과 식육 생산, 그리고 석유화학산업과 같은 주도적 하위 부문에서는 그렇다. 각각의 경우에 있어 이러한 발전을 분석해 보면, 첫째로, 생산 기술의 발전과 재조직화의 대부분이 어떻게 노동계급의 힘에 반작용할counteract 필요에 대한 응답이었는지를 알 수 있고, 둘째로, 생산으로부터 노동의 배제가 어떻게 자본이 자신의 사회적 통제를 위해 필요로 하는 노동을 점차로 제공할 수 없는 부문들을 창출했는지를 알 수 있다. 더 일반적으로 말해 이 두 부문은 전체로서의 공장의 원형이다. 수익성 있는 임금률로 공장노동을 부과할 수 있는 능력에 대한 제한은 미국과 서구에서 점차 뚜렷해졌고 이에 따라 자본은 두 가지 주요한 해결책을 추구했다. 그 하나는 노동집약적 부문들의 다국적화였다. 이 부문들은 노동계급의 힘이 좀 더 약한 제3세계로 ─ 그리고 점차 사회주의 나라들로 ─ 재분배되었다. 다른 하나는 노동력 재생산 노동의 부과를 확대하기 위해 사회 공장의 나머지를 재구조화하는 것이다. 현재의 위기의 깊이와 만연성은, 임금노동자들과 비임금 노동자들의 투쟁이 어떻게 자본의 이러한 전략들에 결정적 한계를 제시하고 있는지를 보여 준다. 자본은, 이 한계들을 우회하기 위해 필요한 새로운 전략을 아

---

23. 같은 책. Notebook VII : 706.

직 발견하지 못했다.

　계급투쟁에서 질과 양의 변증법에 대한 이러한 분석은, 위기를 생산한 자본에 대한 노동계급 공격의 정치적 성격을 분명하게 밝혀준다. 정치와 경제의 낡은 이분법이 종종 제기되어 온 한 방법은, 임금 인상, 노동시간 단축 등과 같은 단지 양적으로 간주되는 노동자들의 투쟁에 '경제주의'economism라는 딱지를 붙이는 것이었다. 이러한 투쟁들은 자본 내부에 있는 것이며 그 자체로는 본질적으로 양적인 것이라고 평가된다.[이런 평가 속에서]'정치' 투쟁은 오로지 자본 그 자체의 '질'에 도전하는 투쟁이며 국가권력의 장악을 통한 자본의 '혁명적' 폐지를 추구하는 투쟁이다. 우리가 이미 살펴본 것으로부터 미루어 보면, 노동일의 길이와 강도(얼마나 상품형태가 강제되는가)를 둘러싼 투쟁들은 양적인 동시에 질적인 투쟁들임이 분명하다. 그것들이 자본을 위해 행해질 노동의 양에 관계하는 한에서는 양적이다. 또 그것들이 자본주의적 통제를 유지하기에 충분한 잉여가치의 실현을 의문에 붙인다는 점에서는 질적이다. 소득을 둘러싼 '양적' 투쟁 역시 잉여가치의 실현과 자본의 생존의 문제를 제기한다.

　'순수히 양적인 투쟁들'이라는 주장의 일말의 진실은 생산성 거래에 있다. 만약 노동계급 소득의 증대가 생산성 증대에 성공적으로 연동된다면 투쟁은 실제로 자본 안에 묶여 있다(다음의 4장을 보라). 그러나 심지어 여기서도 생산성의 상승과 그것이 수반하는 노동계급의 재조직화는 계급 관계의 질적인 변화를 창출한다. 이와 유사하게, 생산성 거래를 통해 부에 대한 노동자들의 접근권이 커지면, 그것은 미래의 투쟁이 전개될 수 있는 절대적 기초를 확장한다. 노동계급이 생산성 거래를 파열시키고 그 체제를 심각한 '정치적' 위기로 몰아넣는 힘을 발전시킨 것은 바로 이러한 질적 변화에 기초한 것이었다.

이와 마찬가지로 질적인 것으로 보이는 일부 노동자 투쟁들은 자본을 폐지하기보다 발전시키는 위험을 무릅쓴다. 예를 들어 공장에 대한 '노동자 통제'라는 전략은, 자본을 위해, 생산수단뿐만 아니라 노동자들 자신까지도 통제하는 결과를 가져오는 것으로 보일 수 있다. 프랑스에서의 참여 전략, 독일에서의 공동결정 전략, 유고슬라비아에서의 노동자의 통제 전략 등과 같은 자본의 전략을 보라. 사회적 통제가 더 많은 강제 노동과 축적을 가져오는 한에서, 경영진이 정신노동자인가 육체노동자인가는 자본에게 별로 중요하지 않다. 맑스 자신도, 단순히 자본주의적 경영자들을 노동자/사회주의적 경영자들로 대체하는 것으로 자본주의가 폐지될 수는 없다는 것을 알았다. "우리가 자본은 필요로 하지만 자본가는 필요로 하지 않는다는 일부 사회주의자들의 생각은 전적으로 잘못이다. 그러한 자본의 개념 속에는 노동의 객관적 조건들 ─ 그리고 이것들은 노동 자체의 산물이다 ─ 이 노동에 대해 인격을 갖는다는 생각이 들어 있다. 같은 이야기지만, 노동의 객관적 조건들이 노동자로부터 소원한 한 인격의 속성으로 정립된다는 생각이 그 개념 속에 들어 있다. 자본의 개념은 자본가를 포함한다."24 이 구절은, 자본이 상품형태를 통해 강제된 노동의 계급 관계로 이해되는 한, '자본주의적' 자본 축적과 '사회주의적' 자본 축적 사이에는 어떤 실제적 차이도 없다는 맑스의 생각을 보여 준다. 그러한 '노동자 통제' 전략들과 싸움에 있어 맑스는 협동조합을 지지하는 프루동주의적 계획과의 갈등 속에서 주요한 경험을 겪었다. 오늘날 '사회주의' 나라들과 노동계급을 위한 '사회주의' 전략들에 대해 갖는 [그 경험의] 의미는 훨씬 더 넓다. 오늘날 경제적이며 동시에 정치적인 계급투쟁은 양적 측면

---

24. 같은 책. Notebook V : 512.

과 질적 측면을 모두 갖고 있다. 어느 한 측면을 간과한다거나 양자의 상관관계를 파악하는 데 실패하는 것은 반드시 위험한 결과를 가져오게 된다.

교환가치가 아니라 가치—그것의 실체는 추상노동이다

교환가치의 뒤에 어떻게 가치가 있는가를 맑스가 보여 주는 과정은 추상에서의 또 하나의 분석적 실행이다.

1쿼터의 옥수수 = x헌드레드웨이트의 철[25]

이 교환에 양적 등가가 있기 위해서는 그 상이한 두 사물 안에 공통된 어떤 것이 존재해야 하며 이로써 그것들이 양적으로 비교될 수 있어야 한다. 우리가 앞에서 살펴보았듯이 양을 측정하고 비교하기 위해서 우리는 측정되고 있는 (그리고 양적으로 비교되고 있는) 질에 대해 명확히 해야 한다. '1쿼터'와 'x헌드레드웨이트'의 양적 비교를 이해할 수 있기 전에, 우리는 먼저 옥수수와 철에서 그것들이 교환에서 등치될 수 있도록 하는 공통의 질이 무엇인가를 발견해야 한다. 이 공통요소를 발견하기 위하여 맑스는 그것들을 다르게 만드는 것, 즉 옥수수와 철의 특수한 사용가치를 추상한다. "사용가치로서 상품들은 무엇보다도 다른 질들이다." 그러나 맑스가 "교환가치로서 상품들은 단지 다른 양들이다."라고 이어서 말할 때, 그는 그것들이 어떤 공통의 질의 다른

---

25. [옮긴이] 영국과 미국이 다르지만 대략 1쿼터는 0.25톤, 1헌드레드웨이트는 0.05톤 정도이다.

양들이라고 말하고 있다.

　그러나 그것들의 사용가치들을 추상하는 것은 그것들의 특수한 속성들을 추상하는 것이다. 그것은 다시, 그 속성들을 창출하고 또 그것들을 다른 상품들과 다르게 만든 인간 노동의 특별한 성격들(곡물 경작과 제련)을 추상하는 것이다. 사용가치로서의 그리고 특수한 형태의 유용노동의 산물로서의 물질적 실재를 추상함에 있어서, 이 상품들은 단지 어떤 특수성을 추상한 인간노동의 산물로 나타난다. 그것들에 공통된 이 인간노동을 맑스는 추상노동이라고 부른다. 추상적 인간노동의 산물로서 상품들은 질적으로 등가적이다. 그리고 맑스는 그 [질적으로 등가적인 인간 노동의 산물인] 상품들을 가치들이라고 부른다.

　맑스의 용어법 속에서 이 추상노동의 산물은 가치들이다. 상품들이 사용가치와 교환가치를 가지고 있을 때 그 상품들이 사용가치들이고 교환가치들이듯이, 상품들이 가치를 가지고 있을 때 그 상품들은 가치이다. 그러나 어떤 상품이 가치를 가진다는 말은 주관적인 평가를 포함하지 않는다. 그것은 단지 그 상품이 추상노동의 산물이며 교환될 것이라고 말하는 것이다. 가치와 추상노동의 관계에 대해 말하는 또 다른 방법은 가치의 실체는 추상노동이라고 말하는 것이다. 앞으로 살펴볼 것처럼, 가치의 양은 더 적을 수도 있고 더 많을 수도 있다. 이것은 그것의 본질적 질 또는 실체(즉 추상노동)의 척도와 관련된 것이다. 이와 마찬가지로 가치의 실체는 다른 형태의 교환가치를 통해 다소 완전하게 표현될 수 있다. 가치에는 형태와 척도가 필요하지만 이 두 가지 다 실체와는 구분되어야 한다. 이것이 의미하는 것은, 가치가 교환가치의 질적 측면임을 인식한다는 것은 단 하나의 질보다 더 많은 것을 의미한다는 것이다. 추상노동은 가치의 본질, 즉 그 개념 자체를 상실하지 않고서는 변경될 수 없는 것이다. 추상노동은 가치형태 즉 교환가치의 실체 혹은 본질이다. 또는 역으로 맑스는, 교환가치는 가치의 현상 형태 또는 외모 형태라고, 즉 가치가 자본 안에서 인식 가능한 표현을 얻는 양태라고 말한다. 바꾸어 말하면 자본에게 노동은, 오직 교환되는(그리고 궁극적으로는 잉여가치를 벌어들이는) 생산물 속에 체현될 때에만 비로소 의미를 가지며 사회적 관계로서 나타난다.

맑스는 상품의 분석을 현상의 차원에서 시작했다. 그는 교환가치의 본질로 분석적으로 나아갔다. 그는 이 과정을 「아돌프 바그너의 정치경제학 교과서에 관한 방주」에서 이렇게 요약하고 있다. "그것[상품]이 내가 분석하는 바로 그것이다. 그것은 다른 무엇보다도 나타나는 형태 속에서의 상품이다. 이제 나는 여기에서, 그것이 한편에서는 그 자연적 형태에서 사용가치가 있는 물건 즉 사용가치이며 다른 한편에서는 그것이 교환가치의 담지자이고 이 관점에서 볼 때 그 자체가 곧 교환가치임을 발견한다. 후자에 대한 더 깊이 있는 분석을 통해서 나는 교환가치가 단지 현상-형태이며 그 상품 속에 담겨 있는 가치의 독립적 현시 양식이라는 것을 발견했다. 그다음에 나는 이 가치의 분석에 접근한다."[26] 이 본질이 얼마나 정확하게 교환가치를 통하여 그 현상 속에서 현시되는가는, 『자본』 1장 3절에서의 가치형태에 관한 맑스의 논의를 분석하는 다음 4장에서 설명된다.

---

26. Marx, "Marginal Notes on Adolph Wagner" : 214.

그러나 이러한 분석, 이 추상이라는 정신적 과정 ─ 이 과정을 통해 우리는 특정한 결정[態]를 분리해 낸다 ─ 은 세계 외부의 과정이 아니다. 우리가 그 결정[態]들을 나타내는 개념들도 마찬가지이다. '추상적' 노동은 단지 추상적 개념이 아니다. 왜냐하면 그 개념은 자본주의하에서 노동의 실제적인 사회적 질을 나타내기 때문이다. 맑스의 설명 방식과 결부된 추상의 정도 때문에 1장에서는 이 점이 분명하게 지적되고 있지 않다. '추상노동' 이면의 복잡한 계급 관계를 제대로 발견하기 위해 우리는 맑스의 저작들의 다른 부분들을 살펴볼 필요가 있다. 우리가 발견하는 것은, 맑스가 그 추상 과정이 단지 우리의 상상 속에서만 일어나는 과정이 아니라는 점을 아주 명료하게 보여 준다는 것이다. 오히려 그와는 정반대로 추상노동은 하나의 개념으로서 의미론적으로 중요하다. 그러나 그 이유는 모든 인간 노동이 기본적으로 유사하기 때문이 아니다. 또 어떤 공통 요소가 교환을 위해 필요하거나 교환 속에서 등가에 의해 드러나기 때문도 아니다. 그것이 의미론적으로 중요한 이유는, 자본 그 자체가 상품 생산, 교환 및 사회 통제의 기초인 분업을 창출하고 유지하기 위한 노동과의 지속적 투쟁 속에서 노동을 자신의 필요에 더욱 순응적으로 만들려고 끊임없이 노력하기 때문이다. 이것을 위해 자본은 노동자들의 투쟁을 극복하기 위한 노동의 지속적인 변경과 이동이라는 방법을 사용한다. 그것의 목표는 유연하고 순응적인 노동의 공급이다. 그 과정에서 노동의 어떤 특유한 측면 ─ 예를 들면 체력이나 솜씨 ─ 은 점점 덜 중요해진다. 자본의 발전과 더불어, 노동은 점점 '추상적'으로 된다. 그것이 점점 고정적인 결정[態]들을 더 적게 갖게 된다는 실제적 의미에서 그러하다. 달리 말해, 순응적 노동력은 실제적으로, 자본이 산업기계에서 필요로 할 때는 언제든지 그것의 어떠한 일부든 공급될 수 있는 동질적 덩어리로 된다. 아마도 이에 대

한 가장 명료한 맑스의 설명은 『정치경제학 비판을 위하여』 서문에 나
오는 다음의 구절일 것이다.

> 노동의 이러한 추상 그 자체는 단지 노동들의 구체적 총체에 대한 정
> 신적 생산물이 아니다. 특유한 노동들에 대한 무관심은, 개인들이 하
> 나의 노동에서 다른 노동으로 쉽게 이동할 수 있는 사회 형태에 상응
> 한다. 그런 사회에서 [노동의] 특유한 종류는 단지 우연의 문제이고 따
> 라서 무관심한 문제이다. 여기서는 노동 범주뿐만 아니라 실제의 노동
> 도 부 일반의 창출수단이 되었으며, 어떤 특유한 형태로 특정 개인과
> 유기적으로 연관되기를 멈추었다. 그러한 상황은 부르주아 사회의 가
> 장 근대적인 실존형태에서 (즉 미국에서) 가장 발전되었다. 여기서 그
> 러므로 처음으로, 근대경제학의 출발점 즉 '노동', '노동 그 자체', 순수
> 하고 단순한 노동의 추상이 실제적으로 참으로 되었다.[27]

이처럼 추상노동은, 자본이 분업과 노동통제의 확대를 통해 성취하고
자 하는 노동의 동질성을 가리킨다.

여기에서 이 연구에 대한 우리의 접근법을 잊지 않는 것이 큰 중요
성을 갖는다. 우리는 노동을 추상노동으로 환원시키려는 자본의 이
시도에 또 다른 측면이 있음을 알아야 한다. 그것은 노동계급의 행동
이다. 점차 동질화되는 노동계급의 창출은 단지 자본에 의한 조작의
결과만은 아니다. 그것은 또한 자본에 대항하여 그 자신의 통일을 이
루려는 노동계급 투쟁의 결과이기도 하다. 축소된 노동일, 더 나은 노
동조건, 최저임금 등과 같은 공동의 목표를 위한 투쟁에서, 노동자들

---

27. Marx, *Grundrisse*: 104~105 [맑스, 『정치경제학 비판 요강』].

이 더욱더 분명한 대자적 계급으로서 행동함에 따라 이들은 응집력을 얻는다. 그로부터 귀결되는 동질성은 자본에게 더욱더 위험해진다. 왜냐하면 그 동질성이 노동계급 권력의 근본적 기초이기 때문이다. 노동계급이 추구하는 통일은 자본 안에서의 추상노동의 통일이 아니라, 자본 밖에서 자본에 대항하는 통일이다.

동질성이 두 계급에 대해 갖는 이 모순된 의미의 결과로, 자본이 추상노동의 통제가능한 동질성에 대한 자신의 필요를 달성할 수 있는 유일한 길은, 역설적이게도 이질성의 강제를 통해서, 노동자들의 분할을 통해서이다. 자본이 노동자들의 위험한 단결을 저지하고 그 계급을 통제되기에 충분할 만큼 약한 상태에 묶어둘 수 있는 유일한 길은 노동자들을 분할하여 서로가 서로에 대항하도록 만드는 길뿐이다. 분할을 통해 노동계급을 노동력으로 통합하려는 자본가들의 노력과 이러한 분할을 극복하고 자본에 대항하여 통일되려는 노동자들의 노력 사이의 모순은 계급투쟁의 가장 근본적이고 가장 중요한 특징들 중의 하나이다.

이 분할 정복의 전략을 적용하는 과정에서 자본은 언제나 과거로부터 물려받은 역사적으로 주어진 분할들을 사용했다. 예컨대 인종들 사이의, 성별 사이의, 세대들 사이의, 종족적 집단이나 민족적 집단들 사이의 분할들이 그것이다. 이와 동시에 자본은 이 분할들을 변형시키고 발전시키고 또 새로운 분할을 추가했다. 예를 들어 유용노동의 이른바 기술적 분할은 동시에, 노동계급을 통제 아래에 묶어두기 위해 고안된, 노동계급에 대한 분할이기도 하다. 그래서 우리는 『자본』1권 13~15장에서, 자본이 협업의 ─ 공장에서의 집단적 노동자들의 ─ 생산력을 통제하는 데 성공하기 위한 열쇠는, 유용노동에 대한 특정한 분할과 연관되어 있는 그리고 노동자들을 서로 대항하게 하는 위계적 임금 분할을 노동자들에게 부과할 수 있는 자본의 능력에 달려 있다는 것을 발견한다. 이와 마찬가지로, 도시와 농촌 간의 분할, 노동의 식민적 분할, 산업 부분들 사이의 노동 분할 같은, 노동의 더 큰 분할들은 모두 노동계급을 분할하고 또 통제하는 데 도움을 준다. 맑스는, "매뉴팩처에서의 분업은" "역사적으로 볼 때 한편에서는 사회의 경제적 발전에서의 하나의 진보이자 필연적 단계로서 나타나며, 다른 한편에서는 세련되고 문명화된 착취 방법으로 나타난다."라고 쓴다.[28]

자본의 공장 통제에 결정적 역할을 하는 임금 위계제는 더 큰 사회 공장에서도 결정적인 역할을 수행한다. 노동력의 교환가치로서의 화폐임금은 자본과 노동 사이의 가장 완전히 발전된 교환형태이기 때문에, 그것의 있고 없음은 노동계급의 여러 부문이 자본에 대해 가지는 관계와 노동계급 각 부문들 사이의 관계를 결정함에 있어서 근본적이다. "가사노동에 대한 임금 지불" 운동의 작업은, 25장의 산업예비군 논의에 나오는 노동계급의 "현역" 부문과 "예비역" 부문 사이의 기본적 분할이 임금 부문과 비임금 부문 사이의 분할임을 밝혀냈다. 임금노동 군대를 통제함에 있어서 비임금 산업예비군이 수행하는 핵심적 역할에 대한 맑스 자신의 논의는, 임금/비임금의 분할이 어떻게 근본적인가를 보여 준다. 이에서 더 깊이 나아간 연구는, 인종적·성적·민족적 분할 등과 같은 이른바 비경제적 분할들 또한 모두 위계적 분할이며 기본적으로는 임금 분할임을 (이런 의미에서는 심지어 비임금 집단의 위계적 소득 분할조차도 "임금" 분할임을) 밝혀냈다.[29]

자본은 이러한 분할들의 역동적인 조작을 통해 자신의 통제력을 유지한다. 예를 들어 노동계급의 한 부문이 더 많은 임금을 획득하는

---

28. Marx, *Capital*, Volume I, Chapter 14, Section 5 : 364 〔International Publishers Edition〕 〔마르크스, 『자본론 1 — 상』〕.

29. James, *Sex, Race and Class*를 보라.

것에서 거둔 성공은 자본이 가능한 곳에서 임금 위계를 강화하는 데에 사용된다. 이 과정에서 우리는 이 문제가 계급투쟁 내에서 가지는 강한 정치적 성격을 볼 수 있다. 맑스는 자본이 추상노동으로서의 노동에 대한 통제를 유지하기 위해 이러한 분할들을 어떻게 매우 의식적으로 이용하는가를 반복해서 지적했다. 이 과정에 대한 그의 가장 교훈적인 논의들 중의 하나는 길게 인용할 만한 가치가 있다.

영국의 모든 공업 중심지와 상업 중심지는 이제 두 개의 적대적 진영 — 영국 프롤레타리아와 아일랜드 프롤레타리아 — 으로 나뉜 노동계급을 갖고 있다. 보통의 영국 노동자는 자신의 생활 수준을 낮추는 경쟁자로서 아일랜드 노동자를 증오한다. 아일랜드 노동자와의 관계 속에서 그는 자신을 지배 민족의 구성원으로 간주한다. 결과적으로 그는 아일랜드에 대항하는 영국 귀족들과 자본가들의 도구가 되어 그들의 그 자신에 대한 지배력을 강화한다. 그는 아일랜드 노동자에 대한 종교적, 사회적, 민족적 편견을 품고 있다. 아일랜드 노동자에 대한 그의 태도는 미국의 과거 노예제 주들에서 '가난한 백인들'이 아프리카 출신 흑인들인 니그로들Negroes에 대해 보였던 태도와 거의 같다. 아일랜드인은 영국 노동자에게 원금에 이자까지 붙여서 보복한다. 그는 영국 노동자에게서 아일랜드에 있는 영국 지배자들의 공모자를, 그리고 그들의 어리석은 도구를 본다.
이 반목은, 언론, 설교단, 만화 신문 등에 의해 요컨대 지배계급이 이용할 수 있는 모든 수단에 의해 인위적으로 온존되고 강화된다. 이 반목은, 영국의 노동계급이 조직되어 있음에도 불구하고 무력할 수밖에 없는 비밀이다. 또 그것은, 자본가계급이 자신의 권력을 유지하는 비밀이다. 그리고 자본가계급은 이 점을 잘 알고 있다.[30]

이 분석의 직접적인 현대적 타당성은 전 지구적 자본주의 체제 전반에서 발견될 수 있다. 아일랜드 이민과 영국 노동자의 관계에 대한 맑스의 분석은, 북아메리카, 북유럽, 그리고 최근에는 대부분의 〈OPEC〉 국가들에서 이민노동자들과 현지 노동자들 간에 반목을 조성하려는 자본의 최근의 시도들을 설명해 준다. 미국에서 멕시코인들이나 푸에르토리코인들, 캐나다에서 이탈리아인들이나 필리핀인들, 프랑스에서 알제리인들이나 포르투갈인들, 독일에서 터키인들이나 이탈리아인들, 그리고 이란과 일본에서 한국인들은 모두 맑스가 분석한 영국에서의 아일랜드인에 해당됨을 쉽게 알 수 있다. 그리고 그 교훈은 민족적 분할에만 한정되지 않는다. 그것은 나라들 내부의 다양한 분할들(흑인/백인, 남성/여자)에도 똑같이 적용될 수 있다.

그러나 이 분석의 직접적 타당성을 인식하는 것은 또한 필연적으로 또 다른 측면 – 이러한 분할들 안에서 그리고 그것들에 대항해서 일어나는 노동계급의 행동 – 을 보는 것이기도 하다. 한편으로, 노동의 국제적 이동은 상당 정도로 더 많은 소득과 덜 힘든 노동을 요구하는 노동자들 측에서의 자율적 운동이었다. 그 운동은 처음에는 비임금 노동에 대한 거부와 임금에 대한 요구였고, 그다음의 노동 거부 투쟁에서는 노동과 소득의 연계를 끊고 임금을, 자본에서 노동에로의 일방적 자원 이동으로 전환하려는 경향이었다. 다른 한편, 자본에게 현재의 위기를 야기한 노동계급 투쟁들의 순환에서 가장 중요한 요소들 중의 하나는, 이러한 분할들을 극복하고, 추상노동에 대항하여 그들 고유의 새로운 차원의 동질성을 달성할 수 있는 노동계급의 능력이었다.

분할/동질성의 문제를 둘러싼 두 계급 사이의 역동적 투쟁은, 구성

---

30. Marx to Meyer and Vogt, April 9, 1870, *Marx-Engels Selected Correspondence*.

composition, 정치적 재구성political recomposition, 탈구성decompositon의 개념
을 통해 풍부하게 개념화될 수 있다. 분업이 계급 내부의 특수한 권력
구조로 파악되면 그것은 결코 기술적으로 이해되지 않는다. 그것은 노
동계급의 일정한 구성으로서, 즉 정치적으로 이해된다. 자본의 관점에
서는, 자본에게 통제력을 주기 위해 노동계급을 충분히 약화시키는 구
성이 바람직하다. 노동계급에게 그러한 구성은 장애물이다. 그 장애물
의 극복은 계급의 정치적 재구성이라는 말로 표시되는데, 그 속에서
권력구조는 노동자들에게 더 유리하도록 재구성된다.[31] 주어진 분업을
기초로 한 그러한 정치적 재구성은, 그 분업이 자본에 대해 갖는 유용
성을 침식한다. 다시 자본은 새로운 기술적·사회적 분업의 부과를 통
해, 억압과 재구조화의 과정을 통해 노동자 권력의 그 새로운 차원을
탈구성하려고 시도하지 않을 수 없다.

　　우리는 현재의 위기에서 이러한 과정에 관한 많은 예를 발견할 수
있다. 최근의 투쟁순환 동안에 이민노동자들이 획득한 새로운 권력이
현지 노동자들과 자신들의 분할을 극복한 정치적 재구성에 기초하고
있는 것이었다면, 이민노동에 대해 가해지고 있는 현재의 광범위한 자
본의 공격은 대량 추방과 투자 유형의 전 지구적 재구조화를 통해 이
민노동 권력의 그 차원을 탈구성하려는 자본의 새로운 시도로 이해되
어야 한다. 이처럼 우리는 미국과 서유럽에서 노동자들을 추방하여 그
들을 잠재적인 산업예비군의 상태로 복귀시키거나(멕시코), 노동자들
을 자본주의 발전의 새로운 지역으로 송출하려는(예를 들어 동구 및

---

31. *Zerowork* 1에서는 정치적 재구성을 다음과 같이 정의하고 있다. "'정치적 재구성'은, 투
쟁을 통하여 어떤 구성으로부터 다른 구성으로 변화하는 과정에서 노동계급이 도달하
는 통일성과 동질성의 수준을 의미한다. 본질적으로 그것은 자본주의적 분할의 폐지,
계급의 여러 부문 간 새로운 통일성의 형성, 그리고 '노동계급'이 포용하는 범위의 확대
등을 포함한다."(p. 4, 그리고 Midnight Notes, *Midnight Oil*: 112).

근동 〈OPEC〉 나라들에로의 노동자 유입) 노력을 발견한다. 이와 유사하게 우리는 농업과 에너지 같은 특수한 생산 부문에서 노동계급 권력의 증대하는 수준을 탈구성하기 위해 새로운 기술과 새로운 노동조직을 도입하려는 시도들을 발견한다. 예를 들어 미국에서는 농장노동자들 ― 현지 노동자 및 다국적 노동자들 ― 의 투쟁에 직면하여 특정한 작물의 수확을 기계화하려는 지속적 노력을 발견한다. 또 우리는 애팔래치아에서는 석탄 광부들의 권력을 꺾기 위해, 그리고 중동에서 노동자들의 성장하는 권력을 꺾기 위해 에너지 부문, 특히 석유와 석탄 관련 에너지 부문을 재구조화하는 시도를 발견한다. 유럽에서도 이와 비슷한 예들을 발견한다. 저항적 농민들을 제거하려는 맨숄트Mansholt 계획[32]의 시도, 식육 생산을 산업화하려 한 소련 계획자들의 시도, 석유화학 부문을 재구조화하려 한 이탈리아 자본의 시도, 불변자본에 의한 가변자본 대체를 급격히 실현하기 위해 원자력으로 이행하려 한 유럽의 일반적 시도 등이 그것이다.[33] 이 모든 예들에서, 자본은 자신의 유기적 구성을 새로운 수준으로 고도화함으로써 노동계급의 정치적 재구성에 맞선다.

자본이 1960년대에 학생·실업자·복지수혜자·가정주부 등과 같은 비임금 집단들에 의해 달성된 재구성에 대응함에 따라, 동일한 과정이 공장 밖에서도 진행되고 있다. 교육, 실업연금 제도, 복지 프로그램, 그리고 여성에 개방된 노동시장 등을 재구조화할 새로운 계획들을 통해 자본은 소득과 노동의 새로운 연계를 다시 강제하려고 한다. 그래

---

32. [옮긴이] 이 계획을 통해 맨숄트는 약 500만 명의 농민이 농업을 포기하도록 만드는 것을 목표로 삼았다.

33. *Zerowork* 2, Serafina *et al.*, "L'Operaia Multinazionale in Europa"의 수록 글들과 Bologna, "Questions of Method for Analysis of the Chemical Plan"을 보라.

서 우리가 고등교육의 재정 위기, 산업훈련 프로그램의 확대, 성인 교육 재활용 프로그램의 성장, 식품 구입권과 기타 복지 지불을 노동 프로그램에 연결하려는 시도 등등에 직면하게 되는 것이다.[34]

가치의 실체로서의 추상노동 – 자본이 강제한 노동 – 을 둘러싼 투쟁에 대한 이러한 분석은 우리가 흔히 빠지는 함정들을 피할 수 있는 시각을 제공한다. 그 함정들이란 노동계급의 분할을, '중간계급'이 출현하여 두 계급의 투쟁에 대한 맑스 분석의 타당성을 파괴한 것으로 보는 사회학적인 계층화로 이해하는 함정이든가, 그렇지 않으면 그 분할을, 분열된 노동시장에서 마치 장기판의 졸처럼 노동자들을 조종하는 전지전능한 자본주의가 만들어 낸 일방적인 결과로 이해하는 함정이다.[35] 두 경우 모두에서 노동자들의 힘의 성장에 대한 연구는 무시된다. 오히려 우리는 계층화나 노동시장 분열의 실제적 유형을, 두 계급이 자율적인 힘을 가지고 전개하는, 실제적이고 종종 폭력적인 계급투쟁의 결과로 이해할 수 있다.

일단 이 근본적인 과정이 이해되면, 분할들의 특수한 배치는 역사적으로 특유한 상황이라는 맥락 속에서 이해될 수 있다. 예컨대 남성 노동이 일반적으로 여성 노동보다 더 높은 보수를 받는다는 사실을 이해하려면, 상품형태가 강제되는 사회들에 이미 현존하는 남성/여성의 위계에 대한 역사적 분석만이 아니라 그 위계가 새로운 질서에 의하여 어떻게 강화되고 어떻게 변화했는가에 대한 분석도 필요하다. 이러한 분할의 계속적 존속과 그것의 특수한 구조적 진화는 앞에서 논

---

34. *Zerowork* 1과 2의 논문들을 보라. 그리고 Council of Economic Advisors에서 이루어진 동일한 프로그램들에 대한 논의인 "The Economic Report of the President : 1978" 과 비교해 보라.

35. Michael Reich, David M. Gordon and Richard C. Edwards, "A Theory of Labour Market Segmentation", *American Economic Review*, May 1973 : 359~365.

의한 노동계급 투쟁의 유형과 자본가의 대응 유형을 분석함으로써만 적실하게 파악될 수 있다. 이러한 종류의 분석은 성차별주의(또는 인종차별주의)라는 현상을 단순히 자본주의적 현상으로만 환원하지 않는다. 왜냐하면 그것은 남성과 여성 각각의 자본에 대한 관계에 대한 약간의 인식과 설명을 필요로 할 뿐만 아니라 이 분할이 남성의 여성에 대한 지배에 기초하고 있는 것이지 그 반대는 아니라는 사실에 대한 인식과 설명을 필요로 하기 때문이다. 이와 마찬가지로 그것은 분석을 자본의 조작에 대한 분석이나 전체로서의 노동계급 투쟁에 대한 분석으로 환원하지 않는다. 오히려 정반대로 정치적 재구성과 탈구성의 과정에 대한 검토는 계급 각 부문의 자율적 행동과 그 부문들이 계급으로서의 자본과 대결하기 위해 상호작용하는 방식에 대한 분석을 포함한다.

추상노동의 계급적 성격과 그것을 발생시키는 과정을 파악하는 일의 정치적 중요성은 아무리 강조해도 지나치지 않다. 노동계급이 자본의 추상노동에 대항하는 동질성에, 그리고 그 동질성이 달성되는 정치적 재구성의 과정에 우리의 주의를 기울임으로써, 이 접근법은 추상노동과 그것이 기초하고 있는 분업의 계급 정치학을 밝혀낸다. 이 실제적과정을 연구함으로써 우리는 계급의식과 좌파주의 정당의 이데올로기적 세계를 벗어나 노동계급이 어떻게 그들 자신의 통일성을, 그리고 그들의 전략들과 전술들의 강점 및 약점을 만들어 내는가를 발견하게된다.

이러한 분석에 의해 노동계급 조직의 몇몇 기본적 측면들이 제시된다. 분할이 수직적이었기 때문에 항상 지배하는 측과 지배당하는 측이 있다. 이러한 환경에서 그 분할은, 자본이 그 분할로부터 이윤을 취하는 지배자 측에서 경기를 하는 곳에서 작동해 왔다. 그 분할들은 '계급의식'을 가지고 극복할 수 있는 상상적이거나 단순히 이데올로기적인 것이 아니다. 남성은 실제로 여성의 노동에서 이득을 취한다. 백인들은 실제로 흑인들의 낮은 지위에서 이득을 취한다. 현지 노동자들은 이민노동자들이 최악의 일자리들을 떠맡음으로써 이득을 취한다. 따라서 그 분할들을 파괴하려는 투쟁은 일반적으로 지배당하는 집단 속에서 발의된다. 왜냐하면 지배하는 측이 자신의 특권을 폐지하기 위해 늘 나서리라고는 기대할 수 없기 때문이다. 1960년대에 인종차별주의, 성차별주의, 제국주의, 혹은 학생들에 대한 착취를 극복하려는 노력들은 백인들이 아니라 흑인들, 남성들이 아니라 여성들, 그리고 미국인들이 아니라 농민들, 교수들이나 관리자들이 아니라 학생들의 투쟁에 의해 선도되었다. 투쟁이 계급의 다른 부문으로 유통되어 권력구조를 재구성하게 된 것은 이러한 자율적 노력들을 기초로 해서였다. 좌파와 노조들은 일반적으로 그 부문들의 자율성을 해체함으로써 그들을 자신들의 위계 조직 속으로 통합하려고 애쓴다. 그런데 부문들의 자율성을 와해시키는 것은 단지 자본에 유리한 분할을 영속화시키는 행동일 수 있을 뿐이다. 자율성의 현실성은 자본에 대항하는 노동계급의 동질성의 의미를 복잡하게 만든다. 그것은 노동계급의 통일성이 자본의 동질성(분업을 통한 순응성)처럼 간접적인 것으로 이해되어야 함을 시사한다. 다시 말하면 노동계급의 통일성은, 계급의 여러 부문들이 자본에 대항하는 힘의 행사 속에서 상호 보완함으로써 오직 간접적으로만 얻어지는 것이지 레닌주의 기관들이 추구하는 직접적 동질성과 같은 환상적인 종류의 것이 아니다.

가치의 척도는 사회적 필요노동시간이다 ― 가치

지금까지 맑스는 우리에게, 가치가 교환가치의 열쇠key이며 가치의 실체는 추상노동 – 말하자면, 자본주의하의 노동 – 임을 보여 주었다. 그 후에 그는 질적 분석뿐 아니라 양적 분석을 수행할 수 있기 위해 가치 척도의 문제로 나아간다.

가치를 측정한다는 것은 그 실체, 즉 추상노동을 측정하는 것을 의미한다. 맑스는, 추상노동의 크기를 측정하는 것은 그 노동이 수행된 시간을 측정하는 것을 의미할 수 있을 뿐이라고 주장한다. "노동의 양은…그 지속시간에 의해 측정된다." 이제 시간의 측정은 크기의 단위 혹은 양을 필요로 한다. 그러한 단위는 외관상 편의에 따라 선택될 수 있는 것으로 보인다. 왜냐하면 우리는 많은 표준적 시간 단위들(주, 일, 시간, 분 등)을 갖고 있기 때문이다. 그러나 추상노동의 척도, 즉 그것의 시간은 추상노동 그 자체가 그러한 만큼이나 사회적 개념이자 사회적 현상으로 이해되어야 한다. 따라서 그것은 시계나 달력에 의해 직접 측정될 수 있는 것이 아니다. 추상노동처럼 노동시간도 자본의 총체성 안에서 파악되어야 한다. 추상노동 시간의 측정은 오직 강제된 동질적이고 추상적인 노동시간의 사회적 총량이라는 틀 안에서 '무수한 단위'의 노동자 집단들을 대상으로 이루어질 수 있을 뿐이다. 그러나 이 것을 인정함에 있어서도, 우리가 이 개념에 어떻게 접근할 것인가에 대해 매우 신중해야 한다. 안타깝게도 많은 사람들은, 한 상품의 가치 크기가 그 상품을 생산한 노동자가 그것에 투여한 추상노동 시간의 양에 의해 결정된다고 생각하는 경향이 있다. 그러나 상품의 가치를 그 개별 상품을 생산한 노동의 직접적 결과로 이해하는 것은 가치의 사회적 성격을 놓치고 오히려 가치를 노동자의 손길에 의해 그 생산물에 마술적으로 주입된 어떤 형이상학적 성질로 보는 것이다. 그러한 가치 이론은 연소phlogiston, 燃素 이론이라는 낡은 화학 이론과 비슷하다. 연소 이론에서 불의 원리는 가연성 대상에 병합되어 있는 어떤 물질적 실체로 이해되었다. 가치에 적용된 이러한 연소 이론은 '가치를 생산하는 노동자'들을 단지 그 생산물에 직접 신체적 노동을 가하는 사람들과 동일시하는, 기괴하고 정치적으로 위험한 결론에 이른다. 여기서 한 걸음만 더 나아가면 '진정한' 노동자와 '비생산적' 노동자라는 의례적 범주화에 이르며, 통상적으로 그러한 접근법과 연결된 정치적 입장에 이른다.

맑스는 이러한 덫을 피할 수 있는, 적어도 두 가지 방법을 제시한다. 1장에서 그는 우리로 하여금 노동의 질은 사람마다 늘 다르다는 사실을 고려하도록 만든다. 동일한 상품을 생산함에 있어서도, 숙련과 장비의 차이로 인해 노동자들 사이에는 항상 생산성의 위계가 존재한다. 따라서 어느 시점에서 노동의 '동질성'은, 노동의 질(추상노동)의 측면에서나 양(시간)의 측면에서나 오직 사회적 평균의 차원에서만 실제로 도달할 수 있다. 맑스는 "사회적 필요노동시간이란, 정상적인 생산조건하에서 그 시대에 지배적인 평균치의 숙련도와 강도로써 한 물건을 생산하는 데 필요한 시간이다."라고 쓴다.[36] 매뉴팩처와 근대적 산업을 다룬 14~16장과 "미출간된 6장"[37]에서 뒤늦게 맑스는 우리를 가

---

36. Marx, *Capital*, Volume I, Chapter 1, Section 1 : 39 〔International Publishers Edition〕 [마르크스, 『자본론 1 ─ 상』].

37. [옮긴이] 「직접적 생산과정의 제 결과」를 가리킨다. 칼 마르크스, 『경제학 노트』, 김호균

치에 대한 어떤 연소적 이론으로부터도 떼어내는 "집합적" 혹은 "집계적" 노동자에 대한 명료한 논의를 도입한다. 16장에서 맑스는 생산적(가치 생산적) 노동의 문제와 관련하여 이에 대해 이야기한다. "생산적으로 노동하기 위해 개인이 대상물에 자신의 손을 직접 대는 것이 더 이상 필요하지 않다. 그가 집합적 노동자의 한 기관이 되어 그것의 하위 기능들 중의 어느 하나를 수행하는 것으로 충분하다. 위에서 주어진 생산적 노동에 대한 정의(원래의 정의)는 물질적 생산 그 자체의 성질로부터 도출된다. 그리고 그것은 전체로서 고려된 집합적 노동자에게 올바른 것으로 남아 있다. 그러나 그것은 개별적으로 취해진 각각의 구성원에게는 더 이상 타당하지 않다."[38] "미출간된 6장"에서 맑스는 길게 인용할 만한 가치가 있는 다음의 한 구절에서 이에 대해 훨씬 더 생생하게 말했다.

… 전반적 노동과정의 실제적 수준은 점점 개별 노동자가 아니게 된다. 오히려 사회적으로 결합된 노동력과 생산기계 전체를 함께 구성하는 경쟁하는 다양한 노동력들이, 상품을 만드는 혹은 이 문맥에서 더욱 정확히 말하면 생산물을 창조하는, 직접적 과정에 매우 다양한 방식으로 참여한다. 어떤 사람은 손으로 더 잘 일하고 또 어떤 사람은 머리로 더 잘 일한다. 어떤 사람은 경영자, 기사, 기술자 등으로 일하고, 또 어떤 사람은 감독으로 일하며, 또 다른 사람은 육체노동자나 단순 노무자로 일한다. … 만약 우리가 집계적 **노동자**를 고려하면, 다시 말해 우리가 작업장을 함께 구성하고 있는 모든 성원들을 고려하면, 우리는 그

옮김, 이론과실천, 1988에 실려 있다.
38. 같은 책, **Chapter** 16:508~509.

들의 결합된 행동이 물질적으로, 동시에 일정 양의 재화이기도 한, 집계적 생산물을 낳는다는 것을 알게 된다. 그리고 여기서 이 집계적 노동자의 한 수족에 불과한 어떤 특수한 노동자의 일이 실제의 육체노동으로부터 상당히 떨어져 있는가 조금 떨어져 있는가의 여부는 별로 중요하지 않다.[39]

이 매우 중요한 개념들은, 가치를 개별 경우들에 입각해서 파악하려는 모든 경향으로부터 우리를 영원히 떼어놓는다.

가치의 척도를 이해함에 있어 보아야 할 관건적 구분은 사용가치로서 상품을 생산하는 유용노동과 가치로서 상품을 생산하는 추상노동 사이의 구분이다. 실제적 노동시간을 직접 측정하는 것은 유용노동을 측정하는 것일 뿐 가치를 측정하는 것이 아니다. 그 유용노동시간과 가치 사이에는 평균화로 나타나는 사회적 매개가 있다. 다시 말해, 일정한 유형의 개별 상품을 생산하기 위해 필요한 유용노동 시간의 실제량은 장소에 따라 다를 수 있지만, 가치는 어떤 주어진 시기에 지배적인 '정상적' 생산조건을 제공하는 사회적 평균을 나타낸다. 맑스에게서 늘 그렇듯이, 사회적 결정이 핵심적이고 개개의 특수성은 파생적이다. 부분은 전체의 틀 안에서만 의미를 갖는다. 이것은, 한 장소에서 생산된 상품의 가치가 사회적 필요노동시간에 의해 결정되기 때문에 그것의 가치는 다른 곳에서 생산된 상품의 가치와 같을 것임을 의미한다. 이것은 심지어 그 상품이, 그것을 생산하는 노동자들이 평균보다 더 높거나 낮은 생산성을 갖고 있기 때문에 실제로는 [평균보다]

---

39. Marx, *Capital*, Volume I, Appendix : Results of the Immediate Process of Production, Section II, part 5 : 1039~1040 〔Ben Fowkes translation, Penguin edition〕 [마르크스, 『경제학 노트』].

더 많거나 적은 유용노동시간을 포함한다 할지라도 사실이다.[40]

여기에서 이 사회적 평균화가 단지 개념적 필연성으로서만 나타난다 할지라도, 그것은 여러 가지 핵심적 자본주의 전략들의 발전에서 상당히 중요한 실제적인 사회적 과정으로 이해되어야 한다. (생산성의 차이가 이윤의 차이로 나타날 때) 자본은 생산성이 낮은 영역에서 생산성이 높은 영역으로 그 자신을 재분배하는 경향을 갖고 있다는 의미에서, 그것은 실제적인 사회적 과정이다. 그러한 재분배는 원리에서뿐만 아니라 사실에서도 사회적 평균을 생산하는 경향이 있다. 그러한 재분배 메커니즘은, 생산성이 높은 공장에 대한 법인 투자의 확대 및 생산성이 낮은 공장의 폐업에서부터 생산성을 향상시키는 유사한 혁신들이 기업 간 경쟁을 통해 전 산업에 확산되는 것에 이르기까지 폭넓게 걸쳐 있다.

동시에 우리는 상대적 잉여가치와 기계류의 도입에 관한 맑스의 분석에서, 노동시간이 실제로는 두 가지의 다른 방법으로 증가한다는 것을 발견한다. 첫째로, 기계류의 가동비용의 최소화가 종종 하루 24시간 지속되는 가동을 불러오고 그 결과 노동일을 늘리고 야근을 시키려는 경향이 창출된다. 둘째로, 기계 가동의 막힘없는 규칙성이 노동자들로 하여금 더 지속적으로, 따라서 "노동일의 아주 짧은 틈까지 채우도록" 강제하는 경향이 생긴다. 이것은 노동이 더욱 강화되고 또 그전에는 노동자들이 작업시간 중에 가질 수 있었던 한숨 돌릴 짧은 시간마저 제거하는 것으로 이해될 수 있는 과정이다. 이 두 가지 현상은, 어떤 주어진 시간 내에 행해진 유용한 (그리고 간접적으로 가치를

---

40. '생산성'은 항상 일정한 '정도의 숙련과 강도'를 가지고 일정한 양의 유용노동에 의해 생산되는 상품의 양을 지칭한다. 이에 대한 자세한 논의는 이 책의 4장을 참조하라.

"생산하는") 노동의 양을 변화시킴으로써, 즉 그 노동이 더 많은 가치를 "생산하도록" 만듦으로써, 그 시간의 성격을 변화시킨다. 그와 같은 "노동력의 고도의 긴장 혹은 노동의 응축"은 더 많은 땀, 더 많은 노고, 그리고 종종 그에 연루된 노동자들에게서 사고accidents의 증가를 의미한다.[41]

이것은 우리로 하여금 자본주의하에서의 시간 그 자체의 성질에 대해 좀 더 생각해 보도록 만든다. 지금까지 우리는 시간을 생산에 소요된 직접적인 연대기적 시간으로 생각할 수는 없다는 점에 대해 살펴보았다. 추상노동의 '사회적 평균'으로서의 성격 때문에 그러하다. 또 우리는 방금, 노동 강도의 증가가 주어진 노동시간의 의미를 확실히 변화시킨다는 것을 살펴보았다. 그러나 맑스의 노동시간 분석은 그 이상을 시사한다. 그것은 자본주의의 계급 관계의 기본적인 정치적 요소들 중의 하나를 드러낸다. 우리가 지금까지 검토해 온 노동시간은 무엇보다도 자본주의적 생산 구조라는 맥락 안에 완전히 놓여 있다. 그것은 자본의 관점에서만 중요성을 갖는 유일한 시간이다. 자본의 시각에서 볼 때 '노동시간'은 유일하게 살아 있는 시간이다. 왜냐하면 그 시간이 돈을 벌어주기 때문이다. 더 많은 노동시간은 더 적은 손실 또는 더

---

41. 흔히 이야기되듯이, 노동자들이 가치를 '생산한다'고 말하는 것은 오해의 소지가 있는 말이다. 그 말은 가치를 흡사 어떤 형이상학적 성질처럼 ─ 어떤 종류의 연소처럼 ─ 들리게 만든다. 앞에서 살펴보았듯이 자본 아래에서의 노동이 가치의 실체다. 주어진 시간에 수행되는 더 많은 노동은 〔언제나 그렇듯이 그 노동의 생산물이 판매를 통하여 가치의 형태, 즉 교환가치의 형태를 취한다고 가정하면〕 더 많은 가치를 있게 한다. 불변자본이 자신의 가치를 생산물에 '이전한다'고 말할 때에도 동일한 언어학적 문제가 있다. 중요한 것은 생산을 위해 불변자본이 필요하며 그것이 생산되기 위해서는 일정한 양의 노동이 필요하다는 사실이다. 새로운 생산물의 최종 '가치'인 $c + v + s$는 단지 불변자본을 생산하는 데 소요된 〔추상〕 노동과 그 불변자본〔c〕을 새로운 생산물로 변형시킨 새로운 노동〔$v + s$〕을 합한 것과 같다. 이 관계에 형이상학적인 것은 아무것도 없으며 거기에 형이상학적인 것이 있음을 시사하는 언어는 피해야만 한다.

많은 잉여가치를 의미한다. 그래서 자본은 그 시간을 증대시키기 위하여 자신이 상상할 수 있는 모든 수단을 동원하여 그것을 추구한다. 노동계급이 노동을 위해 쓰지 않는 어떠한 시간 - 노동자들은 바로 이 시간의 증가를 위해 싸운다 - 도 자본에게는 죽은 시간이다. (나는 조금 뒤에, 어떻게 자본이 그러한 죽은 시간을 노동시간으로 바꾸려 애쓰는가 라는 문제로 돌아올 것이다). 반면, 노동계급에게 노동시간은 잃어버린 시간이다. 그것은 결국 노동계급이 자본가에게 팔아야만 했던 어떤 것이다. 그것은 자본가에게 속하며 노동자로서는 잃어버린 시간이다. 이처럼, 자본과는 모순되게, 노동시간은 노동자에게는 죽은 시간이다. 노동자가 자유롭게 살며 그 혹은 그녀 자신의 삶을 발전시키는 것은 오로지 비노동 시간 동안뿐이다.

자본은 우리에게 시간은 보편적이며 단지 물리적 실재일 뿐이라고 설득하려 한다. 그러나 우리는 그렇지 않다는 것을 안다. 한 시간의 노동시간은 결코 한 시간의 자유시간과 같지 않다. 맑스는 『정치경제학 비판 요강』에서 노동자들이 이 근본적 사실을 의식하고 있음을 보여주는 하나의 매우 생생한 예를 인용한다.

1857년 11월의 『타임스』지는 서인도제도의 한 플랜테이션 소유주의 편에서 아주 만족해할 분노의 외침을 싣고 있다. 이 변호자는, 어떻게 꾸아쉬Quashee들(자메이카의 자유 흑인들)이 자신들의 소비에 꼭 필요한 만큼만 생산하는 데 만족하며 이러한 사용가치들과 더불어 빈둥대는 것(방종과 게으름)을 진정한 호사로 간주하는지, 그리고 그들이 어떻게 플랜테이션의 설탕이나 거기에 투자한 고정자본에는 아랑곳하지 않고 오히려 악의적인 기쁨을 담은 빈정대는 웃음으로 농장 주인의 임박한 파산을 관측하고 있는지를 엄청난 도덕적 분노를 담아 분

석한다.[42]

이것은 왜 시간이 계급투쟁의 근본적 영역인가를 보여 주는 하나의 기초적 추론이다. 시계는 자본 내부에서 억압의 도구가 되어 왔다. 왜냐하면 몇 분의 노동시간이 자본에게는 황금이기 때문이다. 가치가 사회적 평균에 의해 결정되기 때문에 시계들이 노동을 직접 측정할 수 없다는 것은 사실이지만, 그럼에도 불구하고 그것들은 각각의 작업장에서 가능한 한 많은 노동시간을 뽑아내는 수단들이다. 그렇게 추출된 노동시간은, 우리가 살펴보았듯이, 생산된 가치의 양을 간접적으로 결정한다.

맑스가 뒤에 노동일을 다룬 10장에서 어느 정도 깊이 있게 분석하듯이, 자본과 노동계급 사이의 시간을 둘러싼 투쟁은 작업장에서 여러 가지 방식으로 전개된다. 그중 일부는 [이 책의] 앞 장에서 논의했다. 예를 들면 '정상적' 노동일을 둘러싼 공개적 투쟁이 그것이다. 맑스가 논의하는 다른 방식들은, 우리가 방금 검토한 바의 노동시간의 강도를 둘러싼 투쟁과, 자본가들이 (그리고 노동자들이 — 비록 맑스가 이 경우를 상대적으로 적게 다루었지만) 기회가 있을 때마다 노동의 양을 늘리기(혹은 줄이기) 위해 써먹는 수법인 노동일 '잠식'nibbling, 蠶食 — 하루의 시작과 끝, 점심시간, 화장실 가는 시간 등의 잠식 — 을 둘러싼 투쟁이다. 또한 시간급 임금제와 성과급 임금제에 관한 20장과 21장에서 우리는 노동시간의 양을 늘리기 위해 자본이 어떻게 (말하자면 시간당 또는 성과단위당 임금을 낮게 잡음으로써) 가변자본에 대한 지불 형태를 조작하려 하는가도 배울 수 있다. 자본이 노동자들에게 강요할

---

42. Marx, *Grundrisse*, Notebook III : 325~326 [맑스, 『정치경제학 비판 요강』].

수 있는 노동의 양의 문제가 다시 한번 갈등의 주요 요소가 된 오늘날, 우리는 주4일 근무제나 유연시간제와 같은 새로운 시간 조작 유형들에 대한 수많은 실험들을 볼 수 있다. 이 속에서 두 계급은 자신의 입지를 향상시키기 위해 노력한다.

공장 혹은 사무실에서 시간을 둘러싼 투쟁들 즉 임금노동의 시간을 둘러싼 투쟁들은 많고 다양하지만, 가장 문제적인 것은 '공식적' 노동일 이외의 시간을 둘러싼 투쟁의 문제이다. 맑스가 살아서 글을 썼던 19세기에는 노동자들이 일하지 않는 시간의 양은 매우 짧았다. 그들이 확보했던 시간은 노동력의 재생산이 간신히 가능한 정도였다. 그러한 환경에서는 식사, 수면, 성관계 등 통상 노동자들의 향유를 위한 '자유시간' 활동들로 생각될 수 있는 활동들이 공장에서 일어난 (육체적 및 심리적) 손상을 치료하는 일 정도로 축소되었다. 23장에서 단순재생산을 논의하는 가운데 맑스는 이것을, "노동계급이, 직접 노동과정에 참여하고 있지 않을 때조차, 일상적 노동 도구들만큼이나 자본의 부속물인" 상황으로 보았다.[43] 이미 "노동일"이 공장노동과 "자유"시간을 모두 포함했다. 이러한 상황에서 맑스는, "자본가는 그것(노동계급의 재생산)의 달성을 노동자의 자기보존과 번식 본능에 맡겨 두어도 무방할 수 있다."고 결론지었다.[44]

이제, 우리가 상품형태에 대한 논의에서 살펴보았듯이, 맑스는 생산성의 지속적 상승이 어떻게 사회적 필요노동시간을 단축함으로써 "노동시간을 최소한도까지 줄이는" 경향이 있는가를, 그리고 이 경향이 어떻게 과학과 기술의 진보와 더불어 더욱더 강화되는가를 인식했

---

43. Marx, *Capital*, Volume I, Chapter 23:573 〔International Publishers Edition〕 [마르크스, 『자본론 1 - 하』].
44. 같은 책:572.

다. 노동시간을 단축하는 이 경향은 동시에 "가처분시간을 창출하는" 경향이며 노동자들을 위한 자유시간을 창출하는 경향이다. 자본에게 계속 재발하는 문제는 이 자유시간을 노동시간으로 전환시킬 방법을 찾는 것이다. 이러한 발전의 급속함 때문에, 맑스는 그것이 노동 강제에 기초한 체제에 궁극적으로 제기할 근본적 위기를 파악할 수 있었다. 그는, 노동자들이 "그들 자신의 잉여노동을 스스로 전유"할 때, "가처분시간은 대립적 존재이기를 멈추고" 바로 부의 진정한 척도가 될 것임을 알 수 있었다. 『자본』에서 반복적으로 분명하게 나타나는 바이지만 맑스가 예견할 수 없었던 것은, 자본이 모든 시간을 노동시간으로 전환하기 위해, 그리고 공장의 안과 밖에서 '노동'시간과 '자유'시간 동안 전체로서의 사회를 재구조하기 위해 모색하곤 하는 수많은 방식들이었다. 맑스가, 가처분시간을 되찾아 그것을 노동시간으로 전환하려는 자본의 시도에 대해 사유할 때, 그는 산업의 팽창과 새로운 공장 및 사무직의 창출을 생각했었다. 이것의 유일한 예외는 산업예비군의 경우였다. 여기서 그는, '자유시간'이 자본의 '노동시장'이 작동함에 있어 필요불가결하고 필연적이라는 것을 명백히 보았다. 이러한 통찰은 근본적이다. 하지만 그는 자본과 노동계급 사이에서 자유시간의 내용을 둘러싸고 벌어지는 투쟁에 관한 분석을 결코 발전시키지 못했다.

우리가 서론에서 살펴보았듯이 맑스 이후에 이루어진, 그래서 그가 내다볼 수는 없었던 자본의 역사적 발전은, 모든 활동들이 체제의 확대재생산에 기여할 수 있도록, 사회 전체를 하나의 거대한 사회 공장으로 조직하기 위한 자본주의적 통제의 확대였다. 예를 들어 맑스가 15장 3절에서 여성과 어린이의 고용에 관해 썼을 때, 그는 이 사람들이 남성 노동자들과 동일한 방식으로 산업기계 속으로 점점 깊이 끌려들어가 매일 시달리면서 밤에야 쉴 수 있는 처지에 놓여 있음을 알았다.

당시에는 가족, 가사노동, 학업 등에 대한 어떤 특별한 이론이 필요하지 않았다. 왜냐하면 이것들이 하루의 무시될 수 있는 부분에 불과했기 때문이다. 그러나 이후에 여성과 아동들이 광산, 제분소, 공장에서 추방되고 자본에 의해 근대적 핵가족과 공립학교 제도가 생겨나자 그러한 이론은 필수적으로 되었다. 오늘날 우리는 자본이 가치를 늘리기 위해 '자유시간'을 어떻게 조직하는지를 연구해야 한다. 우리는 가사노동이 가정경제학과 텔레비전을 통해 어떻게 조직되는지를, 즉 여성의 시간이 오직 그 자신과 남편과 자식들의 노동력 재생산에 기여하도록 보장하기 위해 어떻게 조직되는지를 알아야 한다. 우리는 '멋진' 집을 갖거나 '훌륭한' 교육을 받는 것이 개인이나 가족에게 이익이 된다는 자본의 선전 이면에서, 삶을 노동력으로 재생산하고자 하는 [그들의] 욕망을 보아야 한다.

우리는 자본이 가정경제학을 어떻게 발전시켰는지를 알아야 한다. 가정경제학을 통해 자본은 미래의 가사노동자들에게 사회의 부(상품들과 자유시간 모두)를 그들 자신의 풍요를 위해 사용하는 방법을 가르치지는 않고 그들이 아무리 적게 가지고 있더라도 그것을 가지고 견딜 수 있는 방법을 가르친다. 노동자들이 교육에 대한 더 쉬운 접근을 요구했다는 것은 사실이다. 그러나 우리는 또 자본이 노동자의 자녀들의 계발을 위해서가 아니라, 특수한 숙련, 새로운 기술, 새로운 사회 통제 전략들에 대한 그들 자신의 필요를 충족시키기 위해, 그리고 무엇보다도 규율을 주입하기 위해 '공공'교육을 특정한 형태로 만들어 낸다는 것을 알아야 한다. 가사노동과 학업은 둘 다 노동력의 가치를 낮게 유지하는 데 기여하도록 의도되어 있다. 가정에서 여성들이 더 많은 일을 할수록 노동자들이 일정한 수준으로 자신을 재생산하기 위해 자본으로부터 받아야 하는 가치는 줄어든다. 학생들이 학교에서 더 많은 공부를 할수록 공장(또는 가정)에서 그들을 훈육시키기 위해 투자되어야 하는 가치는 줄어든다. 이 때문에 가사노동 또는 학업의 증대는, 노동계급의 재생산에 필요한 가변자본의 양을 감소시킴으로써 잉여가치의 확대에 기여할 수 있다(또는 역으로 가사노동 또는 학업의 축소는 잉여가치의 확대를 침식할 수 있다 — 이에 대해서는 아래를 보라). 사실상 우리는, 산업 공장에서 탈출하려는 노동자들의 노력과 자본의 사회 공학으로부터 '사회' 공장이 어떻게 출현했는가를 이해해야 한다. 또 우리는 그 '사회' 공장이 오늘날 어떻게, 비판이론가들이 삶의 '문화적' 영역이라고 부르는 것 모두를 실질적으로 포괄하는지를 이해해야 한다. 자본은 '여가'나 자유시간뿐만 아니라 언어, 문학, 미술, 음악, 텔레비전, 뉴스미디어, 영화, 연극, 박물관, 스포츠 등의 모든 활동들을 자신의 이익에 맞도록 짜려고 한다. 그러므로 비임금의 '비노동시간'을 자동적으로 자유시간 혹은 자본에 완전히 대립적인 시간으로 보기보다, 우리는 자본이 이 시간 역시 자신의 축적 과정 안에 통합하려고 노력해 왔음을, 그 결과 레크리에이션recreation이란 노동력의 재창조re-creation에 불과함을 인식해야 한다. 다시 말해, 자본은 사회 공장을 창조함으로써 '개인적 소비'를 '생산적 소비'로 바꾸려고 노력해 왔다. 맑스가 노동력의 순환을 $LP-M-C$로 공식화했을 때(여기서 노동력(LP)은 화폐임금(M)과 교환되고 화폐임금은 다시 소비상품(C)과 교환된다) 노동자들의 소비는 이 순환의 최종적 산물로 나타난다. 그러한 소비를 '생산적'으로 만들기 위한 노력은 소비를 생산과정으로 조직하려고 하는 것이다. 그 생산과정의 생산물이 바로 노동력이다. 이것은 아마도 노동력의 재생산 순환으로 더 잘 표현될 수 있을 것으로 보이는 어떤 상황이다.

$$LP-M-C\,(MS)\cdots P\cdots LP^*$$

이 순환공식에서 $C(MS^{\text{means of subsistence, 생계수단}})\cdots P$는 노동력($LP^*$)의 생산을 수반하는 것으로서의 소비를 나타낸다. LP^*에서 별표는 변화를 가리킨다. 아이를 임신하여 키우는 일이 인구를 증가시킨다는 사실에도 불구하고, P에서의 노동(예를 들면 가사노동)으로 인해 1인당 가치는 더 적어지며 따라서 $LP^* \langle LP$이다. 이것은, 그렇지 않았을 때의 가변자본 수준보다 더 낮은 가변자본 수준을 가져오기 때문에 잉여에 긍정적인 효과를 갖는다. 따라서 '사회 공장'이라는 자본의 새로운 조직화는 산업자본의 순환과 노동력의 재생산 순환이 상호 연관된 다음과 같은 다이어그램으로 나타낼 수 있다.

노동력의 (재)생산
$$LP-M-C\,(MS)\cdots P\cdots LP^*-M-C\,(MS)\cdots P\cdots$$

산업자본
$$M\begin{Bmatrix} M-LP \\ M-MP \end{Bmatrix}\cdots P\cdots C'-M'\begin{Bmatrix} M-LP \\ M-MP \end{Bmatrix}\cdots P\cdots$$

만약 개별 자본의 순환이 소비재를 생산하는 순환이라면 그것은 그 생산물 C'를, 노동자들의 임금(M)을 받고(이것이 자본의 소득(M')이 된다) 노동자들에게 그들의 $C(MS)$로 판매함으로써 노동력 재생산 순환과 더욱 깊이 맞물린다.[45]

20세기에 급격히 퍼진 이 발전 유형 속에서, 우리는 자신을 일반화

---

45. 노동력의 재생산 순환에 대한 보다 자세한 논의로는 Harry Cleaver, "Malaria, the Politics Health and the International Crisis"(*Review of Radical Political Economics* 9, no. 1, 1977, Spring, pp. 81~103)의 부록 참조. [개정판(영어판 2판) 각주는 각주 44와 동일한 곳, 즉 Marx, *Capital*, Volume I, Chapter 23:572를 참조하도록 지시하고 있지만 내용상 오류로 보아 초판의 각주대로 둔다. ─옮긴이]]

시키고 보편화시키려는(아래의 확대된 가치형태에 관한 논의를 보라) 자본의 영원한 경향과, 사회 통제의 수단으로서 강제할 공장노동을 찾는 것이 점점 어려워지는 것에 대한 자본의 대응을 볼 수 있다. 맑스는 그 모순을 예견했다. 그러나 그는 사회화의 이러한 형태가 적어도 일시적인 해결책을 제공하리라는 것을 예견할 수는 없었다.

그러나 자본의 다른 측면에서와 마찬가지로 여기서도 우리는, 쌍방이 존재하며 결코 완전히 해결된 적이 없는 쌍방 간의 투쟁이 여전히 존재한다는 사실을 알아야 한다. 내가 서론에서 주장했듯이 우리는, 문화 영역에서 자본주의 지배의 다양한 형태를 이해하고 분석하지만 노동계급 투쟁이 그 지배를 반복해서 위기로 몰아넣었음을 보지 못한 현대 맑스주의자들의 맹목성을 피해야 한다. 그렇다. 자본은 사회적 삶 전체를 계획한다. 그러나 우리는 '멋진 신세계'에 살고 있지 않다. 노동계급은 강력하게 그리고 반복적으로 자신의 자율성을 주장했다. 공장에서 노동계급의 투쟁이 자본으로 하여금 자기 자신을 재조직하도록 강제했듯이, '문화' 영역에서 노동계급의 투쟁 역시 자본으로 하여금 통제력의 완전한 상실을 피할 새로운 방법들을 찾도록 강제했다. '문화적' 반란의 역사는 가족, 교육, 미술, 문학, 음악 등 공동체 생활의 모든 영역을 포함하는 긴 역사이다. 여기서 반드시 알아야 하는 것은, 자본의 대응이 '부르주아의 문화적 헤게모니'의 예언자들에 의해 그려지는 것과 같은 부드럽게 협주되는 동화assimilation의 과정이라기보다 종종 새로운 전술의 필사적인 탐색을 닮았다는 것이다.

이 영역들에서 노동계급 투쟁들의 진정한 자율성을 보여 주는 현대적 증거는 그것들이 자본의 현재 위기에 핵심적으로 기여해 왔다는 사실이다. 자본의 사회 공장의 가장 근본적 조직 단위의 하나인 가족은 나날이 찢겨 나가고 있다. 왜냐하면 여성들, 아동들, 심지어 남성들의 투쟁까지도 가족을 '통합'하려는 [자본의] 모든 노력을 벗어나고 있기 때문이다. 자본은 이제 가족을 다시 결합할 방법이나 또는 대안적 제도를 필사적으로 찾고 있다. '문화적' 헤게모니의 저 근본적 제도들 중의 또 하나인 공립학교 제도도 거의 완전한 혼란에 빠져 있다. 1960년대 투쟁순환에서 너무나 분명히 기본적 구성요소였던 학교의 위기 ─ 그것의 뿌리는 부분적으로 가족의 위기에 있다 ─ 도 계속되고 있다. 자본은 학생들을 통제하기에 적합한 방식으로 '교육'을 재구성할 방법을 찾기 위해 거듭되는 실험에 자금을 대고 있다. 이것들은 사회 공장에서 혹은 자본의 '문화적' 제도들 속에서 일어나고 있는 붕괴의 가장 명백한 두 사례에 불과하며 그 외에도 수많은 예들이 있다. 그리고 이러한 통제 제도들, 즉 자유시간을 노동시간으로 전환시키는 이러한 제도들이 붕괴함에 따라, 노동계급은 자본에서 독립적인 자신의 투쟁을 발전시킬 수 있는 더욱더 많은 비구조화된unstructured 시간을 얻는다. 그러므로 그러한 제도들의 붕괴는 이 분쟁에서 [노동계급이] 성공했음을 보여 주는 지표일 뿐만 아니라 확대된 투쟁을 위한 새로운 공간을 여는 것이기도 하다.

더 이상 '노동윤리'에 대항해서 설교를 할 어떤 필요도 없다. 노동윤리란 폴 라파르그Paul Lafargue가 여러 해 전부터 노동계급을 오염시키고 있다고 본 그 "이상한 전염병"이다.[46] 노동자들은 노동시간으로서의 산 시간living time이라는 자본의 정의를 거부했고 "게으를 권리"를 요구했을 뿐만 아니라 점차 그것을 달성해 왔다. 24시간 노동(수면 '학습'을 생각해 보라)은 자본에게는 한낱 향수 어린 꿈으로 되었으며 위기

---

46. 폴 라파르그의 에세이, "The Right to Be Lazy"(게으를 권리)는 원래 "Right to Work"(노동권)라는 구호에 대한 공격으로 1883년에 출판되었다. [한국어판 : 폴 라파르그, 『게으를 수 있는 권리』, 조형준 옮김, 새물결, 2005].

의 포괄적 성격에 눈이 먼 비판이론가들에게는 기상천외한 환상으로 되었다. 자본은 사회와 동일하게 되려 했으나 그 동일성은 노동계급에 의해 거부되었고 그 거부는 지금 자본 그 자체의 실존을 위협하고 있다. 높은 생산성이 노동계급의 모든 필요의 충족을 가능하게 만들고 있지만 자본이 그렇게 하지 않을 것임을 위기가 명확하게 보여 주고 있는 이러한 시기에, 공장 안팎에서의 모든 노동에 대한 거부는 계속해서 계급 갈등의 주요한 요소이다. 더 적은 노동, 더 많은 임금에 대한 공장노동자들의 요구는, 노동에 대항하는 그들의 투쟁이 임금을 생산성보다 더 빨리 오르도록 유지한다면 적분가능하지integrable [즉 자본에 통합가능하지] 않다. 학교 중퇴와 교육 붕괴는, 규율의 부재가 학교·실업 대오·공장 등에 퍼져 있을 때에는, 자본주의 발전의 요소로 간주될 수 없다. 이 같은 방식으로 우리는, 시간이 언제나 내용을 가지고 있으며 그 내용과 지속시간을 둘러싼 투쟁이 있음을 알 수 있다. 시간은 계급투쟁에서 점점 더 중요한 요소로 나타난다. 그리고 시간을 둘러싼 갈등은 다시 한번 노동과 자유시간의 성격에 관한 기본적 문제를 제기했다.

위기 동안에 출현한 자유시간의 양의 증가라는 현상은 확대된 투쟁의 기초를 제공함으로써 그 자체가 노동시간에 대립적임을 보여 주었다. 하지만 그것은 자본에 대항하는 만큼 자본 안에 있음도 드러났다. 궁극적으로 노동계급은 자본의 혁명적 폐지 속에서 노동시간과 자유시간 모두를 넘어설 것이다. 왜냐하면 우리가 살펴보았듯이 자유시간이란 노동으로부터from 자유로운 시간인 동시에 그만큼 노동계급을 위해for 자유로운 시간이기도 하기 때문이다. 여기서 가처분시간이라는 맑스의 용어는 어떤 추상적 '자유'freedom라는 혼란스러운 함의를 거의 갖지 않는 것으로 보인다.

자본의 사회적 필요노동시간과 그에 대항하는 노동계급의 투쟁 및 자유시간에 대한 노동계급의 요구에 대한 이러한 고찰은 우리에게 다양한 정치적 전략들의 성격과 한계에 대해 많은 것을 가르쳐줄 수 있다. 예를 들어 투쟁이 정치적 노동으로 전환되면 거기에는 어떠한 실제적 가처분시간조차도 없다. 당이 자본 내부의 기본적 기구로서 출현하는 것이 바로 여기이다. 왜냐하면 그것이, 노동조합이나 여타의 많은 기구들처럼 비록 개조된 형태임에도 불구하고 궁극적으로 체제 재생산에 기여하는 방향으로 '자유시간'을 조직하기 때문이다. 이와 동시에 여가시간이나 '레크리에이션're-creation의 체제 통합적 측면은 자유시간의, 즉 '놀이'의 단순한 '자유로운 향유'의 한계를 보여 준다. 노동자들이 살고, 사랑하고, 놀기 위한 시간을 위해 싸운다는 것은 사실이다. 그러나 우리는 그러한 시간들이 어떻게 자본에 의해 조직되고 또한 노동자들에게 대립하게 되는지를 살펴보았다. 공장노동에서처럼, 그것은 결코 그 시간을 향유하는가 아닌가의 문제가 아니라 오히려 그 활동이 체제의 재생산을 보장하기 위해 강제되고 조직되는가 아닌가의 문제이다. 시간이 가장 효과적으로 자본에 대립할 수 있는 것은 모든 시간대에서 [전개되는] 자본과의 대치confrontation를 서로 연결함으로써다. 부분적 요구들은 충족될 수 있다. 자본이 [그 요구를 들어주고도 스스로를] 보상할 길을 찾을 수만 있다면 말이다. 더 짧은 노동일(과 더 많은 자유시간)이 제공될 수도 있다. 생산성이 상승하고 그 자유시간이 조직될 수만 있다면 말이다. 현재의 위기에서 놀라운 것은 바로, 자본의 사회 공장 전체에 대항하는 노동계급 공격들의 수렴과 상호보완성이다. 모든 종류의 노동자들이 더 짧은 노동시간을 요구하고 있을 뿐만 아니라 노동시간 단축에 대한 어떤 보상을 자본에게 제공하기를 거부하고 있다. 노동자들은 공장에서 더 적게 일할 뿐만 아니라 그들 자신의 노동력을 탈–창출de-create하기 위해 [즉 노동력으로 전환되도록 하지 않기 위해] 자신들의 자유시간을 쓰고 있다. 전일제 일자리나 임시직 일자리를 가진 노동자들이 노동할 힘을 얻기 위해서가 아니라 노동을 한층 더 거부하기 위한 힘을 얻기 위해서 '자유시간'을 사용한다. '실직한' 노동자들과 일자리를 찾는 노동을 하고 있을 것으로 기대되는 노동자들, 즉 그들의 자유시간을 노동시장이 기능하도록 만드는 데 써야 할 노동자들이, 도리어 노동을 피하고 실업 혜택, 복지 수당 등에 대한 요구를 증대시키는 데 자신의 시간을 쓰고 있다. 여기에 자본에 대한 실제적 위험이 있다. 노동계급은 말한다. "우리는 우리의 모든 시간을 포함하는 모든 것을 원한다. 우리는 더 이상 노동시간이 없기를 따라서 더 이상 자유시간도 없기를 원한다. 우리는 단지 우리 마음대로 살 수 있는 삶을 원한다." 그러한 요구는 결코 자본 내부에 동화될 수 없다. 자본의 위기가 계속되는 것은, 자본이 이러한 요구를 꺾을 전략을 아직 발견하지 못했기 때문이다.

사회적 과정으로서의 사용가치와 상품들

맑스가 [1장] 1절의 마지막 문단에서 강조하고 있는 최종적 주장은 '상품'이 사회적 범주라는 것이다. 맑스의 언급들은 단순히 형식주의적이거나 정의적이지 않다. 상품들은 사용가치와 교환가치의 통일체인 한에서만 상품들이라는 언급은, 하나의 생산물이 상품이 되기 위해서는 교환되고 소비되어야 한다는 것을 의미한다. 이것은 물론 사실이다. 그러나 중요한 논점은 상품형태가 물화되어서는 안 된다는 것이다. 그것은 결코 사물thing이 아니다. 우리는 실제로 상품들을 사물들이라고 혹은 사물들을 상품들이라고 말한다. 그러나 우리가 그렇게 말하는 것은 단지, 그것들이 특유한 일련의 사회적 상호작용을 통과하기 때문이다. 이 통과 과정에서 그것들은 사물들이 아니라 사회적 과정들이다. 이러한 분석을 통해 분명해지듯이, 사물들은 오직 그것들의 특수한 속성들에 있어서만 사물들(사용가치들)이다. 맑스가 여기서 지적하는 것은, 상품들이 되기 위해서는 이 속성들이 그 상품들을 사회적 사용가치들로 만들어야 한다는 것이다. 그렇게 된다 할지라도 그것들은 단지 잠재적 사용가치들일 뿐이며, 그것들이 실제로 소비되지 않는다면 실제적 사용가치들로 되지 못한다. 맑스는 마지막 두 문장에서 이렇게 말한다. "어떤 것도 유용성의 대상이지 않고서는 가치를 가질 수없다. 그 사물이 유용하지 않다면 그 안에 포함된 노동도 유용하지 않다. [그러면] 그 노동은 [추상]노동으로 간주되지 않으며 따라서 어떠한 가치도 창조하지 못한다." 따라서 모든 범주들은 과정의 범주들이다. 우리는 지금까지 사용가치, 교환가치, 추상노동, 가치, 그리고 사회적 필요노동시간 등이 모두 상품형태의 특수한 결정[태]들을 지칭하는 사회적 범주들임을 살펴보았다. 상품형태는 무엇보다도 기본적인 사회적 과정인 계급투쟁에서 근본적인 역할을 한다.

노동의 이중성 : 1장 2절

맑스가 1장 2절에서 노동의 이중적 성격이 "정치경제를 명확하게 이해하기 위한 중심축"이라고 말했을 때 그 이유는 그가 자본주의적 생산양식에서 무엇이 새롭고 특유한가를 특별히 강조하고 싶었기 때문이다. 그는 상품형태의 일반화된 강제가 노동에 대한 통제(우리가 앞에서 살펴본 것처럼 추상노동을 창출하는 통제)를 통해 어떻게 유용성에 가치를 부가하는가를 밝히기를 원한다. 유용노동과 추상노동 사이의 구분과 상호관계의 중요성은 아무리 강조해도 지나치지 않다. 맑스 자신은 엥겔스에게 보낸 편지에서 이렇게 썼다. "내 책에서 가장 중요한 논점은, 노동이 사용가치로 표현되는가 교환가치로 표현되는가에 따르는, 노동의 이중성이네. (사실들에 대한 모든 이해는 이것에 의존한다네). 이것은 첫 장에서 직접적으로 강조되네."[1]

이미 추상노동에 대한 논의가 노동의 이중성이 갖는 이 중요함의 일부를 드러냈다. 우리는, 맑스가 사용가치를 창조하는 유용노동을 분석함으로써 어떻게 추상노동에 도달했는가에 대해 살펴보았다. 또 우리는 자본이 가치를 창조하기 위해 사용하는 유용노동(즉 추상노동)과 노동계급이 그것을 극복하기 위해 사용하는 유용노동의 분할을 둘러싼 투쟁의 변증법에 대해서도 일부 살펴보았다. 2절에서 그는 세 단계로 노동의 이중성에 대한 분석으로 돌아간다. 첫째, 그는 사용가치를 창조하는 유용노동에 초점을 맞춘다. 그다음으로, 이것이 그로 하여금 가치를 생산하는 노동(추상노동)의 특별한 성격을 밝힐 수 있도록 해 준다. 마지막으로, 이 두 관점을 손에 쥐고서 그는, 생산성 분석을 명확하게 하고 자본의 상대적 잉여가치 전략에 대한 이후의 설명에 필요한 받침대를 마련한다.

---

1. Marx to Engels, August 24, 1867, *Marx-Engels Selected Correspondence* : 180.

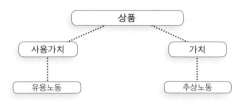

유용노동

자본이 상품생산과 교환을 갖기 위해서는 질적으로 상이한 사용가치들을 생산하는 다양한 종류의 구체적 유용노동을 통제해야만 한다. 이것이 없이는 자본주의적 생산이나 교환 그 어느 것도 발생하지 않을 것이다. 이것은 사회 속에서 유용노동의 사회적 분할을 의미한다. 점점 많은 종류의 생산을 수중에 넣고 통제하기 위해서 자본은 많든 적든 노동을 자신이 적합하다고 생각하는 대로 할당할 수 있어야 한다. 즉, 자본은, 우리가 추상노동의 기저에 놓여 있다고 본, 바로 그 노동의 순응성malleability을 달성해야 한다. 노동의 끊임없이 변하는 사회적 분업은 노동자들이 한 종류의 유용노동에서 다른 종류의 유용노동으로 자주 옮겨가야만 한다는 것을 의미한다.

지금 자본주의적 생산에 필요한 유용노동의 분할은 여러 차원에서 일어난다. 맑스는 자본주의적 산업 공장의 내부 조직이 개별 생산자 사이에 어떤 교환도 없이 분업[노동 분할]이 존재하는 장소라고 말한다. 우리는, 다른 분야의 더 큰 사회 공장을 볼 수 있는데 그곳에서도 이것은 타당하다. 예를 들어 가족에는 남편, 아내, 아이들 사이의 분업[노동 분할]이 있다. 각 사람에 의한 사용가치의 생산은 어떠한 시장 교환 없이도 다른 사람에게 이용 가능하게 된다. 그러나 우리가 살펴보았듯이, 이러한 분할은 유용노동 분할의 본질적 측면이다.

자신의 논의에서 맑스는, 사용가치들을 생산하는 유용노동은 "인류의 생존을 위해, 모든 사회 형태들에서 독립적인, 필수조건이다. 그것은 영원한 자연강제적 필연성이다."라는 일반적 주장을 펼친다. 이 상황이 "모든 사회 형태들에서 독립적"이라고 주장함으로써 맑스는 유용노동을, 모든 생산양식에 현존하는 인간 사회의 한 단면을 나타내는 유적generic 개념으로 제시한다. 이것은, 『정치경제학 비판을 위하여』 서문에서 그가 했던, 생산에 관한 주장과 유사하다. 그 논의에서 그는 모든 사회들에 현존하는 생산의 일반적 성격과 상이한 종류의 사회들에 현존하고 그 사회들을 (다른 생산양식으로) 가르는 생산의 특유한 성격을 구분했다.[2] (추상노동 대^對) 유용노동에 관한 『자본』에서의 설명은 생산의 일반적 성격을 사용가치의 생산으로 구체화하는 방향으로 나아간다.

유용노동과 추상노동의 이 양분을 정치적으로 해석하기 위하여 우리는 우리가 이미 사용가치와 교환가치에 적용했던 것과 동일한 분석 방법을 가지고 올 필요가 있다. 예를 들어 사용가치와 교환가치에서처럼 우리는 유용노동에서 노동계급 '측면'side을, 그리고 추상노동에서 자본가 '측면'을 쉽게 볼 수 있다. 왜냐하면 바로 유용노동은 노동계급이 필요로 하는 사용가치를 생산하고 추상노동은 자본에게 가치와 잉여가치의 실체이기 때문이다. 안타깝게도 맑스주의자들은 너무나 자주 이 지점에서 멈추어서 우리가 단순히, 유용노동은 보존하되 추상노동이라는 자본주의 측면만 제거함으로써 자본의 폐지를 달성할 수 있다는 위험한 정치적 결론을 이끌어냈다. 실제로 사회주의와 공산주의에서, 가치로부터의 유용노동의 해방은 유용노동에 종사하는 계

---

2. Marx, *A Contribution to the Critique of Political Economy*, 서문의 1부 : 188~193 [마르크스, 『정치경제학비판을 위하여』].

급으로서의 자신의 완전한 잠재력을 달성할 수 있는 노동계급의 해방을 의미한다고 주장된다. 이 주장은 맑스가 너무나 철저하게 비판한 프루동의 접근법과 유사하다. 나쁜 측면은 제거하고 좋은 측면은 유지한다는 것이 그것이다.[3] 이런 종류의 추론의 가장 악명 높은 예의 하나는, 테일러주의는 유용노동의 진보적이고 과학적인 조직화를 위해 신속하게 소련에 채택되어야 한다는 1918년 레닌의 제안에서 찾을 수 있다.[4] 그는, 세련된 착취 형태로서 자본주의의 테일러주의적 측면은 혁명 후에는 사유재산 및 자본가계급의 제거와 더불어 저절로 사라진다고 가정한다.

그러한 주장에 들어 있는 (정치적인 결함은 물론이고) 이론적 결함은 우리가, 가치의 실체를 다룬 절에서 분석된 유용노동과 추상노동의 내밀한 관계를 기억하면서 우리의 계급 분석을 수행하자마자 즉각 나타난다. 우리는, 추상노동(가치)에 대한 자본의 집착이 자본가들로 하여금 추상노동의 동질성을 실현하기 위해 유용노동의 분할과 따라서 바로 그 구조를 조형하도록 충동질한다는 것을 보게 된다. 이 때문에 자본 안에서 유용노동은 추상노동이 만들어지는 바로 그 재료로 간주되어야 한다. 상품형태를 통해 사람들에게 강제되며, 자본 안에서 가치의 실체를 구성하는 노동은 구체적 유용노동의 유동적 구조 안에만 존재한다. 자본주의적 노동 혹은 추상노동을 제거한다는 것은, 유용노동이 사회 통제의 형식으로 강제되는 활동인 한에서는, 구체적 유용노동을 제거한다는 것을 의미한다. 『자본』에서 맑스는 유용노동의 형태

---

3. 맑스의 *The Poverty of Philosophy*[카를 마르크스, 『철학의 빈곤』, 강민철 옮김, 아침, 1989]를 보라. 프루동에 대한 그의 비판에 대한 간단한 설명으로는 Marx to V. Annenkov, December 28, 1846, *Marx-Engels Selected Correspondence* : 29~39를 보라.

4. V. I. Lenin, *The Immediate Tasks of the Soviet Government* : 23~24 [레닌, 「소비에트 정부의 당면임무」, 『민중민주주의 경제론』, 백승욱 옮김, 백의, 1990].

가 어떻게 계급투쟁 속에서 조형되는지를 반복적으로 보여 준다. 근대 노동 조직의 기본 형태인 협업은 자본의 산물이며 그것의 각인을 갖고 있다. 산업에서의 유용노동은 – 매뉴팩처 시대든 기계류 시대든 – 항상 노동계급을 지배하기 위한 자본의 필요에 의해 조형된다. 유용노동은 이런 식으로 사용가치의 생산자일 뿐만 아니라 가치와 통제의 생산자이기 때문에 그것은 '해방될' 수 없다. 가치 그 자체를 분쇄하기 위해서는 유용노동의 현재의 형태들이 분쇄되어야 한다. 자본주의 국가의 폐지라는 문제에 관한 레닌의 언급들 중의 일부는 이 문제에 관한 더 좋은 지침을 제공한다. "국가는 현재의 상태로 장악되거나 사용될 수 없고 폐지되어야 한다."는 말이 그렇다. 자본 아래에서 구체적 형태로 존재하는 대로의 유용노동도 역시 그러하다.

자본주의 이후의 '유용노동'에 관해 말하는 것은 자본주의 이후의 국가에 관해 말하는 것만큼이나 문제적이다. 그것의 변형은 질적이자 동시에 양적이어야 한다. 자본주의 이후의 국가가 '사멸'하도록 (가능한 한 빨리 제거되도록) 되어 있다는 개념은 아마도 자본주의 이후의 '노동'의 개념에 대한 유용한 유비를 제공한다. 우리는 노동을 끊임없이 확대하는 것이 자본주의 아래에서의 경향임을 살펴보았다. 유용노동을 사회 통제의 수단으로서 (분업을 통해) 질적으로 확대할 뿐만 아니라 양적으로도 확대해 나가는 것이 추상노동의, 그러므로 가치의 토대를 이룬다. 그러나 우리는 또 이러한 확대가 노동계급의 저항의 면전에서만 이루어져 왔다는 것에 대해서도 살펴보았다. 우리는, 자본주의 이후의 사회에서 이 투쟁들의 승리는 분명히 질적 변형의 본질적 요소로서의 유용노동의 양적 축소 ("사회의 필요노동의 최소한도로의 일반적 축소"[5])를 의미한다고 생각할 수 있다. 거꾸로 우리 시대의 사회주의 사회에서 유용노동의 영구화와 확대는 국가의 영구화와 마찬가지로 자본이 폐지되지 않았다는 하나의 확실한 증표이다. 따라서 노동의 양적 축소로부터 분리하여 노동의 질적 변형에 대해서만 이야기하는 것으로는 충분하지 않다. 자본주의 아래에서 '소외된' 노동을 공격하고 노동의 '타락'에 대해 말하고 있는 사람들은 자본이 유용노동을 지배의 양식으로 변형하고 있음을 잘 알고 있다.[6] 안타깝게도 그들은 사회 통제로서의 노동의 양적 팽창과 그 질적 변형 사이의 변증법적 관계를 놓친다. 우리가 살펴보았듯이 자본은 무엇보다도 그 팽창에 있어 양적이다. 그것은 그 팽창의 일환으로 질을 조형한다. 자본주의적 노동의 폐지에 대해 말할 때 우리는 반드시 그 양면을 동시에 고려해야 한다. '소외되지 않은' 노동(또는 지배의 기능이 아닌 활동으로서의 노동)을 달성하는 유일한 방법은 그 양적 팽창으로부터 분리불가능한 강제의 요소를 제거하는 것이다.

결과적으로 '노동의 소멸'zerowork은 '유용노동'을 맑스가 '활동 자체의 완전한 발전'이라고 불렀던 것의 한 요소로 역전시키는 것을 의미한다. 맑스는, 자본주의의 발전이 혁명 이후에 "소비에서만이 아니라 생산에서도 전면적인 풍부한 개성의 발전을, 그리고 그들의 노동이 더 이상 노동으로가 아니라 활동 자체의 완전한 발전으로 나타나도록" 할 수 있는 물질적 요소들을 창출했다고 썼다.[7] 그러면 "활동 그 자체"란 무엇을 의미하는가? 어떠한 상황에서 노동은 노동이 아닌가? 맑스는 이에 대해 원칙을 넘어서는 어떤 것을 거의 이야기하지 않는다.[8] 그는

---

5. Marx, *Grundrisse*, Notebook III : 325 [맑스, 『정치경제학 비판 요강』].

6. 예를 들어 Harry Braverman, *Labor and Monopoly Capital*[해리 브레이버맨, 『노동과 독점자본』, 이한주 옮김, 까치, 1989]을 보라.

7. Marx, *Grundrisse*, Notebook III : 325 [맑스, 『정치경제학 비판 요강』].

8. 자본 아래에서의 노동과 활동 일반의 관계에 대한 맑스의 유일하게 상세한 논의는 [『1844년의 경제학 철학 수고』에서의] '유적 존재'(species-being)와 관련된 그의 소외 분

자본주의 이후 사회의 성격을 미리 그리는 공상적 사회주의자들의 기획을 거부했다. 그는 그것이 일부 지식인의 공상을 토대로 발명되지 않고 혁명 과정 속에서 노동자 대중에 의해, 그들의 가능성과 욕망에 기초하여 발명될 것임을 분명하게 느꼈다. 그가 자본주의 이후 사회의 일반적 성격에 대해 말할 때 가장 자주 반복했던 설명은 필요노동을 최소한도로 축소시킴으로써 자유로워진 시간 속에서 개인이 이룰 예술적 발전, 과학적 발전 등을 환기시켰다.[9] 이렇게 맑스는 혁명 과정을 소극적 측면(자본으로부터의 자유, 그리고 노동에 의해 규정된 계급의 종말)과 적극적 측면(인류의 발전에서 새로운 단계의 전개를 위한 자유)이라는 두 측면에서 보았다. 그가 그 새로운 단계에 관해 가장 간단한 언급 이상의 것을 거부한 것은 그가 그 새로운 단계의 개방성을 확언하고 있다는 것의 가장 분명한 증거이다. 맑스가 한 언급들은 그가 노동자들 자신의 행동이 그들의 투쟁 방향을 지시하리라고 기대했던 혁명의 시기들에 (예를 들면 파리 코뮌 동안에) 주로 나왔다.[10] 이처럼 그는 공상적 사변을 거부했다. 그렇지만 우리는 맑스가 그 혁명적 과정에서 "상상력에 모든 권력을!"All Power to the Imagination이라는 구호를 따뜻하게 받아들였으리라고 짐작할 수 있다.

자본 내부에서의 유용노동에 대한 그의 논의로 돌아가 보면 인간과 자연은 함께 일하며 이 둘 모두가 부의 원천인 것으로 제시된다. 그러나 여기에 또 다른 문제적 양분법이 나온다. '자연'을 인간에 '대립적

석 부분이다. 그는 『정치경제학 비판 요강』이나 『자본』에서 이 분석을 다시 재개하지는 않는데, 이것은 의미심장하다.

9. Marx, *Grundrisse*, Notebook VII : 706 [맑스, 『정치경제학 비판 요강』].

10. "The Civil War in France," in *The First International and After* : 187~268 [카를 마르크스, 「프랑스 내전」, 『프랑스 혁명사 3부작』, 임지현·이종훈 옮김, 소나무, 2017]에서 전개되는 코뮌에 대한 맑스의 분석을 보라.

인' 외부적인 어떤 것으로 만드는, 둘 사이의 첨예한 분할에 대한 함축이 그것이다. 맑스가 『자본』 1권의 노동과정에 관한 장에서 이러한 분석을 재개할 때, 자연은 수단과 도구를 사용하는 인간들에 의해 수행되는 노동의 대상으로 나타난다.[11] 그러나 우리는 『자본』에서 자연이 점차 사회 조직의 한 양상으로 되어감에 따라, 그리고 자연이 사회 조직 외부에 주체들로서의 개인들이 노동하는 대상으로 서 있기보다 그 사회 조직 속으로 병합됨에 따라, 점차 또 다른 측면을 보기 시작한다. 3권의 지대에 관한 논의에서는, 토지(자연)가 점점 더 일구어지고 자본이 투자됨에 따라 토지의 본래적 혹은 '자연적' 비옥도 — 차액지대의 하나의 기초 변수 — 는 거의 알아볼 수 없게 됨을 알 수 있다. 요컨대 우리는, 자본이 '자연'을 포위하고 그것을 변형시켜 급기야 그것을 더 이상 [사회 조직] 외부의 어떤 것으로 더 이상 파악할 수 없게 됨에 따라 자연에 대한 어떤 분리된 개념도 점차 희미해진다는 것을 인식해야 한다. 이러한 고찰은, 자본 내에서 유용노동과 추상노동을 구성하는 필수불가결한 요소인 자연과학과 기술을 이해하는 데 매우 중요하다. 우리가 상대적 잉여가치에 관한 '12~15장'에서 생산성을 향상시키는 (그리고 노동을 재조직하는) 기술 혁신에 대한 논의를 보기 시작함에 따라, 과학과 기술은 계급투쟁과 분리불가능하게 된다.

식품 생산 영역에서 두 가지 사례를 들어보자. 3권에서 맑스는, 일부의 혹은 전체의 초과이윤이 지주에게 갈 것이기 때문에 소작농들이 기술 발전에 투자하기를 꺼리는 것에 관해 논한다.[12] 이것은 변화를 늦추고 생산성을 낮게 유지한다. 보다 최근의 연구들은, 제3세계에서 사

---

11. Marx, *Capital*, Volume I, Chapter 7, Section 1 [마르크스, 『자본론 1 ─ 하』].
12. Marx, *Capital*, Volume III, Chapter 47 [마르크스, 『자본론 3 ─ 하』, 김수행 옮김, 비봉출판사, 2015].

용을 위한 새로운 품종의 다수확 곡물을 발전시키기에 이른 과학적 탐구들이 지구의 그 지역들[즉 제3세계]에서 노동계급의 소요와 반란에 대처하려는 자본주의적 시도들의 직접적 결과임을 보여 주었다.[13] 더 일반적으로 말해, 우리는 과학의 구조 자체와 그것의 발전 유형도, 자본주의 사회에서 그것들의 역할에 의해, 따라서 계급투쟁에서 그것들이 수행하는 역할에 의해 결정된다고 볼 수 있다. 맑스는 과학과 발명의 이 정치적 측면을 강조한다. 그것은 부단히 변하는 기계류의 형태들 속에서, 그리고 그것과 연관된 유용노동의 형태들 속에서 구체화된다. "자본에게 노동계급의 반란에 대처할 무기를 공급한다는 유일한 목적에 비추어서 1830년 이래 만들어진 발명의 역사를 서술하는 것도 실제로 가능할 것이다."[14] 노동계급의 관점에서 볼 때 이것의 중요성은 유용노동의 현재적 형태들과 출현하는 형태들을 자본의 무기라는 그것들의 정치적 측면 속에서 분석하고 파악하는 것의 필요성 속에 놓여 있다. 자본이 유용노동의 새로운 조직화나 새로운 기술의 도입을 계획할 때는 언제나, 그러한 계획들은 노동계급 권력의 현재적 수준을 탈구성함에 있어서 그것들이 어떤 역할을 수행하는가 라는 맥락에서 분석되어야 한다. 그 기획은 신新러다이트주의를 발생시키는 기획이 아니라 대항 전략과 전술을 수립하기 위해 자본주의적 전략과 전술을 예측하는 기획이다.[15]

추상노동

---

13. Harry Cleaver, *The Origins of the Green Revolution*.

14. Marx, *Capital*, Volume I, Chapter 15, Section 5 : 436 〔International Publishers edition〕 [마르크스, 『자본론 1 – 하』].

15. 이러한 종류의 분석을 보려면 *Zerowork* 1에 실린 논문들과 Gambino, "Workers' Struggles and the Development of Ford in Britain"을 참조하라.

추상노동의 기원과 의미에 관해 자세히 설명하면서 맑스는 자본주의 아래서 어떤 종류의 유용노동의 다른 종류의 유용노동으로의 이동성mobility을 명백히 거론한다. 그는 여기에서 유용노동의 특수성이 극복되고 추상노동이 생성되는 하나의 방식으로서 다음과 같은 것을 언급한다. "더구나 우리는, 우리의 자본주의 사회에서는 어떤 주어진 몫의 인간 노동이 수요의 변화에 따라 어떤 때는 재단의 형태로 고용되고 다른 때는 직조의 형태로 고용되는 것을 단번에 안다. 이러한 변화는 마찰 없이는 일어날 수 없을지 모르지만 반드시 일어나야만 한다."[16]

이 추상노동을 더 깊이 설명하기 위해 맑스는, 질적으로는 이동성에 의해 규정되고 양적으로는 시간에 의해 규정되는 것 외에도 어떤 의미에서 그것은 단순하거나 평균적인 노동력의 형태로 실재한다는 것에 주목한다. 이것은 『정치경제학 비판을 위하여』에서 더 완벽하게 설명되는데 여기서 그는 이렇게 말한다. "이 추상(인간노동 일반)은 어떤 주어진 사회에서 평균적 사람이 수행할 수 있는 평균노동의 형태로, 일정한 양의 인간의 근육, 신경, 두뇌 등의 생산적 지출의 형태로 실존한다. 그것은 어떤 평균적 개인이 훈련을 통해 할 수 있는 단순노동(영국 경제학자들은 그것을 '미숙련노동'이라 부른다)이다."[17] 지금 이 개념은 아주 모호한 것처럼 보인다. "미숙련노동"이라는 개념을 도입하는 것이 거리청소, 하수도 파기, 그리고 다른 미천한 업무들을 환기시키는 것이다. 그러나 그가 가장 저급한 육체적 공통분모를 염두에 두

16. Marx, *Capital*, Volume I, Chapter 1, Section 2:43~44〔International Publishers edition〕[마르크스, 『자본론 1 – 하』].

17. Marx, *A Contribution to the Critique of Political Economy*:31 [마르크스, 『정치경제학 비판을 위하여』].

지 않고 있다는 것은 분명하다. 그는 『자본』에서 "이러한 노동력은, 그것이 다양한 양태로 지출될 수 있기 전에 일정한 정도의 발전 수준에 도달해야 한다."[18]고 말한다. 이것은 생물학적 규정이 아니라 사회학적 규정이며 시대와 나라에 따라 그 성격이 변하는 규정이다. 그는, '평균적 사람'이 수행할 수 있는 노동은, 예컨대 [시간적으로] 1775년의 미국에서와 1975년의 미국에서 매우 다르고 [공간적으로] 1975년의 미국에서와 1975년의 고지대 파푸아Papua에서도 매우 다르다고 말하고 있는 것으로 보인다. 이런 식으로 구체적으로 표현하게 되면 그 개념의 모호함이 사라진다. 이 시대들과 이 지역들의 모든 노동자들은 오늘날 뉴욕시의 공장 또는 사무실에서 '평균노동'을 하도록 훈련될 수 있을 것이다. 그러나 우리가 예로 든 미국의 1775년의 농부나 [고지대 파푸아의] 1975년 부족민이 필요로 하는 훈련의 양은 실제로 매우 많을 것이고 또 그 순서도 다를 것이다. 그 훈련은 언어학적, 수학적, 기계적 숙련뿐만 아니라 규칙성과 규율도 포함할 것이다. 분명히 '평균노동'의 변화라는 개념은 시간의 흐름에 따른 생활 수준(즉 노동력 가치)의 변화와 동일한 난이도를 갖는다.

생산성

맑스는 이제 노동의 이중성 논의에 비추어서 생산성의 변화가 가지는 의미를 더욱 정확하게 설명할 수 있다. 그는, "생산력은 물론 어떤 유용하고 구체적인 형태의 노동에 근거해서만 말해질 수 있으며, 어떤

---

18. Marx, *Capital*, Volume I, Chapter 1, Section 2:44 〔International Publishers edition〕 [마르크스, 『자본론 1 – 상』].

주어진 시간에 어떤 특별한 생산적 활동의 효율은 그것의 생산성에 달려 있다."고 말한다. 이 말은 생산성의 변화는 유용노동의 변화이지 추상노동의 변화가 아니라는 것을 의미한다. 이것은, 유용노동과 추상노동의 차이에 대한 인식이 왜 '중심축'인가의 가장 중요한 이유들 중의 하나이다. 다시 말하면, 자본이 강제하고자 하는 노동(추상노동)의 분명한 특성을 파악함으로써 그는 계급투쟁의 아주 중요한 부분이었던 생산성 변화의 의미를 처음으로 분석할 수 있게 된다. 한 예로, 주어진 시간대에 동일한 수의 노동자들에 의해 두 배의 사용가치가 생산된다고 말하는 것은 유용노동의 생산성이 두 배로 향상되었다고 말하는 것이다. 그런데 노동시간이 동일하게 남아 있기 때문에 – 비록 그가 그 것을 언급하지는 않지만, 가치의 양을 동일하게 유지하기 위해서는 노동 강도도 고정된 것으로 유지되어야 한다 – 생산물의 각 단위에 포함된 추상노동 혹은 가치는 반으로 줄어든다.

자본의 가장 중요한 전략들 중의 하나는 이 현상에 기초하고 있다. 상대적 잉여가치의 개념을 다루는 12장에서 우리는 자본이 (노동시간 단축, 노동 강도 완화, 임금 인상 등을 요구하는) 노동계급의 투쟁에 내몰린 나머지 노동력을 생산수단으로 대체하는 방법을 통해 어떻게 유용노동의 생산성을 끌어올리는가를 발견할 수 있다.[19]

생계수단들(또는 그것들을 생산하기 위한 투입물들)을 생산하는 유용노동의 생산성을 높임으로써 자본은 노동계급이 자기 자신을 재생산하기 위해 받는 상품들의 가치를 줄인다. 만약 생계수단들의 가치

---

19. 1권 25장에서 맑스는 생산수단(*MP*)에 의한 노동력(*LP*)의 대체를 자본의 기술적 구성(*MP/LP*)의 고도화로 논한다. 혹은 가치구성(*C/V*)이 기술적 구성의 변화를 반영하는 한에서 맑스는 그것을 자본의 유기적 구성(*C/V*)의 고도화로 논한다. 수학적 비율로서 유기적 구성은 기술적 구성을 가치로 환산하여 측정한다. 하지만 정치적 지표로서 유기적 구성은 특정한 분업을, 그리고 이와 연관된 계급 권력의 정치적 구성을 나타낸다.

가 하락하면 자본은 노동자들에게 전보다 더 적은 가치를 지급할 수 있다. 하지만 노동자들은 여전히 전과 같은 양의 (심지어 더 많은 양의) 사용가치를 받을 것이다. 만약 노동력에 투자되어야 할 가변자본의 양이 이런 식으로 줄어들고 동시에 노동의 총량이, 따라서 가치의 총량이 동일하다면, 자본이 잉여가치로서 받는 가치의 상대적 몫은 늘어날 것이다.

상대적 잉여가치는 계급투쟁에서 오랫동안 자본의 근본적 전략들 중의 하나였다. 그뿐만 아니라 우리가 서론에서 살펴보았듯이, 케인스주의 시대 동안에 자본은 노조 협약과 국가 정책을 통해 임금 상승을 생산성 상승에 연계시킨 '생산성 거래' 속에서 그것[상대적 잉여가치 전략]의 제도화를 모색했다. 만약 우리가, 현재의 국제적 위기의 가장 근본적 측면들 중의 하나가, (임금 요구와 결합된) 노동계급의 생산성에 대한 공격이 이 생산성 거래를 파열시키고 상대적 잉여가치를 침식한 것임을 고려하면, 흔히 [1장] 1절의 논점에 대한 불필요한 설명으로 종종 간과되어 버리는 이 짧은 1장 2절이 그것의 진정한 의미를 띠기 시작하며 맑스의 강조가 갖는 현대적 타당성도 드러난다. 나아가 우리는, 전 지구적 인플레이션을 통한 임금 가치에 대한 자본의 대규모 공격이 어떻게 세계적 수준의 분업 재구조화에 의해 완수되고 있는가를 둘러보고 또 이해해야 한다. 이때에만, 우리는 자본의 이 상대적 잉여가치 전략의 방향을 예측하고 그것에 대처할 방법을 더 잘 이해하기 위해 이 전략의 구체적 표현들을 파악하는 것이 중요함을 이해할 수 있다.

5장

가치형태 : 1장 3절

가치형태에 관한 이 장은 단순가치형태에서 시작해서 화폐형태에서 끝난다. 이 전개의 경로는 우리를 곧장 가치의 궁극적 표현인 화폐로 이끈다. 화폐의 결정[태]들은 『자본』의 2장과 3장에서 한층 더 전개된다. 가치로서의 화폐를 그 모든 함축과 함께 파악하는 것은 현재 위기에서 결정적으로 중요하다. 자본이 이 시기 동안에 취하고 있는 현재의 역공세에서 화폐가 수행하고 있는 역할에 대해서는 어떠한 애매함도 없고 오직 명료함만이 있다. 그것은, 자본이 직접적으로는 정리해고와 임금 삭감을 통해, 간접적으로는 (음식, 의복, 교통 등에서의) 더 높은 물가와 (소방, 보건 등) 우리의 세금에서 우리가 되돌려받는 서비스들의 질과 양의 축소를 통해 우리로부터 돈을 빼앗아가려고 하고 있다는 것에 그치지 않는다. 현재의 위기는 또한 통화제도 전체의 근본적 변화를 포함했다. 이 변화들 중에서 가장 극적인 것은 인플레이션을 통한 국내 화폐의 체계적 평가절하, 그리고 자본주의 국민국가들 사이에서 통화 문제에 관한 제도적 협약인 국제통화체계의 재조직화이다. 현재 진행되고 있는 것에 대한 해석을 시작하기 전에 먼저 도대체 화폐가 무엇인가를 이해해야만 한다.

자본에서 화폐란 무엇인가? 그것은 계급투쟁에서 어떤 역할들을 수행하는가? 오늘날 이 역할들은 맑스 시대의 역할들과 동일한가? 물론 『자본』에는 이러한 문제들에 대한 대답이 없다. 그러나 우리는 거기에서 화폐의 성격과 그것이 자본에서 차지하는 위치에 대한 일부의 근본적 통찰들 ― 그것들은 맑스가 『자본』을 썼던 시대나 오늘날이나 거의 같다 ― 을 얻을 수 있다. 이러한 통찰들을 가지고 시작하면 오늘날 진행되고 있는 것, 즉 자본이 화폐를 노동계급에 맞서는 무기로 사용하는 방식을 이해하는 것이 좀 더 쉽다.

노동계급에 대항해서 사용되는 화폐의 개념을 설명하기 위해 가치형태에 대한 맑스의 분석적 탐구를 기다려야 할 필요는 없다. 우리가 부르주아 경제학자들의 저작들에 직접적으로 의지할 수 있기 때문이다. 인플레이션이 2차 세계대전 후에 수행한 가장 중요한 역할들 중의 하나, 그리고 인플레이션이 계급투쟁에서 얼마나 중요한가를 보여 주는 것들 중의 하나는, 소득을 간접적인 방식으로 노동계급에서 자본으로 이전시키려는 분명하고 계산되고 합리화된 목적을 가지고 제3세계에서 인플레이션을 사용하는 자본의 경우이다. 인플레이션에 의한 그러한 발전 정책들은 정부의 재정 정책과 통화 정책을 통한 인위적 물가팽창을 필요로 한다. 화폐 가치의 이러한 평가절하는 노동자 실질임금의 가파른 하락을 가져온다. 자본가들의 자산은 인플레이션과 함께 가치가 상승하기 때문에, 이 전략은 노동계급에서 자본계급으로의 가치 이전을 달성한다. 노동계급에 대한 이러한 공격을 합리화하기 위해 루이스W. A. Lewis 같은 부르주아 발전경제학자들은 한 세기 전 맑스가 1권 24장 3절에서 그 허구성을 폭로한 바 있는 제욕설制慾說, abstinence theory을 서둘러 내놓았다.[1] 그들은, 자본가들이 낭비적인 노동계급에 비해 자신들의 소득을 절약하여 투자하려는 더 큰 성향을 갖고 있기 때문에 제욕설의 길을 따랐다고 말했다. 따라서 '발전경제학자들'은, 실질소득을 무책임한 노동계급으로부터 미래를 내다볼 줄 아는 현명한 자본가들에게 이전하는 것은 저축과 투자의 증대로 직접 이어진다고 주장했다. 달리 말하면, 노동계급의 수중에 있는 화폐에 대한 계산되고 지속적인 평가절하를 통해, 자본은 그 자신을 더 풍부하게 하고 더 빠른 축적을 촉진하려 했다. 이것이야말로 화폐를 무기로 쓰는

---

1. W. A. Lewis, "Economic Development with Unlimited Supplies of Labor," *Manchester School*, May 1954 : 139~191.

자본이다. 오늘날 인플레이션은, 비록 다양한 방법들로 발생되긴 하지만, 다시 노동자들에게서 맹렬하게 그리고 세계적 규모로 그들의 실질소득을 빼앗고 있다.

화폐가 무기로 사용되는 이러한 노골적인 예들에도 불구하고, 좌파 일반과 특수한 맑스주의 경제학자들은 가치형태, 화폐형태, 또는 자본 내에서의 화폐 그 자체에 대해서 할 말을 별로 갖고 있지 않았다. 우리는 이것을 단순히 지적 오류 ― 상품의 유통을 저변의 생산관계의 변화에 반작용하는 '표면' 현상으로 간주하는 일반적 경향 ― 의 탓으로 돌리고 싶을 수 있다. 가치는 생산에서 '창출'되고 상품의 유통에서 '실현'된다. 이러한 상황에서 가치의 실체 ― 가치의 본질적이고 독립적인 실재성 ― 는 실로 중요한 것으로 간주된다. 가치의 형태는 단지 비본질적 형식성에 불과한 것으로서 그것의 내용에 외부적이고 무차별적인 어떤 것으로 간주된다. 인플레이션에서의 화폐의 평가절하와 같은, 형태에서의 변화는 생산에서의 변화의 어쩔 수 없는 파생물로 간주된다. 다시 말해, 유통이 생산 내부와 생산 주변에서 일어나는 투쟁들의 반영에 불과한 것으로 간주되기 때문에, 화폐와 상품들은 투쟁 그 자체에서 중요한 요소로 이해되지 않는다. 그러나 우리는 가치형태와 화폐형태에 대한 좌파의 무관심의 정치학을 단순히 (유통과 생산의 관계에 대한 혹은 그 밖의 것에 대한) 그 저변의 지적 오해의 탓으로만 돌려서는 안 된다. 오히려 우리는 정반대의 것, 즉 왜 좌파의 정치학이 거듭해서 가치형태에 대한 그러한 무시로 나아갔는가를 설명해야만 한다.

이러한 전개에서 결정적 시기는 제2인터내셔널 시기였다. 나는 당, 노동조합, 의회, 그리고 경제와 정치에 관한 당시의 논쟁들에 대해 이미 언급했다. 이 논쟁들은 어느 정도 형태 ― 노동계급 조직의 형태 ― 에 관련되어 있었다. 한편에서 사회민주주의자들은, 자신들이 노동일의 길이·강도·임금을 둘러싼 투쟁들에 적합하다고 느꼈던 조직 형태들을, 즉 노동조합과 의회 조직을 주장했다. 다른 한편에서 볼셰비키들은 이러한 형태들을 거부하고 다른 형태인 레닌주의 당을 주장했다. 사회민주주의적 형태들에 대한 볼셰비키들의 거부는 단순히 다른 형태에 대한 선호에 기인한 것이 아니라 계급투쟁의 기본적 내용, 즉 자본주의 폐지의 직접적 중요성에 관련되어 있었다. 레닌과 그 동료들에게 이것은 잘 조직된 다른 비노동계급 정치 집단들 한가운데에서 국가권력을 장악하기 위한 투쟁을 의미했다. 1917년 볼셰비키가 러시아에서 그러한 권력 장악에 성공한 것은 주어진 형태(당) 내에서 '내용'(국가 폐지)에 초점을 모으는 것을 보장했고 조직 형태에 관한 수십 년 동안의 정통 맑스주의 논쟁을 종식시켰다. 이로부터 비당적 조직과 그것의 일련의 모든 투쟁들은 부차적이고 비본질적인 것으로 낙인찍혔다.

당이 통제권을 장악하고 계급통제의 근본 형태가 잘 수립되면 다른 문제들도 처리될 수 있을 것이라고 주장되었다. 때때로 레닌은 생산조직의 부르주아 형태(예를 들면 임금 위계제)를 다시 채택하는 것이 뒷걸음치는 것임을 인정했다. 때때로 그는 형태와 계급적 내용 사이의 관계에 대해서 정말 맹목적이었다. 예컨대 우리는 앞 장에서 인용한 테일러 제도에 관한 그의 견해에서 이것을 볼 수 있다. 형식과 내용을 분리하려는 이 경향(즉 형식들의 계급적 내용을 무시하거나 왜곡하는 경향)이 마치 '발전'인 것처럼 꾸준히 커졌고, 마침내 자본 축적은 당의 최우선적 목표가 되었다. 다른 형태의 조직에 대한 당의 반대는, 1차 세계대전 후 서구에서의 '노동자 평의회' 경험에 대한 당의 부정적 태도에서, 그리고 러시아 자체 내에서 당이 '소비에트'를 궤멸시킨 것에서 발견될 수 있다. 아마도 내용과 형태의 혼동에 대한 가장 극적인 예는 굴락Gulag이라는 강제노동수용소를 노동계급을 통제하는 형태로서가 아니라 노동계급 방어라는 혁명적 목표에 적합한 형태로서 표상한 것일 것이다.

당시의 거대한 문제들(예를 들면 농민·노동자의 관계, 외세개입·산업 발전의 낮은 수준 등)이 분명히 이러한 추세들을 상당히 이해할 수 있는 것으로 만들지만, 좌파는 그 문제들을 투쟁과 조직의 형태라는 문제에 외부적인 것으로 잘못 다루었다. 정통 좌파는, 당의 지배라는 오래된 공식이 역사적으로 어떻게 결정되는지, 그리고 그것이 러시아 혁명의 실패와 어떻게 연결되는지를 보지 못하고 그 공식을 모든 시대에 주어진 것으로서, 즉 영원히 굳어진 형식으로서 매우 비역사적으로 받아들인다.[2] "당에 가입하여 국가를 분쇄하자"가 그것[정통 좌파]의 구호가 되었다. 어떤 당이든, 그리고 어떤 국가든 말이다.

그리고 그다음은 어떻게 되는 것인가? '사회주의적' 발전에 관한 토론들은 다시 한번 형태와 내용의 문제를 혼동함으로써 제안된 '발전'의 계급적 성격을 숨긴다. 그 토론들은 축적을 늘리기 위해 모든 사람들을 다시금 노동으로 되돌린다는 목표를 은폐한다. 여기에서 뒤바뀌는 것은 강조점뿐이다. '사회주의'를 논하면서 좌파는 단지 형태(생산의 조직화)에 대해서만 이야기할 뿐 결코 내용(노동의 강제)에 대해 말하지 않는다. 노동계급 당 또는 노동자 통제라는 가면 뒤에는 맑스가 너무나 자주 공격했던 자본의 역설이 지속될 조짐이 숨어 있다. 생산성의 증대가 노동계급을, 노동으로부터 해방시키기보다는, 즉 노동계급으로서의 성격으로부터 해방시키기보다는 더욱더 많은 노동과 더욱더 많은 축적을 가져오는 역설 말이다.

---

2. 조직과 계급구성의 변화하는 관계에 대해서는 Bologna, "Class Composition and the Theory of the Party"를 보라.

이러한 정치적 경향은, 지난 60여 년 동안 간간이 벌여 온, 가치에 관한 맑스주의 정치경제학자들의 논쟁들 속에 반영되었다. 오늘날 미국에서 가치론 영역에서 맑스주의의 마지막 세대의 유산은 대개 이 전통 속에 뿌리박고 있다. 예를 들면 널리 읽히고 있고 영향력 있는 두 사람의 맑스주의 경제학자인 폴 스위지와 로널드 미크Ronald Meek는 거의 전적으로 형태를 배제한 채 가치의 본질과 척도에 초점을 맞춘다. 스위지의 "질적 가치 문제"는 추상노동과 사회적 필요노동의 질에 대해서만 관심을 갖고 형태는 전적으로 무시한다.[3] 『자본』 1장에 대한 미크의 논평은 양적 환원 문제에 15쪽을 할애하면서 가치형태에 관해서는 매우 짧은 한 문단만을 할애한다.[4] (맑스는 가치형태에 관해서 24쪽을 할애했다.) 바란이나 스위지 같은 맑스주의자들은 케인스주의 시대를 새로운 시대로 인정했음에도 불구하고 (심지어 케인스의 이론적 도구 일부를 채택했음에도 불구하고) 국가와 경제의 케인스주의적 혼합에서 화폐 그 자체의 역할을 이해하거나 그것에 초점을 맞추는 데 실패했다. 흑인들, 학생들, 여성들의 투쟁이 1960년대의 주요 투쟁임을 알았음에도 불구하고 그들은 이 투쟁을 노동계급의 비임금 부분의 투쟁으로 이해하지 못했다. 그 결과 그들은 그 투쟁에서 화폐의 중요성을 이해하지 못했고 자본의 역공격에서 화폐의 중요성을 예상하지도 못했다. 화폐가 노동계급에 대항하는 자본주의 국가의 도구로 사용되고 있는 이 시대에, 그리고 자본의 공격이 식품과 에너지의 가격 관리를

---

3. Sweezy, *The Theory of Capitalist Development* : 23~40 [스위지, 『자본주의 발전의 이론』].

4. Ronald Meek, *Studies in the Labour Theory of Value* : 173~174 [미크, 『노동가치론의 역사』]. A. Leontiev는 그의 *Political Economy* : 64~67에서 가치의 형태에 약 4페이지를 할당하고 있으며 I. I. Rubin은 그의 *Essays on Marx's Theory of Value* : 115~123에서 약간 더 상술할 뿐이다.

통한 노동계급 화폐의 평가절하에 의해 부분적으로 특징지어지는 위기 속에서, 우리는 이러한 요소들을 무시하는 어떠한 이론적·정치적 토론도 받아들일 수 없다.

또 우리는 우리의 선택을 낡은 공식들에 제한하려는 노동계급 조직에 대한 논의도 받아들일 수 없다. 의회 민주주의 형식에 대한 사회민주주의적 집착(그것은 그 형식들의 부르주아적 내용을, 따라서 노동계급에 대한 그것들의 제한된 유용성을 무시한다)과 계급투쟁의 실체에 대한 좌파의 집착(그것은 계급투쟁의 형식을 당으로 환원한다)은 노동계급을 자본 안에 묶기 위한 두 가지의 정치적 방향이다. 사회민주주의자들이 보기에 법 밖의 행동에 대한 호소는 비민주적이고 반사회(주의)적이다. 좌파가 보기에, 국가권력을 장악한 후(즉 사회주의 국가 안에서), 노동일의 길이나 임금을 둘러싼 투쟁은 반혁명적이고 치안방해적이다. 이 두 경우 모두에서 국가 경찰력의 사용은 자본을 보호하고 노동계급을 통제하기 위해 지지된다. [1965년 로스앤젤레스시의] 와츠Watts 반란과 [1956년 헝가리] 부다페스트Budapest 봉기, [1967년 미시간주] 디트로이트Detroit 반란과 [1963년 체코] 프라하Prague 봉기의 유사성은 쉽게 떠올릴 수 있다.

그러나 노동계급 투쟁은 이 시도된 억제들을 넘어 반복적으로 폭발하였다. 부르주아 민주주의와 사회주의적 민주주의 모두에서 노동계급은 직접적 전유에서 살쾡이파업을 거쳐 무장투쟁에 이르는 행동들을 통해 자본의 '법적' 한계를 계속적으로 거부한다. 미국의 석탄광산과 도시들로부터 러시아의 밀밭들과 중국 남부의 공장들에 이르기까지 노동계급 투쟁은 계속된다. 현재의 세계 위기의 주목할 만한 요소들 중의 하나는 노동계급의 투쟁형태의 다양성의 출현이다. 이러한 형태들을 이해하고 더 강한 조직을 발전시키기 위한 토대로서 우리는 계급

투쟁 그 자체의 가장 근본적인 형태를 파악해야 한다. 이 형태의 여러 측면들은 가치형태에 대한 맑스의 분석에서 드러난다.

형태로서의 교환가치 혹은 가치형태에 관한 그의 분석은 네 개의 항으로 나뉜다(219쪽의 〈그림 2〉를 보라).

1. 단순한 또는 기초적인 형태
2. 확대 형태
3. 일반 형태
4. 화폐형태

이 항들은 분석적인 항들이고 가치형태 결정의 네 단계를 다룬다. 맑스는 그가 확인할 수 있는 가장 단순한 형태에서 시작한다. 그것은 교환 가능한 두 개의 특이한 상품들의 관계, 즉 $xA = yB$이다. 이로부터 시작하여 그는 완전히 발전된 형태 $xA = y\$$로 나아간다. 각 단계에서 가치형태는 상품의 분명한 요소로서 더욱 완전한 결정을 얻는다. 맑스는 우리에게 사용가치가 상품이라는 신체적 형태 속에서 표현과 실존을 얻듯이, 가치도 바로 그렇게 화폐라는 형태 속에서 독립적 표현과 실존을 어떻게 얻게 되는지를 보여 준다. 단계들을 거쳐 나가는 이러한 진전은 가치를 더욱더 일반적인 방식 속에서 현상적으로 표현하는 진전이다. 이것은, 우연히 선택된 하나의 다른 상품에서 시작하여, 다음에는 다양한 상품들로, 그다음에는 다른 모든 것들과 보편적으로 교환될 수 있는 어떤 주어진 상품으로, 마침내는 사회 관습에 의해 고정된 하나의 상품 즉 화폐로 나아가는 것을 의미한다. 이렇게 해서 우리는 가치의 완전히 전개된 표현을 발견할 뿐만 아니라 동시에 자본주의 경제에서 화폐의 규정적 특징을 정확하게 발견한다. 『자본』

에서 사용된 전개 방식을 완성하기 전에 맑스가 쓴 『정치경제학 비판 요강』에서, 화폐에 대한 이해가 가치와 추상노동에 관한 그의 연구에서 중심적 관심사였음이 분명하다. "화폐에 관한 장"을 포함하는 수고에서 『자본』 1장의 상당히 많은 결정[태]들이 상품 일반의 추상적 질로서가 아니라 화폐의 결정[태]로서 직접 논의되며 화폐는 직접적으로 궁극적 상품으로 등장한다.

기초적, 우연적 또는 단순한 가치형태

맑스는 1867년에 엥겔스에게, "가장 단순한 상품형태는 화폐형태의 비밀 전체를 포함하고 있으며, 그와 더불어 그 맹아 속에는 노동 생산물의 모든 부르주아적 형태의 비밀 전체를 포함하고 있다."[5]고 썼다. 그래서 1장 3절에서 맑스는 가장 단순한 상품형태에서, 즉 일정한 양의 두 특이한 상품들의 교환에서 시작한다.

$$x \text{ 상품 } A = y \text{ 상품 } B$$
$$(\cdots \text{의 가치이다})$$

그가 보여 주는 것은 매우 단순하다. 즉 그는 이 교환을 통하여 상품 A의 가치가 어떻게 상품 B에서 독립적 표현과 구체적 발현을 찾는지를 보여 준다. 이 단순한 또는 기초적 교환관계는 우연적이라고 불린다. 왜냐하면 어떠한 상품이 다른 상품의 가치를 표현하는가는 우연적이기 때문이다. 이 관계는 위에서 비록 등식의 형태로 표현되었지만, 앞뒤 순서를 바꿀 수 있는 수학적 등식은 아니다. 맑스는 여기서 등호가

---

5. Marx to Engels, June 22, 1867, *Marx-Engels Selected Correspondence* : 177.

'… 의 가치이다'의 축약이라고 조심스럽게 설명한다. '… 의 가치이다'라는 표현은 뒤집을 수 있는 것이 아니다. 글자 그대로 이 표현은 'xA가 yB의 가치이다'라고 말한다. 그러나 이것은 'yB가 xA의 가치이다'와 같지 않다. 만약 xA가 yB의 가치라면, B는 A의 가치를 표현한다. 만약 yB가 xA의 가치라면 A는 B의 가치를 표현한다. 이 부분에 대한 대부분의 분석은 이 뒤바꿀 수 없는 관계의 작용과 의미를 분석하는 것으로 구성된다.

맑스는 먼저, x와 y라는 양적 계수를 무시하면서 이 관계의 질적 측면을 다룬다. 그는 형태 내부의 형태들을 분석함으로써 그 표현의 비대칭적 성격을 공식화한다.

상품 A는 가치의 상대 형태이다. 왜냐하면 그것의 가치가 상품 B 속에서 그 상품 B와 비교되어 상대적으로 표현되기 때문이다. 상품 B는 등가 형태이다. 왜냐하면 그것은 상품 A의 가치를 표현하는 물질적 등가물로 기능하기 때문이다. 다시 말하면 상품 A는 그 가치가 표현되는 역할을 하는 반면, 상품 B(의 물체적 사용가치)는 A의 가치 발현appearance의 현상phenomenal 형태를 제공하는 역할을 한다. 교환가치가 가치형태인 이유가 바로 이것이다. 왜냐하면 교환가치는 가치의 발현 혹은 현시의 형태이기 때문이다. 상품 B의 가치를 표현하기 위해서는 그 등식을 'yB는 xA의 가치이다'로 뒤집는 것이 필요한 것도 이 때문이다. 그러면 B는 상대 형태이고 A는 등가 형태가 된다.

다시 한번 우리는, 우리가 대립과 통일 모두를 갖고 있음을 발견한다. 우리는 대립을 갖고 있다. 왜냐하면 가치의 상대 형태와 등가 형태가 정확히 서로의 대립물이고 두 개의 대립되고 모순적인 극을 이루기 때문이다. 우리는 통일을 갖고 있다. 왜냐하면 각 극이 전체로서의 교환가치의 단순한 형태의 부분적 표현이기 때문이다. 전체적으로 그것들은 '상호의존적이며 분리 불가능하다'. A는 B라는 등가 형태를 갖지 못한다면 상대 형태를 가질 수 없고 그 역도 마찬가지다. 우리는, 우리가 상품의 사용가치와 교환가치의 경우에서 발견했던 '대립물의 통일'을 다시 발견한다. 가치의 그 두 부분적 표현들은 실제의 교환과정의 두 측면을 나타낸다. 한 상품이 시장에 나왔을 때, 그것의 소유주는 그것을 교환함으로써 그것이 얼마'의 가치인가'를 발견한다. 그가 [교환을 통해] 획득한 것이 자기 상품의 가치의 표현이다. 형식적으로 말해, 그 소유주가 '공정한' 대가를 받았는가 아닌가를 알아보기 위해서는, 그 등가물이 팔려야 할 것이고 그렇게 해서 그것이 얼마'의 가치인가'가 애초의 상품과 동등한 등가물에 의해 표현되는지 아닌지를 살펴야 할 것이다. 이 대립물의 통일은 사용가치와 교환가치 사이에서의 대립물의 통일처럼 계급투쟁의 형태를 취한다. 두 개의 대립된 관점과 세력이 하나의 모순적 전체 속에서 통일된다. 이것은, 시장에 나온 '상품'이 노동계급의 노동력인 경우에 분명하다. 노동력이 자본에 팔릴 때 그것은 상대 형태를 갖는다. 그리고 임금 또는 다른 소득으로 받은 가치는 등가 형태를 갖는다. 이 각각의 형태들에 대한 검토는 이 관계를 더욱 분명하게 설명해줄 것이다.

가치의 상대 형태

왜 B가 표현하는 것이 다른 어떤 것이 아니라 가치인가? 왜냐하면 다른 상품이 A와 공통으로 가지고 있는 유일한 것이 바로 가치이기 때문이다. 이것은 그 상품들이 다른 사용가치들인 것에 의해 보장된다. 만약 그것들이 다르지 않고 같다면(예를 들어 20야드의 아마포가 20야드의 아마포의 가치이다), 그 표현은 아마포 두 양들의 모든 공통점을 표현하고 있을 것이다. 그것은, 'A는 A와 같다'는 형태의 어떤 다른 표현이 그 자체로 무의미한 것처럼, 가치형태가 아닐 것이며 대체로 무의미할 것이다. 공통의 유일한 것이 가치이기 때문에, 상품 B라는 다른 신체적 형태에 의해 표현될 수 있는 것은 상품 A의 그 유일한 측면[즉 가치]이다.

이처럼 상품 A는 상품 B에서 그 가치의 표상을 갖는다. 즉 그것의 가치가 독립적 표현을 달성한다. 그러나 가치는 노동이다. 그리고 맑스는 그 두 상품 사이의 이러한 관계는 필연적으로 그것들 속에 포함된 노동 사이의 관계를 나타낸다고 지적한다. 우리가 (그것들을 특수한 상품들로 생산한) 유용노동으로부터 분리[추출]된 추상노동을 볼 수 있는 것은 이 두 노동 생산물의 등식[균등화]을 통해서다. 다시 말해, 이를 통해 우리가 보는 것은, 얼핏 파편화된 것으로 보이는 상품들의 교환 세계가, 그럼에도 불구하고, 그 세계를 낳은 자본과 노동 저변의 사회적 관계를 어떻게 표현하는가 하는 것이다. 교환 등식은, 노동계급과의 투쟁 속에서 자본의 사회적 분할과 노동의 이동에 의해 완수되는, 다양한 유용노동의 추상노동으로의 환원을 표현한다. 노동의 순응성과 이동이 한 노동자에 의한 다른 노동자의 대체가능성과 노동의 '추상성'을 의미하듯이, 교환도 한 대상화된 노동에 의한 다른 대상화된 노동의 대체가능성과 가치를 표현한다.

가치의 상대 형태가 가지는 양적 측면에 관한 논의에서 맑스는 두 가지 점을 주장한다. 첫째, 크기가 상대적으로 표현될 수 있는 유일한 방법은 같은 단위의 질에 의해서다. 일단 두 상품이 가치 면에서 서로 같다고 인정되면, 한 상품의 가치량이 다른 상품의 가치량에 의해 어떻게 표현될 수 있는지를 이해하는 것이 가능하다. 둘째로, 그는, 가치의 표현이 상품 A나 상품 B의 생산성 변화에 따라 어떻게 달라질 것인지를 보여 준다. 더 앞의 1절에서 맑스는 사회적 필요노동시간을 논하는 가운데 생산성 변동의 영향을 논의했다. 2절에서 그는 이것이 어떻게 유용노동과 추상노동의 상대적 변화에 근거하고 있는가를 보여 주었다. 예를 들어 어떤 상품의 사회적 생산성의 상승은 생산의 시간과 강도가 일정하다면 단위당 가치를 하락시킬 것이다. 왜냐하면 늘어난 사용가치가 동일한 가치 총량을 체현할 것이기 때문이다. 이 절에서 그는 이러한 분석이 가치의 단순 형태와 상품 A의 가치의 양적 표현에 대해 어떠한 의미를 갖는가를 보여 준다. 이것은 매우 분명하다. 만약 상품 A의 생산성이 높아져 그것의 가치가 하락하면 상품 B의 생산성이 변하지 않은 한 교환되는 상품 B의 양은 줄어들어야 한다. 만약 B를 생산하는 유용노동의 생산성이 상승하여 그 단위당 가치가 하락하면 A의 가치를 표현하는 B의 양은 늘어나야 한다. 만약 둘 모두의 생산성이 변하면 그 둘의 영향들을 고려함으로써 양적 변화를 계산하는 것이 가능하다. 이것이 보여 주는 것이 바로, 가치의 상대 형태가 상대적이라 불리는 이유이다. 따라서 상품 A의 상대적 가치는, (추상노동 시간에 따른) 그것의 가치가 동일하게 남아 있더라도, (상품 B의 가치 변화 때문에) 변할 수 있다. 혹은, 심지어 상품 A의 가치가 변한다 하더라도 그것의 상대 가치는 동일하게 남아 있을 수 있다.

등가 형태

우리가 이미 살펴보았듯이, 등가 형태의 상품은 그것의 물형적^{cor-}poreal 형태, 그것의 사용가치를 통해 다른 상품의 상대적 가치를 표현하는 상품이다. 이 관계를 좀 더 면밀히 검토해 보자. *B*가 *A*의 가치를 표현한다고 우리가 말할 때, 그것은 반영reflection이라고 알려진 매개 관계에 대해 말하고 있는 것이다. 이 관계에서 상품 *A*는 다른 상품을 통해 그 자신의 한 측면(가치)과 관련을 맺는다. 이것은 사람들이 거울을 통해 자신의 모습을 알게 되는 것이나 자신의 인격에 대한 다른 사람들의 평판을 통해 자신의 인격을 알게 되는 것과 다소 비슷하다.[6] 어떻게 등가 형태가 그러한 역할을 수행하는가에 대해 말하면서 맑스는, "가치의 그러한 거울 역할을 하기 위해서 [상품 *B*를 생산하는] 재봉노동은 일반적으로 인간노동이라는 그 자체의 추상적 질 이외의 어느 것도 반영해서는 안 된다."라고 말한다.[7] 각주에서 맑스는 헤겔이 이러한 종류의 관계를 '반사범주'reflex-categories라고 부른 것에 주목한다.[8] 『자본』

---

6. 이러한 종류의 관계에 관한 더 자세한 분석으로는 Jean-Paul Sartre, *L'Etre et le Néant* 중 l'Autrui에 관한 논의를 보라.

7. Marx, *Capital*, Volume I, Chapter 1, Section 3, part a, sub-section 3:58 〔International Publishers edition〕 [마르크스, 『자본론 1 – 상』].

8. 같은 책:55의 주석. 맑스의 이러한 분석은 『논리학』에서 헤겔의 반성 분석과 비슷하다. 그리고 의심할 여지 없이 맑스는 그 논의에 의존했다. 헤겔의 논의는 본질론(Book of Essence)에 잘 나타나는데 이것은 세 부(본질, 현상, 현실)로 나뉘어 있다. 헤겔에게 있어서 본질은 '그 자신의 부정성을 통해 자신과의 매개 속으로 들어온다'(*A*는 *B*를 통해 자신의 가치와 관계 맺는다). 반영을 통한 본질의 현시를 논의하기 위해 맑스가 사용하는 거울의 은유는 헤겔에 의해서도 사용된다. '반영이라는 단어는 원래 거울의 표면에 일직선으로 부딪힌 한 줄기 빛이 거울에서 다시 튀어나올 때 사용된다.' 또는 '반영 혹은 그 자신에게로 던져진 빛은 본질과 직접적 존재를 구분해 준다. 그리고 그것은 본질 그 자체의 독특한 성격이다'(단락 112). 결국 우리는, 헤겔에게 있어서 현상은 본질이 "앞으로 비추는" 또는 자기 자신을 "표현"하는 방법임을 발견한다. 더구나 이 표현은 실제로 존재하는 실재적인 것이다. "따라서 본질은 현상 너머에 혹은 그 뒤에 실존하는 어떤 것이 아니라 – 실존하는 것이 바로 본질이기 때문에 – 실존은 현상(즉 앞으로–비춤)이

의 독일어 초판에서 맑스는 '등가물로서의 그것의[옷의] 상태는 [말하자면] 아마포의 반영결정[태]reflection-determination일 뿐이다'라고 썼다.[9] 또 '한 상품의 가치의 상대 형태는 다른 상품과의 관계를 통해서 매개된다."[10] 다시 말해 상품 A는 오로지 다른 상품 - 그것의 그 다름이 A의 대립물이거나 또는 부정인 상품 - 의 매개를 통해서만 가치로서의 그 자신과 분명한 관계를 맺을 수 있으며 그렇게 해서만 상품 A의 단일한 측면을 표현할 수 있다. 이런 방식 속에서 우리는, 가치의 발현appearance 또는 현상 형태phenomenal form(교환가치)가 그것의 본질, 즉 가치 그 자체를 어떻게 표현하는가를 이해할 수 있다. 우리는 이 반영적 매개의 관계를 다음처럼 나타낼 수 있다.

$$xA \longleftarrow\!\!\!\!\longrightarrow yB$$

이 반영적 관계는 계급 관계 그 자체의 상품형태의 한 측면이다. 우리는 이제 위에서 논한 단순한 양극성 / 통일성보다 더 깊게 이해할 수 있다. 나는 가치의 상대 형태와 등가 형태가, 노동계급과 자본의 관계가 그렇듯이, 대립적 양극으로 맞서 있음에 주목했다. 우리는 이제, 가

다." 그렇지만 이 실존은 반드시 "그 자신이 아니라 다른 어떤 것"(구문 131)에, 즉 상품 A가 아니라 상품 B에 근거를 두어야 한다. 이처럼 맑스의 논의는 헤겔의 논의와 매우 가깝다. 그래서 헤겔의 강의가 맑스의 분석을 이해하는 데 도움을 줄 수 있다. 헤겔이 철학 연습에 심취한 반면 맑스가 계급투쟁의 상품형태를 분석하고 있다는 사실이 이러한 관계를 흐려서는 안 된다. 그러나 두 사람의 유사성만이 아니라 차이점까지 파악하기 위해서는 긴장의 끈을 놓아서는 안 된다. William Wallace가 번역한 *Hegel's Logic* [게오르그 빌헬름 프리드리히 헤겔, 『헤겔의 논리학』, 전원배 옮김, 서문당, 2018]을 보라.

9. Marx, "The Commodity" (Chapter 1 of the first German edition of *Capital*, Volume I) [마르크스, 『자본론 1 — 상』].

10. *Value : Studies by Karl Marx*, ed. Dragstedt : 60.

치의 상대 형태가 오로지 등가 형태에서만 그것의 의미를 찾듯이, 노동계급도 오직 자본과의 관계를 통해서만 자신의 의미를 찾는다는 것을 알 수 있다. 실제로 노동계급은 그 관계 안에서만 노동계급이다. 이처럼 상대 형태는 노동계급의 관점을 표현한다. 자본을 폐지하라. 그러면 노동계급 그 자체는 더 이상 존재하지 않는다. 그리고 거꾸로 노동계급으로 기능하기(예를 들어 노동하기)를 거부하는 것은 자본을 폐지하기 위해 행동하는 것이다. 위에서 사용된 언어로 표현하면 노동자 대중은, (이러한 인식을 매개하는) 거울로 기능하는 자본을 통해 그들에게 반영된, 노동계급으로서의 접합조건joint condition을 갖고 있다. 이렇게 해서 노동계급은 규정과 자기 인식을 모두 얻는다[노동계급으로 규정되며 자신을 노동계급으로 인식한다]. 이것은, 모든 노동자가 소득을 위해 자신들의 노동력을 파는 즉자적 계급과 노동자들이 투쟁을 통해 단결하는 대자적 계급 모두에서 사실이다. 자본의 관점은 등가 형태의 관점이다. 등가 형태는 상품들의 독특한 질 즉 가치를 끄집어내어 표현한다. 그것은, 자본이 노동자들인 사람들의 공통의 질을 노동력으로서 강제하고 또 표현하려 하는 것과 마찬가지이다. 노동계급처럼 자본도 그것이 노동계급과 병치될 때에만 자본이 된다. 하지만 그 관계가 평행적이지는 않다. 노동계급은 자본과의 상호관계를 끊으려고(즉 그 거울을 깨려고) 하는 데 반해 자본은 사람들의 노동자로서의 정체성을 유지하고 확대하려고 애를 쓴다.

『자본』 영어판[1886]에서 맑스는 세 가지 '특징들'이라는 제목 아래에서 등가 형태를 논한다. 첫째로, 등가 형태 속에서 '사용가치는 그것의 대립물, 즉 가치의 발현 형태 혹은 현상 형태가 된다.' 상품 A의 가치는 그 자신이 아닌 다른 어떤 것으로서, 즉 다른 사용가치와의 관계를 통해 표현되기 때문에 사회적 관계로서의 가치의 변별성은 명백해진다. '이 표현 그 자체는 저변에 어떠한 사회관계가 깔려 있다는 것을 가리킨다.' 이 점에 대해서는 우리가 이미 살펴보았다. 둘째로, 이와 비슷하게 가치의 저변에 갈려 있는 구체적 유용노동이 그 자신을 현시한다. 이것에 관해서도 우리는 노동의 이중성에 대한 논의에서 이미 검토했다. 셋째로, 표면상으로 '사적'인 개인들의 노동이 '그것의 대립물의 형태, 즉 직접적으로 사회적인 노동의 형태를 띤다.' 맑스는, 아리스토텔레스가 두 상품 사이의 교환이 반드시 그것들 사이에 모종의 동등성을 함축해야 한다는 사실을 인식했음에도 불구하고 바로 그 약분가능성이 무엇이었는가를 (즉 가치를) 파악할 수 없었다고 쓴다. 왜냐하면 그는 노동 사이의 어떤 사회적 동등성도 없었던 노예제에 기반을 둔 사회에 살았기 때문이다. 따라서 그는 가치를 생산하는 노동의 개념을 정식화할 수 없었고 어떻게 사적 교환이 그러한 사회적 노동을 표현할 수 있는가에 대한 개념을 정식화할 수도 없었다. 가치의 개념과 등가 형태의 역할은 상품생산이 더 이상 간헐적이지 않고 자본주의 사회에 의해 보편화될 때에만, 그리고 또한 인간들 사이의 관계가 상품 소유자들 사이의 관계로 환원되었을 때에만 비로소 파악될 수 있을 것이다. 『자본』 독일어 초판[1867]에서 맑스는 [등가 형태의] 네 번째의 특징을 포함시키고 이에 대해 길게 논의했었다. '상품형태에 대한 물신숭배가 가치의 상대 형태에서보다 등가 형태에서 더 두드러지는 방식'[11]에 대한 논의가 그것이다. 내가 텍스트로 삼은 영어 번역본이 기초를 두고 있는 독일어 제3판[1883]에서는, 상품형태(그리고 그 범주들)의 물신숭배에 대한 거의 모든 논의가 4절로 미루어져 있다. 거기에서는 '부르주아 정치경제학자들이 주목하지 못하는 등가 형태의 수수께

---

11. 같은 책 : 59~60.

끼 같은 성격'에 대한 스쳐 지나가는 언급만이 남아 있다. 그 '수수께끼 같은 성격'이란, 등가 형태가 다른 상품의 가치를 표현하는 신체적이거나 자연적인 형태이기 때문에, 그것이 등가물이라는 속성을 자연적으로 부여받은 것처럼 보이는 방식이다. 이와 마찬가지로 자본도 모든 사람들의 노동을, 떠맡지 않으면 안 되도록 강제된 활동으로 제시하지 않고 인간 본성의 발현으로 제시하는 한, 자기 자신을 하나의 '자연적' 관계로 본다.

기초적 형태의 결함과 확대된 형태에로의 이행

상대 형태 및 등가 형태에 관한 논의는 분명히, 교환가치의 이 기초적 형태가 어떻게 상품의 가치를 독립적이고 명백한 방법으로 표현하고 있는가를 이해할 수 있게 해 주었다. 맑스는 그 과정에서 어떻게 가치의 실체와 척도가 그 형태 속에서 필연적으로 전개되고 또 표현되는가를 우리에게 보여 주었다. [이 과정에서] 우리는 또, 어떻게 각각의 상품에서 (계급 관계를 반영하는) 사용가치와 가치의 내적 모순이 두 상품의 병치에 의해 외적으로 명백해지는가(나타나는가)도 본다. xA는 yB와 같다는 표현을 분석해 보면, 우리는 등가물 B의 신체적 형태가 단지 A의 가치형태의 역할을 하며, A의 신체적 형태는 단지 B에서 그 가치가 표현되는 사용가치의 역할을 할 뿐임을 알 수 있다. 가치가, 양적으로나 질적으로나, 표현된 등가의 기초를 이룬다는 사실과 더불어, 이것은 우리가 지금까지 분석한 모든 요소들 ─ 사용가치, 교환가치, 추상노동, 사회적 필요노동시간 등등 ─ 이 이 단순한 가치형태 안에서 그것들의 기초적 상호관계에 따라 어떻게 결합되는가를 우리에게 보여 준다. 이에 뒤따르는 확대된 일반적 화폐형태에서 우리는 가치의 더 완전하고 더 복잡한 표현을 달성하기 위해 얼마나 더 많은 결정[태]들이 고려되는지를 볼 수 있다.

더 발전된 가치형태에 관한 맑스의 이후의 논의는 단순형태에 포함되지 않는 상품형태의 몇 가지 측면을 밝혀낸다. 결과적으로 이것은 단순형태가 결함이 있는 상태였음을 보여 준다. 단순형태에서 A의 가치는 B의 형태로 표현된다. 그러나 이것은 그것의 가치에 독립적 표현을 부여하지만, 그럼에도 불구하고 이 형태와 가치의 성격 사이에는 모순이 있다. 이 '결함'에 대해 말하면서 맑스는, 기초적 형태가 '모든 상품에 대한 A의 질적 동등성과 양적 비례성을 표현하는 것과는 거리가 멀다'고 말한다. 이것은 분명히 사실이다. 하지만 그것은 왜 그럴 수밖에 없는가? 그 이유는 가치에 대한 앞의 분석 속에 놓여 있다. 거기에서 우리는, 가치가 추상노동을 표현함을 보았다. 우리는 또 추상노동은, (자본주의적) 생산양식의 생산물임도 보았다. 자본주의적 생산양식에서 노동은 상품형태의 부과에 보편적으로 종속되며 그 결과 거기에서는 상품생산이 일반화된다. 더구나 우리는 사회적 필요노동시간의 개념이 어떻게 상품생산 사회 전반에 걸친 평균에 기초하고 있는가를 보았다. 이제 만약 가치의 실체와 척도가 상품형태의 보편성을 반영한다면, 가치의 현상적 표현 또한 분명히 그것을 반영할 것이다. 가치형태는 모든 상품들 사이의 상호연관을 나타내야만 한다. 가치형태의 발전은 이러한 방향으로의 진전을 포함해야 한다. 만약 그 기초적 형태에서 A가 다른 상품 B에서 자신의 표현을 발견하고 그 선택된 B가 비물질적이거나 우연적(그리고 여기서 우리는 이를 우연적 형태라고 부르는 또 다른 이유를 갖는다)이라면, 어떠한 상품도 그런 식으로 선택될 수 있다. 맑스가 말하듯이 '가능성의 측면에서 보면, 상품 A는 그것과 상이한 유형의 상품들이 존재하는 것만큼이나 많은 상이하고 단순한 가치표현들을 갖는다.' 이것이, 가치의 두 번째 형태 즉 상품 A의

가치의 확대 형태가 그 가치의 일련의, 어떤 길이로든 확장된 상이한 기초적 가치 표현들로 구성되는 이유이다. 상품 A의 가치의 개별적 표상과 상품들의 다양성(가치의 보편성) 사이의 직접적 모순은 이런 방식으로 해결된다. 물론 이 새로운 형태도 그 자신의 모순을 갖고 있고 그 모순이 그다음의 형태를 낳는다.

가치의 확대 형태

기초적 형태의 결함에 관한 논의는 왜 그것이 가치를 완벽하게 표현하지 못하는가를 보여 주었다. 기초적 형태는 우연적이고 상품들 사이의 1대 1 관계에 한정되었기 때문에, 각 상품과 다른 모든 상품들 사이의 상호연관을 보여 주지 못한다. 그 관계의 우연적 성격에 의해 암시되는 바의 명백한 다음 단계가 주어진 상품 가치의 가능한 모든 표현들의 집약일 것임을 우리는 보았다.

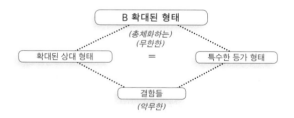

이것은 단순한 가치 등식들의 무한한 연속이라는 낯익은 형태를 제시한다. 예를 들면 이렇다.

$$xA = yB$$
$$xA = wC$$
$$xA = zD \text{ 등.}$$

또는

$$xA = \begin{cases} yB \\ wC \\ zD \text{ 등.} \end{cases}$$

각각의 등식은 단순한 가치형태의 특성을 띤다. 상대 형태와 등가 형태의 양극성, 대립물의 통일, 반영성reflexiveness 등등이 그것이다. 이렇게 하여 이전의 형태는, 계급투쟁에 대한 모든 이전의 형태들의 관계를 포함하는 보다 완전한 형태 속에 보존된다.

이 형태는, 등식의 수가 단지 상품의 수에 의해서만 제한되며 상품의 수는 자본에 의해 끊임없이 증대되고 있다는 의미에서 무한하다. 즉 우리는 항상 하나를 더 늘릴 수 있다. 그 형태 속에는 직접적으로 표현되는 이론적 제한이 없다. 이 무한성은 자본의 가장 기본적인 특성의 하나, 즉 무한에의 모색을 표현한다. 자본은 끊임없이 자신을 확대하기 위해 — 영원히 더욱더 많은 사람, 더욱더 많은 물질, 더욱더 많은 생산을 자신의 통제 아래로 가져오면서 — 무한한 성장을 추구하는 경향이 있다. 그것의 유일한 목표는 확대된 사회적 통제이다. 여기서 그 무한 성장의 원천들에 대해 직접 논의하는 것(서론에서 몇 가지 생각들을 언급했다)보다는 단지 그 확대된 형태가 무한을 지향하는 경향을 표현한다는 사실을 주목하는 것이 적합할 것으로 보인다. 이 무한성은 물론 자본이 그 자신을 바라보는 관점이다. 노동계급의 관점은 매우 다르다. 때때로 노동계급의 활동성이 자본을 발전시키는 효과를 가질 수도 있지만, 바로 그 발전이 결국 노동계급으로 하여금 자본의 무한성에의 허세pretension를 거부하고 그 허세를 파괴하는 위치에 놓는다.

반면 노동계급은 자본을 통해 다른 종류의 무한성을 발견한다. 삶을 위한 잠재적으로 무한한 가능성이 그것이다. 자본이 점점 늘어나는 상품들과 활동들의 세계를 열어젖히는 바로 그 운동 속에서 노동계급은 전통의 장벽을 넘는 사회의 방대한 잠재력을 발견한다. 자본은 이 잠재력을 끊임없이 혁명하며, 그 가능성을 자신의 이익에 맞는 가능성으로 제한하려 하는 자본 그 자체를 넘어서까지 혁명한다.[12]

이 두 번째 형태에서 [이전 형태들의] 집약은, A의 상대적 가치가 특수한 등가물에 의해 독립적 표현을 얻는 반영관계가 이제 확대되었음을 의미한다. '모든 다른 상품은 이제 아마포의 가치의 거울로 된다.' 이것이 맑스가 그 상대 형태를 '확대된' 형태라고 부르는 이유이다. 비록 등가물의 무한한 목록이 있다 하더라도, 그 각각은 A의 상대적 가치의 특수한 표현이라는 의미에서, 등가 형태는 여전히 특수한 것으로 남아있다. 등가 형태가 일반화되는 것은 오직 그다음 형태에서이다.

가치의 이 확대 형태에서, 그것의 상대 가치가 표현되어야 하는 상품 A는 임의적이다. 여기서 우리는, 한 상품을 제외한 모든 상품들이 모든 다른 상품들을 위한 가치 표현으로 기능하는 상황을 갖는다. 이런 방식으로 이 모든 상품들을 생산한 다양한 종류의 유용노동은 생산물들의 상호관계를 통해 동등한 것으로 표현된다.

맑스에게 이 새로운 형태의 중요성은 그것의 포괄성과 직접적으로 관련된다. 모든 상품들이 체계적으로 관련되어 있기 때문에 우연성이 사라진다. 그 형태는 사회적 총체성의 형태이다. 즉 그것은 사회 전체를 포괄하는 상황을 반영한다. 그리고 이것은 자본주의하에서 일반화된 상품 생산의 총체성을 더 잘 나타낸다.

지금까지 우리는 이 형태와, 가치 실체의 표현 사이의 관계에 주목했다. 그러나 그 형태는 또한 가치량의 크기와 관련된다. 기초적 형태

---

12. Marx, *Grundrisse*, Notebook IV : 408~409 [맑스, 『정치경제학 비판 요강』].

에서 우리는, $xA = yB$라는 교환에서 x와 y라는 양적 비율이, 비록 교환과정에서 실현되긴 하지만, 각각에 체현된 노동의 양에 의해 정해진다는 것을 보았다. 그런데도 이것이 우연적 형태라고 불리는 이유 중의 하나는 그 비율이 임의적인 것으로 나타나고 우연에 의해 결정된다는 사실이었다. 그러나 우연성accidentality과 우연chance이 사라진 이 확대 형태에서는, '자신들의 가치 크기를 규율하는 것이 상품들의 교환인 것이 아니라 오히려 그것들의 교환비율을 통제하는 것이 그것들의 가치 크기라는 것이 이제 분명해진다.'

확대 형태의 결함들

확대 형태는 우리에게 모든 상품들 사이의 상호관계의 한 측면을 분명히 드러냄으로써 가치에 대한 보다 완전한 표상을 준다. 하지만 맑스는 이 형태조차도 왜 부적실한 형태인지를 지적한다. 그는, 먼저 가치의 상대 형태의 관점에서 본 그것의 결함을 세 가지로 열거한다.

1. 가치의 상대적 표현을 나타내는 등식들의 연쇄는 미완이거나 혹은 끝날 수가 없다.
2. 그 연쇄는 독립적 표현들의 조각을 짜 맞춘 모자이크이며 각각을 연결하는 고리가 없어서 산산이 흩어진다.
3. 각 상품의 가치의 상대 형태는, 품목이 다르기 때문에 각각 다르다. 따라서 보편성을 분명히 드러내 줄, 어떤 공통된 가치 표상도 존재하지 않는다.

그다음에 등가 형태의 관점에서 본 세 가지 결함을 열거한다.

1. 우리가 특수한 등가물들을 갖고 있기 때문에, 우리는 일련의 무관하고 파편적인 등가 형태를 갖고 있다.

2. 각각의 등가물에 체현된 노동은 그러므로 일반적이거나 추상적인 노동으로가 아니라 단지 특수한 노동으로만 나타난다.

3. 따라서 추상노동은 단지 그것의 특수한 형태들의 총체를 통해서만 현시되는데, 그러나 그 총체는 내적 통일을 결여한 늘 불완전한 연쇄이다.

요컨대 맑스가 이야기하는 것은, 가치의 적합한 표현이 자본의 모든 (무한한) 상품들의 상호작용을 표상해야 한다는 것뿐만 아니라 그것이 그 상품들의 이론적 상호작용 모두를 분명하게 하는 방식으로 그래야 한다는 것이다. 확대된 가치 관계에서 우리가 획득한 종류의 단순한 연쇄 등식은 이것을 해 내지 못한다. 등식의 양쪽에서 보았을 때, 우리는 미완결의, 단편적인fragmented, 연결되지 않은 연쇄를 갖고 있다. 이 때문에 추상노동을 생산하는 보편적 상호작용은 표현되지 않은 채로 남아 있다. 단편의 경우에 문제는, $xA = yB$, $xA = wC$ 등에서 B와 C가 무관하고 우리가 A의 가치를 나타내기 위한 독특하거나 공통적인 표현을 갖고 있지 않다는 것이다. 미완결성의 경우에 문제는, 이러한 형태에서 새로운 한 상품의 추가가 가치의 표현을 변화시킨다는 것이다. (자본이 어떻게든 성장하는 한) 늘 새로운 상품들이 추가될 것이기 때문에, 상품들의 목록은 늘 미완결 상태일 것이며 보편적 추상노동의 단일한 표상은 불가능하다. 확대 형태에 대한 맑스의 이러한 비판은 악惡무한에 대한 (그리고 연결되지 않은 끝없는 연쇄에 대한) 헤겔의 비판과 비슷하다.

이러한 어려움은 어떻게 극복되는가? 해답은 이미 그 형태 속에 포함되어 있다. 만약 A가 B, C, D 등과 교환되고 후자의 상품들이 전자의 가치를 표현한다면 B, C, D 등이 A와 교환되고 있다는 것도 사실이다. 결과적으로 등가물로 간주된 A는 B, C, D 등의 가치를 표현한다. 달리 말해, 문제를 해결하기 위해서 우리는 관점을 바꾸어 교환을 반대의 관점에서 보기만 하면 된다. 우리는 이러한 관점의 전환을 앞에서 — 기초적 가치형태인 $xA = yB$에서 — 살펴보았다. 거기서 우리는 개개의 등식이 비가역적임을, 즉 그것의 앞뒤를 뒤바꾸는 것이 그것들의 의미를 바꾸는 것임을 보았다. $xA = yB$는 현재 상태 그대로 A의 상대 가치를 B라는 신체적 형태로 표현한다. B의 가치 표현을 얻기 위해서 우리는 관점을 바꾸어 $yB = xA$로 써야 한다. 그것은 일어나고 있는 그 동일한 교환(B를 얻기 위한 A의 교환 혹은 그 반대의 교환)이다. 비록 운동은 동일하지만, 확대 형태의 경우에 관점 변화가 가져오는 결과는 훨씬 멀리까지 미친다. 단순형태의 경우 등식의 앞뒤를 바꾼 후에도 우리는 또 다른 단순형태를 얻음에 반해 확대 형태의 경우에 우리는,

$$xA = \begin{cases} yB \\ wC \\ zD \text{ 등.} \end{cases}$$

에서

$$\left.\begin{matrix} yB \\ wC \\ zD \text{ 등.} \end{matrix}\right\} = xA$$

로 나아간다. 앞뒤를 바꾼 결과가 훨씬 멀리까지 미치는 이유는, 우리가 이제 우리가 필요로 했던 것을, 즉 모든 상품들의 가치에 대한 공통적 표현을, 말하자면 xA를 얻기 때문이다. 우리는 지금도 무한한 목록

을 갖고 있다. 그러나 그 목록은 더 이상 단편적이지 않다. 왜냐하면 각각의 상품이 A 안에서 공통된 가치 표현을 통해 서로 연결되기 때문이다.

[단순 형태와 확대 형태라는] 첫 두 형태에 대한 분석을 통해 드러난 가치형태(따라서 자본)의 특성을 요약해 보면, 우리는 그 형태가 모순적이고(즉 양극의 대립과 통일을 모두 포함하고 있고), 반사적이며(즉 그 극들이 그들 사이의 상호작용을 통해 자신들을 통일하는 독특한 본질을 드러내며), 총체적이고(즉 그 본질이 모든 요소들에 의존하고 또 그 모든 요소들에 의해 표현되어야 하고), 무한하다(즉 자본의 상품 세계는 계속해서 확대된다)는 것을 발견한다. 일반 형태에 관한 맑스의 논의에서 우리는 이러한 특성들에 대한 한층 더 깊은 정교화를 발견한다.

가치의 일반 형태

우리는 지금까지 일반 형태가 어떻게 발생하는가에 대해 살펴보았다. 확대 형태는 단순 형태의 자연스러운 연장으로 보였다. 왜냐하면 선택된 등가물이 임의적이었기 때문이다. 이제 일반 형태가 확대 형태에서의 관점 변화로부터 출현했다. 우리는 상이한 상품들의 상대 가치에 대한 단순하고 우연적이며 부분적인 표현들로부터 (어떤 상품의) 가치를 단일한 상품 속에서 표현하는 형태로 이동했다. 각각의 상품에서 그것의 가치 표현은 단순하거나 기초적인 형태(즉 $yB = xA$) 속에서 발생한다. 그러나 [일반 형태에서는] 그 등가물이 모든 것에 공통된 것이기 때문에 이 형태도 일반적이며 통일적이다.

가치는 이제 단일한 표상representative을 갖는다. 이 단일한 표상과 등치됨으로써, 한 상품의 가치는 그것의 신체적 사용가치로부터 구분될 뿐만 아니라 또한 그 표상의 단일함이라는 사실 때문에 모든 상품들에 공통된 것으로서 표현된다.

이 형태는 그것의 모든 부분들 속에서 일반적이며 보편적이다. 어떤 주어진 상품의 상대 형태는 "그것이 동시에 모든 다른 상품들의 가치의 상대 형태이기 때문에" 보편적이다.[13] 즉 모든 상품들의 상대 가치는 동일한 방식으로, 동일한 등가물 속에서 표현된다. 등가 형태는 보편적이다. 왜냐하면 그 등가물이 모든 상품들의 가치가 나타나는 유일한 형태가 되었기 때문이다. 이 때문에 그것을 생산하는 노동은 인간노동 실현의 보편적 형태로, 보편적 노동으로, 혹은 추상노동으로 간주된다. 이렇게 해서 그 보편적 등가물은, 우리가 앞에서 추상노동과 상품들의 세계를 산출하는 것으로 보았던 바로 그 사회적 상황(즉 자본과 그것의 계급 구조)의 상징 혹은 표상이 되었다. 비록 이것이 일반 형태라고 불리고 또 우리가 보편적 등가물, 보편적 상대적 가치형태라고 말하지만 그렇다고 이것이 결코, 이전의 형태들에 특징적이었던 내적 모순들이 형태 그 자체 속에서건 상품세계 속에서건 모종의 보편적 조화 속에서 사라진 것을 의미하지는 않는다. 오히려 정반대로, 그

---

13. Marx, "The Commodity": 29 [마르크스, 『자본론 1 — 상』].

모순들은 새로운 방식으로 보존된다. 거기에는 단순형태의 불가역적이고 모순적인 양극성과 반사성이 여전히 존재하며 확대 형태의 무한하고 전체화하는 측면들도 여전히 남아 있다. 그러나 지금은 새로운 측면이 하나 있다. 보편적 등가물이 다른 모든 상품들과 직접 교환될 수 있는 성격을 획득했다는 사실에 의해서, 다른 모든 것들은 그 질, 즉 직접 교환가능성을 잃게 된다. 그것들은 더 이상 서로 직접 교환될 수 없으며 먼저 그 보편적 등가물과 교환되어야 한다.

이러한 관찰은 일반 형태의 근본적 측면(등가 형태가 모든 다른 상품들의 가치에 대한 보편적 표현이 되는 동시에 그들 모두 사이의 보편적 매개물이 된다는 사실)을 조명한다. 앞에서 우리는, 개개의 상품들이 등가물의 매개를 통하여(반영을 통하여) 어떻게 자기 자신의 가치와 관계하는가를 보았다. 우리는 이제, 일반 형태의 특징인 이것이 어떻게 다른 관계의 일부인가를, 즉 보편적 등가물에 의해 수행되는 다른 종류의 매개의 일부인가를 본다. '모든 상품들은 가치의 양들로서 자기 자신을 동일한 하나의 상품에 반사시킴으로써 그들 자신을 가치의 양들로서 서로 반영한다.'[14] 어떤 두 상품(모든 조합combinations) 사이의 이러한 상호성, 즉 상품들이 가치로서 관계하는 그것들의 이 상호 반영은 상품생산 사회를 특징짓는 개별적 상품 소유자들의 상호관계와 유사하다. 그러나 이런 종류의 상호관계는 보편적 등가물에 의해 매개된다.[15] 이제 등가물은 이중적으로 매개자이다. 첫째로 각 상품가치를 표현하는 매개자이고, 둘째로 각 상품을 가치로서 다른 상품과

---

14. 같은 책: 30.
15. 어떤 두 상품 사이의 이러한 상호성은, 어떤 면에서는, 헤겔의 시민사회(Civil Society)의 상호성과 유사하다. 그러나 보편적 등가물을 통한 상호관계의 매개는 헤겔의 상호성 개념과는 다르다. 헤겔이 『논리학』의 개념 편(Book of the Notion)에서 도입하는 삼단 논법적 매개에 대한 맑스의 소개가 그 차이를 아주 분명하게 드러낸다.

관계 맺는 매개자이다. 두 극들 사이의 이 두 번째 형태의 매개는 삼단논법적 매개와 유사하다. 삼단논법에서는 두 극이, 매개하는 중간항을 통해 통일된다. 이 경우에 보편적 등가물은 어떤 두 상품들 사이의 관계를 매개한다. 도해하자면, yB와 wC의 관계가 xA에 대한 그들의 상호적 관계에 의해 어떻게 매개되는지를 주목하라.

$$
\left.\begin{array}{l} yB \\ wC \\ zD \text{ 등.} \end{array}\right\} = xA
$$

또는

$$
yB - xA - wC
$$

보편적 매개자가 하는 것은 각각의 개별 상품의 가치의 특수한 성격을, 그것들을 통일시키는 보편적 요소로서 나타내는 것이다. 그렇게 함으로써 보편적 등가물은 각각의 개체를 보편적 가치관계 속으로 명시적으로 병합한다. 여기서 우리는 다시, 일반 형태가 어떻게 일련의 이질적 요소들을 하나의 (더 이상 파편화되지 않고 하나의 전체로 파악되는) 총체 속으로 통일시키는가를 알 수 있다. 일련의 상품 등식들은 계속 증가하고 잠재적으로 무한하다. 그러나 그 무한성은 더 이상 분리된 요소들의 지루한 추가가 아니다. 자본주의 상품세계는 이제 통합되고 통일된 무한성으로 표현되며 그 속에서 새로운 상품의 출현은 더 이상 새로운 유한의 창출을 의미하지 않고 그 고유의 활동 속에서 파악되는 무한한 과정의 계속을 의미한다.

이것이 바로 자본이다. 그것의 확장은 임의적인 것도 아니며 '외부로부터' 오는 것도 아니다. 자본의 세계는 외부적으로 '추가된 것'이 아니라 그 자신의 자기 팽창을 발생시킨다. 그것의 일부가 상품세계의 팽창이다. 그것은 팽창하는 우주처럼 무한하다. 그것은 우리가 상품을 하나씩 하나씩 담는 시장바구니와는 다르다. 우리가 그것의 팽창을 국제적으로 (즉 세계의 여러 지역이 노동을 통해 자본이 사회 통제를 강제하는 궤도 속으로 끌려 들어가듯이) 말하건, 아니면 노동력 재생산의 모든 측면으로의 그것의 팽창(24시간 노동일의 추구)에 대해 말하건 간에, 각각의 경우에 통제의 새로운 '영역들'은 단순한 추가들이 아니다. 그 통제들은 이전의 투쟁들로부터 자라나온 결과이며 전반적 조직화에 복무하도록 자본이 의도한 것이다. 식민주의는 영국의 공장들에 원료를 가져다주었다. 직물 생산에 대한 통제는 의류 매뉴팩처에 대한 통제를 보완했다. 침실에 대한 통제는 노동공급을 통제하기 위해 의도되었다. 이러한 예는 계속 들 수 있다.

일반 형태에서 나타난 새로운 매개형태, 즉 상품 (그리고 자본) 세계의 모든 요소들의 상호 연관을 보장하는 이 매개는 자본이 자신의 통제를 조직하는 방식에 근본적이다. 모든 요소들 사이에서 보편적 등가의 매개는 분명히 사회 공장의 모든 관계를 매개하려는 자본의 경향을 표현한다. 자본은 도처에서 끼어든다. 화폐를 가지고 상품생산자들 사이에($C-M-C$), 임금과 법을 가지고 경영자와 노동자 사이에, 학교를 가지고 부모와 자녀 사이에, 결혼과 피임기구를 가지고 남자와 여자 사이에, 흑인을 가지고 자본 자신과 백인 사이에 끼어든다.

그러나 자본이 매개하는 힘으로서 도처에 끼어든다고 말하는 것은 무엇을 의미하는가? 방금 든 예들 속에서 우리는, 내가 자본이라고 부르는 매개하는 실체가 화폐에서 국가에로, 또 일단의 노동자들에게로 뻗어 있음을 발견한다. 이것은 서론에서 논의된 바 있는 문제를 제기하는데, 이 매개하는 실체들이 모두 자본 그 자체의 계기들이라는 주장을 이해하기 위해 그것이 여기서 다시 강조되어야 한다. 화폐를 자본으로 보는 것은 아마도 어렵지 않겠지만(우리는 이것을 다음 절 '가치의 화폐형태'에서 다룰 것이다), 국가나 노동계급의 특수한 부문을 자본으로 보는 것은 그보다는 어려울 것이다. 앞에서 나는, 노동계급이 노동력으로서 기능하고 있는 한, 즉 노동계급이 노동하고 있는 한, 노동계급은 자본의 일부이고 또 자본이라는 점을 강조했다. 마치 자본이 단지 한 극*이 아니고 노동계급을 포함하며 또 노동계급이듯이 말이다. 따라서 노동계급의 일부가 자본으로서 매개 역할을 할 수 있다. 왜냐하면 그 매개 역할 속에서 노동계급의 그 일부는 자본이기 때문이다. 예를 들어, 남자는 자본(임금을 지급하는 산업 혹은 국가)과 가정주부 역할을 하는 여성을 매개한다. 자본(K)—임금남성(M)—비임금여성(W). 이 세 요소들 각각은 자본의 부분이다. 그러나 각각은 다른 역할을 수행한다. 자본은 (소득을 대가로) 노동을 강제하고 남성은 공장이나 사무실에서 일하는 임금노동자들이며 여성은 가정에서 일하는 비임금 노동자들이다. 이 요소들 각각은 다양한 방식으로 다른 두 요소를 매개한다. $K-M-W$가 있지만 $K-W-M$과 $M-K-W$도 있다. 그 세 요소는 총체를 구성한다. 그것은 자본주의 사회의 하위 총체성subtotality이지만 그럼에도 불구하고 하나의 총체성이다. 첫 번째 경우인 $K-M-W$에서, 남성은 자신의 가정주부들로 하여금 (요리, 빨래, 성행위 등의 방식으로) 남성의 노동력을 재생산하기 위해 노동하도록 함으로써, 또 자신들의 노동조건에 대한 여성의 반란의 예봉을 무디게 함으로써, 그 주부들에 대한 자본의 관계를 매개한다. 두 번째 경우인 $K-W-M$의 경우에는, 여성이 남성과 자본의 관계를 매개한다. 한 가지 방식은 장보기를 통한 것이다. 여기에서는 생계수단에 대한 화폐임금의 실질적 등가가 명료해진다. 즉 여성이 책임을 져야 하는 것이다. 만약 여성들이 (물가 등 때문에) 그것을 제대로 못 했을 경우는 그들이 자본 대신에 욕을 먹는다. 세 번째 경우인 $M-K-W$의 경우에는, 혼인법, 출생 통제 등을 통해 자본이 부부관계를 매개한다. 여기서 자본은 법과 경찰력을 가진 국가로 나타난다.

동일한 종류의 이러한 매개는 자본이 노동계급의 다른 부문들을 분할할 때 널리 쓰인다. 두 가지 다른 잘 알려진 경우들(학교와 이민노동의 사용)을 간단히 검토해 보자. 학교의 경우에 자본은 경영진(A)에 의해 표상될 수 있는데 경영진의 문제는 학생(S)과 교수(P)라는 두 집단의 노동자들과의 관계를 조직하는 것이다. 학교의 통상적인 위계 관계는 학생과 학교 경영진 사이를 매개하는 교수를 중간에 놓는다($A-P-S$). 이때 교수의 역할은 적어도 이중적이다. 교수는 학교 경영진의 지침, 규율, 성적제도 등을 받아서 그것들을 학생들에게 강제해야 한다. 다른 한편 교사[교수]들은 자신들의 '교육'을 가지고 학생들의 어떤 불만도 흡수해야만 한다. 가끔 교사 파업의 경우나 정리해고의 시기 또는 일자리가 부족한 때에 자본은 교수들을 규율하기 위해 학생들을 이용하려고 시도한다($A-S-P$). 혹은 학생들이 인기 있는 교사를 해고되지 않도록 방어하기 위해 개입할 때에도 이런 일이 때때로 일어날 수 있다. 일반적으로 경영진은 계급 구조에서 경찰 사용에 이르는 자신의 다양한 제도적 구조를 통해 학생과 교수 사이의 관계를 매개한다($P-A-S$). 이민노동의 경우에 잘 알려진 것은 자본이 이민노동자들(I)과 현지 노동자들(L)을 이간시키려 한다는 것이다. 고용주들(E)은 현지 노동자들에 의해 지배되고 있는 노동조합을 약화하기 위해 이민노동자들의 일자리 및 소득에 대한 요구를 이용하려 한다($E-I-L$). 이와 동시에 현지 임금노동자들은 이민노동자들의 소득요구와 자본 사이에 놓이게 된다($E-L-I$). 물론 이 모든 경우에 있어 자본은 (예컨대, 공장과 공동사회에서 이민과 현지 노동자들의 관계를 구조화함으로써) 그 자신의 역할을 수행한다. 이때 우리는 $L-E-I$를 갖게 된다.

계급투쟁에서 이러한 종류의 매개를 이해하는 것은 그 복잡성을 더 잘 이해할 수 있도록 도움을 줄 뿐만 아니라 어떻게 노동계급의 주도권과 힘이 이러한 종류의 결정을 깨뜨릴 수 있는지, 그리고 계급 관계의 재구성을 강제할 수 있는지를 밝히는 데 도움을 준다. 이런 일이 일어나는 한 가지 방식은, 노동계급이 매개를 거부하고 그것을 우회할 때이다. 예를 들어, 주부들이 자본으로부터 직접 임금을 요구할 때 그들은 자본이 강제하려고 하는 남성의 매개를 우회하면서 직접 $K-W$를 수립하고 있는 것이다. 또는, 학생들이 전쟁을 끝내라고 요구하기 위해 또는 예산삭감 반대를 요구하기 위해 대학 본부를 기습할 때, 그들은 교수들의 매개를 우회하면서 $A-S$, 즉 그들 자신과 자본 사이의 직접적 대치를 도입하고 있는 것이다. 이런 일이 일어날 수 있는 다른 방식은, 자본에 의해 계획된 매개들이 너무 혹독한 갈등을 초래하여 사회 일각이 붕괴하기 시작하거나 새로운 형태들로 떠밀릴 때이다. 다시 학교의 예를 들어보자. 1960년대 동안에 대학에서는 일반적으로 학생들이 경영진이나 그 너머에 대한 자신들의 투쟁을 직접 수행했다. 그러나 고등학교에서는, 학생들의 규율 거부의 일차적 추진력이 경영진을 향한 경우가 드물었다. 오히려 그 추진력은 다른 학생들이나 교사들을 향했다. 교사들은 매개자로 기능하도록 되어 있으나 끊임없이 커지는 학생들의 압력 ─ 그들의 수동적 저항, 그들의 규율 거부, 그들의 폭력 ─ 에 직면하여 교사라는 직업이 점점 더 어려워졌고 이것이 자본에 대한 교사들의 관계에 변화를 강제했다. 학생들이 조용히 앉아 공부하기를 거부한 것은 (인플레이션 등과 더불어) 더 적은 노동과 더 많은 화폐에 대한 교사들의 새로운 요구를 만들어 내는 데 기여한 주요한 요인이었다. 교실에서 보다 많은 규율의 필요성은 일관작업대^{assem-}

bly line에서의 가속화의 등가물이다. 그것은 노동일의 강도와 노동력의 가치를 증대시킨다. 이러한 상황에서 교사들은 새로운 전투적 노조를 조직하기 위해 움직였고 그것은 교육에서 전반적으로 새로운 세력 조정을 창출했다. 위험한 상황에서 규율을 강제하려는 노력을 교사들이 거부함에 따라, 즉 노동 거부에 직면하여 학교 경영진과 시(市) 정부들은 더 높은 임금을 지급하도록, 경찰·보안요원 등을 투입하도록 강제되었다. 이러한 사태 전개는 새로운 노동력 창출에 대한 자본의 통제력의 심각한 붕괴를 나타낸다. 동시에 그것은 노동계급 전략에 중대한 문제를 제기한다. 학생들과 교사들의 이 성장하는 힘이 서로 대립하지 않고 자본을 향하도록 어떻게 조직될 수 있을 것인가? 학생들의 자율적 권력은 교사들 사이에 새로운 수준의 자율적 조직과 권력을 창출하도록, 즉 계급 구조의 재구성을 강제했다. 그러나 이러한 전개의 동력학과 방향이 이해되지 않으면, 궁극적인 붕괴와 패배의 위험이 있다. 심지어 1960년대의 대학에서도 우리는, 비록 덜 극적이긴 하지만 이와 유사한 사태 전개를 보았다. 학생들의 반전 투쟁은 새로운 세대의 급진주의자들을 포함한 교수진의 재구성을 강제했고 이 재구성은 최근 대학들에서 이루어진 교수들의 조직화에 기여했다. 그것은 노동 공급을 훈육하고 계획하고 조직할 수 있는 고등교육의 능력의 일반적 붕괴를 가져왔다. 성적에 따른 우열반 편성은 학생들의 압력 때문에 무너졌으며 박사학위가 더 이상 어떠한 취업 보장도 전혀 줄 수 없을 정도의 성적 인플레이션으로 대체되었다. 이 모든 사태 전개는 오늘날 재정위기를 통해 학교에서 노동규율을 다시 강요하려는 자본의 시도를, 그리고 전국적인 교육 재구조화를 불러일으켰다. 그러한 재구조화는 필연적으로, 노동계급이 산산조각 내고 있는 매개를 대체할 새로운 종류의 매개를 찾으려는 시도를 포함하지 않을 수 없다.

궁극적으로 계급투쟁은 자본이 노동계급에 강제하는 분할을 해체하는 것을 목표로 삼는다. 그러나 노동자들이 경영진에 대항하여 학생과 교수의 단결을, 혹은 자본에 대항하여 남성과 여성의 단결을, 또는 백인과 흑인의 단결을 추구할 수 있겠지만 그럼에도 불구하고 매개를 파괴하는 방법이 '단결하여 싸우자'처럼 그렇게 단순하지 않다는 것은 분명하다. 추상노동을 다룬 앞의 절에서 내가 주장했듯이, 분할들은 실재적이며 위계적이다. 그것들은 권력 분할이다. 그러므로 통일은 자본에 대항하는 노동계급 여러 부문들의 권력 투쟁뿐만 아니라, 때로는 그 부문들 사이의 권력 투쟁을 필요로 한다. 정치적 조직화의 문제는 어떻게 계급 내 투쟁들을 계급을 약화시키지 않고 강화하기 위해 발전시키느냐 하는 것이다. 가치의 일반 형태에 의해 드러난 매개에 대한 분석은 우리에게 그러한 투쟁들의 성격에 관해 더 많은 것을 보여준다. 그것은 적어도 그것들의 해결을 향한 한 걸음이다.

가치의 화폐형태

일반 형태에서 화폐형태로의 이행은 그전의 이행보다 훨씬 단순하다. 그 둘 사이의 유일한 차이는, 화폐형태에서는 보편적 등가물이 사회적 관습에 의하여 어떤 하나의 상품으로 고정되었다는 사실이다. 일단 보편적 등가물이 화폐로 기능하는 일이 일어나면 우리는 화폐형태를 갖는다.

이것은 모든 분석이 도달해 온 곳이므로 그 관계를 거꾸로 구성해 보는 것도 유익할 것이다. 화폐는 부분적으로 보편적 등가물로 규정된다 (더 많은 결정[태]들이 『자본』의 더 뒷장들에 나온다). 화폐형태는 총체적 관계이다.

$$\left.\begin{array}{l} y\mathrm{B} \\ w\mathrm{C} \\ z\mathrm{D}\ \text{등.} \end{array}\right\} = x\,\text{금}$$

그리고 그것은 돈 - 이 경우에는 금 - 과 구분되어야 한다. 화폐형태는 이전 형태들의 모든 결정[태]들을 담고 있다. 그것은 단순형태에서 드러난, 상대 형태와 등가 형태 사이의 모순적 통일과 반사관계를 갖고 있다. 또 화폐형태는, 확대 형태에서 나타나서 일반 형태에서 서로 접합되는 총체성과 무한성을 갖고 있다. 그리고 화폐형태는 일반 형태에서 논의한 매개적 성격을 갖고 있다. 따라서 화폐형태는 자본처럼, 모순적이고 반사적이며 총체화하고 무한하며 매개적이다.

화폐는 보편적 등가물로서의 그것의 역할 속에서 단순히 이 총체성의 한 요소가 아니라 이 총체성의 표현으로 나타난다. 이 지점에서 화폐는 많은 상품들 중의 하나인 동시에 또한 자본 세계의 계기로서 즉 가치로서 그 상품들의 상호작용의 유일무이한 표현이다. 화폐는 모든 상품들을 가치로 표현함으로써 자본의 영역 - 모든 사용가치를 상품으로 만드는 사회관계 - 을 표현한다. 화폐형태의 한 계기로서 화폐는 자본의 일부이며 따라서 자본이다. 만약 자본이 가장 기본적으로 상품형태의 사회관계(그것의 한 계기가 상품세계이다)라면, 화폐는 상품형태 자체의 정수^{精髓}의 표현이다. 자본주의 사회에서 동전을 손에 쥐고 있다는 것은 그 사회 자체의 황금 방울을 쥐고 있는 것이다. 흡사 수정구슬을 들여다보듯이, 그 동전을 깊이 들여다보라. 그러면 수많은 눈들을 멈추게 했던 그 금빛 광택 뒤에서 당신은 계급투쟁의 피와 땀을 발견할 것이다.

우리가 그 덮개를 열어본 다양한 관계들에서 등가 형태의 역할을 되돌아볼 때, 우리는 이제 우리가 화폐의 역할을 보고 있었다는 사실을 안다. 예를 들어 화폐는 노동력과의 모순적 통일 속에서 등가물로 나선다. 그것은 다른 모든 상품과도 같은 관계를 형성한다. 그렇게 함으로써 그것은 그 상품들의 가치로서의, 따라서 자본의 일부로서의 성격을 (반영을 통해) 그것들에게 보여 준다. 무한히 팽창하려는 자본의 경향은 부분적으로는 사회관계를 화폐관계로 바꾸려는, 즉 모든 사용가치를 (화폐와 등치시킴으로써) 가치로 전환하려는 경향이다. 화폐는 세상의 새로운 요소를 자본에 통합시켜 나가는 마술지팡이가 된다.

하나의 대상을 화폐와 등치시키는 것은 그것에 가격을 부여하는 것이다. 따라서 가격형태는 화폐형태의 하위형태이다. 여기서는 어떠한

$$yB = x\,금$$

이다. 그러나 가격형태는 결코 독립적이지 않다. 그것은 화폐형태의 부분이다. 일정한 양의 화폐와 등치되는 상품, 즉 가격이 부여되는 상품은 즉각적으로 자본의 전체 세계에 결합된다.[16] 어떻게? 가격을 매김으로써, 어떤 종류의 유용노동에 의해 생산된 이 사용가치는 자본의 통제의 저 보편적 도구인 노동의 한 특수한 생산물이라는 것이 확인된다. 하나의 물건을 화폐와 등치시킨다는 것은 그것을 모든 다른 상품과 등치시키는 것이며, 그것은 곧 그 물건을 생산한 노동을 다른 모든 노동과 동등하

---

16. 맑스는 상품생산과 상품유통에 관한 분석에서 이미, 한 생산물에 가격을 매기는 것이 어떻게 그것을 자본에 병합시키는가를 이해했다. 심지어 그 생산물이 비자본주의적 생산양식에서 생산되었을 때조차도 말이다(*Capital*, Volume II, Chapter 4 : 109~111). 오늘날, 이른바 비자본주의적 생산양식이 비임금 노동을 조직하는 방법으로 이해되는 사회 공장의 관점에서 볼 때, 이것은 더욱더 사실이다.

게 만든다는 것, 즉 그 추상성을 확인하는 것이다. (맑스가 그랬듯이 우리도 노동생산물이 아닌 것들에 가격이 매겨지는 경우들은 무시한다.) 체현된 노동의 양이 사회적으로 필요한 양인가 아닌가는 여기서 문제가 되지 않는다. 앞에서 우리가 살펴보았듯이, 종종 그 노동이 사회적으로 필요하지 않은 경우들도 있다. 노동의 질적 동등성이 확인되고 양이 사회적으로 정해진다. 화폐는 그 상품에게 그것이 추상노동의 산물, 즉 가치임을 보여 준다.

화폐는 모든 상품들을 노동생산물로서 동등화시킬 뿐만 아니라 또한 자본의 이 모든 다른 요소들 사이에서 보편적 매개자로 놓인다. 노동력이 화폐와 등치될 때 그 화폐는 노동력과 자본의 관계를 매개한다. 화폐임금(M)은 자본(K)이 노동계급(LP)에 대한 자신의 관계를 매개하는 한 방법이다($K-M-LP$). 우리가 앞의 절에서 살펴보았듯이 다른 많은 매개자들이 있다. 그러나 화폐임금이 가장 근본적이다. 왜냐하면 자본에 대한 비임금 관계의 중요성을 확립하는 것이 화폐임금이기 때문이다. 앞에서 살펴보았듯이 비임금 관계들은 다양한 방식으로 매개될 수 있다. 예컨대 남편들은 자신의 비임금 부인들의 자본에 대한 관계를 매개한다. 모든 노동자에게 있어서 노동은 일반적으로 생계수단과 교환된다. 하지만 노동이 항상 직접적으로 임금과 교환되지는 않는다. 어린아이들은, 그들이 (임금 혹은 비임금의) 노동자로서 미래의 역할을 위해 노동력을 생산하는 한, 자본을 위해 일한다. 그렇다고 그들이 직접 임금을 받는 것은 아니다. 그들은 가정주부들처럼, 임금을 받는 자신들의 아버지 또는 어머니가 획득한 자원들(화폐)에 의해 부양된다. 그 아버지의 자본과의 관계는 직접적으로 화폐임금에 대해 매개되지만 어린아이와 주부의 자본과의 관계는 아버지/남편에 의해 매개된다. 이런 상황에서 가족 중 어린아이와 여성이 자본을 위해 노동한다는 사실은 그들이 처한 비임금성wagelessness이라는 조건으로 인해 은폐된다. 그들은 자본이 아니라 남성 임금 소득자와 단지 어떤 사적인 관계에 놓인 것으로만 나타난다.

이는 종종 간과되기 쉬운 화폐의 중요한 측면을 드러낸다. 즉 화폐가 매개자 혹은 보편적 등가물로서의 역할을 수행하기 위해서는 그것이 직접 매개하지 않는 많은 관계들이 있어야 한다는 것이다. 『자본』에서 맑스가 이 점을 가장 명백히 밝히는 곳은 임금과 비임금에 대해 논의하는 곳에서다. 자본이 자신과 임금노동자로서의 노동계급의 관계를 매개하기 위해 화폐임금을 사용할 수 있기 위해서는, 자본은 비임금 노동자들을 유지하고 있어야 한다. 그러나 자본 아래에 항상 비임금 노동자들이 존재해야만 한다고 말하는 것은, 화폐가 특수한 방법 속에서 보편적 매개자라고 말하는 것이다. 궁극적으로 모든 사람은 살아남기 위해 상품을 구해야만 한다. 그러나 반드시 임금을 통해서 그렇게 하는 것은 아니다. 그러나 화폐는 여전히 보편적 매개자이다. 왜냐하면 그것은 심지어 자신의 부재[즉 비임금]까지도 규정하기 때문이다. 비임금 노동자들은 임금노동자들에 따라서 규정된다. 즉 그들은 어떤 화폐도 통제할 능력이 없다는 사실에 의해 정의된다. 어린아이들은 화폐를 받지 않을 수도 있다. 그러나 그들은 화폐가 구매하는 것을 받는다. 그들이 갖고 있지 못한 것은 화폐에 대한 통제력이다. 그러나 그들을 부양하고 그들의 음식을 사는 화폐는 그럼에도 불구하고 순환한다. 비임금 노동자들의 투쟁이 임금을 위한 투쟁인 이유가 바로 이것이다. 그들이 임금을 위해 투쟁하는 것은, 그들이 자본의 지배를 확장하기를 원하기 때문이 아니라 ─ 그들은 이미 자본의 지배로부터 고통을 겪고 있다 ─ 바로 힘을 얻기 위해서, 자본의 지배를 파괴할 힘을 얻기 위해서다.

비화폐적인 혹은 비임금적인 관계의 유지가 자본에게 중요한 의미를 갖는 다양한 방식들이 있다. 공장 정문 앞에서 떼를 지어 서성거리는 군중의 이미지는 하나의 전통적이지만 제한적인 광경이다. 우리는 종종 개발된 세계의 학생들, 여성들, 빈민가 거주자들의 경우에 대해 논의했다. 하지만 시초 축적에 관한 논의에서 우리가 살펴보았듯이 제3세계의 경우는 훨씬 더 극적이다. 자본은 광대하고 또 부분적으로는 자기부양적인 비임금의 노동력 예비군을 만들어 내고 또 유지해 왔다. 이것이 식민주의의 주요 목적들 중의 하나였다. 세계적 규모의 산업예비군의 창출 말이다. 그리고 빈곤은 계속해서, 어마어마한 인구를 산채로 유지하면서 자본의 목적에 부합할 때 쉽게 이용할 수 있는 (혹은 쉽게 이용할 수 있기를 바라는) 도구로 존재한다. 이어 이 산업예비군들은, 그들의 값싼 노동이 더 강력한 노동자들의 임금 요구를 끌어내리는 데 사용될 수 있는 지역으로의 이민을 위해(예를 들면, 미국으로 빨려 들어간 멕시코와 카리브해의 노동, 북유럽으로 옮겨간 지중해 국가들의 노동자들), 또는 노조나 노동법규를 피해 도망한 기업들이 현지에서 그들의 값싼 노동을 찾을 때 그 현지에서의 고용을 위해 이용된다. 물론 사태들이 반복해서 그다지 잘 풀리지만은 않는다. 그래서 비임금 노동자들의 투쟁은 그들을 자본주의 공장에 부적합하게 만들었다.

이처럼 우리는 임금, 비임금 분할이 화폐형태의 근본적 측면임을 알 수 있다. 그것은 일부의 상품들(일부 사람들의 노동력)과 화폐 사이의 하위분할이다. 그것은 화폐형태의 직접적 현존과 간접적 현존의 기본적 분할, 혹은 자본 내에서 화폐적 관계와 비화폐적 관계의 필수적 공존을 드러낸다.

화폐가 매개자라는 사실, 그것이 자본과 노동계급 사이에 놓인다는 사실은 두 가지 것을 의미한다. 첫째, 노동계급의 관점에서 볼 때, 자본에 대한 공격은 이 매개를 이용하기도 하고 거부하기도 해야 한다. 여성들, 학생들이 남성들, 교수들을 이용하기도 하고 우회하기도 했던 것과 똑같이 말이다. 파업은, 노동자들이 임금 매개를 거부하고 노동 거부refusal of work, 태업, 공장점거 등으로 직접 자본을 공격함으로써 자본 안에서 이러한 경향들을 이미 보여 주는 경우이다. 노동계급이 화폐의 매개를 거부하는 또 다른 방법은 가격 거부refusal of price이다. 이것은 직접 전유의 본질이며 노동력의 가격뿐만 아니라 다른 상품의 가격도 포함한다. 그것은 공공요금이나 주택 가격의 자율인하, 슈퍼마켓에서 라벨 바꿔 붙이기, 지하철에서 50센트 동전 대신 15센트 동전 사용하기, 혹은 상점 들치기, 종업원들의 삥땅, 블랙 크리스마스[17]에 물건 훔치기 등을 통한 가격의 완전한 제거 등을 포함한다. 이러한 가격 거부는 자본의 경기 규칙에 대한 거부이다. 화폐의 역할을 받아들이기를 거부하는 것은 화폐의 결정 속으로 들어가는 것으로 보이는 모든 것을 받아들이기를 거부하는 것이다. 이것이 노동계급의 복수vengeance의 관점이다.

둘째는 [화폐가 매개자라는 사실이] 자본에 대해 갖는 의미이다. 화폐는 보편적 매개자이기 때문에, 노동계급과 자본 사이에 놓이는 모든 경우에 그것은 조작의 가능 주체이다. 노동계급의 임금 투쟁이 1930년대에 미국과 유럽에서 화폐임금의 조작이라는 자본의 전통적 방법을 정지시켰을 때, 자본은 케인스와 다른 사람들의 이론을 통해 계급투쟁에서 화폐를 이용하는 새로운 방법을 모색했는데 이것은 자연스러

---

17. [옮긴이] 물건을 팔기 위해 유흥업소들이, 크리스마스 날에 애인 없이 혼자 지내면 7년 동안 애인이 없이 지내는 저주를 받고 이날 같이 지낸 애인과는 10년 동안 같이 지낸다는 소문을 퍼뜨리고 다양한 파티들을 개최하여 손님을 모았다.

운 일이었다. 케인스주의 구상은 기본적으로, 노동계급을 통제하기 위해 통화 흐름의 방향과 양에 대한 통화적·재정적 조작을 통해 국가 규제를 어떻게 사용할 것인가에 관한 것이었다. 물론 이데올로기로서 그것은 다르게 제시되었다. 통화 및 재정 정책은 성장과 완전고용을 보장하기 위한 도구로 묘사되었다. 그러나 '성장'이란 실제로는 자본 축적을 의미했으며 '완전고용'은 경제의 미세 조정을 통해, 필요한 산업예비군을 최소로 유지하면서 노동을 강제하는 것을 의미했다. 케인스주의 전략은 경제를 신중하게 자극하거나 '가라앉히기' 위하여 화폐를 이용한다. 이는 경기침체 혹은 인플레이션을 통해 노동계급의 수요를 관리하는 것을 의미한다. 우리가 이 절의 처음에 들었던 예 ─ 노동계급의 임금 투쟁을 약화시키기 위해 그리고 가치를 자본에 이전하기 위해 인플레이션을 이용하는 것 ─ 로 돌아가 보자. 우리가 지금까지 화폐가 무엇인지를 살펴보았고 또 우리가 그것을 가치의 실체와 척도를 병합하는 가치형태로서, 매개자로서 살펴보았기 때문에 인플레이션 사례가 이제 더 잘 이해될 것이다. 인플레이션은 노동 투입의 증대에 기인하는 가격 상승이 아니라 통화 하락으로 인한 가격상승을 의미한다. 가격은 가격형태로 표현된 상품가치의 화폐 등가물이다. 가격 인상은 재화와 교환되는 화폐(금 혹은 지폐)의 양이 증대하는 것을 의미한다. 이때 만약 노동계급이 보유한 화폐량이 고정되어 있다면, 그것이 구매할 수 있는 재화량은 그만큼 줄어든다. 이런 식으로 노동계급이 자신의 노동력의 대가로 받는 가치의 양은 줄어들고 자본이 얻는 잉여가치의 양은 늘어난다.

이제 사람들이 물을 수 있는 유일한 질문은, 오늘날 노동계급이 금화가 아니라 지폐를 받는 것이 어떤 차이가 있느냐는 것이다. 맑스는 『자본』 3장에서 여기에 아무런 차이도 없다는 것을 보여 준다. 화폐가 유통 수단으로 (즉 보편적 매개자로) 작용할 때 그것은 결코 어떠한 물질적 형태로, 금으로도 심지어 종이로도 실존할 필요가 없다. 그리고 사실상 노동계급이 받는 화폐는 보통, 지폐조차도 아니고 당좌예금 잔고이다. 그것은 상품과 교환되어 조금씩 다시 자본에게로 이전된다. 이 경우 화폐는 (노동과 상품에서) 가치의 흐름을 '계산'하는, 단순한 계산화폐일 뿐이며 전혀 실존할 필요가 없다. 더구나 화폐가 실제로 실존하고 그것이 종이라는 사실은 그것이 나타내는 가치가 쉽게 조작될 수 있다는 것을 의미한다. '$xB = y$ 금'이면, 가격을 올리는 것은 B에 투입되는 노동이 증대되거나 금 생산에 투입되는 노동이 줄어드는 것을 의미한다. 그러나 종이의 경우 생산비는 사실상 영[※]에 가까우며 단지 일정한 양의 가치를 나타낼 뿐이다. 이런 상황에서 물가를 올리기는 매우 쉽다. 일정한 상품량이, 증가된 지폐량에 의해 나타내짐으로써 더 높은 가격을 갖도록 하기 위해서는 (화폐의 유통속도를 불변으로 가정하면) 더 많은 지폐를 유통시키기만 하면 되는 것이다. 이것이 바로 케인스의, 그다음에는 루이스와 여타 사람들의 생각이었다. 국가는 화폐를 더 많이 찍을 수도 있고 신용제도를 통해 화폐를 팽창시킬 수 있으며 이렇게 하여 가격을 올릴 수 있다. 그러면 그것은 화폐 각 단위당 가치를 떨어뜨릴 것이고 노동계급의 임금을 삭감할 것이다. 이러한 임금 삭감은, 노동계급의 임금이 일정하든 또는 상승하든 그와 상관없이 행해질 수 있다. [임금이 상승하는] 후자의 경우에는, 자본가들이 비용증대를 벌충하기 위해 가격을 올리려는 자연스러운 경향을 보일 것이다. 그러나 이것은 통화 공급의 적절한 팽창을 수반할 수밖에 없는데, 이것은 국가가 보장해줄 수 있을 것이다.

현재의 인플레이션에서 이러한 종류의 통화 조작은 또 다른 조작에 의해 강화된다. 석유와 식품 가격의 관리된 인상 같은 것이 그것이다. 이러한 조작은, 석유의 경우 그 가격의 인상을 뒷받침하기 위한, 그리고 식품의 경우 그것을 생산하기 위한 기초 상품들의 이용가능성을 제한함으로써 달성되어 왔다. 이것은 국가의 행동으로 인해 몇몇 나라들에서만 발생해 온 것이 아니다. 그것은 다국적 기업과 몇몇 나라들의 연합된 행동으로 인해 전 세계에서 발생해 온 것이다. 석유의 경우에 우리는 〈OPEC〉, 세계 7대 석유회사들인 세븐 시스터즈seven sisters, 서와 동의 정부들을 갖고 있다. 식용 곡물의 경우에 우리는 생산자들, 양곡 무역업자들, 그리고 미국과 소련을 갖고 있다. 이로 인한 가격 인상, 즉 일정한 양의 상품 가치를 얻는 데 필요한 화폐량의 증대는 전 세계 노동계급의 임금을 하락시켰다. 그것은 임금 투쟁을 저지하려는 자본의 범세계적 역공의 일부이다. 이 인플레이션에 의해 생산된 자본 흐름의 관리는 자본에 의해 점차 〈세계은행〉, 〈IMF〉와 같은 자본의 국제기구들에로 넘겨졌다.[18]

통화 조작이 기업들·국민정부들·국제조약 등 그 어느 것을 통해 이루어지건, 지금 그 조작들의 대상이 노동계급과 자본의 가치관계라는 것은 분명하다. 우리는 화폐가 계급 관계를 표현하는 복잡한 방법을, 그리고 화폐가 계급 관계의 핵심에서 수행하는 복잡한 역할을 살펴보았다. 『자본』 1장에 서술되지 않은, 화폐의 많은 역할과 화폐의 많은 기구들이 있다. 하지만 화폐형태와 가격형태의 보편적 등가물에 대한 분석은 우리에게 유통 매체로서 그리고 계급들 사이의 매개자로서 화폐가 하는 역할에 대해 몇몇 근본적이고 기초적인 통찰들을 제공해 주었다. 그 분석은 우리로 하여금 적어도 계급투쟁의 현시기에 통화

---

18. 자본이 화폐를 노동계급에 대항하는 무기로 사용하는 것을 관리함에 있어서 〈IMF〉 역할의 확대에 대해서는 Marazzi, "Money in the World Crisis" : 104~106을 보라.

통제와 인플레이션이 가지는 기본적 성격을 (비록 자세히는 아니라 할지라도) 이해할 수 있도록 해 준다.

『자본』 1장에 등장하는 다른 범주들에서도 그러했듯이 우리는, '물신숭배'를 넘어 그 밑에 깔려 있는 계급 관계로 나아가는 것이 어떻게 적어도 화폐의 정치적 역할들 중의 일부를 발견할 수 있게 해 주는가를 살펴보았다. 화폐는 자본을 위한 매개자로 나타나 노동에 대한 자본의 통제를, 공장 안팎의 비임금 노동을 은폐한다. 그것은 노동계급이 획득한 가치 혹은 부의 양을 통제하는 도구이다. 노동계급의 힘이 화폐임금에 대한 자본의 직접적 조작을 저지할 수 있을 정도로 (즉 임금 하락을 없앨 수 있을 정도로) 커질 때, 자본은 인플레이션을 통해 가치관계를 변화시킴으로써 화폐를 간접적으로 이용하려 든다. 이것은 노동계급의 임금을 우회적으로 공격하는 것이다. 비임금 노동자들의 임금 요구투쟁이 비임금 노동을 임금 장막의 뒤에서 끌어냄에 따라, 이 사실이 점점 중요해지고 있다. 이와 마찬가지로 노동계급이 더 적은 노동과 더 많은 화폐를 요구하는 경향, 그리고 생산된 가치와 받는 가치의 관계를 끊으려는 경향은 자본으로 하여금 이 경향을 극복하기 위해 화폐 조작의 새로운 형태를 사용하려고 노력하지 않을 수 없도록 강제하기도 했다. 1960년대의 투쟁순환에서 노동계급 투쟁은 점차 가치와 화폐/가격의 관계에 대한 자본의 결정을 붕괴시켰으며 그것들을 노동계급에 유리한 쪽으로 변형시켰다. 그것은 자본의 기초 그 자체(즉 노동에 대한 자본의 통제)를 의문에 부쳤는데, 이것이 현재의 자본 위기의 원천이다. 자본이 자신에게 유리하도록 관계들을 재구조화하는 과정에서 지금 겪고 있는 어려움을 고려하면, 오늘의 문제는 계속되는 위기의 이 새로운 지형 위에서 우리의 투쟁을 더욱 유효하게 만드는 것이다.

6장

결론

『자본』1장에 대한 분석을 통해 우리는 자본의 많은 결정[태]들(즉 계급투쟁)을 일반적으로 밝혀냈고 또 그것의 다양한 분할들 속에서도 밝혀냈다.

자본/노동의 기본적 계급 관계의 맥락 속에서 우리는, 상품형태를 갖는 것이 근본적으로 노동의 관계임을 이해했다. 자본은, 자본가들이 생산수단을 통제하고 따라서 노동계급으로 하여금 자본가들을 위해 노동하도록 강제할 수 있는 상황에서, 노동을 통한 사회 통제의 수단으로 나타난다. 이것이 쉽게 달성되지는 않는다. 왜냐하면 노동계급 역시 주도권을 가지고 있고 계속적인 권력 투쟁, 즉 노동을 둘러싼 계급투쟁이 있기 때문이다. 그 투쟁의 성격은 다양하게 변해 왔다. 노동이 강제될 수 있을 것인가 없을 것인가, 얼마나 노동이 강제될 것인가, 어떤 가격에 강제될 것인가 등이 그것이다. 그러나 그것은 언제나 노동에 관한 것, 상품형태에 관한 것이다.

상품형태를 사용가치와 교환가치로 분석함으로써 우리는, 노동력 상품을 둘러싼 투쟁의 몇몇 결정[태]들을 밝혔고 식품이나 에너지 같은 다른 상품들이 그와 관련해서 차지하는 위치도 밝혔다. 그것들[즉 노동력, 식품, 에너지]이 계급투쟁에서 일정한 역할을 수행하고 따라서 그 계급투쟁의 일부이기 때문에, 그것들의 사용가치와 교환가치를 대립하는 두 계급의 관점에서 검토하는 것은 그것들의 역할을, 그리고 그 투쟁 자체의 성격(즉 물질적 부를 둘러싼, 그리고 자본 아래에서 그 부의 관건이 되는 교환가치를 둘러싼 투쟁)을 정의하고 규명하는 데 도움이 되었다. 이것은 (그 궁극적 표현이 화폐인) 가치에 관한 논의를 발전시킴으로써 더욱 명확해졌다. 화폐는 노동계급에 대해 자본으로 (즉 노동에 대한 명령으로) 나타나며, 따라서 투쟁이 자본 내부에 머무는 한 그것은 적어도 부분적으로는 화폐를 둘러싼 투쟁이다.

그러나 가치에 대한 분석은 또, 계급투쟁이 획일적이지 않고 어떻게 분할되어 있는지도 밝혀 주었다. 추상노동에 관한 논의는 노동계급의 분할이 수행하는 중심적 역할과 그 분할의 재구성을 둘러싼 투쟁을 보여 주었다. 이 논의는 또 이 분할들이 수평적 분할이 아니라 수직적이고 위계적인 분할임을 보여 주었다. 화폐에 대한 논의를 통해 우리는, 임금노동자와 비임금 노동자 사이에뿐만 아니라 임금 위계 내부에도 항상 임금 분할이 있음을 보았다. 이러한 분할의 실재와 그것의 근본적 역할은, 노동계급 투쟁이 자신들의 조직화 속에서 그 분할들을 직접 다룰 필요가 있음을 의미한다. 이 분할들에 대한 인식은, 임금 위계에 반대하면서 임금을 요구한 일련의 모든 투쟁들의 계기가 되었던 '가사노동에 대한 임금 지불' 운동에 힘입었다. 따라서 임금에 대한 요구는 임금과 비임금이라는 자본주의적 분할을 극복하기 위한 것이며 모든 노동자들을 대등하게 만들어서 모든 사람이 노동에 반대하는 소득income against work을 위해 투쟁할 수 있도록 하기 위한 것이다.

가치형태에 관한 논의는 또 자본이 노동계급의 한 부문과 자신의 관계를 노동계급의 다른 부문을 통해 어떻게 매개하는가를 보여 주었다. 이것이 계급분할에서 위계가 가지는 의미들과 기능들 중의 하나이다. 임금노동자들은 자본과 비임금 노동자들의 관계를 매개하는 데 이용된다. 고임금 노동자들은 자본과 저임금 노동자들 사이의 관계를 매개하는 데 이용된다. 또는 역으로 비임금 노동자들은 임금노동자들을 훈육하기 위해 자본에 의해 이용된다. 저임금 노동자들은 고임금 노동자들을 훈육하는 데 이용된다. 가치의 척도 즉 사회적 필요노동시간에 관한 논의는 또 임금/비임금 분할에 의해 제시되는 몇 가지 결정[태]들을 더 보여 주었다. 즉 자본이 사회 전반에 걸친 노동을 통해 자신의 사회적 통제를 확장하려 한다는 것이다. 그 통제는 공장에 대한 통제를 넘어 임금노동자들과 비임금 노동자들 모두가 노동하는 사회 공장을 창출하는 방향으로 나아간다. 임금을 요구하는 투쟁은 따라서 이러한 상황에 대한 인식을 요구하는 것이며 그 상황에 대항하는 자율적 투쟁의 기반(즉 더 많은 부)을 창출하는 것이다. 더구나 그 사회 공장은 공장에서의 투쟁과 비슷하게 노동시간을 둘러싼 투쟁을 포함한다.

이러한 고찰들로부터 우리는 또 자본에 대처할 노동계급 전략에 관한 몇 가지 결론을 끌어낼 수 있다. 자본이 노동을 통한, 그리고 부에 대한 제한된 접근(임금)을 통한 사회 통제로 이해되는 이상, 투쟁은 더 적은 노동과 디 많은 부에 대한 접근(화폐)을 지향한다. 이는 최근 수년간에 걸친 투쟁의 성격이었다. 그리고 그 투쟁이 생산성 거래를 파열시킴에 따라 그것은 자본주의적 통제의 기초를 공격한다. 이것은 단순히 양적 투쟁이나 경제적 투쟁이 아니다. 왜냐하면 노동과 소득의 관계를 폭발시킴으로써 이 투쟁은 자본의 바로 그 본질에 도전하기 때문이다. 그러한 투쟁은 많은 영역들에서 수행될 수 있다. 오로지 노동계급의 조직과 힘의 실제적 한도만이, 대부분의 노동을 즉각 폐지할 능력, 부에 대한 무제한의 접근을 창출할 능력, 상승하는 생산성을 무노동zerowork의 성취로 이끌 능력을 제한한다. 투쟁의 강도는 힘의 정도에 의해 결정된다. 노동자들이 직접 부를 전유하기에 충분할 정도로 조직되면 그들은 그 전유를 단행한다. 이와 동시에 그들은 그들이 원하는 종류의 부 ─ 노동조건, 여가시간, 사용가치들 등 ─ 를 얻기 위해 투쟁한다. 이러한 의미에서도 투쟁은 양적일 뿐만 아니라 질적이다.

그러나 노동계급이 실제로는 분할되어 있기 때문에 더 적은 노동과 더 많은 부를 위한 이 투쟁들은 이러한 분할을 반영한다. 투쟁의 형태와 목적 모두가, 노동계급의 어떤 부문이 참여하는가에 따라 다르다. 계급의 모든 부문들이 갖는 하나의 전반적 목표가 더 많은 힘을 갖기 위해 통일하는 것임은 분명하다. 그러나 통일은 하나의 투쟁을 다른 투쟁에 포섭함으로써가 아니라 여러 투쟁들의 정치적 상호작용을 통해서만 이루어질 수 있다. 우리는, 다양한 위계적 부문들이 자본에 대해 같은 정도의 힘을 갖고 있지는 않다는 것을 보았다. 그래서 힘이 더 약한 부문들은, 상대적으로 힘이 약한 그들의 지위가 어떤 더 광범위한 조직 속에서 단순히 재생산되지 않도록 하기 위해, 특히 자율적으로 조직되어 왔다. 각각의 집단은 자신의 필요를 중심으로 조직되고 호혜의 기반 위에서 다른 집단들과 연합한다. 모든 집단들이 더 적은 노동과 더 많은 부를 위해 투쟁할지도 모른다. 그러나 상대적으로 힘이 약한 집단들의 자율적 권력은 그들의 이익이 상대적으로 힘이 강한 집단에게 희생되는 경향을 제한할 것이다. 이와 동시에 그들의 투쟁들의 초점은 자본에 대항하는 것이기 때문에, 모든 투쟁들이 공통의 목표를 위해 단합될 가능성이 있다.

노동계급이 임금노동자들과 비임금 노동자들로 (공장노동자들과 공동사회 노동자들community workers로) 분할되는 방식이 갖는 또 다른 조직적 함축은, 내가 언급한 자율적 조직들이 공장과 공동사회 내부에, 그리고 그 둘 사이에 존재한다는 사실을 포함한다. 그들의 공동작업coordination은 그 두 투쟁 영역이 결합되는 것을 의미한다. 이것은 노동계급 투쟁 및 행동의 현장과 '문제'issue의 현장이 지리적으로는 서로 다를지 몰라도 그 결합 행동에 의해 통일될 수도 있다는 것을 뜻한다. 석탄광산 문제를 둘러싼 애팔래치아 지역 공동사회 투쟁들, 그리고 공동사회 문제를 둘러싼 이탈리아 공장노동자들의 파업들 등이 이것의 사례이다. 이런 방식으로 노동계급의 힘은 사회 공장의 차원에 작용하며 공장과 공동사회의 분할을 정치적으로 재구성하고 있다.

:: 감사의 말

　저자는 이 책을 쓰는 동안 값진 비평과 도덕적 성원을 아끼지 않은 여러 사람에게 감사를 표한다. 누구보다 오랜 친구이자 『제로워크』 창간진의 한 사람인 브루클린 대학의 조지 카펜치스 교수에게 가장 감사드린다. 초고가 완성된 1975년 여름에 그가 보여 준 성원은 이루 형언할 수 없이 값진 것이었다. 본서는 비록 부족하나마 맑스의 지작이 가지는 의미에 대한 그의 통찰을 반영하고 있다. 이 책에 나타난 여러 개념을 명확히 하는 데 도움말을 준 분들 가운데 특히 에이미 허쉬, 레이너 라이터, 리치 베셀, 릭 맥가히 밥 코르스태드, 필 마테라, 피터 벨, 그리고 윌리엄 클리버 등에 감사한다. 또한, 시간을 내어 원고의 일부분을 읽고 값진 비평을 하여 준 필 마테라, 피터 라인보우, 실비아 페데리치, 빠올로 까르뻬냐노, 존 메링턴, 얀 물리에, 세르지오 볼로냐, 마틴 글레이버먼, 마크 리치, 트루디 쿠퍼, 그리고 마리아로자 달라 꼬스따 등에 고마움을 전하고 싶다. 이 책이 제시하고 있는 종류의 분석이 가능하도록 역사적 중요성을 띤 여러 자료들을 수집하는 데 도움을 준 여러분들, 즉 '존슨-포리스트 경향', 『코레스폰던스』 *Correspondences*, 『페이싱 리얼리티』, 『뉴스와 서한』 *News and Letters*에 대한 자료를 뽑아준 브루노 까르또시오와 마틴 글레이버먼, '오포드 로드 콜렉티브' Offord Road Collective의 내부 기록과 '마떼리오 뿌흐 렝떼르방시옹' Materiauox pour l'Intervention의 출판 자료를 제공해 준 피터 라인보우, '마떼리오 뿌흐 렝떼르방시옹'과 『까마라데』로부터의 자료를 제공해 준 얀 물리에,

『사회주의인가 야만인가』에 관한 소장 자료와 도움말을 준 알랭 기예름, 이탈리아 신좌파의 역사적 발전에 관한 자료를 제공해 준 브루노 까르또시오, 얀 물리에, 존 메링턴, 안또니오 네그리 등에게도 고마운 마음을 전하고 싶다.

덧붙여: 이 2판에 데이비드 하비에 대한 나의 감사를 덧붙이고 싶다. 이 2판은 오직 그의 발의와 작업 때문에 존재하게 되었다.

1. 『자본』 읽기에서 '어떻게'의 문제

『자본』*Das Kapital*은 150여 년 전인 1867년에 그 첫 권이 출간되었고 2권과 3권은 맑스 사후에 엥겔스의 편집을 거쳐 1885년과 1894년에 각각 출간되었다. 하지만 한국에서 『자본』이 우리말로 읽히기 시작한 것은 그리 오래되지 않았다. 1980년대 학생 운동과 노동 운동의 자장 속에서 『자본』이 관심의 대상이 되었지만 대개의 경우는 외국어판이나 요약판 혹은 개설서를 읽는 것이었고 그것에 대한 해석 프레임은 일본의 좌파 정치경제학자들, 소련 정치경제학 교과서들, 영미와 유럽의 수정주의 비판이론가들 등을 통해 간접적으로 주어지는 것이었다. 이러한 상황은 한국에 한국어로 된 『자본』이 접근 가능한 형태로 존재하지 않았다는 사실과 무관하지 않다. 해방공간에서 1947년부터 1948년 사이에 최영철, 전석담, 허동 공동번역으로 『자본』(서울출판사)이 2권까지 출간되었지만 분단은 사실상 『자본』을 한국에서 (그리고 북한의 '주체'화 이후에는 한반도 전체에서) 추방하는 계기로 작용했다.

『자본』 번역본이 오랜 단절 후에 다시 출간되기 시작한 것은 1980년대 후반의 이른바 '해금기'였다. 1987년 이론과실천에서 『자본』 1권이 번역 출간되었고(김영민) 그 2, 3권은 1990년에 출간되었다(강신준). 1989/1990년에 『자본』 전권이 비록 영어본을 저본으로 한 것이지만 처음으로 실명 완역되었다(김수행 옮김, 비봉출판사). 러시아어본을 저본으로 한 북한판『자본』이 한국에서 출판된 것도 이 무렵이다(북 조선노동당출판사, 백의). 독일어본의 완역본은 2008/2010년에 비로 소 출판된다(강신준 옮김, 도서출판 길). 다시 말해 한국에서『자본』 은 오랫동안 '읽기' 이전에 '출판' 그 자체가 과제였던 금지된 도서로 남 아 있었다. 완역출판에 이르는 긴 해금의 과정은 탄압을 피하기 위한 비실명 출판뿐만 아니라 출판사(이론과실천, 백의) 대표들이 투옥을 무릅쓰고 감행한 저항과 투쟁을 포함하는 과정의 결과이기도 했다.

한국에서『자본』출간을 위한 노력이 맑스레닌주의의 강한 영향 권 속에서 전개되었지만, 그것의 완간이 1990년 전후 베를린장벽의 붕 괴, 소련의 해체, 그리고 맑스레닌주의 퇴조의 시기와 겹쳤다는 것은 아이러니다.『자본』은 한국의 사회운동과 제대로 만나기도 전에 썰물 에 휩쓸렸다. 부시 1세가 자본주의의 최종적 승리와 새로운 세계질서 를 선언하는 정세에서 한국의 사회운동은 포스트-맑스, 포스트-모던, 후일담의 분위기를 타고 합법화, 제도화의 길로 들어서기 시작했고 현 장으로 들어갔던 진보 지식인들은 대학으로 복귀하기 시작했다.『자 본』의 주요 유통 공간이 대학으로 된 것이 이때부터이다. 맑스는『자 본』을 노동자들에게 읽힐 목적으로 썼지만 한국에서『자본』은 대학 으로 복귀한 진보지식인들을 매개로 진보적 사상을 뒷받침하는 분과 학문(경제학)의 텍스트로 자리 잡아 갔다.『자본』이 주류 경제학에 대 항하는 비주류 좌파 경제학의 상징으로 자리 잡기 시작한 것이다. 김 수행은『자본론연구·1』(1988)을 통해 이러한 경향을 정초했을 뿐만 아니라『정치경제학 원론』,『자본론의 현대적 해석』,『자본론 공부』 등을 통해 이 경향을 지속하고 발전시켰다. 그는 또『한국에서 마르크 스주의 경제학의 도입과 전개과정』(2004),『한국의 좌파경제학자들』

에서 맑스주의가 한국에서 '경제학'으로 정착하고 전파되어 온 과정을 정리했다. 이것은 김수행이 번역한 『자본』에 독일어 초판에 붙어 있던 '정치경제학 비판'이라는 부제가 사라진 것과 무관하지 않다. 맑스의 *Das Kapital*이 '정치경제학 비판'*Kritik der politischen Ökonomie*이라는 부제를 달고 있는 것은 그 작업이 그 전에 출간되거나 저술된 『정치경제학 비판 요강』*Grundrisse der Kritik der Politischen Ökonomie*(1858), 『정치경제학 비판을 위하여』*Zur Kritik der politischen Ökonomie*(1859) 등의 작업의 연속임을 보여 준다. 맑스의 작업은 '정치경제학'의 좌파 버전을 구축하기 위한 것이 아니었고 '정치경제학'이라는 부르주아 이데올로기 형태에 대한 내재적 비판을 지향하고 있었다. 이런 점을 고려하면 부제의 탈락은 혁명 이론인 '정치경제학 비판'을 '좌파 정치경제학' 혹은 '맑스주의적 경제학'으로 질적으로 전화시키는 결과를 가져왔다고 할 수 있을 것이다. 바로 이것이 소련이 해체되고 운동이 탈구성되면서 맑스 부흥과 맑스 퇴조가 거의 동시적으로 진행된 1990년대 이후의 한국 사회에서 『자본』과 그것에 기초한 담론들이 적응하고 생존하는 주된 제도적 방식이었다.

이 책의 저본인 해리 클리버의 책 *Reading* Capital *Politically* (2000)는 누구나 알 수 있다시피 알튀세르와 발리바르 등의 책 *Reading* Capital(불어본 1965; 영어본 1970)을 염두에 두고 그것에 'Politically'를 덧붙인 제목이다. 후자의 제목이 '읽기' 그 자체에 강조점을 두고 있다면 전자의 제목은 읽기의 방법, 즉 '어떻게'에 강조를 둔 점에서 전자와 차이가 난다. 그런데 알튀세르와 발리바르 등의 책이야말로 당대의 『자본』 읽기의 지배적 방법에 대한 도전이자 새로운 읽기의 방법을 제시한 책이 아니었던가? 해리 클리버도 이것을 잘 알고 있다. 그는 알튀세르와 발리바르 등이 『자본』 읽기의 새로운 방법으로서 '정치경제학적으로 읽기' 대신 '철학적으로 읽기'를 제안한 것으로 평가한다. 당대의 프랑스 문맥에서 알튀세르와 발리바르 등의 시도는 시민사회로부터 점점 유리되어 가는 공산당 중앙위원회의 관료적 실무주의에서 독립적일 수 있는 '이론적 중심'을 구축함으로써 맑스레닌주의를 재활성화하려는 시도였다. 『자본』 읽기에서 그것은 정치경제학적으로 읽기와 구분되는 철학적으로 읽기의 방법을 통해 변증법적 유물론을 재정립하려는 시도로 나타났다. (한국에도 1990년대 초의 이른바 '맑스주의의 위기' 정세 속에서 알튀세르와 발리바르의 저작들이 빠르게 번역 출판되었지만, 프랑스에서처럼 '정치경제학적으로 읽기'와는 다른 『자본』 읽기'의 방법을 구축하는 것으로 발전되지는 않았다. 한국의 알튀세르·발리바르주의는 주로 '문화'를 대상으로 하는 이데올로기 비판의 필요성을 입증하고 그것에 경주하는 '문화연구', '문화과학'의 흐름을 뒷받침하는 이론으로 발전했다.)

해리 클리버는 이론적 실천의 상대적 자율성을 확립하려는 알튀세르의 이 시도가 결과적으로는 경제 결정론을 재추인함과 동시에 계급투쟁을 역사의 중심무대에서 삭제하는 효과를 낳았다고 비판적으로 평가한다. 이런 인식 위에서 쓰여진 *Reading* Capital *Politically*는 알튀세르가 *Reading* Capital에서 이미 초점화하고 있는 것이 읽기 그 자체가 아니라 읽기의 방법, 즉 '어떻게'임을 명시적으로 드러내면서 그 '철학적으로 읽기'가 봉착한 한계 지점에서 『자본』 읽기'를 다시 시작하는 것이다. 따라서 『자본을 어떻게 읽을 것인가』의 '정치적으로 읽기'는 '정치경제학적 읽기'와 '철학적으로 읽기'와는 다르게, 그것에 대항하고 그것을 넘어서는 『자본』 읽기의 방법론으로 제안된다.

2. '정치적으로'의 두 측면과 노동가치의 정치적 성격

『자본』을 정치경제학으로 읽는다는 것은 자본주의 사회의 경제적 운동 법칙을 이해하기 위해 그것을 읽는 것이다. 얼핏 보면 이것은 맑스가 『자본』을 저술한 동기에 부합하는 것으로 보인다. 왜냐하면 맑스 자신이 초판 서문에서 "현대사회의 경제적 운동 법칙을 밝히는 것이 이 책의 최종목적"[1]이라고 분명히 단언하고 있기 때문이다. 하지만 이 둘 사이에는 미묘한 차이가 있다. 하나는 『자본』이 맑스의 정치경제학 비판 6부작 플랜(자본, 토지 소유, 임금노동, 국가, 외국무역, 세계시장)의 일부에 불과하다는 것이다. 맑스의 이 플랜에서 자본주의 사회의 경제적 운동 법칙의 규명이라는 『자본』의 목적은 가장 기본적인 작업이지만 어디까지나 정치경제학 비판이라는 더 큰 목적에 종속되는 이론적인 것이었다. 또 하나는 자본주의 사회의 경제적 운동 법칙에 대한 이론적 규명은 새로운 사회의 구축이라는 실천적 목적에 종속되는 것이었다. 앞에 인용한 문구 바로 다음에서 맑스는 그 법칙은 일종의 자연 법칙이므로 그것의 자연적 발전단계들을 뛰어넘을 수도 없고 법령으로 그것들을 폐지할 수는 없지만, "출산진통die Geburtswehen을 단축시키고 경감시킬 수는 있다"[2]고 말한다. 무엇을 출산하는 진통 말인가? 그것은 자본주의의 경제적 운동 법칙이 더 이상 작용하지 않는 새로운 사회일 것이다. 이 두 가지 점을 고려할 때 맑스의 『자본』은 결코 어떤 형태의 '(정치)경제학'으로도 환원될 수 없다. 왜냐하면 부르주아 사회를 대체하는 새로운 사회의 출산이 그의 실천적 목적이었던 한에서 자본주의 사회의 경제적 운동 법칙의 규명이란 경제학적 과제가 아니라 경제학 비판의 과제였기 때문이다.

---

1. 카를 마르크스, 『자본론 1권 ─ 상』, 김수행 옮김, 비봉출판사, 1989, 6쪽.
2. 같은 곳.

하지만 맑스주의 경제학은 자본주의를 옹호하는 것이 아니라 자본주의의 위기와 종말의 필연성을 그려내고 있지 않은가? 이 점에서 맑스주의 경제학이야말로 자본주의에 대한 비판이라고, 정치경제학에 대한 비판이라고 말할 수 있지 않은가? 실제로 이들은 이윤율의 동태에 집중하고 그것이 하락하는 경향을 실증하는 데 전력을 기울인다. 자본주의의 한계가 묘사된다. 하지만 그 한계는 순수하게 경제적인 한계이다. 임노동, 노동계급, 그리고 계급적 실천이 자본과 맺는 적대적 관계는 사라진다. 여기에서 자본은 관계가 아니라 대상이 되어 경제학적으로 해석될 뿐이다.

철학적으로 읽기를 지배하는 것도 이와 같은 해석이다. 알튀세르의 이론적 실천은, 경제적 실천이 물질적 원료를 대상으로 생산수단을 사용해서 생산물을 생산하는 것처럼, 세계에 대한 인간의 가상이나 표상(일반성 1)을 대상으로 개념(일반성 2)을 생산수단으로 사용해서 새로운 생산물인 새로운 개념(일반성 3)을 생산하는 활동이다. 이 관점에서 보면 맑스의『자본』은 고전 정치경제학을 대상으로 유물론적 개념을 사용해서 비인간주의적인 새로운 개념을 생산한 철학책이다.『자본』을 철학적으로 읽는 것은『자본』을 대상으로 맑스주의적 개념을 사용해서 자본에 대한 새로운 개념을 생산하는 일이 될 것이다. 결과적으로『자본』 읽기 역시『자본』에 대한 해석으로 설정된다.

정치경제학적 읽기와 철학적 읽기는 모두 생산대상, 생산수단, 생산물을 3대 요소로 하는 자본주의적 '노동'을 모델로 삼는다. 해리 클리버에게서 '정치'는 무엇보다도 이러한 '노동' 모델에 대한 비판이다. 읽기는 해석의 노동이 아니라 변혁의 활동이어야 한다는 것이 그의 생각이기 때문이다. 정치경제학과 철학은 '노동'을 인간이 피할 수 없는 것일 뿐만 아니라 표본으로 삼아야 할 어떤 것으로 이념화한다. 그런데 해리 클리버가 보기에 노동은, 애초에 분리불가능하게 결합되어 하나의 공통장을 구성하고 있었던 생산자와 생산수단을 강제적으로 분리하는 것을 통해 (그리고 나머지 인구의 생산활동을 이 분리의 체제에 종속시키는 것을 통해) 준비된 역사적 산물이다. 생산수단으로부터 폭력적으로 분리된 생산자들이 살아남기 위해 자신의 힘을 생산수단 소유주에게 상품으로 팔지 않으면 안 되도록 강제되는 상황이 노동의 필요조건인 것이다. 그런데 노동이 실제적으로 성립하려면 노동력을 자본가에게 판매한 사람들과 그에 종속된 사람들이 실제로 노동과정에서 노동을 수행해야 한다. 이것은 생산과정에서 자본가의 목표와 생산수단의 리듬에 노동자가 복종할 때에만 가능하다. 이런 의미에서 노동은 전적으로 생산수단 소유자들(즉 자본가들)에 의한 강제의 산물인데 이것이 '정치적으로'의 첫 번째 측면이다. 해리 클리버가 "자본주의는 무엇보다 전 지구적 노동기계이며 우리의 삶을 노동에 끝없이 종속시키는 것에 기반한 사회 시스템"(49쪽)이라고 쓸 때, 그것은 바로 이 측면을 강조하는 것이다.

하지만 자본의 이러한 기획은 결코 전일적이지 않다. 노동을 강제당하는 사람들이 그것을 끊임없이 거부하기 때문이다. 그것은 자신의 힘을 노동력으로 판매하기를 거부하는 것(고용 회피, 도주)에서부터 시작하여, 노동력으로 판매된 후에도 그것을 노동으로 실현하기를 거부하는 행동(파업, 사보타주, 반란과 봉기 등)에 이르기까지 다양한 방식으로 나타난다. 직접 자본에 고용되지 않은 노동자들(예컨대 가사노동자들)도 노동 거부 행동에 나서는데 노동력의 생산과 유지를 위한 그림자 노동을 거부하는 여성들의 출산 거부, 가사노동 거부 등의 투쟁이 대표적이다. 이것이 '정치적으로'의 두 번째 측면이다. 이런 의미에서 노동은 초역사적인 선험범주가 아니라 노동을 강제하려는 자본과 노동을 거부하려는 사람들 사이에서 성립과 해체를 반복하는 역동적인 범주이다. 해리 클리버는 이 두 활동적 계급의 모순적 결합을 계급투쟁이라고 부른다. 즉 정치적으로 읽기란 계급투쟁의 관점에서 읽기와 같은 의미이다.

이런 관점에서 '노동'을 이해할 때 노동가치론은 '노동이 가치의 실체이고 노동시간이 가치의 척도라고 보는 이론'이라고 정의하는 것만으로는 충분히 이해될 수 없다. 추상노동이 가치의 실체가 되는 것은 자본이 사람들에게 노동을 강제하는 데 성공했을 뿐만 아니라 추상적 일반화가 가능할 정도로 그 성공이 보편적이고 일반적으로 되었음을 의미한다. 사회적 필요노동시간이 척도로 정립되는 것 역시 계급투쟁 속에서 노동 강제의 사회적 성공을 고려하지 않고는 사고될 수 없다. 즉 얼핏 보면 순수한 경제적 행위로 보이는 노동이 치열한 정치적 투쟁의 산물인 것이다. 그러므로 노동가치와 가치법칙은 결코 모든 시대에 걸쳐 타당한 보편적 가치론이나 경제법칙으로 규정될 수 없다. 경제적 노동이 정치적 투쟁의 현장이듯이 노동가치와 가치법칙은, 자본이 "사회를 조직하고 우리를 통제하는 근본적인 수단"(47쪽)이자 정치적인 장치이다. 노동에서의 해방을 추구하면서 노동 거부에 나서는 노동계급은 노동의 사회적 강제가 엄연하게 지배적인 현실인 상황에서 노동가치론(노동가치와 가치법칙)을 부인할 수는 없지만, 노동가치론을 자신의 가치이론으로서 윤리적으로 또 실천적으로 지지할 수는 없다. 왜냐하면 노동가치와 가치법칙은 자본이 사람들을 노동의 형식을 통해 자신의 통제 아래에 종속시키고 있는 지배/피지배 관계를 말하고 노동가치론은 그 관계에 대한 설명에 다름 아니기 때문이다. 노동이 가치 실체가 되고 노동시간이 가치 척도로 되는 '노동가치론적 상황'을 타파함으로써만 노동계급은 자본주의를, 그리고 계급으로서의 자기를 해체할 수 있다. 이런 관점에서 보면 노동가치와 가치법칙, 그리고 노동가치론은 노동계급의 노동 거부 투쟁이 일반적인 사회적 강제력과 대안적 발명력을 가지고 성공하면 할수록 그만큼 해체되고 약화되어 위기에 처하고 궁극적으로는 소멸하게 될 특수한 역사적 현상이고 특수한 역사적 이론이다.

3. 노동의 현 상태: 노동의 종말인가 노동의 확장인가?

그렇다면 노동과의 직접적 대면을 축소하면서 즉 직접적인 노동 부과를 축소하면서 전개되는 것처럼 보이는 금융적 축적이 지배적으로 된 오늘날 노동은 과연 끝나고 있는가? 해리 클리버는 자본주의가 노동을 부과할 능력이 축소되고 있다는 다양한 유형의 '노동의 종말' 이론들에 반대하면서 오늘날 정리해고, 비정규직화, 자동화와 노동대체 등에도 불구하고 자본주의적 노동은 이전보다 더 확대되고 더 일반화되고 있다는 입장에 선다. 무엇보다도 제3세계와 노동계급의 힘이 약한 지역으로의 공장과 기업 이전을 통한 임금 육체노동의 전 지구적 확장은 노동계급이 강한 지역에 대한 노동축소를 상쇄하고도 남는 노동 부과 확대의 증거이다. 둘째는 정리해고와 자동화를 통해 감소된 고용과 감소된 임금소득을 보전하기 위해 사람들이 구직노동, 재학습노동, 가사노동 등에 광범위하게 종사하게 됨으로써 나타나는 확대된 비임금 노동이 그 두 번째 증거다. 셋째로 네그리나 비르노가 말하는 임금 및 비임금의 비물질노동의 확산도 노동 부과의 확장과 일반화의 증거이다. 그러므로 자본주의가 노동을 부과할 능력은 감소하거나 종말에 처하기는커녕 더욱 확대되었다는 것이 해리 클리버의 주장이다. 그가 『자본』 1장에 이론적으로 집약되고 1, 2, 3권 전체에 걸쳐 서술된 노동가치론의 현재적 유효성과 설명적 타당성을 여전히 강조하는 것은 이 때문이다.

그는 비물질노동의 확장이 측정불가능성을 가져오고 있다는 견해에도 반대한다. 자본은 여전히 노동과 비노동을 구분하고 노동을 측정하기 위한 측정기준의 확립에 집착하고 있다는 것이다. 이를 통해 그는 노동과의 대면이 없는 것처럼 보이는 신자유주의적인 금융적 축적이 실제로는 노동을 삶 전체로 일반화하는 계기로 작용하고 있다는 사실에 주의를 돌리고자 한다. 주의해야 할 것은, 자본이 노동을 삶 전체로 일반화하고 있지만 이것이 노동과 비노동을 구분할 수 없는 상황을 가져오고 있지는 않다는 것이다. 자본이 비노동으로부터 노동을 구별하면서 노동의 부과를 위해 광분하고 있는 만큼, 노동도 무엇이 자본을 위한 노동이고 무엇이 자기가치화를 위한 비노동인지를 구별하는 것은 지금도 가능하다는 것이다. 따라서 노동이 삶 전체로 일반화되는 상황이란 과거의 비판이론이나 포스트모더니즘이 주장했듯이 더 이상 저항이나 혁명, 즉 노동 거부가 불가능한 상황의 도래가 결코 아니다. 해리 클리버는 금융화와 신용에 의한 노동의 재구성과 확장이 지난시기 노동 거부 투쟁의 강화에 대한 자본의 대응(투자 파업, 정리해고, 높은 실업, 경찰 억압, 군사 억압, 금융 구제비용의 전가, 정부 서비스 삭감과 긴축부과 등)의 결과로서 출현한 만큼, 이 새로운 상황을 노동 거부와 자기가치화 투쟁의 가일층의 확산과 일반화를 통해 타개해 나가야 할 상황으로 이해하는 것이 필요하다고 말한다.

4. '노동폐지'의 길과 공통장

맑스의 자본주의 분석이 비자본주의 사회를 지향했던 것과 마찬가지로, 해리 클리버의 노동가치론이 노동이 없고 노동가치론도 적용되지 않는 사회를 지향한다는 것은 분명하다. 금융자본의 지배와 투기화, 그리고 만연된 금융 위기를 고려할 때 그것이 금융투기에 대한 규제와 같은 일련의 개혁 조치를 포함하는 것은 당연하다. 하지만 궁극적으로 그것은 화폐와 금융을 매개로 삶을 노동에 종속시키는 부르주아적 사회조직화의 폐기로 나아가야 한다. 해리 클리버는 '2012년 독일어판' 서문에서 이러한 방향의 핵심이 상품화, 화폐, 금융이 지배하는 공간인 시장으로부터 독립적인 공통장commons의 발명이라는 생각을 내놓는다. 이것은 (신)자유주의 및 사회(민주)주의, 그리고 파시즘 — 이 세 가지 통치형태가 본질적으로 근대 자본주의의 세 가지 역사적 발현 형태라는 점은 최근에 와서 널리 인지되고 있다 — 과는 다른 방향에서 미래 사회의 대안을 찾는 사람들 사이에서 폭넓게 수렴되고 있는 생각의 하나다. 클리버는 기존 사회에서 발견되는 공통장의 사례로 공유지를 보존하고 확보하여 자치적 문화 활동의 기반으로 삼는 투쟁, 공동체 농장이나 사회센터와 같은 자치공간 확보 투쟁, 도시농업이나 수경재배처럼 새로운 테크놀로지를 자치적으로 이용하려는 노력, 인터넷에서의 정보·지식·음악·예술·경험의 자유로운 공유, 공통장을 전유하여 축적의 도구로 삼고 공통장의 성장을 저지하려는 자본의 지적재산권 기획을 무력화하려는 투쟁, 타흐리르 광장이나 주코티 공원에서 벌어진 점거투쟁처럼 인클로저를 역전시키는 작은 공통장들의 창출, 그리고 사빠띠스따들이 보여 주었던 자기가치화 투쟁 등을 예시한다.

이 사례들은 맑스에 대한 자율주의적 전유 운동들이 역사 속에서 상상하고 실험해 왔던 것들에 다름 아니다. 여기서 우리는 해리 클리버가 『자본』 읽기의 역사에서 정치경제학적 읽기, 철학적 읽기와는 구별되는 독특한 정치적 읽기의 흐름을 추출해 내고 그것에 '자율주의적 맑스주의'라는 이름을 붙인 사람임에 주목하게 된다. 그 흐름은 C. L. R. 제임스와 라야 두나예프스카야의 존슨-포리스트 운동, 카스토리아디스의 『사회주의인가 야만인가』 그룹, 그리고 이탈리아의 오뻬라이스모 운동 및 아우또노미아 운동에 두루 걸쳐 있는 흐름이다. 이 흐름이 1968혁명으로 대표되는 20세기 후반의 전 지구적 운동의 이론적·정치적 표현임은 주지의 사실이다. 이 흐름은 1980년대에 DIY(Do It Yourself) 운동으로 잠복했다가 1990년대 초 사회주의의 해체 이후의 반신자유주의 투쟁을 자극한 사빠띠스따 봉기로 폭발한 후 학생, 청년, 비정규직노동자, 실업자, 이민자, 여성, 농민, 원주민, 성소수자, 난민 등 여러 비보장 집단들에 기초한 다양한 형태의 투쟁들로 발전해 왔다. 2008년과 2016년의 촛불투쟁이 한국에서의 다양한 투쟁들의 하나의 종합 국면이었듯이 2011년의 전 지구적 반란은 이 전 지구적 자율 투쟁들의 하나의 종합 국면이었다고 할 수 있다. 이제 노동 거부 및 노동폐지 운동은 현존하는 이 역사적 투쟁들이 그려낸 궤적 위에서 현존하는 공통장들의 보존과 새로운 공통장(들)의 구축이라는 이중 과제에 직면하고 있다.

5. 덧붙여

1978년에 영어로 처음 발행되었던 해리 클리버의 이 책은 이 역사적 과정의 소용돌이 속에서 끊임없이 다시 주목되었고 여러 나라 언어로 번역되거나 재출간되었다. 영어로는 2000년에 개정판이 출간되었으며 번역된 언어들은 스페인어(1981, 멕시코), 한국어(1986), 스웨덴어(2007), 터키어(2008), 폴란드어(2011), 독일어(2012), 그리스어(2017) 등 7개 언어이고 2012년에는 인도에서도 영어로 출판되었다. 이 책의 출판 역사에서 주목할 것은 초판이 멕시코와 한국과 같은 당대의 제3세계권을 중심으로 출판되었음에 반해 개정판은 중동, 동구, 서아시아, 북유럽, 남유럽 등 세계의 폭넓은 지역에서 출판되었다는 사실이다. 그리고 출판 초기보다 2000년대 이후에 이 책이 세계인들의 더 광범위한 관심을 끌고 있다는 점도 주목할 만한 사실이다. 1986년 전두환 독재체제하에서 이 책의 초판이 한국어로 번역되었지만(한웅혁 옮김, 풀빛) 정통 맑스레닌주의 전통을 비판하고 자율주의적 맑스주의 흐름을 새롭게 발견하고 구축하려 한 이 책은 두 가지의 장애에 직면했다. 하나는 전두환 정권의 법적 금서 지정이며 또 하나는 당시의 주류 운동이었던 정통 맑스레닌주의 운동과 주체사상이 만들어 낸 정치적 기피다. 이후 1990년대 소련의 해체와 신좌파적 관심의 부상이 이 책을 수용할 수 있는 긍정적 환경을 만들어 냈지만 이번에는 새로운 장애가 나타났는바, 책의 절판이 그것이다. 내가 비운의 이 책을 다시 번역 출판하기로 마음먹은 것은 첫째로는 1990년대 초에 이 책이 나의 자율주의적 전환 과정에서 미친 결정적으로 중요한 영향 때문이며, 둘째로는 맑스 탄생 200주년을 맑스에 대한 회의로 맞이하는 청산주의적 시류를 거부하면서 지금 필요한 것은 맑스 청산이 아니라 오히려 맑스를 '어떻게' 읽을 것인가에 있음을 환기시키고 싶었기 때문이다. 이런 취지에 따라 *Reading* Capital *Politically*(『자본』을 정치적으로 읽기)를 『자본을 어떻게 읽을 것인가 : 정치경제학적 읽기, 철학적 읽기를 넘어 정치적 읽기로』로 고쳐 출판하는 이 책은, 2000년 영어개정판을 새로이 완역한 후, 특히 최근의 정치적 상황과 이론적 지형 속에서 이 책이 갖는 지위와 의미에 대한 포괄적이고 요약적인 서술을 담은 장편 서문인 독일어판 서문, 그리고 문재인 정부의 등장 속에서 한국 독자들에게 이 책(의 노동가치론)이 갖는 특별한 의미를 담은 한국어판 서문을 포함했다. 이로써 한국어는 초판과 개정판을 모두 번역 출판한 첫 번째 언어가 되었다. 해리 클리버는 초판 저술 후 40여 년이 지난 지금도 처음의 문제의식을 지속하면서 『자본』 전 권에 대한 '정치적으로 읽기'를 지속하고 있는바, 지금 출간을 준비 중인 *Reading Capital Politically, Chapter by Chapter*는 1권 전체에 대해서 정치적으로 읽기를 시도하고 있다.

　끝으로 이 책의 발간을 계기로 1990년대 초 이후 이 책을 텍스트로 하여 (특히 『자본』과 『정치경제학 비판 요강』을 읽을 때 오픈 텍스트로) 여러 차례 열었던 강의와 세미나들에 참여했던 사람들과 당시의 토론들을 기억하고 싶다. 또 번역 초고를 미리 읽고 유익하고 꼼꼼한 수정제안들을 해 준 유연주 님에게 고마움을 전한다. 1998년, 세계에서 한국어로 처음 출판된 『사빠띠스따』(이원영·서창현 옮김, 갈무리)의 출판 과정에서 협력을 아끼지 않았고, 『신자유주의와 화폐의 정치』(이원영 옮김, 갈무리, 1999) 발간 전후의 〈IMF〉 위기 상황에서 한국을 방문해 '외채 상환 거부'를 주제로 한 강연을 해 주었으며 이 책의 개정판 번역을 기꺼이 허락하고 독려하면서 바쁜 중에도 한국어판을 위한 시의성 있는 서문을 집필해 준 저자 해리 클리버께 감사드린다. 이 책의 발행에서뿐만 아니라 그 후에도 지속될 신은주, 김정연, 조문영, 김하은 님의 숨은 노고에도 미리 감사드린다. 아무쪼록 이 책이 앞으로 『자본』을 읽을 독자들에게 읽기의 길잡이가 되고 또 이미 『자본』을 읽은 독자들이 『자본』을 다시 생각하는 계기가 될 수 있기를 바란다.

2018년 11월 13일

조정환

:: 참고문헌

1979년에 이 책이 처음 출간된 이후에 어떤 책들은 영어로 처음으로 출판되거나 번역되었고, 또 어떤 책들은 단순히 재출간되기도 했다. 지금은 찾기 힘든 잡지에 실렸던 어떤 논문들은 새로운 선집에 수록되어 재출간되기도 했다. 이러한 사실들을 반영하기 위해 우리는 [이 책의] 참고문헌을 갱신하고자 했다. 아울러 이 참고문헌에는 새로운 [영어 개정판] 서문에 언급된 자료들도 포함시켰다. 통상적인 인쇄 단행본, 잡지 또는 팸플릿에 실린 것 외에, 많은 텍스트들이 스캔되어 [자율주의적 맑스주의 텍사스] 컴퓨터 아카이브에 업로드되었고 더 많은 텍스트들이 계속해서 추가되고 있다. 그리고 아래에 [M]으로 표시된 문헌들은 맑스주의 인터넷 아카이브(Marxists Internet Archive)에서 전자 방식으로 이용 가능한 것들이다.(이 책 379쪽의 '인터넷 자료'를 참조하라).

Adelman, Irma. *Theories of Economic Growth and Development*, Stanford: Stanford University Press, 1961.

Adler, Jerry. 'Employee Thievery: A $6 Billion Hand in the Till', *Sunday News Magazine of the New York Daily News* (September 11), 1977:13.

Agbon, Ezielen. *Class and Economic Development in Nigeria 1900-1980*, Ph.D. Dissertation, University of Texas at Austin, 1985.

Alquati, Romano. *Sulla Fiat e Altri Scritt*i, Milan: Feltrinelli Editore, 1975.

Althusser, Louis. *Éléments d'autocritique*, Paris: Hachette, 1974. [Trans. Grahame Lock, Essays in Self-Criticism, London: New Left Books, 1976.]

_____. *For Marx*, New York: Vintage Books, 1970. [Blackwell: Verso, 1996.] [루이 알튀세르, 『마르크스를 위하여』, 서관모 옮김, 후마니타스, 2017.]

_____. and Etienne Balibar. *Reading Capital*, London: New Left Books, 1970. [Blackwell: Verso, 1998.] [루이 알튀세르·에티엔 발리바르, 『자본론을 읽는다』, 김진엽 옮김, 두레, 1991.]

Amin, Samir. *The Accumulation of Capital on a World Scale*, New York: Monthly Review Press, 1974. [사미르 아민, 『세계적 규모의 자본축적』 1~2, 김대환·윤진호 옮김, 한길사, 1986.]

Anderson, Perry. *Considerations on Western Marxism*, London: New Left Books, 1976. [페리 앤더슨, 『서구 마르크스주의 읽기』, 류현 옮김, 이매진, 2003.]

Baldi, Guido. 'Theses on Mass Worker and Social Capital', *Radical America* 6:1 (May-June) 1972:3-21.

Baran, Paul. *The Political Economy of Growth*, New York: Monthly Review Press, 1956. [폴 A. 바란, 『성장의 정치경제학』, 김윤자 옮김, 두레, 1984.]

_____. and Paul Sweezy. *Monopoly Capital*, New York: Monthly Review Press, 1964.

Baudrillard, Jean. *The Mirror of Production*, St. Louis:Telos Press, 1975. [St. Louis:Telos Press, 1983.] [장 보드리야르, 『생산의 거울』, 배영달 옮김, 백의, 1994.]

Bauer, Anne and Harry Cleaver. 'Minority Report on the Stanford Research Institute', in Charles Perrow (ed.) *The Radical Attack on Business*, New York:Harcourt Brace Jovanovich, 1972.

Baumol, William. *Economic Dynamics*, 2nd ed., New York:Macmillan, 1959. [3rd ed., New York:Macmillan and London:Collier-Macmillan, 1970.]

Bell, Peter F. 'Marxist Theory, Class Struggle and the Crisis of Capitalism', in Jesse Schwartz (ed.) *The Subtle Anatomy of Capitalism*, Santa Monica:Goodyear, 1977:170-194.

Bernstein, Eduard. *Evolutionary Socialism*, New York:Schocken Books, 1961.

Bettleheim, Charles. *Class Struggles in the USSR*, New York:Monthly Review Press, 1976.

Boddy, R. and J. Crotty. 'Class Conflict, Keynesian Policies, and the Business Cycle', *Monthly Review* 26:5 (October), 1974:10-17.

Bologna, Sergio. 'Class Composition and the Theory of the Party at the Origin of the Workers-Councils Movement', *Telos* 13 (Fall) 1972:14-21. [In *The Labour Process and Class Strategies*, CSE Pamphlet, no. 1, London:Stage 1, 1976:68-91.]

_____. 'Questions of Method for Analysis of the Chemical Plan', translated by Big Flame (England) from *Quaderni Piacentini*, January 1973.

_____, P. Carpignano and A. Negri. *Crisi e Organizzazione Operaia*, Milan:Feltrinelli Editore, 1974.

_____, G. P. Rawick, M. Gobbini, A. Negri, L. Ferrari Bravo and F. Gambino. *Operai e Stato*, Materiali Marxisti, Milan:Feltrinelli Editore, 1972.

Bonefeld, Werner and John Holloway. (eds.) *Global Capital, National State and the Politics of Money*, London:MacMillan, 1995. [워너 본펠드·존 홀러웨이 엮음, 『신자유주의와 화폐의 정치』, 이원영 옮김, 갈무리, 1999.]

Bowles Samuel and Herbert Gintis. *Schooling in Capitalist America*, New York:Basic Books, 1976. [보울즈·진티스, 『자본주의와 학교교육』, 이규환 옮김, 사계절, 1986.]

Braverman, Harry. *Labor and Monopoly Capital:The Degradation of Work in the Twentieth Century*, New York:Monthly Review Press, 1974 [해리 브레이버맨, 『노동과 독점자본』, 강남훈·이한주 옮김, 까치, 1987.]

Bronfenbrenner, Martin. 'Radical Economics in America:A 1970 Survey', *Journal of Economic Literature* 8:3 (September) 1970:747-766.

Bukharin, Nikolai. 'Imperialism and the Accumulation of Capital', in K. Tarbuck (ed.) *The Accumulation of Capital — an Anti-Critique*, New York:Monthly Review Press, 1972.

_____. *Imperialism and the World Economy*, New York:Monthly Review Press, 1973. [니콜라이 부하린, 『세계경제와 제국주의』, 최미선 옮김, 책갈피, 2018.]

Caffentzis, George. *Clipped Coins, Abused Word and Civil Government:John Locke's Philosophy of Money*, Brooklyn:Autonomedia, 1989.

Carlo, Antonio. 'Lenin on the Party', *Telos* 17 (Fall) 1973:2-40.

Carnoy, Martin. *Education as Cultural Imperialism*, New York:David McKay, 1974.

Carpignano, Paolo. 'U.S. Class Composition in the 1960s', *Zerowork* 1 (December) 1975:7-31.

Castoriadis, Cornelius. 'From Bolshevism to the Bureaucracy', *Our Generation* 12:2 (Fall) 1977:43-54.

_____.'An Interview with C. Castoriadis', *Telos* 23 (Spring) 1975:13 1-155. (In David Ames Curtis (ed.) *The Castoriadis Reader*, Oxford & Malden, MA:Blackwell, 1997:1-34.)

Cleaver, Harry. 'The Chiapas Uprising:The Future of Class Struggle in the New World Order', *Riff-Raff* (marzo) 1994 (in Italian) and *Common Sense* 15 (April) 1994 (in English). [해리 클리버, 「치아빠스 봉기와 신세계 질서 속에서의 계급 투쟁의 미래」, 『사빠띠스따』, 이원영·서창현 옮김, 갈무리, 1998.]

_____.'Close the IMF, Abolish Debt and End Development:A Class Analysis of the International Debt Crisis', *Capital & Class* 39, (Winter) 1989.

_____.'Computer-linked Social Movements and the Global Threat to Capitalism', draft at http://www.eco.utexas.edu/faculty/Cleaver/hmchtmlpapers.html.

_____.'Food, Famine and the International Crisis', *Zerowork* 2 (Fall) 1977:7-70.

_____.'The Internationalization of Capital and the Mode of Production in Agriculture', *Economic and Political Weekly*, March 27, 1976:A2-A16.

_____.'The Inversion of Class Perspective in Marxian Theory:from Valorization to Self-valorization', in Werner Bonefeld, R. Gunn and K. Psychopedis (eds.) *Open Marxism* Vol. II, London:Pluto Press, 1992. [해리 클리버, 「마르크스주의 이론에 있어서의 계급 관점의 역전」, 『사빠띠스따』, 이원영·서창현 옮김, 갈무리, 1998.]

_____.'Karl Marx:Economist or Revolutionary?', in Suzanne W. Helburn and David F. Bramhall (eds) *Marx, Schumpeter and Keynes*, Armonk:M.E.Sharpe, 1986.

_____.'Kropotkin, Self-valorization and the Crisis of Marxism', *Anarchist Studies*, (Lancaster, UK) 2, 1994.

_____.'Malaria, the Politics of Public Health and the International Crisis', *Review of Radical Political Economy* 9:1 (Spring) 1977:81-103.

_____.'Marxist Categories, the Crisis of Capital and the Constitution of Social Subjectivity Today', *Common Sense* 14, October 1993. [해리 클리버, 「맑시언의 범주들, 자본의 위기, 그리고 오늘날의 사회적 주체성 구성」, 『탈정치의 정치학』, 김의연 옮김, 갈무리, 2014.]

_____.'Nature, Neoliberalism and Sustainable Development:Between Charybdis & Scylla', in Allessandro Marucci (ed.) *Camminare Domandando:La rivoluzione zapatista*, Roma:DeriveApprodi, 1999, in Italian;in English at http://www.eco.utexas.edu/faculty/Cleaver/hmchtmlpapers.html.

_____.*The Origins of the Green Revolution*, Ph.D. Dissertation. Stanford University, 1975.

_____.'The Subversion of Money-as-command in the Current Crisis', in Werner Bonefeld and John Holloway (eds.) *Global Capital, National State and the Politics of Money*, London:MacMillan, 1995. [해리 클리버, 「현재의 위기에서 명령-으로서의-화폐의 전복」, 『신자유주의와 화폐의 정치』, 워너 본펠드·존 홀러웨이 엮음, 이원영 옮김, 갈무리, 1999.]

_____. 'Supply-side Economics:The New Phase of Capitalist Strategy in the Crisis', in *Babylone*, 1981 and *Metropoli*, 1981.

_____. 'Technology as Political Weaponry', in Robert S. Anderson, Paul R. Brass, Edwin Levy and Barrie M. Morrison (eds.) *Science, Politics and the Agricultural Revolution in Asia*, Boulder:Westview, 1981.

_____. 'Theses on Secular Crises in Capitalism:The Insurpassability of Class Antagonisms', in C. Polychroniou and H. R. Targ (eds.) *Marxism Today:Essays on Capitalism, Socialism and Strategies for Social Change*, Wesport:Praeger, 1996.

_____. 'The Uses of an Earthquake', *Midnight Notes* 9 (May) 1988. [해리 클리버, 「지진의 활용」, 『사빠띠스따』, 이원영·서창현 옮김, 갈무리, 1998.]

_____. 'The Zapatista Effect:The Internet and the Rise of an Alternative Political Fabric', *Journal of International Affairs*, 51:2 (Spring), 1998.

_____. 'The Zapatistas and the Electronic Fabric of Struggle', in John Holloway and Eloina Pelaez (eds.) *Zapatista!*, London:Pluto, 1998. [해리 클리버, 「사빠띠스따들과 투쟁의 전자적 직조 구조」, 『사빠띠스따』, 이원영·서창현 옮김, 갈무리, 1998.]

_____. and Peter Bell. 'Marx's Theory of Crisis as a Theory of Class Struggle', *Research in Political Economy* 5 (JAI Press, Greenwich), 1982.

Cleaver, William. 'Wildcats in the Appalachian Coal Fields', *Zerowork* 1 (December) 1975:113-126. [In Midnight Notes, *Midnight Oil:Work, Energy, War, 1973-1992*, Brooklyn:Autonomedia, 1992:169-183.]

Clecak, Peter. *Radical Paradoxes:Dilemmas of the American Left, 1945-1970*, New York:Harper and Row, 1974.

Cogoy, Mario. 'The Fall of the Rate of Profit and the Theory of Accumulation of Capital:A Reply to Paul Sweezy', *Bulletin of the Conference of Socialist Economists* (Winter) 1973:52-67.

_____. 'Les Théories neo-Marxistes, Marx et l'accumulation du capital', *Les Temps Modernes*, 314-315 (September-October), 1972:396-426.

Cohen, Jean. 'Review of Agnes Heller, The Theory of Need in Marx', *Telos* 33 (Fall) 1977:170-184.

Colletti, Lucio. *From Rousseau to Lenin*, New York:Monthly Review Press, 1972. [Translated from the Italian by John Merrington and Judith White;London:New Left Books, 1976.]

Council of Economic Advisors. *The Economic Report of the President:1978*, Washington, D.C.:Government Printing Office, January 1978.

Dalla Costa, Mariarosa and Selma James. *The Power of Women and the Subversion of the*

Community, Bristol:Falling Wall Press, 1972. 〔Reprinted in Ellen Malos (ed.) *The Politics of Housework*, London:Allison & Busby, 1980:160-195.〕 [마리아로사 달라 꼬스따, 「여성권력과 공동체의 전복」, 『달라 꼬스따 선집』(가제), 김현지·이영주 옮김, 갈무리, 근간.]

De Angelis, Massimo. *Keynesianism, Social Conflict and Political Economy*, London:Macmillan, 2000.

_____. 'Intervista a Harry Cleaver', *Vis à Vis:Quaderni per l' autonomia di classe* (Italy) 1 (autumno) 1993;in English at http://www.goecities.com/CapitolHill/3843/cleaver.html.

Demac, Donna and Philip Mattera. 'Developing and Underdeveloping New York:The "Fiscal Crisis" and the Imposition of Austerity', *Zerowork* 2, 1977.

Domhoff, William. *The Higher Circles*, New York:Vintage Books, 1971.

Dragstedt, Albert. (ed.) *Value:Studies by Karl Marx*, New York:Labor Publications, 1976.

Dunayevskaya, Raya. *For the Record:the Johnson-Forest Tendency or the Theory of State-Capitalism, 1941-51:Its Vicissitudes and Ramifications*, Detroit:News and Letters Committee, 1972.

_____. *The Original Historical Analysis:Russia as State Capitalist Society* (1942), Detroit:News and Letters Committee, 1973.

_____. *Philosophy and Revolution*, Detroit:News and Letters Committee, 1973. 〔2nd ed. With new introduction by author, New Jersey:Humanities Press & Brighton:Harvester c1982.〕

Dynes, Russell and E. L. Quarantelli. 'What Looting in Civil Disturbances Really Means', *Transaction Magazine* 5:6 (May) 1968:9-14.

Edmond, Wendy and Suzie Fleming. (eds.) *All Work and No Pay:Women, Housework and the Wages Due*, Bristol:Falling Wall Press, 1975.

Engels, Friedrich. *Anti-Dühring:Herr Eugen Dühring's Revolution in Science*, New York:International Publishers, 1970. 〔M〕 [프리드리히 엥겔스, 『반듀링론 — 오이겐 듀링씨의 과학혁명』, 김민석 옮김, 새길아카데미, 2012.]

_____. *Dialectics of Nature*, New York:International Publishers, 1960. 〔M〕 [프리드리히 엥겔스, 『자연변증법』, 윤형식·한승완·이재영 옮김, 중원문화, 2007.]

_____. *Ludwig Feuerbach*, New York:International Publishers, 1935. 〔M〕 [프리드리히 엥겔스, 『포이어바흐론』, 김재용 옮김, 새날, 1990.]

Fann, K. T. and D. C. Hodges. (eds.) *Readings in U.S. Imperialism*, Boston:Porter Sargent, 1971.

Federici, Silvia. *Wages against Housework*, Bristol:Falling Wall Press, 1975. 〔Reprinted in Ellen Malos (ed.) *The Politics of Housework*, Allison & Busby, London 1980.〕

Frank, Andre Gunder. *Capitalism and Underdevelopment in Latin America*, New York:Monthly Review Press, 1969.

_____. *Lumpenbourgeoisie:Lumpendevelopment*, New York:Monthly Review Press, 1972.

_____.'Not Feudalism — Capitalism', *Monthly Review* (December) 1963:468-478.

Gambino, Ferrucio. 'Workers' Struggles and the Development of Ford in Britain', *Bulletin of the Conference of Socialist Economists* (March) 1976:1-18.

George, François. 'Reading Althusser', *Telos* 7 (Spring) 1971:73-98.

Glaberman, Martin. *Classe Operaia, Imperialismo e Rivoluzione negli USA*, Torino: Musolini Editore, 1976.

_____.*Punching Out*, Detroit: Correspondence Publishing Committee, 1952.

_____. *Union Committeemen and Wild Cat Strikes*, Detroit: Correspondence Publishing Committee, 1955.

Glyn, A. and B. Sutcliffe. *British Capitalism, Workers and the Profits Squeeze*, Harmondsworth: Penguin Books, 1972.

Gordon, David. 'Recession Is Capitalism as Usual', *New York Times Magazine*, (April 27), 1975.

Grossman, Henryk. *Die Akkumulations und Zusammenbruchsgesetz des Kapitalistischen Systems*, Leipzig, 1929. [Abridged, English translation (trans. Jairus Banaji), *The Law of Accumulation and Breakdown of the Capitalist System*, London: Pluto, 1992.]

_____.'Marx, Classical Political Economy and the Problem of Dynamics', *Capital and Class* 2 (Summer) 1977:32-55.

Gurley, John G. 'Unemployment and Inflation', *Monthly Review* 29:7 (December) 1977:23-29.

Habermas, Jürgen. *Legitimation Crisis*, (translated by Thomas McCarthy), London: Heinemann Educational, 1976; Cambridge: Polity, 1988.

Hart, B. H. Liddell. *Strategy*, 2nd ed., New York: New American Library, 1974.

Hay, Douglas, Peter Linebaugh, John Rule, E.P. Thompson and Cal Winslow. *Albion's Fatal Tree:crime and society in eighteenth-century England*, Harmondsworth: Penguin and New York, Pantheon, 1975.

Heckman, John. 'Hyppolite and the Hegel Revival in France', *Telos* 16 (Summer) 1973:128-145.

Hegel, G. W. F. *Hegel's Logic*, translated by William Wallace, Oxford: Clarendon Press, 1975. [M] [게오르그 빌헬름 프리드리히 헤겔, 『헤겔의 논리학』, 전원배 옮김, 서문당, 2018.]

Hilferding, Rudolf. *Das Finanzkapital*, Vienna: Brand, 1910. [In English as *Finance Capital* (translated by Morris Watnick and Sam Gordon, edited and introduced by Tom Bottomore), London: Routledge & Kegan Paul, 1981.] [루돌프 힐퍼딩, 『금융자본론』, 김수행·김진엽 옮김, 비르투, 2011.]

Horowitz, David. (ed.) *Marx and Modern Economics*, New York: Monthly Review Press, 1968.

Horkheimer, Max. 'The Authoritarian State', *Telos* 15 (Spring) 1973:3-20.

Howard, Dick. 'Introduction to Castoriadis', *Telos* 23 (Spring)1975:117-130.

Hung Hsueh-ping. 'The Essence of "Theory of Productive Forces" Is to Oppose Proletarian Revolution', *Peking Review* (September) 19, 1969:5-8.

Jacoby, Russell. 'The Politics of the Crisis Theory : Towards the Critique of Automatic Marxism II', *Telos* 23 (Spring) 1975:3-52.

James, C. L. R. Special Issue, *Radical America* 4:4 (May) 1974.

_____. *Notes on Dialectics : Hegel, Marx, Lenin*, Westport : Lawrence Hill, 1980.

_____. (in collaboration with Raya Dunayevskaya and Grace Lee), *State Capitalism and World Revolution*, Detroit : Facing Reality Publishing Committee, 1950. [Chicago : C. H.Kerr, 1986.]

James, Selma. *Sex, Race and Class*, Bristol : Falling Wall Press, 1975.

_____. 'Women, the Unions and Work, or ⋯ What Is Not to Be Done', *Radical America* 7:4-5 (July-October) 1973:51-72.

Kalecki, Michael. *Essays in the Theory of Economic Fluctuations*, New York : Farrar and Rinehart, 1939.

_____. *Studies in Economic Dynamics*, Toronto : Farrar and Rinehart, 1944.

_____. *Theory of Economic Dynamics : An Essay on Cyclical and Long-Run Changes in Capitalist Economy*, New York : Monthly Review Press, 1968.

Kautsky, Karl. *La Question Agraire*, Paris : Maspero, 1970. [칼 카우츠키, 『농촌 문제』, 이승무 옮김, 지만지, 2015.]

Kellner, Douglas. 'Korsch's Revolutionary Historicism', *Telos* 26 (Winter) 1975-1976:70-93.

Kidron, Michael. *Capitalism and Theory*, London : Pluto Press, 1974.

_____. *Western Capitalism since the War*, revised ed., Harmondsworth : Penguin Books, 1970.

Laclau, Ernesto. 'Feudalism and Capitalism in Latin America', *New Left Review* 67, 1971:19-38.

Lafargue, Paul. *The Right to Be Lazy*, Chicago : Charles H. Kerr, 1975. [M] [폴 라파르그, 『게으를 수 있는 권리』, 조형준 옮김, 새물결, 2005.]

Lanzardo, Dario. 'Intervento Socialista nella lotta operaia : l'Inchiesta Operaia di Marx', *Quaderni Rossi* 5:1-30.

Lefort, Claude. 'An Interview with Claude Lefort', *Telos* 30 (Winter) 1976-1977:173-192.

_____. 'What Is Bureaucracy?', *Telos* 22 (Winter) 1974-1975.

Lenin, V. I. 'The Development of Capitalism in Russia', in *Collected Works*, Vol. 3. Moscow : Progress Publishers, 1972. [M] [V. I. 레닌, 『러시아에 있어서 자본주의의 발전』, 김진수 옮김, 백의, 1988.]

_____. *The Immediate Tasks of the Soviet Government*, Moscow : Progress Publishers, 1970. [레닌, 「소비에트 정부의 당면임무」, 『민중민주주의 경제론』, 백승욱 옮김, 백의, 1990.]

_____. *Imperialism, the Highest Stage of Capitalism*, New York : International Publishers, 1939. [M] [블라디미르 일리치 레닌, 『제국주의, 자본주의의 최고 단계』, 이정인 옮김, 아

고라, 2017.]

Leontiev, A. *Political Economy:A Beginner's Course*, San Francisco:Proletarian Publishers, 1974.

Lewis, W. A. 'Economic Development with Unlimited Supplies of Labor', *Manchester School* (May) 1954:139-191.

Liebich, Andre. 'Socialisme ou Barbarie, a Radical Critique of Bureaucracy', *Our Generation* 12:2 (Fall) 1977:55-62.

Linebaugh, Peter. *The London Hanged*, London:Penguin, 1991.

_____. and Bruno Ramirez. 'Crisis in the Auto Sector', *Zerowork* 1 (December) 1975:60-84. [In Midnight Notes, *Midnight Oil:Work, Energy, War, 1973-1992*. Brooklyn:Autonomedia, 1992:143-168.]

_____. and Marcus Rediker. 'The Many-Headed Hydra', in Ron Sakolsky and James Koehnline (eds.) *Gone to Croatan:Origins of North American Dropout Culture*, Brooklyn:Autonomedia, 1993

_____. and _____. *The Many-Headed Hydra:Sailors, Slaves, Commoners*. Boston:Beacon Press, 2001 [피터 라인보우·마커스 레디커, 『히드라 — 제국과 다중의 역사적 기원』, 정남영·손지태 옮김, 갈무리, 2008.]

Lucas de Rouffignac, Ann. *The Contemporary Peasantry in Mexico*, New York:Praeger, 1985.

Luxemburg, Rosa. *The Accumulation of Capital*, New York:Monthly Review Press, 1968 [로자 룩셈부르크, 『자본의 축적 1, 2』, 황선길 옮김, 지식을만드는지식, 2013.]

_____. *Reform or Revolution*, New York:Pathfinder Press, 1970. [M] [로자 룩셈부르크, 『사회 개혁이냐 혁명이냐』, 송병헌·김경미 옮김, 책세상, 2002.]

Mandel, Ernest. *Late Capitalism*, London:New Left Books, 1975 [에르네스트 만델, 『후기자본주의』, 이범구 옮김, 한마당, 1985.]

_____. 'The Laws of Uneven Development', *New Left Review* (January-February) 1970:19-38.

_____. *Marxist Economic Theory*, New York:Monthly Review Press, 1970.

_____. 'Where is America going?" in K. T. Fann and D. C. Hodges (eds.) *Readings in U.S. Imperialism*, Boston:Porter Sargent, 1971.

Marazzi, Christian. 'Money in the World Crisis:The New Basis of Capitalist Power', *Zerowork* 2 (Fall) 1977:91-112. [Reprinted in Werner Bonefeld & John Holloway (eds.) *Global Capital, National State and the Politics of Money*, London:Macmillan, 1995:69-91.] [크리스띠안 마랏찌, 「4장 세계위기에서의 화폐:자본주의 권력의 새로운 기초」, 『신자유주의와 화폐의 정치』, 워너 본펠드·존 홀러웨이 엮음, 이원영 옮김, 갈무리, 1999.]

Marcuse, Herbert. *Counterrevolution and Revolt*, Boston:Beacon Press, 1972 [헤르베르트 마르쿠제, 『반혁명과 반역』, 박종렬 옮김, 풀빛, 1984.]

_____. *An Essay on Liberation*, Boston:Beacon Press, 1969 [헤르베르트 마르쿠제, 『해방론』, 김택 옮김, 울력, 2004.]

_____. *One Dimensional Man*, Boston:Beacon Press, 1964. 〔With a new introduction by Douglas Kellner, Boston:Beacon Press, 1991.〕 [헤르베르트 마르쿠제, 『일차원적 인간』, 박병진 옮김, 한마음사, 2009.]

Marramao, Giacomo. 'Political Economy and Critical Theory', *Telos* 24 (Summer) 1975:56-80.

Marx, Karl. *Capital*, Vol. I, edited by Friedrich Engels, translated by Samuel Moore and Edward Aveling. New York:International Publishers, 1967. 〔M〕 [카를 마르크스, 『자본론 1 − 상, 하』, 김수행 옮김, 비봉출판사, 2015.]

_____. *Capital*, Vol. I, translated by Ben Fowkes, London:Penguin Books, 1976. [카를 마르크스, 『자본론 1 − 상, 하』, 김수행 옮김, 비봉출판사, 2015.]

_____. *Capital*, Vols. II and III. Edited by Friedrich Engels. New York:International Publishers, 1967. 〔M〕 [카를 마르크스, 『자본론 2』, 『자본론 3 − 상, 하』, 김수행 옮김, 비봉출판사, 2015.]

_____. 'The Civil War in France', in *The First International and After*, edited by David Fernbach, New York:Vintage Books, 1974. 〔M〕 [카를 마르크스, 「프랑스 내전」, 『프랑스 혁명사 3부작』, 임지현·이종훈 옮김, 소나무, 2017.]

_____. *A Contribution to the Critique of Political Economy*, New York:International Publishers, 1970. 〔M〕 [칼 마르크스, 『정치경제학비판을 위하여』, 김호균 옮김, 중원문화, 2017.]

_____. 'The Eighteenth Brumaire of Louis Bonaparte', in *Surveys from Exile*, edited by David Fernbach, New York:Vintage Books, 1974. 〔M〕 [카를 마르크스, 「루이 보나파르트 브뤼메르 18일」, 『프랑스 혁명사 3부작』, 임지현·이종훈 옮김, 소나무, 2017.]

_____. *Grundrisse*, translated by Martin Nicolaus, London:Penguin Books, 1973. 〔M〕 [칼 맑스, 『정치경제학 비판 요강 1, 2, 3』, 김호균 옮김, 그린비, 2007.]

_____. 'Marginal Notes on Adolph Wagner', in *Value:Studies by Karl Marx*, edited by Albert Dragstedt, New York:Labor Publications, 1976. 〔M〕

_____. *The Poverty of Philosophy*, New York:International Publishers, 1963. 〔M〕 [칼 마르크스, 『철학의 빈곤』, 강민철·김진영 옮김, 아침, 1989.]

_____. *Wage Labor and Capital:Value, Price and Profit*, New York:International Publishers, 1976. 〔M〕 [카를 마르크스, 『임금 노동과 자본』, 박광순 옮김, 범우사, 2008.]

_____. and Friedrich Engels. *Collected Works*, New York:International Publishers, 1975. [카를 마르크스, 『칼 맑스 프리드리히 엥겔스 저작 선집 1~6』, 최인호 외 옮김, 박종철출판사, 2007.]

_____. and Friedrich Engels. *Correspondence 1846-1895*, New York:International Publishers, 1935. [K. 마르크스·F. 엥겔스, 『자본론에 관한 서한집』, 김호균 옮김, 중원문화, 1990에 일부 수록.]

Marx-Engels, *Selected Correspondence*, Moscow:Progress Publishers, 1975.

Mattick, Paul. *Marx and Keynes:The Limits of the Mixed Economy*, Boston:Porter Sargent, 1969.

_____.'Marxism and "Monopoly Capital"', *Progressive Labor* 6:1 (May) 1967:34-49.

Meek, Ronald. *Studies in the Labour Theory of Value*, London:Lawrence and Wishart, 1973. [로날드 L. 미크, 『노동가치론의 역사』, 김제민 옮김, 풀빛, 1985.]

Merkel, Dick. 'Crystal Citizens Rejoice:Zavala Judge Blocks Cutoff', *San Antonio Express and News* (September 3) 1977:1.

Montano, Mario. 'Notes on the International Crisis', *Zerowork* 1 (December) 1975:32-59. 〔In Midnight Notes, *Midnight Oil:Work, Energy, War, 1973-1992*. Brooklyn:Autonomedia, 1992:115-142.〕

Moszkowska, Natalie. *Zur Dynamik des Spätkapitalismus*, Zurich, 1943.

_____.*Zur Kritik Moderner Krisentheorien*, Prague, 1935.

Moulier-Boutang, Yann. *De l'esclavage au salariat:Economie historique du salariat bride*, Paris:PUF, 1998.

Negri, Antonio. 'Keynes and the Capitalist Theory of the State post-1929', in *Revolution Retrieved:Selected Writings on Marx, Keynes, Capitalist Crisis & New Social Subjects 1967-83*, London:Red Notes, 1988:9-42 [안또니오 네그리, 『혁명의 만회』, 영광 옮김, 갈무리, 2005.]

_____.*Marx Beyond Marx:Lessons on the Grundrisse*, New York:Autonomedia and London:Pluto, 1991 [안토니오 네그리, 『맑스를 넘어선 맑스』, 윤수종 옮김, 중원문화, 2012.]

_____.'Marx on Cycle and Crisis', in *Revolution Retrieved:Selected Writings on Marx, Keynes, Capitalist Crisis & New Social Subjects 1967-83*, London:Red Notes, 1988 [안또니오 네그리, 「맑스의 순환론과 위기론」, 『혁명의 만회』, 영광 옮김, 갈무리, 2005.]

New York Times. 'Whoever Steals, Lives Better', *New York Times* (April 13) 1976.

Nicolaus, Martin. 'Who Will Bring the Mother Down?" in K. T. Fann and D. C. Hodges (eds.) *Readings in U.S. Imperialism*, Boston:Porter Sargent, 1971.

'OPEC Oil Price Change and COMECON Oil Prices'. Radio Free Europe Research, RAD Background Report/244 (Eastern Europe) (November 29) 1976.

Oppenheim, V. H. 'Why Oil Prices Go Up (1) The Past:We Pushed Them', *Foreign Policy* 25 (Winter) 1976-1977:24-57.

Pannekoek, Anton. 'The Theory of the Collapse of Capitalism', *Capital and Class* 1 (Spring) 1977:59-82.

Panzieri, Raniero. 'Surplus Value and Planning:Notes on the Reading of Capital', in *The Labour Process and Class Strategies*, CSE Pamphlet, no. 1. London:Stage 1, 1976:4-25.

Perrow, Charles. (ed.) *The Radical Attack on Business*, New York:Harcourt Brace Jovanovich, 1972.

Poster, Mark. 'The Hegel Rennaissance', *Telos* 16 (Summer) 1973:109-127.

Potere Operaio. 'The Communism of the Working Class', Xerox copy in author's file.

_____.'Italy, 1969-70:A Wave of Struggles', supplement to *Potere Operaio*, June 27-July 3, 1970.

_____.'Italy, 1973:Workers' Struggles and the Capitalist Crisis', *Radical America* 7:2

(March-April) 1973:15-32.

_____. 'Porto Marghera:An Analysis of Workers' Struggles and the Capitalists' Attempts to Restructure the Chemical Industry, a Worker's Inquiry', Translated by Big Flame (England) from *Potere Operaio* (November) 1971.

Poulantzas, Nicos. 'The Capitalist State', *New Left Review* 95 (January-February) 1976:63-83.

_____. *Political Power and Social Classes*, London:New Left Books, 1975. [니코스 풀란차스, 『정치권력과 사회계급』, 홍순권·조형제 옮김, 풀빛, 1996.]

Quinton, Anthony. 'Spreading Hegel's Wings', *New York Review of Books* (May 29) 1975:34-37.

Rachleff, Peter. *Marxism and Council Communism*, Brooklyn:Revisionist Press, 1976.

Ramirez, Bruno. 'The Working Class Struggle against the Crisis:Self-Reduction of Prices in Italy', *Zerowork* 1 (December) 1975:142-150 [In Midnight Notes, *Midnight Oil:Work, Energy, War, 1973-1992*, Brooklyn:Autonomedia, 1992:185-192.]

Rediker, Marcus. *Between the Devil and the Deep Blue Sea:merchant seamen, pirates and the Anglo-American maritime world, 1700-1750*, Cambridge:Cambridge University Press, 1987 [마커스 레디커, 『악마와 검푸른 바다 사이에서』, 박연 옮김, 까치, 2001.]

Rawick, George P. *From Sundown to Sunup:The Making of the Black Community*, Westport:Greenwood, 1972.

Reich, Michael, David M. Gordon and Richard C. Edwards. 'A Theory of Labor Market Segmentation', *American Economic Review*, May 1973:359-365.

Rey, Pierre-Phillippe. *Les Alliances de Classes*, Paris:Maspero, 1976. [삐에르-필립 레이, 『계급동맹』, 허설렬 옮김, 녹두, 1985.]

Robinson, Joan. *An Essay on Marxian Economics*, 2nd ed., New York:St. Martin's Press, 1969.

_____. 'The Labor Theory of Value', *Monthly Review* 29:7 (December) 1977:50-59.

Romano, Phil and Ria Stone [Raya Dunayevskaya]. *The American Worker*, Detroit:Facing Reality Publishing Company, 1946.

Rubin, I. I. *Essays on Marx's Theory of Value*, Detroit:Black and Red, 1972. [Montreal & New York:Black Rose, 1973.]

Sahlins, Marshall. *Stone-Age Economics*, New York:Aldine-Atherton, 1972.

Sartre, Jean-Paul. *L'Etre et le Néant*, Paris:Gallimard, 1943 [장 폴 사르트르, 『존재와 무』, 정소성 옮김, 동서문화사, 2009.]

Schoer, Karl. 'Natalie Moszkowska and the Falling Rate of Profit', *New Left Review* 95 (January-February) 1976:92-96.

Serafini, Alessandro et al. *L'Operaia Multinazionale in Europa*, Milan:Feltrinelli Editore, 1974.

Stalin, Joseph. *Dialectical and Historical Materialism*, New York:International Publishers, 1940. [London:Communist Party of Britain, Marxist-Leninist, 1986;[M]] [요제프 스

탈린, 『사적 유물론과 변증법적 유물론 外』, 정성균 옮김, 두레, 1989.]

Steinberg, Fritz. *Der Imperialismus*, Berlin, 1926.

Sweezy, Paul. 'On the Theory of Monopoly Capitalism', *Monthly Review* 23:11 (April) 1972: 1-23.

_____. *The Theory of Capitalist Development*, New York:Monthly Review Press, 1942 [폴 스위지, 『자본주의 발전의 이론』, 이주명 옮김, 필맥, 2009.]

_____. and Leo Huberman. (eds.) *Paul Baran:A Collective Portrait*, New York:Monthly Review Press, 1965.

Tarbuck, K. (ed.) *The Accumulation of Capital — an Anti-Critique*, New York:Monthly Review Press, 1972.

Tronti, Mario. *Operai e Capitale*, Turin:Einaudi, 1965, 1971.

_____. 'Social Capital', *Telos* 17 (Fall) 1973:98-121.

_____. 'The Struggle against Labor', *Radical America* 6:1 (May-June) 1972:22-25.

_____. 'Workers and Capital', *Telos* 14 (Winter) 1972:25-62. [In *The Labour Process and Class Strategies*, CSE Pamphlet, no. 1. London:Stage 1, 1976:92-129.]

U.S. Department of Commerce. *The Cost of Crimes against Business*, Washington, D.C.:Government Printing Office, 1976.

_____. *Crime in Retailing*, Washington, D.C.:Government Printing Office, 1975.

Wall Street Journal. 'The Marx Men', *Wall Street Journal* (February 5) 1975.

Watson, Bill. 'Counter-Planning on the Shop Floor', *Radical America* 5:3 (May-June) 1971: 1-10.

Weissman, Steve. 'Why the Population Bomb Is a Rockefeller Baby', *Ramparts* 8:11 (May) 1970:42-47.

Wolff, R. P., B. Moore, Jr. and H. Marcuse. *A Critique of Pure Tolerance*, Boston:Beacon Press, 1965.

Worland, S. T. 'Radical Political Economics as a "Scientific Revolution"', *Southern Economics Journal* 39:2 (October) 1972:274-284.

Yaffe, David. 'Marxian Theory of Crisis, Capital and the State', *Bulletin of the Conference of Socialist Economists* (Winter) 1972:5-58.

Zerowork:Political Materials. 1, 1975, and 2, 1977. Apartment 7, 417 East 65th Street, New York, N.Y. 10021. [Portions of *Zerowork* 1 have been reprinted in Midnight Notes, *Midnight Oil:Work, Energy, War, 1973-1992*, Brooklyn:Autonomedia, 1992 (Midnight Notes, 11).]

Zerzan, John. 'Organized Labor versus "The Revolt against Work":The Critical Contest', *Telos* 21 (Autumn) 1974:194-206. [Reprinted in John Zerzan, *Creation and Its Enemies:'The Revolt Against Work'*, Rochester:Mutualist Books, 1977;and in John Zerzan, *Elements of Refusal*, Columbia:CAL Press, 1999.]

: : 인터넷 자료

[영어 개정판의 웹사이트 링크들은 2018년 11월 20일 현재 접속 가능한 상태의 링크로 수정했고 사이트 접속이 불가능한 경우에는 링크 주소 없이 웹사이트의 이름만 남겨 두었다. 이러한 변화들로 인해 웹사이트 설명을 약간 변경한 경우도 있다. — 옮긴이]

AK 출판사(AK Press)
http://www.akpress.org/ (미국)
http://www.akuk.com (영국)
공동 출판사들.

아우톱시(aut-op-sy)
2000년 전후 수년 동안 전 지구적 노동기계 속에서 계급구성과 계급투쟁의 성격변화를 탐구한 아우또노미아(aut)-오뻬라이스모(op) 경향의 온라인 포럼, 토론 리스트.

첨바왐바(Chumbawamba)
http://www.chumba.com
이들의 도움 덕분에 이 프로젝트가 가능했다.

해리 M. 클리버(Harry M. Cleaver, Jr.)
http://www.eco.utexas.edu/Homepages/Faculty/Cleaver/
저자의 홈페이지로 교수 활동, 연구 활동 그리고 정책 제안(행동주의) 등에 대한 정보가 올라 있다. 몇몇 글은 온라인에서 이용 가능하며, 〈자율주의적 맑스주의 텍사스 아카이브〉(The Texas Archives of Autonomist Marxism) 링크들과 사빠띠스따/치아빠스 관련 자료들이 있다.

에드 에머리의 아카이브(Ed Emery, His Archive)
http://www.geocities.ws/edemeryarchive/
최근 에드 에머리가 저술하거나 번역한 정치적, 문학적 자료의 매혹적인 컬렉션. 이 아카이브는 다리오 포(Dario Fo)와 프랑카 라메(Franca Rame)의 저작 전체를 영어로 번역하여 제공하려는 에드 에머리가 진행 중인 프로젝트의 지금까지의 결과들, 1960년대부터 이후 이탈리아 혁명적 좌파의 발전과 관련한 원천 자료들, 에드 자신이 "때때로 쓴 글들" 등을 포함한다. 이 책에서 참조한 몇몇 글들도 이후에 이 아카이브에 업로드될 것으로 예상된다.

맑스주의 인터넷 아카이브(Marxists Internet Archive)
http://www.marxists.org/
맑스와 엥겔스의 저작들, 그리고 바쿠닌, 코놀리, 헤겔, 라파르그, 레닌, 룩셈부르크, 판네쿡,

트로츠키 그리고 그 밖의 더 많은 저자들의 저작들을 볼 수 있다. 제1인터내셔널과 스페인 혁명 및 스페인 내전에 관한 별도의 아카이브도 있다. (이 사이트 전체의 자료가 담긴 CD를 미화 15달러 정도에 소장할 수 있다.) 이 책 참고문헌에 〔M〕 표시가 있는 문헌들은 이 사이트에서 온라인으로 이용 가능하다.

자율주의적 맑스주의 텍사스 아카이브(Texas Archives of Autonomist Marxism)
http://www.eco.utexas.edu/Homepages/Faculty/Cleaver/txarchintro.html
텍사스 아카이브는 맑스주의 전통 중에서 노동계급의 자기활동성을 강조한 맑스주의 흐름들과 관련한 폭넓고 다양한 종류의 자료를 포함한다. 아카이브 색인과 일부 자료들은 온라인으로 이용 가능하다.

◆◇

그 밖의 많은 웹사이트들 중에 더 살펴볼 만한 몇 곳

토니 네그리를 사면하라(Amnesty for Toni Negri)

아우프헤벤(Aufheben)
http://lists.village.virginia.edu/~spoons/aut_html/auf1edit.htm

안타고니즘(Antagonism)
https://libcom.org/tags/antagonism?page=1

컬렉티브 액션 노츠(Collective Action Notes)
https://libcom.org/library/collective-action-notes-archive

사빠띠스따 민족해방군(EZLN, Zapatistas)
http://www.ezln.org/

가사노동에 대한 임금 지불 캠페인(International Wages for Housework Campaign)

존 그레이(John Gray)

머지 독스 분쟁(영국)(Mersey Docks Dispute, UK)

미드나잇노츠(Midnight Notes)
http://www.midnightnotes.org/mnpublic.html

거리를 되찾자(영국)(Reclaim the Streets, UK)

http://www.gn.apc.org/rts/

전복(Subversion)
https://libcom.org/tags/subversion

와일드캣(독일)(Wildcat, Germany)
http://www.wildcat-www.de/

와일드캣(영국)(Wildcat, UK)

1944년 1월 21일 출생.

1962년 안티오크 대학 입학. 대학 시절 미국 시민권 운동에 참여하면서 일생 동안 계속될
정치적 행동주의에 입문했다. 클리버는 생화학수업 교실과 실험실을 벗어나 사회과
학 강의들을 들으며 풀뿌리 정치에 참여하게 되었다.

1964~1965년 프랑스에서 유학하면서 주로 몽뻴리에 대학에서 공부했다. 좌파 학생 조직
인〈전국학생연합〉(Union Nationale des Étudiants de France)이 그들의 우익 상대
단체인 〈FEN〉의 공격에 대처하는 것을 도왔다. 그리고 이때부터 클리버는 몽뻴리
에 대학의 베트남인 학생들이 그에게 제기하는 질문인 "당신의 미국 정부가 우리나
라에서 도대체 무엇을 하고 있는 것인가?"에 대한 답을 찾는 긴 과정을 시작했다.

1967년 안티오크 대학 경제학 학사 졸업 후 스탠퍼드 대학에서 경제학 석사과정을 시
작했다. 여기에서 베트남 전쟁에 반대하는 학생 활동가로서 전쟁에 책임이 있
는 정책들을 바꾸려는 시도들에 참여했다. 전쟁의 진행과정에서 스탠퍼드 대학
과 〈스탠퍼드연구소〉가 한 역할을 고발하면서 〈스탠퍼드연구소〉와 미국 국방
부의 연계 의혹을 제기하고 그에 항의하는 활동을 벌였다. 이는 이른바 '녹색혁
명'(Green Revolution)의 확산을 포함하는 사회공학과의 관련성을 연구하는 박
사논문으로 이어졌다.

1967~1971년 녹색혁명 같은 기술적 변화를 다루는 데 있어서 주류 경제학이 보인 무능
은 클리버로 하여금 맑스주의 이론에 관심을 갖게 만들었다. 클리버가 이 이론에 대
한 재해석 작업을 하게 된 것은 전통적 맑스주의 이론이 착취를 넘어서 베트남 농민
투쟁을 이해할 능력이 없었기 때문이다. 정책 변화 노력의 일환으로 클리버와 그의
동료들은 대학 커리큘럼 변화를 위해 싸웠고 급진적 정치경제학, 블랙 연구(Black
Studies) 등의 교과목들이 개설될 수 있는 공간을 만들었다. 그들은 또 〈스탠퍼드연
구소〉의 대반란(counter-insurgency) 분과를 제거하기 위해 싸웠고 결국 연구소는
대학과 연계 관계를 끊게 되었다.

1971~1974년 캐나다 몬트리올의 셔부르크 대학 조교수로 임용되었고 클리버는 이곳에서
박사논문을 완성하였다. 프랑스계 캐나다인 민족주의의 발전, 그리고 지역과 인종
적 자율이라는 문제를 연구했다.

1974~1976년 뉴욕시의 〈새로운 사회연구소〉(New School for Social Research) 경제학과
의 방문 조교수로 재직했다. 여기에서 클리버는 맑스주의 이론의 재해석 작업을 계
속하였고 동시에 뉴욕시 재정위기를 해결하기 위해 설계된 정책들에 저항하는 활동

에 참여하였다. 이 정책들은 1980년대와 1990년대 국제 부채 위기에서 시행될 정책들을 예고한 것으로 판명되었다.

1976년 클리버는 텍사스 오스틴 대학의 석사과정 학생들의 요청에 의해 경제학과 교수로 임용되었다. 학생들은 클리버가 스탠퍼드 대학에서 교과목 투쟁을 통해 성취했던 것과 같이 자신들이 필요로 하는 과목들을 대학 내에 개설하기 위해 투쟁했다. 클리버는 경제학과에서 맑스주의를 강의하였는데 이는 클리버와 대학원생들의 3년간에 걸친 투쟁의 결과였다. 이로부터 20년간 매년 가을학기에 클리버는 칼 맑스의 『자본』세 권을 기초로 하는 맑스주의 이론 입문 강의를 하였다. 클리버는 대학 밖의 투쟁들에도 참여하였는데 예컨데 치카노 학생들의 요청으로 텍사스주 크리스탈 시티 통조림 공장 노동조합에 경제적 자문을 제공하였다. 또한 〈라 라자〉라는 단체에 의해 조직된, 제한적인 이민 정책에 대항하는 저항을 시작으로 이민정책 개혁을 둘러싼 투쟁에도 참여하였다.

1978년 저서 『자본을 어떻게 읽을 것인가』(Reading Capital Politically, 텍사스 대학 출판부)를 출간했다.

1980년대 중반 멕시코 풀뿌리 운동과 조우하였고 멕시코시 떼뻬또의 지역활동가들에게 분석과 평가를 제공하였다.

1994년 초부터 치아빠스의 사빠띠스따 봉기에 대한 국제적 작업에 참여해 왔다. 이 작업의 일환으로 1994년에 인터넷판과 양장본으로 치아빠스 봉기 관련 자료들을 모은 『사빠띠스따들! - 신멕시코 혁명의 기록』을 편집 출판했고 치아빠스와 멕시코에서의 발전에 대한 정보를 확산하는 인터넷 리스트인 〈치아빠스95〉 개발에 참여했다. 그리고 지역 연대 그룹인 〈악씨온 사빠띠스따〉 활동에도 참여했다.

1998년 사빠띠스따 봉기를 다룬 단독 저서 『사빠띠스따 : 신자유주의, 치아빠스 봉기, 그리고 사이버스페이스』를 한국어(기획 및 번역 : 이원영 · 서창현)로 처음 출판했다.

2017년 저서 Rupturing the Dialectic(AK Press)를 출판했다.

2018년 현재 『자본』 1권 전체에 대한 '정치적으로 읽기'를 담은 Reading Capital Politically, Chapter by Chapter를 준비 중이다.

∷ 용어 찾아보기